Mimoun Azizi
Der Islam

AF666037

Mimoun Azizi

Der Islam

Re Di Roma-Verlag

Bibliografische Information der Deutschen Nationalbibliothek:
Die Deutsche Nationalbibliothek verzeichnet diese Publikation in der Deutschen Nationalbibliografie; detaillierte bibliografische Daten sind im Internet über http://dnb.ddb.de abrufbar.

ISBN 978-3-86870-558-4

Copyright (2013) Re Di Roma-Verlag

Umschlagillustration:
Fotografie Anneser, Arnsberg

Alle Rechte beim Autor

www.rediroma-verlag.de
17,95 Euro (D)

Inhaltsverzeichnis

1 Vorwort

Das Schreiben über diese Kultur darf nicht als eine einseitige Stellungnahme interpretiert werden. Vielmehr geht es mir darum, im Wissen, das jede Kultur auf ihre Art und Weise dazu beigetragen hat, dass die Welt so ist wie sie ist. Sei sie negativ oder positiv. Keine Kultur ist der anderen Überlegen. Keine Rasse ist der anderen überlegen. Wir alle sind gleich. Niemand ist erhaben. Auch existiert kein auserwähltes Volk. Alle Völker sind gleichwertig. Denn ein gerechter Gott, falls wir an einen gerechten Gott glauben, handelt stets gerecht. Er bevorzugt niemanden und er benachteiligt niemanden. Einzig der Mensch, getrieben von seinem Ehrgeiz, von seiner Gier, von seiner unkontrollierten Emotionalität strebt danach, besser zu sein als der andere. Um das Besser sein herauszukristallisieren bedient sich der Mensch einfachen sichtbaren Merkmalen wie Hautfarbe, Größe, Kleidung, Aussehen, usw. Nach diesen Kriterien kategorisiert er in gut und böse, stark und schwach, minderwertig und auserwählt. Ein Mensch, der sich selbst als auserwählt betrachtet, weil er die von der stärkeren Partei ausgewählten Merkmale, welche als edel gelten, verkörpert, definiert die Menschen, die in diese Kategorien eben nicht hineinpassen, als andersartige, wobei das Andersartige auch das Bösartige bedeutet. Die Menschen haben es gerne einfacher. Sie sind zufriedener, wenn sie im Vergleich zu anderen besser dastehen. Sie leben im Vergleich. Im Vergleich mit äußerlichen Dingen. Sie vergessen dabei den Blick nach Innen. Die Welt ist ein Ort an dem sich viele Rassen begegnen. Die Geschichte der Menschheit hat gezeigt, dass keine Rasse der anderen überlegen ist. Dem temporären Auftrumpfen einer Rasse folgt der Verfall in eine tiefe Depression. Während dieser depressiven Phase triumphiert eine andere Rasse. Es ist ein hin und her. Doch am Ende merken wir, dass wir doch nur ein unbedeutender Teil des Ganzen sind. Wir würden uns einen Gefallen tun, wenn wir uns nicht für so wichtig erachten würden. Wir würden mehr verstehen, wenn wir unseren Nachbarn verstehen würden.

Verlassen wir die Vorurteile. Und tauchen in die Weltgeschichte ein. Ein Universum für sich. Eine dieser wunderbaren Kulturen ist die arabisch-islamische Kultur. Kommen Sie mit mir mit auf eine Reise in eine für Sie scheinbar unbekannte Welt. Ich garantiere Ihnen, Sie werden sich dort wiederfinden. Und Sie werden sich fragen, wo ist der Unterschied? Die Antwort werden Sie sich selbst geben. In diesem Sinne sage ich frei nach Abu Naçr:

„Das Geheimnis der Welt konnte noch keiner erkunden,
die edelste Perle hat noch niemand gefunden.
So gut er's verstand, hat's schon mancher gesagt,
doch das letzte Wort hat noch keiner gesagt."

2 Zwischen Vergangenheit und Gegenwart

Das Wort „Islam“ leitet sich von „Salam“ ab und bedeutet „Frieden“. Frieden mit sich selbst und Frieden mit den Anderen. Innerhalb des Islam gibt es zwei große Fraktionen, wie im Christentum die Katholiken und die Protestanten. Die Shia, die Partei Alis, glaubt, dass Ali der legitime weltliche Herrscher nach dem Propheten war. Die Sunniten hingegen sehen in Ali lediglich einen, von den vier Nachfolgern des Propheten, die in seinem Namen weiterregierten. Zu diesen vier sogenannten Kalifen gehörte Abu Bakr, Ali, Omar und Othman. Sie lebten alle zu Zeiten des Propheten Mohammed und wurden nach seinem Tode, in der vom Propheten festgelegten Reihenfolge, zu seinen weltlichen Nachfolgern bestimmt. Sein erster Nachfolger war Kalif Abu Bakr, welcher persönlich vom Propheten vor seinem Tode bestimmt wurde. Die Reihenfolge der Anderen, obwohl vom Propheten vorgesehen, erfolgte durch Wahlen. Die Auseinandersetzung, bzw. die Spaltung innerhalb des Islam ruht auf Auseinandersetzungen hinsichtlich der Nachfolge des Propheten Mohammed. Die Anhänger Alis sahen in ihm, da er auch der Schwiegersohn des Propheten war, den wahren Nachfolger Mohammeds in den weltlichen Angelegenheiten. Obwohl Ali selbst nie diesen Anspruch erhoben hat. Die Gründung der Shia, der Partei Alis, ist nicht von ihm ausgegangen, sondern sie entstand Jahrzehnte später, basierend auf Auseinandersetzungen zwischen verschiedenen arabisch-persischen Dynastien. Die Spaltung im Islam ist nicht religiös bedingt, sondern das Ergebnis einer grotesken Machtpolitik.

Das Ergebnis dieser politischen Machtauseinandersetzungen, die bis heute anhält, hat zur Entstehung von zwei „religiösen“ Gruppierungen innerhalb des Islam geführt, nämlich dem Schiitismus, der Staatsreligion im heutigen Iran und dem Sunnitismus, der die restliche islamische Welt prägt.

Die Bezeichnung Sunnitismus leitet sich von „Suna“ ab. Suna bedeutet „Tradition des Propheten“. Die Sunniten, die mehr als 90% der weltweiten islamischen Anhängerschaft ausmachen, sind nicht nur dem Koran verpflichtet, sondern sie sind auch bemüht, dem Vorbild des Propheten zu folgen. Sowohl der schiitische Islam als auch der sunnitische Islam sind an den Koran gebunden. Sie haben den gleichen Propheten. Ihre Spaltung ist weniger religiöser, sondern vielmehr politischer Natur.

Der Islam an sich verpflichtet zur Toleranz und Nächstenliebe. Gleichzeitig fordert der Islam von seinen Anhängern den sogenannten „Ischtihad“. Dies bedeutet Anstrengung, um ein besserer Mensch zu werden, gleichzeitig auch Anstrengung, um sich Wissen anzueignen, um sich im Leben weiter zu entwickeln. Nicht umsonst pflegte der Prophet zu sagen: „Das Lesen eines Buches ist besser als 1.000 Schlachten“ (zitiert von al-Buchari). Diesem Wunsch des Propheten, dieser Pflicht, welche im Koran tief verankert ist, sind die Muslime in den ersten 8. Jahrhunderten gefolgt. Sie haben die Worte des Propheten beherzigt und umgesetzt.

Insbesondere auf der iberischen Halbinsel erlebte die Wissenschaft unter arabisch-islamischer Herrschaft ihre Blütezeit. Cordoba, heute eine unbedeutende spanische Stadt, war damals die größte Stadt Europas. Sie war der Leuchtturm der Zivilisation, des Wissens und der Toleranz. Zu keiner Zeit, weder danach noch davor, haben alle drei monotheistischen Religionen so harmonisch miteinander gelebt und sich ergänzt. Die Stadt verfügte über die größten Bibliotheken der damaligen Zeit. Sie beherbergten die größten und die bedeutendsten Büchersammlungen des Abendlandes. Aus dieser Stadt kamen die bedeutendsten Philosophen, Mathematiker und Mediziner seiner Zeit. Menschen aus allen Ländern strömten nach Cordoba, um sich Wissen anzueignen. Die iberische Halbinsel, speziell Andalusien, erlebte seine Blütezeit. „Medinat as Zahra, einem Vorort von Cordoba, am Berghang des Al-Aruz sich hinaufziehend, war ein zu Stein erstarrter Traum orientalischer Märchenphantasie, ein Bau von ähnlichem Zauber, wie ihn heute noch etwa das Taj Mahal, das Grabmal der Favoritin des Großmoguls Schah Dschihan zu Agra in Ostindien ausstrahlt oder die Alhambra von Granada, dies unsterbliche Denkmal maurischer Baukunst. Zu unterst Gärten über Gärten im farbig und schwerleuchtenden Flor der Blumen, mit marmorgefaßten, sprudelnden Kaskaden, mit bronzenen Wasserspeiern in Gestalt smaragdgrünen Laubteppich der Baumkronen das Schloss selbst, einer schönen, heißgeliebten Favoritin zu Ehren erbaut, eine Symphonie von Marmor, Fayencen, Ebenholz, Kristall und Gold.“ [1, S. 71] Doch durch interne Streitereien innerhalb des islamischen Kalifats in Andalusien kam es zu einer Schwächung des islamischen Reiches und zur Ermöglichung der Rückeroberung Andalusiens durch die katholischen Könige Spaniens. Mit der Rückeroberung Andalusiens fand diese bemerkenswerte Entwicklung ein jähes Ende. Die Schwächung des Islam bedeutete gleichzeitig die Stärkung des christlichen Abendlandes. Neben der Rückeroberung Andalusiens begannen auch die Kreuzzüge im Osten. Zwischen den Jahren 1095 und 1397 fanden mehr als elf Kreuzzüge statt, um Jerusalem aus den Händen der „Heiden" zu befreien. Die Spanische Rückeroberung und die Einnahme Cordobas 1236 beendeten abrupt die Blütezeit der arabisch-islamischen Wissenschaft. Zum weiteren Niedergang der arabischen und islamischen Hochkultur trug letztendlich auch der rassistisch und religiös motivierte Kolonialismus bei. Das islamische Reich wurde nach dem Prinzip „Teile und Herrsche" zerstückelt, ausgebeutet, entwürdigt, im Prinzip kastriert. Bis heute hat sich die islamische Welt von dieser Schmach nicht erholt. Aus einem islamischen Reich entstanden zahlreiche „Nationalstaaten" die das Ergebnis des aggressiven, menschenverachtenden europäischen Kolonialismus sind. Bis heute ist es der islamischen Welt nicht gelungen eine adäquate Antwort zu finden. Vielmehr haben sich zwischen diesen Nationalstaaten Feindschaften entwickelt. Teilweise führen diese Staaten Krieg gegeneinander.

Die Kluft zwischen der islamischen Welt und der christlichen Welt ist heute größer als je zuvor. Im Zeitalter der Globalisierung sind diese Differenzen deutlich sichtbarer geworden. Nicht nur, dass die amerikanische Bevormundung der islamischen Welt einen ungeheuerlichen Zorn in dieser islamischen Umma auslöst, auch die ökonomische Schwäche der islamischen Welt und die wirtschaftliche und daraus resultierend auch die kulturelle Dominanz des sogenannten Westens, führt zu einer weiteren Divergierung zwischen diesen beiden Hochkulturen. Diese Entwicklungen haben zur Stärkung des sogenannten Islamismus bzw. zu einer starken Reislamisierung geführt. Die Anschläge vom 11. September 2001, die zur Zerstörung des World-Trade-Centers geführt haben, haben die Gräben zwischen diesen beiden abrahamitischen Religionen weiter vertieft. Das Misstrauen auf beiden Seiten hat deutlich zugenommen. Im Westen hat sich eine wahrhafte Islamophobie entwickelt. Die islamische Welt sieht sich hingegen gerne in der Opferrolle.

Der islamischen Welt mangelte es an Selbstkritik und Eigeninitiative. Eine unkritische Analyse der eigenen Schwächen und eine Auseinandersetzung innerhalb der Umma führt zur Schwächung der islamischen Welt. Gleichzeitig zementierte sie die westliche Dominanz unter amerikanischer Führung. Die Uneinigkeit in der islamischen Welt und die industrielle Rückständigkeit bildet für die islamische Welt ein unsichtbares Gefängnis aus dem momentanen kein Entrinnen möglich zu sein scheint. Die Voraussetzung für einen Dialog auf Augenhöhe mit dem Westen setzt eine Einigung innerhalb der islamischen Welt voraus. Weder der arabischen Linken noch der islamischen Erneuerungs-Bewegung gelang es, die arabische Welt mit einer Stimme sprechen zu lassen. Allerdings warne ich davor den Untergang des Islam als gegeben hinzunehmen. Man wird der islamischen Welt nicht gerecht, wenn diese von einem Standpunkt außerhalb dieser Welt kritisiert wird. Vielmehr muss eine Auseinandersetzung mit dem subjektiven und dem eigentümlichen religiösen Erleben stattfinden. Wobei auch eine Auseinandersetzung mit den verschiedenen Traditionen innerhalb der islamischen Welt unausweichlich ist. Die Kritiker innerhalb der arabischen Welt schließen sich in ihrer Kritik den westlichen Vorwürfen an und vernachlässigen die Eigenarten, Traditionen und vor allen Dingen das religiöse Element dieser zerrissenen Welt. Die meisten muslimischen Intellektuellen sind damit beschäftigt, der islamischen Welt die Vorzüge des Westens näher zubringen, anstatt sich mit den wirklichen lokalen Problemen auseinanderzusetzen. Eine wirkliche Auseinandersetzung mit dieser Kultur kommt nicht umher, sich mit der Frage zu beschäftigen, ob auf der islamischen Seite auch tatsächlich intellektuelles Potential vorhanden ist, um eine interne Analyse durchführen zu können. Dies ist zweifelsfrei auch mit der Frage verbunden, ob es auf der islamischen Seite auch eine Art Vernunft gibt. Wenn Vernunft heißt, Bestimmung der Grenzen des legitimen Handelns im Hinblick auf die theologisch moralischen Wissenseignung mit universellen Ansprüchen, so wie Kant es definiert hat, dann existiert eine arabische Vernunft. Es wäre nicht rechtens und auch weit hergebracht, wenn behauptet wird, dass das islamische Denken die Grenzen seiner Legitimität überschreitet und sich in eine Kultur der schlechten Universalismen verwandele, wie es der marokkanische Philosoph al-Jabri[1] in seinem Buch „Nagd al aql al-arabi“, Kritik der arabischen Vernunft, tut. [2] Die Frage ist als rhetorisch anzusehen, da bereits historisch der Beweis einer existierenden arabischen Vernunft gebracht wurde. Die Frage muss lauten: warum hat sich die arabische Vernunft aus dem Alltag zurückdrängen lassen?

Man könnte die Auffassung vertreten, dass nach der Rückeroberung Spaniens durch die katholischen Könige die arabische Vernunft sich seitdem im Verborgenen aufhalten würde. Offensichtlich hat die arabische Umma den Weg zu ihr noch nicht gefunden. Es ist also davon auszugehen, dass diese früher oder später wiedergefunden wird. Dies könnte dann der Fall sein, wenn die arabisch-islamische Welt den ursprünglich

[1] Mohammed Abd al-Jabri wurde am 27.12.1936 in Marokko geboren und starb am 3.5.2010. Er war Islamkritiker und Professor für Philosophie und Islamwissenschaften. Zudem war er Experte für arabische Literatur. Zu seinen Hauptwerken gehört die „Kritik der arabischen Vernunft“.

eingeschlagenen Weg des wissenschaftlichen Islam wieder betritt. Psychoanalytisch würde man sagen, die Vernunft wurde seit 1492 ins Unterbewusstsein verdrängt. Die Konzentration auf westliche Werte und westliche Lebensweisen versperrt den Zugang zur eigenen, seit Jahrhunderten existierende, auf die islamische Religion basierende Vernunft. Denn wie ist es sonst zu erklären, dass bis 1492 die islamische Welt in nahezu allen Bereichen weltführend war. Solch intellektuelle Höchstleistungen sind nur dann möglich, wenn die Vernunft die Basis einer Gesellschaft bzw. eines Gesellschaftssystems ist oder wenn die Religion das Wissen zur Maxime einer jeden Handlung erhebt. Tatsächlich fordert der Islam in der Sure 96 explizit dazu: „Lies! Lies im Namen deines Herren, der alles geschaffen und der den Menschen aus geronnenem Blut erschuf. Lies bei deinem Herrn, dem glorreichsten, der den Gebrauch der Feder lehrte und den Menschen lehrt, was er nicht gewusst hat." (Sure 96, Verse 1-5)

Die Suche nach der arabischen Vernunft ist letztendlich die Fortsetzung des islamischen Rationalismus, der bis 1492 in Andalusien herrschte und zwar basierend auf einer orthodox orientierten Religion. Es war nicht die Orthodoxie, die die Vernunft zum Schweigen brachte, sondern die unbarmherzigen Rückeroberungskriege, die Kreuzzüge und der Kolonialismus. Die arabische Vernunft liegt in der Religion selbst. Die herrschenden Konflikte können nicht philosophisch, sondern mehr religiös aufgedeckt und auch durch die Religion selbst verändert werden. Dies setzt voraus, dass die islamische Welt zum wissenschaftlich orientierten Islam wiederfindet. Dies beinhaltet das Denkbare innerhalb des Islam. Gerade die Theologie war die Wegbereiterin einer islamischen Vernunft. Die islamische Theologie beinhaltet auch eine nicht rationale Komponente, nämlich die der Mathematik, der Logik und auch der Mystik. Tatsächlich wurde der islamische Rationalismus durch zwei Elemente verdrängt. Zum einen durch die Erstarkung der christlichen Welt nach 1492 und zum anderen durch die starke Einflussnahme der Mystik innerhalb des Islam. Die islamische Mystik neigt zur Selbstverherrlichung und zu einer ausgeprägten Subjektivität mit einer erheblichen Schwächung des Ichs. Man kann hier psychoanalytisch von einer Ich-Schwäche sprechen. Hier wird das Ich Gott gleich gesetzt, somit wird das eigene Handeln als Maxime des eigenen Willens und somit auch des Willen Gottes gleichgesetzt. Die Vernunft wird durch Emotionen ersetzt.

Diese ausgeprägte Subjektivität verhindert einen Blick auf die Realität und somit auch die Suche nach der Vernunft. Die Ausdehnung der Mystik auf die Wissenschaft, Recht und Politik führt in der islamischen Welt zur Unsichtbarkeit der in der Orthodoxie vorhandenen und aus der Orthodoxie hervorgegangenen Vernunft. Die Unterdrückung der Analogie des Logischen durch die Analogien des Mystischen begann vor dem Fall von Cordoba. Bereits zuvor begann der Kampf zwischen dem wissenschaftlichen Islam und der mystischen Scheinrealität. Der Verlust Andalusiens, die Kreuzzüge und der Kolonialismus schwächten den islamischen Rationalismus, der dann konsequenterweise zur Stärkung des mystischen Elements innerhalb des Islams geführt hat. Man kann durchaus sagen, dass indirekt das Aufkommen des Christentums nach 1492 zu einem Rückzug des islamischen Rationalismus geführt hat. Die Auseinandersetzungen wurden nach Innen verlagert. Dies betrifft den Einzelnen und in der Summe die gesamte Umma. Es fand also eine Umkehr von der Objektivität zur Subjektivität statt. In der Kunst würde man von einer expressionistischen Entwicklung sprechen. Die islamische Mystik hat die künstlerische ästhetische Ebene verlassen und ist in die religiöse Ebene eingedrungen. Ihre Grundthesen erheben sich zum Absoluten und machen sich so zum einen unwiderlegbar und zum anderen nicht beweisbar. Anstelle der Naturwissenschaften herrscht Magie und Zauberei. Die Logik scheint entrückt zu sein. Weder die Religion noch die Wissenschaft konnten jemals nach dem Fall Cordobas wieder an Bedeutung gewinnen. Zwangsläufig führte diese Denkweise zum Transzendentalen, weniger zu wissenschaftlich orientierter Arbeitsweise. Die Mathematik und Physik werden auf der metaphysischen Ebene diskutiert, damit wird ein Fortschreiten in diesen wichtigen Bereichen durch Aberglauben und teilweise durch Zauberei blockiert. Die Verschiebung hin zur Metaphysik und Mystik ist nicht durch die Religion verschuldet, denn gerade die islamische Religion beinhaltet an und in sich eine gewisse Logik und auch einen Rationalismus. Die fundamentale Problematik besteht darin, dass die Basis der Naturwissenschaften und der Mathematik in der islamischen Welt auf Magie, Mystik und Metaphysik basiert. Diese Metaphysik wiederum führt ihre Existenz auf die Religion zurück, was jedoch nur vordergründig richtig zu sein scheint. Es ist wichtig, dass differenziert wird zwischen der seit 1492 herrschenden Pseudovernunft bzw. des seitdem herrschenden „Rationalismus“ und der bereits in der Religion existierenden Vernunft, die ihren Durchbruch insbesondere während der Herrschaft der Omaijaden und Mauren in Spanien hatte.

Die arabische Tradition, die gemeinhin wenig mit der islamischen Religion gemeinsam hat, hat sich dadurch, dass sich die Mystik innerhalb des Islam in den letzten fünf Jahrhunderten durchgesetzt hat, an Stärke und an Bedeutung zugenommen und den Kern der Religion verdrängt. Sowohl die Tradition als auch die Mystik sind momentan die Grundpfeiler der arabischen Denk- und Wirtschaftsphilosophie. Sie sind demzufolge nicht logisch. Die momentane islamische Kultur wird geprägt von Tradition, Mystik, Metaphysik und Aberglauben, nicht jedoch von islamischer Religion. Der Muslim an sich ist gezwungen, sich zwischen drei Phantastereien zu entscheiden, ohne dass ihm der wahre islamische Rationalismus auch nur im Ansatz in den Sinn kommt. In gewisser Weise befindet sich der islamische Bürger in einer Sackgasse. Er muss sich entscheiden zwischen Tradition, Mystik und Metaphysik und merkt dabei, dass ihm Unbehagen droht. Er befindet sich in ständiger Unruhe, fühlt sich bedroht und beobachtet. Daraus resultiert Misstrauen ja fast schon eine paranoide Schizophrenie. Der Versuch eines Durchbruchs führt zwangsläufig zu inneren und äußeren Konflikten. Zwangsläufig resultiert daraus eine instabile Persönlichkeit. Man ist hin und her gerissen. Die Suche nach einer Lösung erscheint idiotisch, da dem Denken lediglich drei Lösungen angeboten werden, wobei alle drei bisweilen weit von der Realität entfernt sind und somit Probleme nicht lösen, sondern erschaffen. Dieser Irrationalismus führt schlussendlich zu einer sich selbst einengenden Gesellschaft. Die Konsequenz ist fehlende Kritik, Unmündigkeit und Regression.

Diejenigen, die diese Problematik erkannt haben machen den Fehler, diese aus der Perspektive des Westens und somit aus der Sicht einer völlig anderen Kultur zu lösen. Dies kann nur misslingen. Die in der islamischen Welt verankerte Irrationalität kann nur von innen und unter Rückbesinnung auf den wissenschaftlichen Islam bekämpft werden. Die islamische Irrationalität leitet sich nicht aus der Religion ab, sondern sie ist das Ergebnis eines kontinuierlichen Realitätsverlustes, der allerdings zunehmend von außerhalb der islamischen Welt angegangen wird. Meistens handelt es sich um islamische Intellektuelle, die im Westen leben und versuchen, die westliche christlich orientierte rationalistische Denkweise auf die islamische Welt im Verhältnis eins zu eins zu übertragen. Diese Versuche führen zwangsläufig zu mehreren Konflikten, die momentan die islamische Welt in Atem halten. Es handelt sich sowohl um interne islamische Konflikte, als auch um Konflikte zwischen der islamischen Welt und der christlich orientierten Welt. Genauer betrachtet handelt es sich um Auseinandersetzungen zwischen der Orthodoxie und dem Sufismus auf der einen Seite und um einen Konflikt zwischen Sunniten und Schiiten auf der anderen Seite. Auch zwischen den Bevölkerungen der jeweiligen Regime herrscht eine permanente Auseinandersetzung. Der Islam befindet sich in einem permanenten unruhigen inneren Zustand, der seit Jahrhunderten existiert und weiter anhält. Diese innere Zerrissenheit verhindert ein Fortkommen und einer Weiterentwicklung dieser an sich sehr wissenschaftsfreundlichen Religion. Der Versuch der Projektion dieser Auseinandersetzungen auf den Westen verstärkt diese Zerrissenheit, weil sich der Islam, bedingt durch die internen Konflikte, als die unterlegene Partei wiederfindet. Hier schließt sich der Kreis, denn gerade die Ohnmacht, die Impotenz gegenüber der westlichen Dominanz führt paradoxerweise zur Schwächung der islamischen Orthodoxie und zu einer Stärkung der politisch radikalen Kräfte innerhalb der islamischen Welt. Diese Ambivalenz, diese Zerrissenheit, diese Ohnmacht führt zur Entstehung von Wut, Autoaggressionen und irrationalem Handeln. Dieses Gefühl, man kann natürlich auch von einer bestimmten Wahrnehmung sprechen, betrifft alle islamischen Staaten von Nordafrika bis nach Südostasien. Das Gefühl der verpassten Chancen und der damit verbundenen inneren Leere wird verstärkt durch die Tatsache, dass sich die islamische Welt zunehmend bewusster wird, dass die westliche Welt ihre Stärke aus der durch die islamische Welt zunächst eingeschlagenen Wege einsaugt. Das Abendland baut sein Haus auf ein islamisches Fundament. Der Westen hat sich die arabische Philosophie und andere Wissenschaften nach der Rückeroberung Cordobas aneignen können. Hieraus konnte er seinen wissenschaftlichen Vorsprung erarbeiten. Der Westen wurde also durch die islamische Philosophie, Tradition, Naturwissenschaften mächtig, wobei er weiterhin die Genese verschleiert. Damit wurde die fundamentale islamische Pionierarbeit unsichtbar gehalten. Der Westen gesteht dem Islam eine gewisse Blütezeit zu, führt dies allerdings auf die Tatsache zurück, dass der Islam die griechische Philosophie im Prinzip für den Westen wiedergefunden und für das Abendland aufbewahrt hat. Aus dieser Falle versucht sich der Islam seit mehr als 500 Jahren zu befreien, bis jetzt vergeblich. Der Islam verkennt seine eigenen Kräfte, sein eigenes Potential. Der medizinische Begriff hierfür lautet „psychogene Paralyse“.

Die Integrität der islamischen Welt wird sowohl von außen als auch von innen bedroht. Dies führt zwangsläufig zu einer paranoiden Grundeinstellung, einhergehend mit einer enormen Ambivalenz. Die Vormachtstellung des Pseudoislam, dem Traditionalismus, in Verbindung mit der momentanen technischen und militärischen Überlegenheit des Abendlandes hat also verschiedene Ursachen. Zu diesen Ursachen gehört sicherlich nicht die Art und Weise wie Muslime den Koran rezitieren. Es ist Fakt, dass es in der islamischen Welt sehr viele Analphabeten gibt. Auch entspricht es der Tatsache, dass viele die lesen können, tatsächlich in erster Linie den Koran lesen und teilweise auswendig lernen. Hier liegt jedoch nicht die Ursache für die Rückständigkeit der islamischen Welt.

Nicht nur für Moslems gilt die Tradition, auch andere nicht-muslimische

Kulturen verfügen über eine Tradition, die sie hegen und pflegen. Die Art des Denkens eines jeden Menschen wird durch seine Tradition, Umgebung und seinen Vorfahren bestimmt. Die Art zu denken, zu fühlen ist immer traditionsbehaftet.

Ein Wiederaufleben des arabischen Rationalismus ist nur dann möglich, wenn es der islamischen Intelligenzia gelingt, die heutigen Hindernisse zu durchbrechen, sowie einst die arabischen Philosophen in Andalusien. Durch die mystisch hermetische Potentia und das dogmatische, arabische Schrifttum wird in der islamischen Welt das Denken durch das Erinnern ersetzt. Folglich befindet sich die islamische Forschung in einer Art Starre. Um eine innere Befriedigung zu finden suchte sie in ihrer Vergangenheit. Sie lebt von den Errungenschaften der Vergangenheit, gleichzeitig wird das Fortschreiten dadurch verhindert. Man könnte sagen, der heutige Islam lebt vom vergangenen Islam. Diese Denkweise, die durch die Metaphysik geprägt ist, ist auch weniger praxisorientiert. Das Lesen der Heiligen Schrift ist eine Art Meditation, jedoch keine Wissenschaft und auch nicht wissenschaftlich. Der Muslim ist zu einem Objekt geworden, seine Vorgehensweise basieren auf Erinnerungen, sein Handeln ist nicht forschend, nicht kritisch, vielmehr transzendental, der Realität entrückt. Diese Denkweise spiegelt sich ganz besonders im Schiitentum, wo verborgene Imame auf ihre Rückkehr warten. Das geschriebene Wort dominiert die Denkweise und verhindert eine kritische, schmerzhafte Auseinandersetzung mit der Realität und somit auch mit der aktuellen eigenen Situation innerhalb der Weltgemeinschaft und auch der Wertegemeinschaft. Die islamische Welt lebt in Erinnerungen und hofft auf die Wiederkehr der Vergangenheit bzw. auf eine Wiederholung der Geschichte. Sie ist also von einem unerfüllbaren Wunsch getrieben. Al-Jabri spricht hier von einer selbstverschuldeten Unmündigkeit, aus der eine Befreiung nur dann möglich sei, wenn die Moslems ihr Schicksal wieder selbst in die Hand nehmen, anstatt sich auf die Vergangenheit und auf die dogmatischen Schriften der Vergangenheit auszuruhen. Hier wird gefordert, dass sich der Moslem von der dogmatischen Haltung im Koran lösen solle. Nur dann sei er in der Lage, sich als Subjekt und die Schrift als Objekt wiederzuerkennen, um so seine Fähigkeiten zum Handeln wiederzuerlangen. De facto läuft dieser Denkansatz auf eine Säkularisierung hinaus. Das Wiedererlangen der Subjektivität ermöglicht dem Individuum eine Spiegelung der eigenen Situation und zwingt ihn, sich kritisch mit dieser auseinanderzusetzen. Nur dieses ermöglicht ein Fortschreiten in der Naturwissenschaft, im Bereich des Rechts und in den zwischenmenschlichen Beziehungen. Die Selbstreflexion ermöglicht und erlaubt dem Individuum sich nun kritisch, jedoch nicht abwertend, mit den heiligen metaphysischen Schriften der Vergangenheit objektiv auseinanderzusetzen. Das Erlernen von Differenzen ist die Voraussetzung zur Erschaffung einer konstruktiven, nicht realitätsfernen Gesellschaftsform. Al-Jabri sieht das Problem der islamischen Welt nicht in einer per se gegebenen Rückständigkeit, sondern vielmehr in einer starken Bindung an den Koran, der nach seinen Angaben kritiklos gelesen und hingenommen wird. Spätestens jetzt muss man sich die Frage stellen, warum die katholischen Staaten, die ihre Existenz auf die Bibel zurückführen und diese als unantastbar betrachten, nicht rückständig sind? Was wäre, wenn die Schlacht von Tours und Poitier oder die Schlacht vor Wien anders ausgegangen wäre? Hätte das Abendland jetzt die gleichen Probleme wie die islamische Welt? Auch ist die Frage zu stellen wie säkular die westliche Welt wirklich ist? Ist der abendländische Rationalismus das Ergebnis einer kritischen Betrachtung der religiösen Schriften oder vielmehr das Ergebnis eines technischen Fortschritts, der sich völlig unabhängig von der Religion entwickelt hat?

Der Islam steht den Naturwissenschaften keineswegs im Wege. Der Islam ist nicht die Ursache für die Rückständigkeit in der arabisch-islamischen Welt gegenüber dem Abendland. Al-Jabri ist der Überzeugung, dass die islamische Tradition die Menschen daran hindere eine eigene Meinung zu entwickeln und diese auch zu äußern. Der Individualismus soll gefördert werden, damit gegen die Tradition selbst Kritik geäußert werden kann. Hier muss zwangsläufig die Frage gestellt werden, inwieweit die Tradition die Meinungsfreiheit beeinträchtigt bzw. zulässt. Die Hypothese von al-Jabri beruht auf der Allmacht der Tradition und des Koran. Er führt die Rückständigkeit, die Hilflosigkeit, die Uneinigkeit innerhalb der islamischen Welt auf die Traditionen innerhalb dieser Welt zurück, die im Laufe der Jahrhunderte dazu geführt hätten, dass sich innerhalb der islamischen Welt kein Konsens mehr finden ließe.

Zweifelsohne hat al-Jabri, wenn er explizit die vorislamischen Traditionen meint, die gemeinhin wenig bis gar nichts mit dem Islam zu tun haben, Recht. Der Islam als wissenschaftsfreundliche Religion ist nicht verantwortlich für den Zustand der islamischen Welt. Die Religion in Frage zu stellen ist nicht nur nicht angebracht, sondern völlig falsch. Die Problematik des arabischen Rationalismus entspringt nicht der Religion, sondern sie ist vielmehr das Ergebnis einer weiterhin existierenden vorislamischen Tradition, die nach dem Zusammenbruch des islamischen Reiches an Stärke zugenommen hat. Der Weg zurück zum islamischen Rationalismus kann nur über das Zurückdrängen der vorislamischen Tradition seinen Ursprung und seine Kraft wiedererlangen. Die Schwächung der islamischen Rationalisten ist das Ergebnis einer Schwächung der Orthodoxie und eine Stärkung der vorislamischen Denkweise, die vielmehr mit Mythen und Magie einhergeht. Folglich, und hier kann ich analog schlussfolgern, dass die Stärkung der Orthodoxie zwangsläufig zu einer Wiederkehr des islamischen Rationalismus führen wird. Die Kritik darf nicht der Religion gelten, sondern vielmehr derjenigen, die sich der vorislamischen Denkweisen wieder zugewandt haben und damit logischerweise den Islam deutlich schwächen und der Philosophie des Verborgenen eine wesentlich größere Bedeutung zukommen lassen als ihr zusteht. Dies ist insbesondere im Schiitentum der Fall. Eine Rückkehr zum islamischen Rationalismus ist zwangsläufig mit einer Rückkehr zur sunnitischen Orthodoxie verbunden. Mohammed Iqbal, der in England und Deutschland Philosophie studierte, verband die Ideen westlicher Philosophen mit dem islamischen Ideal. Er sah die Grundlage des Islam in seinem Dynamismus, im Gegensatz zum hellenistisch-klassischen Denken. Dieser Dynamismus sei durch die Jahrhunderte von erstarrtem und lähmendem Dogmatismus, von einschläfernder pantheistischer Mystik überdeckt worden. Der Koran sei eine Lehre zur Weiter- und Höherentwicklung. Der Mensch, als Stadthalter Gottes auf Erden, sei gehalten, seine Persönlichkeit in stetem Kampf mit den Mächten des Bösen zu entfalten und sich zum vollkommenen Menschen zu entwickeln. Hier sind die Lehren der islamischen Mystik ebenso sichtbar wie die Nietschesche Forderung nach dem Übermenschen. Freilich ist dieser Iqbalsche Idealmensch nicht fern von Gott, sondern existiert nur in der Bezogenheit auf Gott, als Gottes Diener. Das ist die höchste Stufe der Freiheit, da auch der Prophet in den beiden koranischen Versen, die auf höchste mystische Erfahrung hindeuten (Sure 17, Vers 1; Sure 53, Vers 9), als „Sein Diener“ bezeichnet wird. Aus der Philosophie des Ego, der fortwährenden Entfaltung aller schöpferischen Kräfte des Ich, wie sie Iqbal verkündete, entwickelte sich bei ihm die Staatslehre: Auch der Staat muss alle seine inneren Möglichkeiten ausnutzen und entfalten; nur so kann er, wie auch der Einzelmensch, Toleranz üben, „denn Toleranz ist die Haltung des Starken gegenüber dem Ich des geachteten Partners.“ [3, S. 124] Iqbal „erkennt die unendliche Liebe, die den Menschen zur höchsten Entwicklung beflügelt.“ [3, S. 122]

Die vorislamische Tradition, die wie ein Vampir der islamischen Welt ihren kritischen Geist aussaugt, muss mit allen Mitteln zurückgedrängt werden. Dies ist ein Prozess, der intern begonnen werden muss und auch intern gelöst werden muss. Der Versuch, diesen Prozess von Außen zu initiieren oder gar zu steuern ist aufgrund der Eigenart dieser Tradition und der daraus resultierenden Denkweise in der islamischen Welt kontraproduktiv, ja sogar gefährlich. Dieser Prozess, der extern gesteuert wird, wird als eine Gefährdung der eigenen Integrität empfunden. Damit wird die Energie in der islamischen Welt, die für das Zurückdrängen der vorislamischen Tradition nötig ist, nun gegen die Feinde von außen angewendet mit einem frustranen Ergebnis, so dass sich die Traditionalisten in ihren Befürchtungen bestätigt fühlen und damit den Prozess der inneren Erneuerung erneut verhindern bzw. um Jahrhunderte hinauszögern. Der Weg zum islamischen Rationalismus darf niemals die islamische Souveränität beeinträchtigen und auch nicht zur Zwietracht innerhalb der sunnitischen Orthodoxie führen. Nur über die Orthodoxie kann das rationalistische Denken, das 1492 abrupt unterbrochen wurde, fortgesetzt werden.

Man darf nicht vergessen, dass die Araber über ein Dreivierteljahrtausend das führende Volk der Erde waren. Ihre Hochkultur blühte länger als die der Griechen und sie beeinflusste auf eine Art und Weise das Abendland wie keine andere Kultur zuvor und danach. Die arabische Kultur hat nachhaltig bis heute den Westen nicht nur beeinflusst, sondern in seiner Entwicklung weitergebracht. Nicht nur das Schachspiel, sondern auch der Kaffee, die Jacke und die Medikamente, sind arabischen Ursprungs. Ganz zu schweigen von Algebra, der Astronomie und der Astrologie. In Vergessenheit darf nicht geraten, dass der große Kalif Harun al-Raschid Kaiser Karl die Schirmherrschaft über Jerusalem übertragen hatte. Der Einfluss der islamischen Kultur war unermesslich. In Skandinavien wurden arabische Münzen aus dem 9. bis 11. Jahrhundert gefunden, dies zeugt von der weltweiten Ausdehnung der islamischen Kultur. Die islamischen Kaufleute haben sogar die heutigen Städte Nowgorod und Kiew gegründet. Wer weiß das heute noch?

Der Handel der arabischen Welt mit Europa, insbesondere um das 10. Jahrhundert, wurde von arabischen Historikern beschrieben. Man kann ruhigen Gewissens die Hypothese aufstellen, dass das Fundament von Reichtum, wirtschaftlicher Potenz und der gesamte Wohlstand der christlichen Welt das Ergebnis der islamischen Blütezeit ist. Sicherlich wäre die wunderschöne Stadt Venedig ohne den Handel mit der islamischen Welt niemals das geworden, was sie jetzt ist. Mithilfe von Gewürzen konnte Venedig seine Wirtschaftsmacht im christlichen Abendland erringen und ausbauen. Hier sei nicht zu vergessen, dass die europäische Renaissance ihre Wurzeln eindeutig eben in diesen am Mittelmeer gelegenen italienischen Städten ihren Ursprung hat und damit indirekt durch die islamische Lebensart, Philosophie, Wissenschaften und durch die islamische Religion selbst beeinflusst wurde, besser getriggert wurde. Es ist erwiesen, dass nicht nur in Italien über einen längeren Zeitraum Rohstoffe nach arabischem Muster verarbeitet wurden, sondern auch nördlich der Alpen. Sogar die Verleihung von Wappen ist eine Tradition des islamischen Rittertums. Sogar die Mühle ist eine arabische Erfindung. Auch die Erfindung des Papiers erfolgte zweifelsohne durch islamische Wissenschaftler. Bereits im 12. Jahrhundert brachten christliche Pilger bei ihrer Rückkehr vom Grab des Jacobs in Santiago de Compostela Papier mit, welches in Andalusien verwendet wurde. Auch die Erfindung des Kompass ist eine Arabische. Die Chinesen selbst haben in eigenen Berichten erwähnt, dass sie den Gebrauch des Kompass bei Fremden beobachtet hätten. Petrus von Maricourt, der Lehrer von Roger Bacon, erlangte seine Kenntnisse über Magnetismus während eines Kreuzzuges. Bereits im 12. Jahrhundert haben islamische Wissenschaftler die Formel des Schießpulvers aufstellen können. Hier sei besonders zu erwähnen, dass die Muslime in Spanien die ersten waren, die in Europa Pulvergeschütze im Krieg einsetzten. Auch die Brieftaube, die bei den Arabern als Postboten eingesetzt wurden, um geheime Nachrichten insbesondere während eines Krieges zu transportierten, wurde vom Abendland kopiert. Ganz zu schweigen vom Parfüm und von der Mode. Das Abendland war über Jahrhunderte dem Morgenland in allen Bereichen unterlegen. Das Abendland ist der beste Schüler der islamischen Zivilisation geworden. Nicht zu vergessen sind die Ziffern, die zweifelsohne als eine Erfindung der islamischen Intelligenzia gelten. Al-Chawasimi schrieb bedeutende geographische und astronomische Werke, die 300 Jahre später, durch den Engländer Athelhart von Bathins, ins Lateinische übersetzt wurden. Er schrieb auch bedeutende mathematische Werke wie z.B. „Algabra wa almuqabalah". Daraus leitet sich das Wort Algebra ab. Sogar Leonardo da Vinci ließ sich von einem arabischen Mathematiker unterrichten. Am Hofe Friedrich II., der in der Mathematik und arabischen Naturwissenschaften bewandert war, lernte er Theodorus aus Antiochia kennen. Dieser war zuvor in Mossul bei Kamal din ibn Junis, einem genialen arabischen Mathematiker, Schüler gewesen. Eben dieser Ibn Junis war auch ein exzellenter Kenner der Schriften des al-Farabi und Ibn Sinas und auch in den Schriften des Euklid bewandert. Theodorus, der Schüler des Ibn Junis, erkannte die Talente Leonardos und lehrte ihn die Multiplikation, Division, Potenzrechnung und das Wurzelziehen. „In Gegenwart Eurer Majestät, glorreicher Fürst Friedrich hat Euer Philosoph, Magister Johannes von Palermo, sich ausführlich mit mir über die Eigenschaften der Zahlen besprochen. (...) Mit Ihnen und mit diesem Zeichen „0", das arabisch „sifr" heißt, kann jede beliebige Zahl geschrieben werden." [4, S. 48] Er reiste auch nach Ägypten, Syrien und Spanien. Nicht nur, dass er mit den Hofgelehrten in Kairo diskutierte, er konnte sich auch in den unterschiedlichen Werken der Mathematik, Physik, der Alchimie, der Medizin und der Astronomie in der Bibliothek von Damaskus vertiefen. Dies geschah auf seinen Geschäftsreisen in Begleitung seines Vaters. Leonardo da Vinci hat die hohe Kunst der Mathematik und der Naturwissenschaften von den Arabern erlernt, was er selbst nicht bestreitet. Die arabischen Zahlen haben das Abendland erobert und spielen bis heute eine tragende Rolle in den Naturwissenschaften und der Mathematik bei allen Völkern der Erde. Doch der islamische Einfluss beschränkte sich nicht nur auf die Mathematik, sondern er betraf alle Bereiche des Lebens und der Wissenschaft. So haben die drei Söhne des Musa Ibn Schakir, des islamischen Robin Hood, der nachts als Räuber getarnt die Reichen bestahl und tagsüber am Hofe des großen Kalifen al-Mamoun Astronomie und Geometrie lehrte, großes im Bereich Naturwissenschaften vollbracht. Das christliche Abendland, das von bedeutenden islamischen Astronomen wie al-Battani die Kunst der Astronomie lernte, hat dieses in das Unbewusste verdrängt, vielleicht auch bewusst verdrängt.

Die Söhne des Musa folgten dem Beispiel ihres Vaters. Mohammed Ibn Musa, der Älteste, wurde ein bedeutender Politiker und im Sinne seines Vaters ein hervorragender und loyaler Berater des Kalifen al-Mamoun. Al-Mamoun, der sich so für die Wissenschaft faszinieren konnte und selbst ein gebildeter Mann war, baute für seine Astronomen am Hofe eine Sternwarte in der damals wohl berühmtesten und bekanntesten Stadt Bagdad. Hier wurden die berühmten Mamounischen Tafeln ausgearbeitet. Mohammed ibn Musa konnte mit einer extremen Genauigkeit sogar den Umfang der Erde errechnen. Er verfasste wichtige astronomische Schriften wie zum Beispiel über den Transversalensatz. Mit seinen beiden anderen Brüdern verfasste er das berühmte Buch „liber trium fratrum de geometrica". Ein Buch über Flächenausmessung, das später von Cremona ins Lateinische übersetzt wurde. Auch beschäftigte er sich mit der Logik und mit der Philosophie. Ahmed, der mittlere von drei Söhnen, machte sich einen Namen als genialer Techniker. Sein Buch „Buch von den sinnreichen Anordnungen" war ein Meilenstein technologischer Entwicklungen und seiner Zeit deutlich voraus. Al-Hasan, der jüngste, glänzte als Mathematiker, ganz besonders in der Geometrie. Zu seinen Werken gehört das Werk über die Kegelschnitte. Zu den Verdiensten dieser drei Brüder gehört auch, dass sie keine Mühen und Kosten scheuten, um Literatur aus der gesamten damaligen bekannten Welt zu sammeln und in Bagdad ins Arabische zu übersetzen. In Bagdad entstand sogar eine Übersetzerschule. Die Banu-Musa sind ein Beispiel für die hohe Kunst der arabischen und islamischen Wissenschaft. Diese haben dazu beigetragen, dass die reichen Wissensschätze der Hellenen der Vergessenheit entrissen wurden, diese weiterentwickelt wurden, damit sie letztendlich dem christlichen Abendland zur Verfügung stehen konnten. Ihre Erfindungsphantasie, ihre Liebe für die Natur, ihre Beobachtungsgabe, ihre Wissbegier hat die Renaissance des christlichen Abendlandes erst möglich gemacht. Dem Nürnberger Peter Henlein wird der Ruhmeskranz geflochten, die Uhr erfunden zu haben. Uhren jedoch gab es schon lange vor seiner Zeit. In der Omaijaden Hauptstadt Damaskus standen bereits im 8. Jahrhundert auf den Marktplätzen die Tageszeit anzeigende Uhren. Was sich im europäischen Geschichtsbild des Mittelalters und auch der Neuzeit über die Muslime fest verankert hat, waren für lange Zeit inhumanistische Überheblichkeit und durch religiösen Fanatismus nicht ausrottbaren Verfälschungen der islamischen Geschichte. Der vom Papst gebannte und exkommunizierte Kaiser Friedrich II. schloss während seines Kreuzzuges Frieden und Freundschaft mit dem Sultan. Hier schreckte der Papst nicht mal vor einem Mordanschlag zurück. Und in Jerusalem wurde der Kaiser von Priestern mit Kot beworfen, hatte sich doch dieser mit islamischen Gelehrten umgeben und er selbst pflegte sich arabisch zu kleiden. Absurderweise stammt von seinem Großvater mütterlicherseits, dem Normannenkönig Roger II., ein prächtiges Gewand, das heute in der Wiener Hofburg aufbewahrt wird. Es handelt sich um den Krönungsmantel der deutschen Könige und Kaiser. Es waren Muslime, die Diesen aus rotem Purpurstoff mit Goldfäden und Perlen bestickten, die ihn webten. Dieser Königsmantel ist mit arabischen Schriftzeichen eingesäumt.

Das Wissen hat für den Moslem eine religiöse Bedeutung und ist gleichzeitig eine religiöse Pflicht. Der Prophet Mohammed, der selber Analphabet war, pflegte zu sagen „sucht das Wissen, wenn nötig sogar in China“. Und im Koran steht: „(...) und betrachtet ihr nicht den Himmel, wie er (Gott) denselben gebaut hat!“ (Sure 88, Vers 19) Al-Battani schlussfolgert daraus: „Gleich nach den Dingen, die jeder Mensch von den Gesetzen und Einrichtungen der Religion kennen muss (weil) durch sie gelangt er zu dem Beweise der Einheit Gottes und zu der Erkenntnis der ungeheuren Größe, der höchsten Weisheit, der größten Macht, der Vollendung seiner Tat.“ [5]

Die innere Disziplin war das Ergebnis der religiösen Erziehung. Der Muezzin war verpflichtet pünktlich zu den fünf Gebeten am Tage aufzurufen. Durch das Fasten lernt jeder Moslem sich zu disziplinieren und lernt auch zu verzichten. Auch die Kalifen waren an der Wissenschaft mehr als nur interessiert. Berühmte Sternwarten wurden unter der Herrschaft des al-Mamoun, des al-Asis und des al-Hakim gebaut. Diese suchten damals Ihresgleichen. Überall, wo der Islam Fuß fasste, so auch in Samarkand unter Ulugh Beg, wurde die Wissenschaft gepflegt und Wissen angehäuft. Sogar der grobe Chulago ließ Tausende von Büchern nach Maragha schaffen, um sie dort unter der Leitung des Nassir a-Din übersetzen zu lassen. Auch waren die islamischen Wissenschaftler Meister ihres Faches in der Bebauung von Wasserleitungen und Kanalisation.

Der Arzt und Techniker Ibn Firnas baute um das Jahr 870 die erste Flugmaschine. Es wird berichtet, dass es ihm sogar gelang, sich einige Sekunden in der Luft zu halten. Bei einem dieser Flugversuche verunglückte er. Die große Liebe der arabisch-islamischen Welt galt und gilt der Astronomie. Der Astronom as-Sarqqali entwickelte in Toledo die später berühmten Alfonsischen Tafeln, die von dem Arzt Don Abraham ins Kastilische übersetzt wurden. Die islamische Welt hat, entgegen den heutigen hartnäckigen und falschen Behauptungen, das Wissen der Hellenen nicht nur verwaltet, sondern überarbeitet und weiterentwickelt. Die islamischen Wissenschaftler seinerzeit wurden durch keine Autorität an ihrer Arbeit behindert, vielmehr wurden sie fast durch jeden Kalifen gefördert und gefordert. Sie machten sich daran, die Arbeiten aus der Antike zu überprüfen, um aus den gewonnenen Erkenntnissen neue Erkenntnisse zu gewinnen. Ihre Denkweise war pragmatisch und realistisch. Die islamischen Wissenschaftler gingen einzelnen Fragen nach, um diese zu beantworten, begannen sie zu experimentieren. Nicht nur Leonardo, sondern auch Kopernikus benutzte das Wissen des Morgenlandes, um seine Erkenntnisse zu vertiefen. Ohne die Tafeln des al-Chawarismi, ohne die des al-Mamounischen, die des al-Battani, die des Ibn Junis und des al-Sarkali, hätte es womöglich Kopernikus nicht geschafft. Ibn al-Cheitam begründete die Lehre der Strahlenberechnung. Dieser als al-Hazan bekanntgewordene Wissenschaftler war einer der bedeutendsten Lehrer des christlichen Abendlandes. Berühmt wurde seine Theorie über die Planetenbewegung sowie die Erkenntnis, dass nur der Mond seine Helligkeit von der Sonne empfängt. Während Euklid und Ptolemäus der Ansicht waren, dass das Auge Sehstrahlen auf die Dinge, die wahrzunehmen sind, entsende, war Ibn al-Cheitam davon überzeugt, dass nicht die Strahlen, die das Auge verlassen, das Sehen bewirken, sondern er ging davon aus, dass die Form des wahrgenommenen Gegenstandes bzw. Objektes in das Auge strahlen, wobei das Wahrgenommene durch die Linse umgewandelt wird. Damit kann zweifelsfrei Ibn al-Cheitam als Vater, und nicht Leonardo da Vinci oder Bacon, der experimentellen Forschung angesehen werden. Die Geschichte beweist, dass die islamische Welt hierin deutlich vorangegangen war. Al-Cheitam experimentierte als Erster mit der Lochkamera, dem Prototyp der Fotografie. Auch die durch verschiedene Medien wie Luft und Wasser bedingten Strahlenbrechungen, sowie die Gesetze der Funktion des Scheinwerfers entstammen seiner Forschung. Die Forschungsergebnisse dieses Mannes, insbesondere seine physikalisch optischen Theorien, beeinflussten die abendländischen Forscher bis in die Neuzeit hinein. Auch im astronomischen Bereich wurde das christliche Abendland von der islamischen Welt sehr stark beeinflusst. Hier sei das astronomische Werk des andalusischen Astronomen al-Sarqali zu erwähnen, welches später von Gerhard von Cremona ins Lateinische übersetzt wurde und später bei Kopernikus großen Anklang fand. Auch der Philosoph al-Kindi beschäftigte sich mit den Fragen der Naturwissenschaften und der Astronomie. Unter seinen zahlreichen Abhandlungen findet sich u.a. eine ganz besondere Abhandlung über das „Urrätsel der Astronomen". Es ist auch al-Kindi gewesen, der die Winkelmessung mit dem Zirkel in der Geometrie einführte. Er konnte auch spezifische Gewichte von Flüssigkeiten berechnen und vor Newton experimentierte er mit der Gravitation und den Fallgesetzen, welche er in seiner Abhandlung „Über die aus der Höhe herabfallenden Körper" beschrieb. Bereits um das Jahr 1000 stellte der Arzt Ali bin Suleiman die Atomtheorie auf. Ali bin Suleiman kam zu der Schlussfolgerung, dass die Körperteilung nicht aufhöre und dass man nicht zu etwas gelange, das nicht mehr teilbar sei. Ebenfalls um das Jahr 1000 kam ein anderer islamischer Forscher, nämlich al-Biruni, zu der Überzeugung, dass nicht die Sonne für den Wechsel von Tag und Nacht verantwortlich sei, sondern der Planet Erde selbst, der sich um die eigene Achse drehe und mit den Planeten die Sonne umkreise. Eine Theorie, die 500 Jahre später Kopernikus zu seiner machte und somit unsterblich wurde. Wenn man bedenkt, dass Kopernikus wegen dieser Theorie angefeindet wurde, gerade von der christlichen Religion, dann ist die Toleranz, die der Islam bereits 500 Jahre vor Kopernikus kannte und praktizierte, mit Worten nicht zu beschreiben. Auch im Bereich der Philosophie waren die islamischen Geisteswissenschaftler ihren Zeitgenossen im christlichen Abendland um Jahrhunderte voraus. Die Philosophie des Ibn Rushd setzte im 14. Jahrhundert insbesondere in Frankreich, England und Deutschland eine Diskussion im Gange, an der sich u.a. Albertus Magnus, Thomas von Aquin und Roger Bacon rege beteiligten und maßgeblich ihre Arbeiten beeinflusste. Den Forschern des Islam gelang es neue Wissenschaftszweige zu entwickeln und weiter auszubauen, wahrlich diese waren die Wegbereiter der abendländischen Wiedergeburt. Die islamischen Wissenschaftler, insbesondere der Astronom und Mathematiker al-Kaschi, sind auch die Erfinder des Rechnens mit Dezimalbrüchen. Sie sind auch die Begründer der Trigonometrie. Nicht zu vergessen ist auch die Perfektionierung der Algebra durch Omar Ibn al-Chaijam. Die quadratischen Gleichungen, die Winkelberechnung eines Dreiecks und die Flächenberechnung eines Kreises, die heute in der Schule zur Grundausbildung im Fach Mathematik gehören, sind arabischen Ursprungs. Das Verwenden von Sinus, von Seiten und Winkeln des Dreiecks, das Aufstellen der Funktionen Kosinus, Tangens und Kotangens hat das christliche Abendland ebenfalls den arabischen Mathematikern zu verdanken. Zu den berühmten Mathematikern gehörte zweifelsohne Abu al-Wafa, der neue Berechnungsverfahren für Sinustafeln erfand, ein mathematischer Quantensprung. Von den islamischen Mathematikern übernahm das Abendland auch die Sexagesimalrechnung und die Sechzigerteilung des Kreises. Der wohl einflussreichste und auch im Abendland bekannteste islamische Arzt und Philosoph Ibn Sina, der einflussreichste Lehrer der Scholastik seiner Zeit, beschäftigte sich hauptsächlich, neben seiner ärztlichen Tätigkeit, mit der unendlich kleinen Größen, die dann auch zur Erfindung der Infinitesimalrechnung durch Newton und Leibniz geführt haben. Ein weiterer bedeutender islamischer Philosoph war der Mathematiker und auch begabte Musiker al-Farabi, der sich durch die Beschäftigung mit einer Musiktheorie den Weg zur Entwicklung und Entstehung des Logarithmus ebnete.

Diese Philosophen und Naturwissenschaftler waren nie der Gefahr ausgesetzt als Ketzer getötet oder geächtet zu werden. Ganz im Gegenteil. Sie waren angesehene und am Hofe der Kalifen gern gesehene Gäste. Der Islam stand diesen Entwicklungen in keinster Weise im Wege. Vielmehr hat er die Akkumulation und die Erweiterung des Wissens, was dem Wesen des Islams ja auch entspricht, mit allen ihm zur Verfügung stehenden Kräften unterstützt. Es besteht also kein Zusammenhang zwischen Rückständigkeit der islamischen Welt und der Lehre des Islam. Wer hier einen Zusammenhang herstellen will, der ist entweder unwissend, schlimmstenfalls islamfeindlich.

3 Hellenistische Einflüsse im Islam

Die islamische Philosophie geht davon aus, dass das Wissen des Menschen durch die Analogien erworben wird. Die Voraussetzung für die Analogie ist die Vernunft sowie die Fähigkeit der sinnlichen Wahrnehmung. Die Sinne erfassen Einzeldinge, die Summe der Einzeldinge ergibt das Ganze. Hierdurch erfährt der Mensch das, was er durch Vermutung nicht wissen kann. Dabei können ihm Fehler unterlaufen. Die Analogie kann zu klein oder zu groß sein. Eine andere Fehlerquelle ist mangelndes Wissen in der Anwendung oder aber auch die bewusste Täuschung. Aus Sicht der islamischen Philosophie ist der Mensch von Geburt an gezwungen analog zu denken. Wenn ein Kind die Existenz der eigenen Eltern wahrnimmt, so führt das auch zur Wahrnehmung der Eltern anderer Kinder, da das Kind von sich auf andere schließt nach dem Prinzip: ich habe zwei Eltern, also wird der Nachbarsjunge ebenfalls zwei Eltern haben. Das ist die klassische Analogie. Natürlich kann diese Analogie wahr oder falsch sein, denn der Nachbarsjunge könnte allein mit der Mutter oder mit dem Vater leben. Auch glaubt das Kind, das jede Frau oder jeder Mann ein Kind habe, denn es schließt von sich auf andere. Das betrifft das Glauben und das Vermuten sinnlich wahrnehmbarer Dinge. Es gilt hier also, das Sinnlichwahrnehmbare zu durchforschen und die sinnlichwahrnehmbaren vorhandenen Einzeldinge genauer zu betrachten. Im Laufe der Entwicklung, d.h. je älter das Kind wird, desto vernünftiger wird es und es lernt zunehmend den eigentlichen Wert dessen, was es in der Kindheit, später in der Jugend, glaubte und vermutete, kennen und es wird zunehmend prüfen, ob seine Annahme wahr oder falsch war. Genauso ergeht es dem Urteil der vernünftigen Menschen, bis ihnen, nachdem sie die theologischen Wissenschaften studiert haben, und den wahren Wert dessen, was sie vermuteten, zu erkennen beginnen, der Sachverhalt klarer wird. Die Analogieschlüsse prägen die islamische Philosophie bis heute. Von einigen werden sie kritisiert, andere wiederum sehen sie als die einzige Möglichkeit, eine Brücke zwischen Theorie und Praxis herzustellen. Betrachtet man die islamische Philosophie etwas genauer, so wird man feststellen, dass die Analogie nicht die wahre Problematik der islamischen Philosophie darstellt.

Seit nun mehr als 700 Jahre dreht sich in der islamischen Philosophie alles um die Versöhnung zwischen Rationalismus und der Schöpfungslehre. Die Al-Mutaziliten haben als erste philosophische Bewegung in der islamischen Philosophie gefordert, die Vernunft über die Schöpfungslehre zu stellen, d.h. nichts anderes als die Vernunft über Gott zu stellen. Wie wir wissen, ist diese Bewegung gescheitert. Ibn Sina und seine Schüler waren berühmt dafür, das wissenschaftliche Denken in das religiöse Denken zu integrieren, weil sie der Überzeugung waren, dass wissenschaftliches Denken rational sei und die Schöpfungslehre die absolute Wahrheit sei. Al-Kindi sah in der Analogie eine gewisse Logik. In der Analogie ist die Welt hierarchisch konstruiert, an der Spitze steht Gott, der alle Wesen mit Vernunft und Seelen vorsieht. Die Natur als schaffende Kraft führt zur Entstehung von Steinen, Pflanzen, Tiere, Menschen, Philosophen und Propheten. Dies geschieht doch ausschließlich durch Gotteswillen und diese Geschöpfe kehren wieder zu Gott zurück. Angesichts dieser Konstellation kommt man schnell zu der Überzeugung, dass die islamische Philosophie über keine Möglichkeiten der Erneuerung verfüge. Der immer wiederkehrende Vorwurf lautet: die Philosophie im Islam habe sich die griechische Philosophie zum Gegenstand ihres Denkens gemacht, d.h. die islamischen Philosophen unterscheiden sich in ihren Diskursen lediglich in der Art der Darlegung. Dies kann tatsächlich, wenn nicht zwischen Ideologie und Kognition innerhalb dieser Philosophie unterschieden wird, zu der fatalen Schlussfolgerung führen, dass es sich bei der islamischen Philosophie um eine adynamische Philosophie handele. Wird lediglich der kognitive Aspekt der islamischen Philosophie betrachtet, so wird man zwangsläufig die fehlende Dynamik wahrnehmen und diese Philosophie wird abgestoßen. Der Orientalist fühlt sich hier bestätigt, denn hier sieht er eine in arabische Schrift verfasste griechische Philosophie. Die islamische Philosophie wird, so wie Ernest Renan es tat, als eine Wiederholung der griechischen Philosophie abgetan und damit abgewertet. Eine unproduktive Nachahmung der griechischen Philosophie, gleichzeitig auch eine Bankrotterklärung der islamischen Philosophie, die als nichtexistent wahrgenommen wird.

Die Reduzierung der islamischen Philosophie auf die Griechische ist nur zutreffend, wenn einzig Bezug auf den kognitiven Inhalt dieser Philosophie genommen wird. Betrachtet man jedoch die ideologischen Inhalte, so werden die gigantischen Fortschritte sowohl gesellschaftlich als auch in den Wissenschaften sichtbar. Die Fortschritte im Bereich der Medizin, der

Mathematik, der Astronomie, der Logik und in anderen Bereichen werden einen entzücken. Die Wissenschaften haben sich in der islamischen Zivilisation stets entwickelt, mit Ausnahme der letzten 700 Jahre.

Die kognitive Leseart hat sich in allen drei monotheistischen Religionen nicht wesentlich verändert. Die Veränderungen sind im ideologischen Gebrauch der kognitiven Materie sichtbar. Der fundamentale Beitrag der islamischen Philosophie liegt in der ideologischen Funktion. Nur hier wird die islamische Philosophie greifbar und verständlich. Während die Europäer die islamische Philosophie als Wiederholung der hellenistischen Philosophie ansehen, betrachten einige Forscher aus dem islamischen Raum die islamische Philosophie als eine Fortsetzung der griechischen Philosophie. Einige islamische Gelehrte sehen in der islamischen Philosophie eine „importierte Hure“, deren Kinder nur Bastarde sein können. Sie verfügen alle über unterschiedliche Quellen, aber sie haben ein gemeinsames Ziel, nämlich die Trennung zwischen islamischer Philosophie und der islamischen Religion, Kultur und Politik. Den Muslimen wird nach wie vor die Vorstellung vom Zusammenhang zwischen der islamischen Philosophie und anderen Aspekten des Islam verwehrt. Das Opfer, dieser vom Westen und teilweise von einigen Intellektuellen in der islamischen Welt aufgezwungene Auffassung der eigenen Geschichte, ist die islamische Philosophie selbst und in der Konsequenz die islamische Religion. Betrachtet man jedoch die islamische Philosophie als Teil der islamischen Kultur, dann wird man unweigerlich erkennen, dass sich die islamische Philosophie stets als Motor der Wissenschaft und des Fortschritts erwiesen hat. Die islamische Philosophie in ihrer Vielfältigkeit ist eine eigenständige, fruchtbare Philosophie, die zwar durch die griechische Philosophie getriggert wurde, sich im Verlauf aber verselbständigte und großartige Philosophen hervorbrachte, die die westliche Welt bis ins 17. Jahrhundert hinein beeinflussten.

4 Die Söhne Abrahams

„Du wirst finden, dass den Gläubigen die am besten gesinnt sind, welche sagen: Wir sind Christen."
(Sure 5, Vers 82)

Wohlgemerkt die Geburt Jesus Christus durch die Jungfrau Maria ist im Islam ein Dogma so wie Adam, der weder Vater noch Mutter hatte, erschaffen durch das Wort Gottes. „Jesus ist vor Gott gleich Adam. Er erschuf ihn aus Erde. Dabei sprach er zu ihm: „Sei!" Und er „war". Jesus selbst bezeichnete sich als den Gesandten Gottes an Israel (Vgl. Sure 43, Vers 63). Weiter heißt das in Sure 4, Vers 171: „Ihr Leute der Schrift! Treibt es in eurer Religion nicht zu weit und sagt gegen Gott nicht aus, außer der Wahrheit! Jesus Christus, der Sohn der Maria, ist nicht Gott, sondern nur der Gesandte Gottes und sein Wort. (...) Darum glaubt an Gott und seine Gesandten und sagt nicht von Gott, dass er in einem drei sei! (...) Gott ist nur ein einziger Gott. (...) Er ist darüber erhaben ein Kind zu haben, denn ihm gehört alles was im Himmel und auf der Erde ist." Weiter heißt es in Sure 5, Vers 116: „O Jesus, Sohn der Maria! Hast du zu den Menschen gesagt: Nehmt mich und meine Mutter als zwei Götter neben Gott an? Dann wird er sagen: Gepriesen seiest Du! Es steht mir nicht zu, etwas zu sagen, das nicht wahr ist. Hätte ich es gesagt, dann wüsstest du es. Du weißt, was in mir ist, ich aber weiß nicht, was in deinem Selbst ist. Siehe, Du bist der Kenner der Geheimnisse. Nichts anderes sage ich zu ihnen als was du mir aufgetragen hattest, nämlich: Dient Gott, meinem Herren und eurem Herrn!" Die besondere Stellung Jesus Christus im Koran wird in Sure 43, Vers 61 deutlich: „Am Tag der Auferstehung wird er (...) über sie (Die Freunde des Buches) Zeuge sein." Professor Uta Ranke-Heinemann kommt in ihrem Buch „Nein und Amen" [6, S. 200] zu folgender Aussage: „Jesus und Kirche sind zweierlei. Jesus war längst gestorben und begraben und nach Hause in den Himmel gefahren, dann entstand die Kirche. Sie hat sich sozusagen selbst gezeugt und selbst geboren. Sie sagt zwar, sie sei des Heiligen Geistes Kind. Dieser sei zu Pfingsten, 52 Tage nach Jesus Tod, mit

Sturm und Feuer vom Himmel herabgefahren und habe ihre Hierarchie Papsttum begründet, und die Kirche besitze seitdem den Heiligen Geist. Aber dieser Heilige Geist ist kein Geist, der sich besitzen lässt, denn er weht, wo er will, und nicht dort, wo die Kirche oder sonst wer es will. Und so ist anzunehmen, dass die Kirche lediglich ihres eigenen Geistes Erzeugnis ist. (...) Man hat Jesus vom Heilsverkünder für Israel, der er sein wollte (Ich bin nur gesandt zu den verlorenen Schafen Israels Mt. 15, 24) zu einem unverhofften Erretter der Heiden in aller Welt gemacht, ob diese es nun wollen oder nicht. Man hat einen jüdischen Prediger und Propheten zu einem hauptstädtisch-universalen Herrscher, zu einem römisch-katholischen Weltherrscher umfunktioniert."

Das Menschenbild im Koran wurde durch das Verhalten von Adam und Eva geprägt. Nachdem sie sündigten und danach Reue zeigten, erbarmte sich Gott ihnen und er schickte sie unter Auflagen vom Paradies auf die Erde (Vgl. Sure 7, Vers 18-24). Und „wenn dann meine Rechtleitung zu euch kommt; Wer dann meiner Leitung folgt, der soll weder irregehen noch unglücklich sein." (Sure 20, Vers 123) Nach koranischer Lehre kann der Mensch nur dann, wenn er an den einen und einzigen Gott glaubt und wenn er gute Werke vollbringt, gerettet werden. Gott bietet jedem Menschen seine Hilfe direkt an, denn er ist nahe und erhört den Rufenden, wenn er Gott anruft (Vgl. Sure 2, Vers 186). Wenn der Mensch barmherzig ist, dann wird er diese Barmherzigkeit von Gott erfahren. Jedem Menschen ließ Gott bei seiner Erschaffung etwas von seinem Geist einhauchen. Gott ist den Menschen stets sehr nah und er kommuniziert mit den Menschen unaufhörlich über Zeichen, die sich außerhalb und im Menschen selbst befinden, den Gott ist allgegenwärtig. Der Mensch ist kein Prophet. Die Propheten sind aber Menschen, die über Wissen verfügen, welches die Dinge auch außerhalb der Vernunft begreift. Der Koran bringt zum Ausdruck, dass die Bezeichnung „Gottessohn", so wie sie im Johannesevangelium (10, 30) angedeutet wird, wo es heißt: „Ich und der Vater sind eins", nicht buchstäblich, sondern im übertragenen Sinne zu verstehen ist. Die Einheit Gottes ist aus koranischer Sicht ein Dogma. Das Einssein wie es im 1. Korinther 6, 17 steht, wo es heißt: „Wer aber dem Herrn anhängt, der ist ein Geist mit ihm", ist nicht wörtlich, sondern sinnbildlich zu verstehen, weil die Anhänger Gottes nicht selber zu Gott werden. Auch im Koran stehen solche Äußerungen wie in Sure 4, Vers 80 wo es heißt: „Wer dem Gesandten gehorcht, der gehorcht Gott." Diese Sure kann also nicht so ausgelegt werden, dass der Prophet Mohammed Gott sei. Abschließend möchte ich diese Überlegungen mit einem Zitat aus dem Johannesevangelium (17, 3) ergänzen: „Das ist aber das ewige Leben, dass sie dich, der du allein der wahre Gott bist, und den du gesandt hast, Jesus Christus, erkennen."

Zur geistigen Größe des Islam gehört das friedliche Zusammenleben aller Religionen. Der Islam bewies Duldsamkeit, die keine andere Religion vor und auch danach jemals auch nur ansatzweise praktizierte. Die Muslime duldeten Christen und Juden, mit denen sie nicht mehr im Kampf lagen, wie es weder das Judentum noch das Christentum in ihren Herrschaftsgebieten jemals gezeigt haben. „Doch bestand grundsätzlich kein Berufsverbot für Nichtmuslime; viele von ihnen hatten hohe Stellungen bei Hofe, vor allem die christlichen Ärzte. Auch die Verwaltungsarbeiten wurden oft von den in dieser Sparte erfahrenen Christen übernommen, so dass man dem Propheten einen Ausspruch zuschrieb, wonach die Kopten den Gläubigen zur Frömmigkeit helfen sollten, indem sie ihnen die weltlichen Arbeiten abnahmen. Man kann auch an die zahlreichen jüdischen Ärzte und Geldverleiher denken, die seit dem Mittelalter in den islamischen Gebieten tätig waren; es ist typisch, dass die bei der Rückeroberung Spaniens vertriebenen spanischen Juden sich ins Osmanische Reich begaben, weil die dortige islamische Regierung sie als „Dhimmis" (jüdische Flüchtlinge) schützte und ihnen Arbeitsmöglichkeiten gab." [3, S. 63] Für die Muslime sind das Judentum und das Christentum keine fremden Religionen. Im Koran heißt es: „Oh ihr Menschen! Wir erschufen euch (...) und machten euch zu Völkern und Stämmen, damit ihr einander kennen lernt." (Sure 49, Vers 13) Das Judentum und das Christentum nahmen und nehmen im Koran eine bestimmte Rolle ein. Der Islam sieht sich als Erneuerung und als Korrektur der ursprünglichen abrahamitischen Religionen, sprich das Judentum und das Christentum. Es existiert eine enge ideologische und theologische Verwandtschaft zwischen den drei monotheistischen Religionen. Alle Drei glauben an einen einzigen Gott. Auch glauben sie daran, dass wir Sterblichen, die sich lediglich eine kurze Zeit auf der Erde aufhalten dürfen, für ihre Handlungen und Taten zur Rechenschaft gezogen werden. Ihnen gemeinsam ist auch die Tatsache, dass alle Drei an ein Leben nach dem Tode glauben. Der Koran gibt eindeutig zu verstehen, dass sowohl Juden als auch Christen Freunde des heiligen Buches sind. Der Islam weiß, dass die heiligen Schriften der Christen und der Juden von Gott kamen. Für den Islam sind die jüdischen und christlichen Propheten selbstverständlich auch islamische Propheten. Während sich die Juden als Nachkommen Abrahams durch seinen Sohn Isaak betrachten, sehen sich die Muslime als Nachkommen Ismails des anderen Sohnes Abrahams. Der Islam ist aus Sicht der Muslime der Stamm des Baumes, von dem die beiden anderen Religionen als Äste abzweigen. Der

Islam sieht sich als Urlehre und als Mutter der abrahamitischen Religionen. Er verkörpert den Kern aller monotheistischen Religionen und pocht auf den Glauben an den einen Gott. Dieser Gott ist über allem erhaben, er wird weder gezeugt noch zeugt er. Er ist gütig und barmherzig aber auch streng zugleich. Den Menschen, den er erschaffen hat, schickte er von Zeit zu Zeit seine Propheten, um seine heiligen Botschaften kundzutun, in der Hoffnung die Menschen gemäß der ersten Sure zu lenken: „Im Namen Allahs, des Allerbarmers, des Barmherzigen. (Alles) Lob gehört Allah, dem Herrn der Welten, dem Allerbarmer, dem Barmherzigen, dem Herrscher am Tag des Gerichts. Dir allein dienen wir, und zu Dir allein flehen wir um Hilfe. Leite uns den geraden Weg, den Weg derjenigen, denen Du Gunst erwiesen hast, nicht derjenigen, die (Deinen) Zorn erregt haben, und nicht der Irregehenden!"

Ibrahim (Abraham), Musa (Moses), Isa (Jesus) und Muhamed (Mohammed) gehören zu diesen Propheten. Mohammed gilt als der letzte, der diese Reihe der Propheten besiegelt und dass er, der Rasul, der Gesandte Gottes, als solcher in seiner zeitlosen Gültigkeit ein für alle mal den Menschen die Botschaft Gottes verkündet. Der Islam erkennt die beiden anderen monotheistischen Religionen an. Dem Judentum wirft der Islam die Verfälschung der ursprünglichen abrahamitischen Lehre vor und dem Christentum macht er die Trinitätslehre zum Vorwurf. Die Vorstellung, dass es neben Gott einen Gottessohn und einen Heiligen Geist gibt, ist für den gläubigen Muslim eine Ungeheuerlichkeit, denn Gott ist einzigartig und er ist allein und unbedingt. Die Trinitätslehre erinnert die Muslime an die griechische Götterwelt mit Zeus als Göttervater, Hera als Heiliger Geist und Herkules als Gottessohn. Er wirft diesen beiden Religionen des Weiteren vor, dass beide nicht anerkennen wollen, dass der Islam die abrahamitische Urlehre enthält. Per Analogie schließt der Islam daraus, dass diese beiden Religionen, die ihm gegenüber feindlich gesinnt sind, letztendlich ihrem eigenen abrahamitischen Auftrag untreu geworden seien.

Das Glaubensbekenntnis, dass es keine Gottheit außer Gott gibt, ist ein Art Knok-out gegen jegliche Art von Aberglauben, Vielgötterei und auch gegen all das, was im menschlichen Geist den Anspruch des Göttlichen erhebt. Mohammed unterschied zwischen dem „Großen Heiligen Krieg", den der Mensch gegen sich selbst und seine Unzulänglichkeit einerseits und dem „Kleinen Heiligen Krieg" gegen die äußere Bedrohung der islamischen Integrität. Man weiß heute aus sicheren Quellen, dass unter der islamischen Herrschaft die Christen und Juden, die zuvor gelitten haben, nun deutlich bessere Lebensbedingungen hatten. Sowohl die Christen als auch die Juden durften selbstverständlich ihre Gotteshäuser behalten. Auch ihre Besitztümer duften sie behalten. Allerdings mussten die Christen und Juden zu der allgemeinen Grundsteuer, die alle Bewohner des Reiches entrichten mussten, eine Kopfsteuer entrichten. Diese zusätzliche Kopfsteuer wurde als Ausgleich dafür gesehen, dass diese beiden Glaubensbrüder keinen Kriegsdienst leisten mussten. Diese Kopfsteuer war eine Art Zivildienst an der Gesellschaft. Auch ist zu berücksichtigen, dass diese Kopfsteuer nach Berufsgruppen eingeteilt und eingestuft war. So waren Frauen, Kinder, Mönche, Kranke, Arme und Sklaven von dieser Kopfsteuer, und im Allgemeinen auch von der Steuer überhaupt, befreit. Heute würde man von einem Härteausgleich sprechen. Die christlichen und die jüdischen Gemeinden verfügten über eine eigene Judikative. Sie hatten eigene Vorsteher, die diese in jeglicher Angelegenheit beim Herrscher der Gläubigen vertraten. Insbesondere unter der Herrschaft der Omaijaden und der Mauren gab es bedeutende christliche und jüdische Gelehrte. Viele von ihnen hatten hohe Positionen in der Regierung inne. Der Berater des marokkanischen Königs ist bis heute traditionsgemäß jüdischer Abstammung. Gotteshäuser der Christen und Juden anzugreifen oder gar zu zerstören, gilt im Islam als Verstoß gegen die im Koran vorgeschriebene Toleranz und Achtung eben diesen Gotteshäusern gegenüber. Diese Taten gelten im Islam als ein Akt der Barbarei und werden entsprechend bestraft. Auch gab es im Islam zu keinem Zeitpunkt eine gezielte Verfolgung von Juden und Christen und schon gar keine Verbrennungen oder öffentliche Prozesse. Eine Art Inquisition ist dem Islam völlig fremd und im Übrigen verboten. Der Koran sagt und hier ist er eineindeutig, dass es keinen Zwang im Glauben gibt: „Zwingt keinen zum Glauben.“ (Sure 2, Vers 257)

Christliche und jüdische Asketen wurden von der islamischen Gemeinschaft hochgeachtet. Dass es durchaus zu Vermischungen zwischen diesen Religionen insbesondere in Al-Andalus kam, kann in dem Buch „Die Lampe der Könige“ von Abu Bakr Mohammed bin al-Walid At-Turtuschi, einem Mystiker, der aus dem maurischen Spanien des 12. Jahrhunderts stammte, nachgelesen werden. Unter den islamischen Mystikern vertraten viele die Meinung, dass man auf drei Wegen das Ziel erreichen könne. Mit anderen Worten, alle drei Religionen, der Islam, das Christentum und das Judentum führen zum Ziel. Zu keiner Zeit führte die islamische Obrigkeit Zwangsbekehrungen durch.

Mit der Herrschaft des Islam wurde das Arabische zur Sprache der Intellektuellen. Bedeutende christliche und jüdische Philosophen und Theologen wie Ibn Gabriol, Ibn Pakuda und Maimonidis schrieben ihrer Hauptwerke auf Arabisch. Den größten Vorteil erfuhr das Judentum unter der Herrschaft der Muslime in Al-Andalus. Der Sepharad der Hebräer hatte seine schönste geistige Blüte seit der Existenz der jüdischen Diaspora. Der Islam schuf eine Kultur, die den ganzen Menschen erfasste und erfasst.

Noch heute leben in der islamischen Welt, insbesondere in Nordafrika, Millionen Menschen jüdischen Glaubens. In Marokko werden teilweise die gleichen Heiligen verehrt. Eine Christenverfolgung oder Judenverfolgung hat es im Islam nicht gegeben. Diese als „Freunde des Buches“ verehrten Brüder waren stets willkommen. Sie bekleideten hohe Ämter unter den Kalifen. Der Islam ist für seine Toleranz und Offenheit bekannt und bedarf keiner Belehrung von Außen. Um diese doppelte, einerseits kriegerische Haltung und andererseits friedliche Haltung der Muslime zu verstehen, bedarf es eines Perspektivwechsels, man muss sich auf ihren Stand stellen. Der Islam betrachtet nicht per se die anderen beiden monotheistischen Religionen als Feind. Die Muslime werfen der jüdischen Religion vor, dass diese Christus und die heilige Jungfrau Maria verleumden. Dem Christentum werfen sie vor, Christus zu einem Gott neben dem Allmächtigen und Barmherzigen gemacht zu haben. Trotz dieser unterschiedlichen Auffassungen vom Glauben lebten unter der islamischen Herrschaft Christen, Juden und Muslime friedlich zusammen. „Ihr habt eure Religion, und ich habe meine.“ (Sure 109, Vers 7) Es war keine Zweckgemeinschaft, sondern sie ergänzten sich in allen Bereichen. Mischehen in Andalusien waren selbstverständlich. Der Islam bzw. die islamische Religion ist kein theoretischer Balast, sondern stets eine praktische und sehr lebendige Religion. Der Islam ist farbenblind. Der Islam ist mit Abstand die toleranteste und aufgeklärteste Religion. Hier lassen wir den Propheten selbst zu Wort kommen. Auf seiner letzten wilden Fahrt kurz vor seinem Tode im Jahre 632 richtete er am Berge Arafat einige deutliche Worte an die Muslime: „Oh ihr Menschen, wahrlich sind euer Leben, euer Besitz und eure Ehre heilig und unverletzlich, bis ihr vor Euren Herrn tretet. Oh ihr Leute! Gedenket des Herrn. Und selbst wenn ein verstümmelter abessinischer Sklave euer Führer sei, hört auf ihn und gehorcht ihm, solange er für das Buch Gottes eintritt und es einsetzt. Ihr alle seid Nachkommen Adams, und Adam war aus Erde gemacht. Es gibt keine Überlegenheit eines Arabers über einen Nicht-Araber oder eines Nicht-Arabers über einen Araber, noch eine Überlegenheit eines Weißen über einen Schwarzen oder eines Schwarzen über einen Weißen, als allein die Überlegenheit, die durch das Bewusstsein Gottes erlangt wird. Der Edelste unter Euch ist wahrlich jener, der sich Gottes am tiefsten bewusst ist.“

5 Jerusalem

Um den Bezug des Islam zum „Heiligen Land“ zu verstehen muss man wissen, dass sich der Islam als Fortsetzung des Judentums und des Christentums ansieht. Die Basis des Islam ist jüdisch. Mohammed trat auf die Weltbühne, um das auserwählte Volk an seine Pflichten zu erinnern, doch vergeblich. Aber dennoch zählen die Juden zu den Freunden des Buches und es darf nicht unerwähnt bleiben, dass es sich bei den Juden und Arabern auch genetisch um eine Familie handelt, nämlich der Semitischen. Die Verwandtschaft ist nicht nur religiös, sondern auch genetisch gegeben, ja sogar sprachlich. Diese Verwandtschaft wird im 1. Buch Mose Kapitel 21, Vers 17 bestätigt, denn dort heißt es: „Auch den Sohn der Magd will ich zu einem Volk machen, weil er dein Same ist.“ Um diese besondere Verbindung zu betonen, trat der Prophet Mohammed seine nächtliche Reise von der Kaaba nach Jerusalem und vom Tempel in Jerusalem trat er seine Himmelfahrt an. In der Sure 17, Vers 1 heißt es hierzu: „Preis dem, der seinen Diener des Nachts entführte von der heiligen Moschee zur fernsten Moschee, deren Umgebung wir gesegnet haben, um ihm unsere Zeichen zu zeigen.“ [7, S. 264] Mohammed wurde vom Erzengel Gabriel auf dem Luftweg von Mekka nach Jerusalem gebracht. Vom Felsen in Jerusalem, der entferntesten Moschee, stieg der Prophet in den Himmel auf. Auf dieser Himmelsreise begegnete er dem Stammvater der Semiten, nämlich Abraham. Auch Moses und Jesus sei er im Himmel begegnet. Mohammed wurde von diesen größten aller bisherigen Propheten als der „primus inter pares“ anerkannt. Der Islam stellte damit endgültig die Verknüpfung zum Judentum und Christentum her. Damit wurde aus islamischer Sicht die Legitimität des Propheten Mohammed als Nachfolger der alttestamentarischen Propheten zementiert.

6 Das Spekulative im Islam

Der islamische Rationalismus existiert! Er wartet auf seine Rückkehr. Al-Jabri sieht das Dilemma des zeitgenössischen islamischen Denkens in der Autorität des Althergebrachten, in der Autorität der vorislamischen Tradition, im Mechanismus des Analogieschlusses vom traditionell bekannten auf die Moderne. Hieran ist sicherlich nichts auszusetzen, auch nicht daran, dass das islamische Bewusstsein durch die Potenz der westlichen Massenmedien unterdrückt wird. Dieser Druck untermauert die Hegemonieansprüche der westlichen Welt. Man gewinnt den Eindruck, dass al-Jabri die Schwächung des Islam durch die Schwierigkeiten, die dem islamischen Bewusstsein selbst innewohnt, weniger durch den Einfluss des christlichen Abendlandes verursacht sieht. Indirekt unterstellt er dem Islam einen Denkfehler, der weniger in der Religion selbst, vielmehr in der Abweichung von der Religion zu suchen ist. Plastisch gesehen hat der gläubige Moslem aus seiner Sicht die Fähigkeit verloren, intermittiernde Perspektivwechseln zu vollbringen. Somit sei er nicht in der Lage sein Handeln, seine Philosophie kritisch betrachten zu können. Während im Abendland die Tradition lediglich eine Randfigur zu sein scheint, bilde sie in der islamischen Welt die Grundlage allen Handelns. Die Tradition sei die Mutter aller möglichen Denkweisen in der islamischen Welt, seien sie naturwissenschaftlicher Art, geisteswissenschaftlicher Art oder auch in Bezug auf den Alltag. Al-Jabri ist der Überzeugung, dass das islamische Denken sich selbst das Überschreiten von dogmatischen Denkmustern durch eine innere moralische Instanz, die der vorislamischen Traditionen entstammt, verbietet. Die aktuellen politischen und religiösen Bewegungen bieten aus der Sicht al-Jabris keine Alternativen. Die Islamisten wollen die Vergangenheit, die Liberalen wollen den Westen und die Marxisten sind in ihren Träumen verfangen. Aus seiner Sicht kann also die Lösung nur heißen, nicht islamisch, nicht marxistisch, nicht liberal. Was bleibt also?

Warum die Vergangenheit verteufeln, wenn sie doch gut war. Vor allen Dingen bietet al-Jabri wenig Alternativen. Die Widersprüchlichkeit seiner Aussagen spiegelt sich beispielsweise darin, dass er behauptet, der islamische Rationalismus des Ibn Rushd habe sich im christlichen Abendland durchgesetzt. Nicht jedoch in der islamischen Welt und der Tatsache, dass die islamische Welt immer politisch, wenig wissenschaftlich regiert wurde. Hier zeigt sich die Ambivalenz dieses im Westen hochgeschätzten Schriftstellers, denn er macht genau das, was er der islamischen Welt vorwirft, nämlich den Rückgriff auf die Tradition, auf die Vergangenheit. Al-Jabri unterscheidet nicht zwischen Tradition und Orthodoxie und genau hier liegt der entscheidende Fehler. Er will den aus seiner Sicht abstrakten metaphysischen Gottesbegriff des sunnitischen Glaubens durchbrechen. Die Idee eines persönlichen Gottes mit der eines gesetzmäßigen Naturverlaufs und einer sittlichen Weltordnung scheint ihn zu stören, obgleich er das Individualistische einfordert. Er kann sich das Böse in der islamischen Welt erklären, dies jedoch hindert ihn daran gleichzeitig die Allmacht Gottes als solches anzuerkennen und zu verstehen. Durch die strenge Determination und durch die unbewiesene Behauptung, das Böse erscheine nur in seinen Beziehungen zur niederen sinnlichen Welt, in seiner unmittelbaren Wirkung auf die Objekte als böse und schädlich, im Großen und Ganzen aber diene alles einem positiven Zwecke, im höchsten Sinne dem Willen Gottes, diesem gegenüber gebe es daher kein Böses. Alles sei gut und heilsam, nur in verschiedenen Graden. Er sucht die Freiheit des menschlichen Handelns, die Natur Gottes möchte er außer jeder Beziehung zum Bösen setzen. Damit würde Gott aber zu einem bloß relativen Gott, denn eine Menge der geschehenden Dinge entzieht sich seinem Bereich, daher liegt der Schwerpunkt des göttlichen Wesens in der Allwissenheit. Al-Jabri folgt nicht seinem subjektiven Gefühl. Dieses stützt sich auf die unmittelbare Erfahrung einer apriorischen Wahrheit, durch die versucht werde die menschliche innere Erfahrung mit dem Gottesbegriff in Einklang zu bringen. Die Muslime ahnten etwas Richtiges, die strenge Konsequenz, die Ableitung alles Einzelnen aus einem einzigen obersten Prinzip aber bleibe aus. Nach al-Jabri besteht eine Diskrepanz zwischen der göttlichen Allmacht und ihres Verhältnisses zur Allwissenheit einerseits und dem menschlichen Handeln andrerseits. Ähnlich wie Ibrahim Ibn Sajjar an-Nazzam, ist al-Jabri der Meinung, dass das Böse sein dem Bösen als wesentliche Eigenschaft zukomme. So müsste Gott, wenn er es täte oder auch nur zuließe, in irgendwelcher Beziehung zu demselben gebracht werden. Es widerspricht aber dem Begriff seiner göttlichen Gerechtigkeit. Gott tut nur, was für die Menschen heilsam ist. Auch im jenseitigen Leben kann er Lohn und Strafe nicht nach Willkür bestimmen. Das Ausmaß und der bestimmende Grund für dieselben ist die menschliche Handlung allein.

Al-Jabri ist daran interessiert, seinem Gottesbegriff alle persönliche

Willkür auszumerzen, um im Laufe der Welt die Wahrheit zu erkennen. Er verteufelt die Träumer, die immer noch glauben, dass die bestehende Welt die beste und vollkommenste sei, weil nur Gotteswerk vollkommen sein könne. Etwas anderes als daran zu denken, dass Gott, wenn er wollte, ebenfalls tun könnte, was er wollte, widerspreche der göttlichen Güte. Auch der Wille dürfte demnach nicht als Eigenschaft Gottes gelten. Folglich sind Gottes Gesetze nichts anderes als erteilte Befehle.

Heißt es etwa, dass Allmacht und Wissen des Schöpfers dasselbe sind? Wenn dem so ist, dann könne man Gott nicht die Macht zuschreiben über das, wovon er selbst wisse oder bereits verkündet habe, dass er es nicht tun werde. Der Mensch hingegen schwankt zwischen zwei Gegensätzen, und sei sehr wohl im Stande, das Eine wie das Andere zu tun. Gott hat demnach nicht die Macht Ungerechtigkeit zu bestrafen, weil er sonst seine Güte verliert. Der Mensch kann also gar nicht gemäß seiner Handlungen belohnt oder bestraft werden. Wie also können Menschen, die bei vollem Bewusstsein verantwortungslos handeln bestraft werden und vor allen Dingen von wem? Wenn sich der Moslem, so wie al-Jabri es sich wünscht, von der Orthodoxie lösen soll, dann stellt sich zwangsläufig die Frage, welche Rolle der Islam im Leben dieser Menschen noch spielen soll?

Aus dem Widerspruch dieser Folgerung entspringe logischerweise eine gegensätzliche Annahme, dass der Wille als diejenige Eigenschaft des göttlichen Wesens, der zu Folge alles, was der Allweise als gut und heilsam erkenne, unmittelbar auch von ihm gewollt und getan werde. In Bezug auf die Handlungen der Menschen sei der göttliche Wille der des Befehlens, im Bezug auf das göttliche Tun ein eigener Schöpfungsakt, der dem Schaffen selbst vorangehe. Wenn dem so ist, dann könnte Gott bewirken, dass alle Menschen sich zum Islam bekehrten und in die ewige Seligkeit eingingen. Der Koran jedoch, das Wort Gottes, verleiht dem Menschen die Möglichkeit, selbstständig und frei zu handeln. Der Koran gibt gleichzeitig zu verstehen, durch Berufung und Sendung der Propheten, die die sittlichen Forderungen klar und vernehmlich bekannt machen, damit sich die Menschen nicht damit entschuldigen können, es sei keine Mahnung an sie ergangen, dass Gott sehr wohl belohnen und bestrafen kann, wen er will und wann er will. Aber ist der Mensch überhaupt in der Lage, angesichts der Unzulänglichkeit seines Verstandes dieses zu erkennen? Oder ist Gott derjenige, der seiner Forderungen keinen Nachdruck schenkt, weil sie für ihn zu unbedeutend sind? Ist er selbst Gegenstand seines Wissens, dann ergäbe sich eine Trennung von Wissendem und Gewußtem, mithin eine Zweiheit in Gotteswesen selbst, oder der Gegenstand seines Wissens müsste etwas außer ihm sein und dann wäre sein Wissen nur unter der

Voraussetzung der Existenz der Menschen denkbar. Es würde in diesem Falle eine Abhängigkeit vom Menschen bedeuten. Diese Ansichten kann nur jemand haben, der sich nicht mit der Lehre des Koran genauer auseinandergesetzt hat. Bei näherer Betrachtung ergibt sich die Schwierigkeit, wie die Koranstellen zu interpretieren sind, in denen Gott eine direkte Einwirkung auf die Handlungen der Menschen zugeschrieben wird. Will man mit diesen Stellen fertig werden, so müsste man sich eine freiere Auslegung erlauben und vom strengen Wortsinn des Koran abweichen.

Auch wenn der Koran einzelne Handlungen unmittelbar auf Gott bezog, wollte er dies doch nicht ohne jede Einschränkung gelten lassen. „Auch wenn du die irdischen Schätze allzumal dahingegeben hättest, so hättest du doch ihre Herzen nicht verbunden. Gott aber hat sie verbunden. Er ist allmächtig, allwissend.“ (Sure 8, Vers 64)

Gott ist hier nicht Subjekt, sondern die Gläubigen selbst sind es die sich in freier Willensbestimmung miteinander verbunden hätten. Diese angedeutete Denkweise des al-Jabri könnte ihn in große Verlegenheit bringen. Hier nähert sich al-Jabri der Philosophie der Al-Mutaziliten. Auch diese dachten über die Autorität des Koran frei, allerdings galt ihnen trotzdem der Koran als das höchste Gut.

Fakt aber ist, dass von der Bewegung der Hauptanstoß zu wissenschaftlich gelehrter Exegese ausging. Nicht durch die Tradition sondern durch die Sprache selbst wollten sie den Koran erklären. Al-Jabri setzt hier an und glaubt, dass gerade diese enge Bindung an die koranische Sprache die Rückständigkeit verursache. Er fordert daher eine Distanzierung des Individuums von der Heiligen Schrift, quasi eine Art Befreiung des Menschen von unsichtbaren Fesseln.

Aristoteles hatte in der Bewegung zur Wirklichkeit den Schlüssel zum Verständnis des Universums gesucht. Aus der Bewegung auf die Einheit derselben und aus dieser auf den einen bewegenden, selbst aber unbewegten, in sich notwendigen und zugleich unveränderlichen, schlechthin unkörperlichen und unteilbaren Grund derselben geschlossen. Auf dem Wege der Naturbetrachtung gelang es ihm, einen indirekten (per Analogieschlüsse) Gottesbeweis zu konstruieren. Er versuchte den Zusammenhang und die Veränderungen der Welt aus natürlichen Gesetzen zu begreifen, gleichzeitig an der Existenz Gottes festhaltend. Die Intelligenz liege in Gott begründet. Aber auch Aristoteles gelang es nicht den Dualismus Gott und Welt, das ewige Denken und das Dasein, zu erklären.

Die Al-Mutaziliten, die der Naturbetrachtung wie auch der Metaphysik ihre Aufmerksamkeit schenkten, mühten sich vielfach vergeblich den Dualismus zu überwinden. Die Bewegung der Al-Mutaziliten sah neben der reinen, unbeschränkten Willkür Gottes einen weiteren Grund für den Zusammenhang und die Veränderungen der Welt in den Naturgesetzen. Sie versuchten diese verständlich und logisch zu erklären, ohne jedoch die Einheit Gottes aufgeben zu müssen. Dies machten sie zu ihrer Aufgabe und schafften es ebenso wenig wie Aristoteles hier den Dualismus Gott und Natur zu überwinden. Der Koran leitet alles Geschehende unmittelbar von Gotteswillen ab, für den keine Gleichmäßigkeit notwendig erscheint, der zwar gleichmäßig handelt, aber ebenso gut auch sich jederzeit anders umstimmen könnte. Die Al-Mutaziliten dagegen betonten vor allem den gesetzmäßigen Verlauf der Welt, die gegenseitige Abhängigkeit ihrer einzelnen Erscheinungen, die teils im Verborgenen liegen. Wenn sie auftreten, dann seien sie daher nicht neu entstanden und erst dann zur Existenz gekommen, sondern es handele sich bloß um das Heraustreten aus der Verborgenheit, in der sie sich zunächst befanden. Sie wollten das Willkürliche aus dem Gottesbegriff entfernen. Nach der Weltschöpfung ist also keine wirkliche Neubildung mehr möglich, sondern es entwickelt sich alles auf dem Boden der einmal gegebenen Natur. Hier setzt die Lehre der „Tawallud", der Fortpflanzung an. In dem Sinne, dass eine von einem Handlenden bewirkte Tätigkeit sich weiter fortpflanzen und neue Veränderungen in anderen Objekten bewirken könne. Es geht darum festzustellen, wieweit sich die Einwirkung der freien Willenstätigkeit des Menschen und wie weit der äußere Erfolg der Handlung durch andere Ursachen neben ihr bestimmt werde und wieweit daher das handelnde Subjekt, der Mensch, für denselben verantwortlich zu machen sei. Oder ist das Wissen ein ausschließlicher Naturprozess, ohne das der Mensch dabei in freier Weise tätig sei. Der menschliche Wille bedeutet weiter nichts, als das der Mensch bewusst handle, dass er erkenne, was er tue.

Die Lehre vom freien Willen des Menschen war der Ausgangspunkt der Opposition gegen die Orthodoxie. Al-Jabri tut nichts anderes als dieses zu aktualisieren. Wie kann von Lohn und Strafe die Rede sein, argumentierten die Al-Mutaziliten, wenn der Mensch nicht Herr seiner Handlungen sei, was von Gott her bestimmt sei und wenn Gott nach Gutdünken belohnen und bestrafen könne. Sie versuchten an diese Stelle ihre freiere Ansicht gegenüber der sunnitisch-orthodoxen Denkweise zur Geltung zu bringen.

Die Al-Mutaziliten der früheren Zeit, mit denen wir es hier zu tun haben, blieben übrigens nicht bei der Allgemeinheit sondern versuchten den menschlichen Geist zu ergründen, indem sie dem Wesen des menschlichen Geistes überhaupt und seiner Einwirkung auf die Funktionen des Körpers nachforschten. Hier wandelten sie auf die Spuren des Aristoteles, der auch keine endgültige Lösung für dieses Problem gefunden hatte. Das Bewusstsein verfügt bei jeder Handlung über zwei Möglichkeiten, indem es eine böse Handlung entweder vollführt oder sich einer solchen Handlung enthält. Nur so ist eine freie Willensentscheidung überhaupt erklärbar.

Es liegt jetzt aber an der Vernunft im Menschen, die letztendlich die Willensentscheidung steuert und jedes Mal das Urteil abgibt, ob eine Handlung gut oder böse sei.

Aber auch die Ideenlehre des Platon fand Einklang bei dieser Bewegung. Hiernach sei der Mensch lediglich eine Idee, hingegen sei die Seele der eigentliche Mensch. Der Leib sei lediglich ein Art Gerüst oder ein ausführendes Organ. Die Seele stünde mit ihm nur insofern in Berührung, als sie ihn leite und frei über ihn verfügen könne. Dem eigentlichen Menschen, dem Geiste kämen die Eigenschaften der freien Willensäußerung und der Weisheit zu. Einzig die Seele verfüge über einen freien Willen. Handlungsentscheidungen und Handlungsplanungen seien das Ergebnis oder der innere Entschluss der Seele. Die Handlung an sich sei die Aufgabe des Körpers.

Die Al-Mutaziliten hingegen sind der Überzeugung, dass Gott weder Körper noch Gestalt sei. Er sei ein Gerechter, der keine Bösartigkeit begehe. Der Misserfolg der Al-Mutaziliten lag teils an äußeren Verhältnissen, teils und vor allem aber an der Zähigkeit der sunnitischen Orthodoxie, welche sich schließlich allen fremden Einflüssen gegenüber in seiner Einseitigkeit behauptete und damit die Zukunft des Islam entschied. Die Al-Mutaziliten hatten versucht, ihn über seine natürlichen Schranken zu erheben, ihn durch Anschließung der Metaphysik in ihrem Sinne zu formen. Der Erfolg entschied gegen sie. Die sunnitische Orthodoxie, welche die große Masse zusammenhielt, behauptete den Sieg und der Koran blieb von höchstem, vollendetstem Ausdruck, der weder an Form noch an Inhalt zu übertreffen war und ist.

Wenn auch die Al-Mutaziliten die Achtung vor dem Gesetze nie verloren und fortwährend als gläubige Muslime gelten wollten, so konnte doch der Koran für sie nicht mehr den Schein göttlicher Herrlichkeit und Unverletzbarkeit behalten. Der Koran ist nicht das Wort Gottes, sondern er ist geschaffen. So lautete die neue Lehre, die von al-Mamoun, dem Kalifen, als Staatsdogma verkündet wurde. Der Satz war einfach, aber für jene Zeit doch bedeutungsvoll und im christlichen Abendland hätte es den Tod bedeutet. Er enthielt die radikale Aussage, dass der Koran ein Buch sei wie jedes andere, dem gegenüber die Menschen ihr eigenes Urteil geltend machen könnten.

Diese Lehre konnte sich nicht behaupten. Die sunnitische Orthodoxie setzte dieser Denkweise ein Ende. Aber entgegen der gängigen Behauptung, dass das Ende der Al-Mutaziliten auch das Ende eines wissenschaftlich orientierten Islam sei, spricht die Tatsache, dass zwar in der Ära der Al-Mutaziliten vieles in Frage gestellt wurde, jedoch wurden die Quantensprünge in den Naturwissenschaften unter der sunnitischen Orthodoxie vollzogen. Der Autoritätsglaube ist in der sunnitischen Orthodoxie weniger ausgeprägt als mancher zu wissen meint. Die wunderbare Beschaffenheit des Koran, die Tatsache, dass der Koran Aussagen über die vergangenen und zukünftigen Dinge enthält, dass er die Muslime motiviert zum Wetteifern mit ihm um Wissen, zeugt von seiner ausgeprägten Neugier, Flexibilität und Strenge zugleich. Er hat die Muslime nicht vom Lernen abgelenkt und sie auch nicht daran gehindert frei zu denken, in dem er sie gedanklich beschäftigte bzw. indem er ihnen Zwang auferlegte. Der Koran sieht den Menschen als von Gott erschaffen und mit einem eigenen Willen ausgestattet, also mündige Menschen, welche die Freiheit haben der Vernunft oder dem Frevel zu folgen.

Manche der Anhänger der Al-Mutaziliten gingen soweit zu behaupten, diejenigen, welche die Ewigkeit des Koran behaupteten, geradezu für Ungläubige zu erklären, weil sie zwei ewige Wesen, nämlich Gott und den Koran nebeneinander aufstellten. Andere wiederum waren der Überzeugung, dass das von Gott geschaffen sein sich nur auf den einen, himmlischen Koran beziehe. Was wir läsen, sei eine Wiedergabe des auf der wohlverwahrten Tafel befindlichen Urtextes und das hätte der Mensch erschaffen. Die Al-Mutaziliten diskutierten auch die Möglichkeit einer natürlichen Religion, zu der der Mensch durch eigenen Diskurs zu gelangen befähigt und verpflichtet sei. Auch über das Schauen Gottes entstand ein heftiger Streit, wobei es sich hauptsächlich um die Auslegung einiger Koranverse handelte. Die Al-Mutaziliten vertraten auch hier den Standpunkt, indem sie die Vorstellung bestritten und ein wirkliches Schauen Gottes nicht zugaben. Sonst aber hielten sie an den hergebrachten Anschauungen fest. Einige Al-Mutaziliten gingen noch darüber hinaus und suchten allerlei fremdartige, zum Teil gnostische Vorstellungen in den Islam zu verpflanzen.

Im Zusammenhang mit ihrer Lehre von der Seelenwanderung, unterschieden sie fünf Stufen des überirdischen Lebens, wovon zwei dem Paradiese und drei der Hölle angehören sollten. Das Schauen Gottes bezogen sie auf das Schauen der ersten Vernunft, von Avelcher, als dem ersten Geschöpfe Gottes, die Existenzformen oder die Urbilder der Dinge auf die existierenden Dinge übergegangen seien und welche am Tage der

Auferstehung sich gleich dem Vollmonde unverhüllt zeigen werden. Die Abrechnung im künftigen Leben schrieben sie dem Massih, Messias, zu, den einige gleich den Christen für den fleischgewordenen Gott erklärten. Bisr ibn al-Chijat al-Marisi, ein berühmter Rechtslehrer der hanafitischen Schule, einer der vier sunnitischen Schulen, versuchte das Dogma vom Geschaffen sein des Koran durchzusetzen. Er war neben anderen Gelehrten im Jahr 209 an den Hof berufen worden, mit der Verpflichtung, in Gegenwart des Kalifen Disputationen zu veranstalten. Unter al-Mutasim und seinen beiden Nachfolgern Walik und al-Mutawakkil war die Aufrechthaltung des im Jahr 212 durch al-Mamoun eingeführten neuen Dogmas nicht mehr möglich. Walik erließ am Ende den Befehl, die Behauptung vom Geschaffen sein des Koran aufzugeben. Auch al-Mutawakkil veranlasste im selben Jahre als er Kalif wurde, den Streit über den Koran und die Behauptung vom Geschaffen sein desselben zu verbieten. Die Sunna wurde wieder Staatsdogma.

Bei den Schiiten verfuhr man dem Anschein nach jetzt prinzipieller als früher, indem die allgemeinsten Kategorien wie Sein und Nichtsein in den Bereich wissenschaftlicher Erörterungen gezogen wurden.

In Wirklichkeit stritt man sich weniger um Prinzipien als um Worte und der Hauptkampf bestand darin, dass eine Partei die andere an Scharfsinn und dialektischer Gewandtheit zu überbieten suchte. Die alten Streitfragen, soweit sie dem nüchterner gewordenen Charakter der Zeit nicht zu kühn erschienen, wurden in neue Form gebracht und systematisch zusammen geordnet.

Der wichtigste Streitpunkt der Schulen von Bagdad und Basra drehte sich um die Frage, wie wir uns das Nichtseiende, beziehungsweise das Verhältnis des Seins zur Natur und zum Begriff des Dings zu denken haben. Abu al-Husain bin Abi Amr al-Hajjat und sein Schüler Abu al-Kasim bin Muhammad al-Kabi waren die führenden Köpfe der Bagdader-Schule. Sie legten das Positive des Dings in den Begriff, indem sie das Ding als Dasjenige definierten, was gewusst werde und wovon man etwas aussagen könne. Das Dasein selbst galt ihnen als eine ausschließlich hinzukommende Eigenschaft, welche das Wesen des Dings nicht berühre. Substanz, Gattung und Art sind sonach was sie sind ganz abgesehen davon, ob sie äußerlich existierend vorhanden sind oder nicht.

Das positive Sein kommt auch den nichtexistierenden Dingen zu, die Realität wird durch die äußere Existenz nicht bedingt. Sie besteht unabhängig von dieser im reinen Begriff. Die Macht Gottes im Hervorbringen der Dinge beschränkt sich also darauf, dass zu den bereits real gegebenen, das Wesen des Dings konstituierenden Eigenschaften das Existieren, das äußere Dasein hinzugefügt wird. Unter den Schülern aus Basra beschäftigte sich besonders Abu Hasim mit diesen rein metaphysischen Fragen und stellte zur Erklärung derselben die Lehre von den Zuständen auf. Hauptsächlich in der Absicht, die Einheit des göttlichen Wesens und zugleich die Vielheit seiner sogenannten Eigenschaften philosophisch zu begründen. Schon die früheren al-Mutaziliten hatten nach einem obersten, höchsten Begriff gesucht, der jene scheinbare Vielheit in die Einheit eines abstrakt Allgemeinen zusammenschließen sollte. Als diesen obersten Begriff hatte z.B. Abu al-Hudail das Wesen aufgestellt, und ihm folgte hierin al-Gubbai, der zugleich die Beschränkung beifügte, dass der Ausdruck, Gott sei allwissend, allmächtig, lebendig durch sein Wesen, nicht die Annahme einer besonderen Eigenschaft oder eines besonderen Zustandes als Grund für das Allwissendsein verlange.

Sein Sohn Abu Hasim begnügte sich mit einer so abstrakten Formel nicht, konnte aber auch der die göttliche Absolutheit beschränkenden Auffassung der Bagdader-Schule nicht beistimmen und suchte daher einen Mittelweg. Der reine Begriff des existierenden Wesens war ihm zu allgemein und unbestimmt.

Er nahm Zustände als Eigenschaften an, in der Meinung, dass dieselben nicht als solche für sich, sondern nur mit dem Wesen zusammen zu denken seien. Die Eigenschaft ließe sich für sich allein nicht denken, ebenso wenig aber das reine Wesen ohne alle Eigenschaft. Wir müssen uns also das Wesen in verschiedenen Zuständen denken, die von uns als etwas Besonderes gewusst werden, an sich aber keine besonderen Eigenschaften sind.

Der Mensch macht aber die Wahrnehmung, dass die existierenden Dinge in irgendeiner Bestimmung zusammentreffen, in einer anderen Form von einander verschieden sind, und er weiß a priori, dass das, worin sie zusammentreffen, etwas anderes ist als das, wodurch sie sich unterscheiden. Das Allwissendsein des Allwissenden ist ein Zustand, der ihm außerdem, dass er ein Wesen ist, zugeschrieben wird. Was man unter dem Allwissendsein versteht, ist etwas anderes als was man unter dem Wesen versteht. Al-Gubbai trat seinem Sohn entgegen, indem er die von jenem behaupteten Zustände für eine unberechtigte Übertragung expressionistischer Denkformen auf die Realität des Gedachten erklärte. Nach seiner Auffassung reduzierten sich die Zustände entweder auf naive Ausdrücke, ohne dass als Inhalt jedes Ausdrucks ein besonderer Begriff oder eine besondere Eigenschaft denkbar wäre oder auf gewisse Beziehungen und Betrachtungsweisen des Verstandes, die als relative Begriffe ebenso wenig wie Abstammung, Beziehung, gelten könnten. Der Streit über die göttlichen Eigenschaften als solche war veranlasst worden durch das Streben, die absolute Einheit Gottes wissenschaftlich zu begründen. Man gelangte zwar zu einem allgemeinen, höchsten Begriff, allein als positive Bestimmung blieb für denselben im Grunde nichts als das notwendige Sein, das reine Wesen. Daher suchten die späteren Al-Mutaziliten, diese leere Form wieder mit bestimmtem Inhalt zu füllen, aus ihr einen lebendigeren Gottesbegriff zu entwickeln.

Es gelang ihnen aber nicht, weil ihre Denkweise viel zu abstrakt und inhaltslos war, weil ihnen die Fülle lebendiger Anschauungen und die reiche innere Erfahrung fehlten. In den übrigen Punkten ihrer Lehre schlossen sich die Schüler aus Basra meist einstimmig den Vorgängern an. Sie stimmten darin überein, dass Gott im Paradiese nicht mit Augen geschaut werde, dass das Handeln dem Menschen als ein Schaffen erscheine und dass das Gute und Böse, der Gehorsam und Ungehorsam mit ihm einzig und allein in Beziehung zu setzen seien.

Sie stimmten auch darin überein, dass die Erkenntnis Gottes, sowie die Erkenntnis des Guten und Bösen in der Vernunft begründete Pflichten seien und sie nahmen ein in der Vernunft begründetes Gesetz an, indem sie das prophetische Gesetz auf die religiösen Satzungen und auf die Zeitbestimmungen der Gehorsamsten einschränkten, zu welchen keine Vernunft den Weg finden und auf welche kein Nachdenken kommen könnte. Nach der Forderung der Vernunft und Weisheit müsse der Allweise den Gehorsamen notwendig belohnen und den Ungehorsamen bestrafen. Nur die genaue Zeitbestimmung und die ewige Dauer dabei werde erst durch die Offenbarung erkannt. Der Glaube war nach ihrer Meinung ein lobender Ausdruck für die Eigenschaften des Guten, die in ihrer Vereinigung dem, der sie an sich trüge, den Namen eines Gläubigen verliehen.

Wer Todsünde begehe, der heiße in jenem Augenblicke weder gottlos noch nicht gläubig und auch nicht ungläubig und wenn er sich nicht bekehre, sondern mit ihr sterbe, so komme er für immer in die Hölle. Auch darin stimmten sie überein, dass Gott mit dem Heile und dem, was am meisten heilsam sei und mit der Gnade in keiner Weise zurückhalte, sofern er wisse, dass die Menschen, wenn er an ihnen solches tue, Reue zeigen würden, denn Gott sei allmächtig, allwissend und allweise. Das am meisten Heilsame sei aber nicht das, was die größte sinnliche Lust gewähre, sondern was zu dem besten Erfolg verhelfe und zu der richtigsten Handlungsweise im Diesseits, wenn es auch belastend sei.

7 Sekten im Islam

„Oh Leute, rettet mich vor Gott!"
(Hallaj, Kitab at-tawasin)

Differenzen im Hinblick auf die Interpretation des Koran tauchten bereits zu Lebzeiten des Propheten auf, allerdings wurden sie erst nach seinem Tode sichtbarer. Es ist unbestritten, dass im Islam zahlreiche Sekten existieren wie dies auch auf andere Religionen zutrifft. Die Einteilung der Sekten im Islam ist, wie nicht anders zu erwarten, eine Willkürliche. Sie ruht auf subjektiven Wahrnehmungen.

Überhaupt sind die religiösen Grenzen fließend. Sowohl intra- als auch interreligiös. Die Ahmadiyya-Bewegung betrachtet die Kreuzigung Jesu als eine erfundene Geschichte. Vielmehr sei Jesus, der Sohn der Maria. Er sei nach Kaschmir ausgewandert und dort erst viel später gestorben. Sein Grab befände sich in der Nähe von Srinagar. Die Partei der „Ausziehenden", Hizb al-Charigin, ist aus der Shia, der Partei Alis, hervorgegangen. Sie vertreten die Ansicht, dass der Glaube durch gute Taten zunehmen könne. Nur Taten zählten. Wer sündigt, der sei kein Muslim mehr und würde in aller Ewigkeit in der Hölle qualvolles Leid erfahren. Eine entgegengesetzte Meinung vertraten die al-Murchitin, die Partei der „Aufschiebenden". Sie waren überzeugt, dass ausschließlich Gott sich ein Urteil über einen Menschen erlauben könne und dürfe. Nur er könne entscheiden, ob der Mensch im Paradies oder in der Hölle verweilen dürfe. Damit vertraten sie am vehementesten die Lehre der Vorherbestimmung. Die Werke eines Menschen im Diesseits spielten nur eine untergeordnete Rolle. Wer sündigt, der komme nicht per se in die Hölle, denn Gott sei verzeihend, barmherzig und gütig. Diese Theorie beruht auf der Aussage in der Sure 74, Vers 34. Dort heißt es: „Gott lässt im Irrtum, wen er will, er leitet recht, wen er will." Die Taten des Menschen sind vorherbestimmt. In der Sure 3, Vers 139 steht geschrieben: „Wer auch immer den Lohn dieser Welt wünscht, der wird seinen Lohn erhalten, wer jedoch den Lohn des Jenseits wünscht, der wird sein Lohn dort erhalten. Wahrlich, Gott belohnt die Tüchtigen." Diese Aussage bildet das Fundament der Hizb al-Charigin.

An diese Aussage im Koran haben sich insbesondere die „Zwanghaften“, die Chabriten, orientiert. Ihr Begründer war Amr ibn Abi Bischr. Ein erklärter Gegner der Willensfreiheit, ein Verteidiger der Prädestination. Innerhalb dieser Sekte existierten zwei Richtungen. Die einen waren der Meinung, dass sich der Mensch, die von Gott kommenden Handlungen aneigne, die anderen leugneten die menschliche Verantwortlichkeit, also die Fähigkeit frei zu handeln. Sie interpretierten diese Aussage wortwörtlich. Für diese Sekte war alles Existierende vorherbestimmt. Der Mensch sei zur Machtlosigkeit verdammt. Er könne seiner Qisma (Schicksal) nicht entkommen. Diese Sektenphilosophie war den Herrschern willkommen, weil sie ihre Herrschaft legitimierte. Der Mensch sei frei, er verfüge über einen freien Willen und somit könne er sein Schicksal bestimmen. Diese Ansicht wurde von der Bewegung der Qadaria propagiert. Zwischen diesen beiden Sekten positionierte sich die Al-Mutazila, die Bewegung der sich „Abtrennenden“. Die Vertreter des islamischen Rationalismus und gleichzeitig unerbittliche Vertreter des „Tauchid“, der Einheit Gottes. Die Annahme von der Erschaffenheit des Koran machte die Al-Mutaziliten angreifbar und führte schlussendlich zu ihrem Verbot unter dem Kalifen al-Mutawaqil. Nun schlug die Stunde der Aschariten-Bewegung, welche aus der Al-Mutazila hervorging. Der Mensch sei weder frei noch unfrei, sondern er könne die für ihn vorgesehene Aufgaben entweder nicht ausreichend oder zur vollen Zufriedenheit aller bewältigen. Für die Aschariten war der Koran das Wort Gottes und nicht Menschenwerk.

Die Antropomorphisten, eine puritanisch ausgerichtete Bewegung, wurde von Ibn Saba, der in Kufa lebte, gegründet. Ibn Saba sah in Ali die Inkarnation Gottes, daher könne Ali gar nicht tot sein, denn Gott sei unsterblich. Später dehnte er seine Inkarnationslehre auch auf Mohammed, Fatima, Hasan und Husein aus. Zu den bedeutendsten Anhängern dieser Sekte gehörte der große Hallaj, der stets zu sagen pflegte, dass er „die Wahrheit sei“, ana al-haq. Damit rief er sich selbst zu Gott aus. Denn im Sufismus wird das Wort „Wahrheit“ mit „Gott“ gleichgesetzt. Eine weitere sehr mächtige Bewegung war die der Laxisten. Nach deren Auffassung hat Gott die Gestalt eines Menschen. Der Muslim verfüge über Willensfreiheit. Ein Muslim könne nicht verdammt werden auch wenn er gesündigt hätte. Ein Muslim bliebe stets ein Gläubiger, unabhängig von seinen Taten. Er würde zur ewigen Glückseligkeit gelangen, denn alle seine Sünden würden ihm vergeben. Der Glaube könne durch Taten weder vermehrt noch vermindert werden. Allen, außer den Ungläubigen, würde vergeben. Gott selbst hätte diese Erkenntnis erst später erfahren, weil das Wissen Gottes zeitlich entstanden und erschaffen sei. Gott sei unwissend gewesen bis er für sich das Wissen erschuf. Eine andere Bewegung, die der Sezessionisten, sah in den Imamen die Inkarnation Gottes. Zu den Imamen zählten allerdings ausschließlich Ali und seine Angehörige. Die Sezessionisten warteten auf den Mehdi, den Erlöser, der die Erde nach dem er auferstanden sei, erlösen würde. Diese Bewegung formierte sich unter Urwa ibn Hudair zu einer politischen Partei. Diese Bewegung ist die erste, die die Imamat einer Frau erlaubte. Gott sei Urheber alles Guten und Bösen und nur durch Todsünden würde ein Gläubiger zu einem Ungläubigen, so die Rigoristen. Den Buchstaben des Koran und der islamischen Tradition folgend vertraten sie eine strenge Moral, die auch nicht die Kalifen schonte. Bei gravierenden Verstößen sollten die Herrschenden abgesetzt und hingerichtet werden. Die Rigoristen sind die Väter der Salafisten, einer streng orthodoxen Gruppierung innerhalb des sunnitischen Islam. Gott erschaffe menschliche Handlungen, er sei der Regisseur. Die Willensfreiheit bestünde mit der gleichzeitigen von Gott vorgegebenen Handlung, nicht davor und nicht danach. Diese religiöse Vorstellung vertraten die Azarikin. Die Batinija, eine insbesondere in Nordafrika verbreitete Sekte, deren Gründer Scheich Kaddäh war. Sie sind davon überzeugt, dass Gott die Weltseele erschaffen habe. Dabei sei Gott das erste Prinzip und die Weltseele das zweite Prinzips. Beide teilten sich die Herrschaft über die Erde. Wenn Gott die Weltseele erschaffen habe, dann müsste Gott der Geist sein. Geist und Seele regierten durch das Kontrollieren der sieben Planeten und der vier Elemente. Gott sei demnach transzendent. Die menschliche Seele reinige sich durch die Wiedervereinigung mit der von Gott erschaffenen Weltseele. In der Weltseele herrsche die Vernunft. Diese Vernunft würde auf die menschliche Seele, eben durch diese Vereinigung, übertragen. Diese Lehre kommt der religiösen Weltanschauung eines Zarathustra sehr nahe. Die Batinija erlaubte ihren Anhängern das Trinken von Alkohol. Sie stand im absoluten Gegensatz zur sunnitischen Orthodoxie. Vielmehr vereinigte diese Bewegung verschiedene religiöse und philosophische Strömungen u.a. hinduistische und buddhistische Elemente.

Gott erschaffe nur Gutes, niemals Böses, so die Hammazija, eine Bewegung liberaler Theologen innerhalb der islamischen Religion. Die Theorie von der Seelenwanderung bildete den Kern ihres Glaubens. Bestimmte Tierarten wie Affen und Schweine habe Gott aus bösen Menschen erschaffen. Doch wenn Gott nur Gutes erschafft, warum werden die Menschen auf diese Art und Weise bestraft?

Die Antwort überrascht nicht, weil Gott über einen freien Willen verfüge, er könne tun was er wolle und wie er wolle. Damit stehen sie in dieser Hinsicht der sunnitischen Orthodoxie sehr nahe und doch trennen sie Welten, weil der Koran eine Seelenwanderung nicht kennt. Die Haschwija bildete als Bewegung orthodoxer islamischer Theologen ein Gegengewicht. Sie vertrat die Meinung, dass die Buchstaben und Worte des Koran ewig seien. Sie lehnten jegliche Interpretation des Koran ab. Innerhalb der islamischen Religion gab es auch Anhänger des Mani, die Manichäer. Diese Sekte zeichnete sich durch sufistisches Gedankengut aus. Licht und Finsternis seien anfangslos. Die Welt sei aus der Vermischung der vier Elemente ohne göttlichen Einfluss entstanden. Das Licht befinde sich in der Höhe und die Finsternis in der Tiefe. Lust sei eine besondere Eigenschaft des Lichtes. Die Manichäer waren Anhänger der Reinkarnationslehre. Die Geister der Verstorbenen, wenn sie im Diesseits gute Taten vollbrachten, würden in das Licht aufgehen und die Glückseligkeit erfahren. Schlechte Taten im Diesseits führten zur Reinkarnation als Tier. Diese Wiedergeburt solle der Reinigung dienen und das Aufgehen in das Licht ermöglichen. Die Propheten dieser Sekte waren Jesus, Zarathustra und Mani. Hingegen vertraten die Dualisten die Ansicht, dass Licht und Finsternis beide gleich ewig seien. Das Licht handle nach Plan. Hingegen handle die Finsternis planlos. Die Vermischung beider Kräfte sei das Ergebnis eines Zufalls. Gott trete als gerechter Vermittler zwischen den beiden Kräften auf. Wobei Gott reines Licht sei ohne Finsternis, reines Leben ohne Tod. Eine Ablehnung aller geoffenbarten Religionen vertrat die Dahrija. Für sie war Gott nicht existent, aber die Körper seien ewig und unerschaffen. Ein außerweltliches Prinzip existiere nicht. Die Magier erkennen Licht und Finsternis an. Das Licht sei unerschaffen aber die Finsternis erschaffen. Es existierten zwei Schöpfer. Der eine erschaffe das Gute, der andere das Böse, Gott, die Engel und Teufel, die Dämonen. Ähnlich den Sabäern. Diese waren Anhänger der griechischen Philosophie. Ihr Prophet Henoch lehrte das zeitliche Erschaffensein der Welt und die Einheit des Schöpfers. Zu den Grundpfeilern dieser Sekte gehörten das Beten und das Fasten.

Doch die einflussreichste Sekte im Islam ist zweifelsfrei die Shia, die Partei Alis. Die Spaltung der islamischen Religion in Sunnitentum und der Shia erfolgte nach der Schlacht von Siffin. Die Shia glaubt an Gott, Mohammed und an den unerschaffenen Koran. Zusätzlich jedoch spielte Ali eine wesentliche Rolle. Mohammed habe kurz vor seinem Tod seinem Schwiegersohn Ali alle Geheimnisse anvertraut und ihn somit zu seinem Nachfolger gemacht. Doch auch innerhalb der Shia differieren die Meinungen, während die Zaiditen die angebliche Anvertrauung der Geheimnisse des Glaubens als eine Bevorzugung Alis als Imam interpretieren, sehen andere in Ali die Inkarnation Gottes. Eine Vorstellung, die Ali zu seinen Lebzeiten sicherlich strikt zurückgewiesen hätte. Andere wiederum verbreiteten die Nachricht, dass Mohammed ibn Hanifa, einer der Söhne Alis, nicht gestorben sei, sondern sich im Verborgenen aufhalte und eines Tages als Mehdi (dem Messias ähnlich) sich offenbaren werde, um auf Erden Gerechtigkeit walten zu lassen. Der in Kerbala getötete Husein hinterließ einen Sohn, Zain al-Abidin. Dieser wiederum hatte mehrere Söhne, von denen Said eine größere Rolle innerhalb der Shia spielen sollte. Er wurde als fünfter Imam in der mit Ali beginnenden Imam-Dynastie von einem großen Teil der Shiiten anerkannt. Daraus entstand die Bewegung der Saiidia innerhalb der Shia, bei der überraschenderweise die Nachkommenschaft eines Ali oder seiner Söhne keine Rolle spielte und spielt. Die Gegner Saids erkennen jedoch seinen Bruder al-Bachir als fünften Imam an. Sein Sohn as-Sadiq gilt als Gründer der Zwölfer-Shia. Die Zwölfer-Schiiten führen über Musa al-Qasim die Reihe der Imame bis zum zwölften Imam, Mohammed al-Mahdi, der entrückt sei, zurück. Dieser Imam sei der Lenker der Welt, er werde sich zu gegebener Zeit offenbaren und der Welt die Wahrheit kund tun. Der verborgene Imam enthalte göttliches Licht in sich. Die Zwölfer-Shia ist Staatsreligion im Iran. Die Ismailiten oder Siebener-Shia beruft sich auf Imam Ismail. Innerhalb dieser Gruppe existieren weitere Untergruppen, so die Chamraten, genannt nach ihrem Begründer Chamdan Chamrat. Für die Ismailiten ist Ismails Sohn der letzte Imam. Die Chamraten haben für mehr als ein Viertel-Jahrhundert die islamische Welt irritiert. Im Jahre 930 entführten sie die Kaaba (Grab des Propheten Mohammed) für 22 Jahre, um sie danach wieder zurück zu geben. In dieser Zeit konnte die fünfte Pflicht des Islam, der Hadsch, nicht praktiziert werden. Die Chamriten glaubten an eine spirituelle Evolution des Menschen hin zum Göttlichen. Der bedeutendste Vertreter dieser Glaubensrichtung ist der Dichter und Schriftsteller Chosrau. Aus der Bewegung der Ismailiten ging die der Fatimiden hervor. Diesen gelang es sich in Nordafrika zu etablieren. In Ägypten hatten sie zwei Jahrhunderte die Macht inne. Im Kalifen al-Hakim, der historischen Überlieferungen zufolge am ehesten an paranoider Schizophrenie litt und während seiner Herrschaft auf unerklärlicherweise verschwand, sahen viele Fatimiden die Inkarnation Gottes. Ein fanatischer Anhänger des Fatimismus war Ismail ed-Darazi. Er ist der Namensgeber der hauptsächlich im Libanon lebenden Drusen, welche an die Rückkehr des entrückten Kalifen al-Hakim glauben. Wie zu erwarten spaltete sich der Glaube der Ashab al-Fatimia, der Anhänger der Fatima bzw. die Fatimitiden nach dem Ableben des Kalifen al-Mustansir im Jahre 1094. In Ägypten übernahm sein

Sohn al-Mustali die Herrschaft. Während der eigentliche Thronfolger und gleichzeitig ältester Sohn Nizar fluchtartig Ägypten verlassen musste. Nizar wurde von Hasan Sabbah auf seiner Burg Alamut im heutigen Iran herzlich aufgenommen und auch gegen seine Feinde beschützt. Insbesondere sein Bruder al-Mustali war an der Beseitigung seines Bruders interessiert, denn solange dieser lebte, war seine Herrschaft bedroht. Doch Hasan Sabbah war ein gefürchteter Mann, er hatte eine schlagkräftige Terrororganisation aufgebaut, die sogenannten Haschaschinen. Meistens junge Männer, aber auch Frauen waren unter ihnen, die dem Meister aufs Wort gehorchten und unter Drogeneinfluss sehr effizient Auftragsmorde ausführten und sich selbst mit in den Tod rissen. Im Westen sind sie unter dem Namen Assassinen bekannt geworden, weil sie den Kreuzrittern das Leben sehr schwer machten. Ihr geheimnisvoller Meister, der „Alte vom Berge", hatte zuletzt seinen Sitz im Norden Syriens. Von dort hatte er sich in die Kämpfe gegen die Kreuzritter eingemischt, allerdings erteilte er hauptsächlich Auftragsmorde. Dabei hatte er insbesondere sunnitische Herrscher im Visier. Das arabische Wort „Haschaschin" bedeutet, die, die Haschisch essen. Die Vernichtung der Haschaschinen begann mit dem Sturm der Nachfahren der goldenen Horde im Jahre 1256. Dabei wurde die Burg Alamut eingenommen. Den endgültigen Todesstoß versetzten ihnen die Mamlukken im Jahre 1272. Die Anhänger al-Mustalis flohen in den Jemen und später nach Indien, wo sich ihre Ideologie mit gewissen hinduistischen Elementen vermischte. Hier propagierten sie, dass Ali als zehnter Avatar Vishnus erscheinen werde. Diese Ismailiten hatten weiterhin ihren Anführer im heutigen Iran. Angesicht der größeren Anhängerzahl übersiedelte der Aga Khan 1839 nach Indien. Im Aga Khan sehen die Ismailiten, die über die ganze Welt verteilt leben, den gegenwärtigen Imam. Die Ismailiten spielten und spielen in der Politik des indischen Subkontinents eine nicht unwesentliche Rolle. Hier seien zwei Namen zu nennen Badruddin Tayabiji und Qaid Azam. Der eine ein bedeutender Politiker Indiens, der andere einer der Mitbegründer des Staates Pakistan. Die Ismailiten sind sehr gut organisiert und werden zentralistisch durch den heutigen Aga Khan politisch und religiös gelenkt. Die Ismailiya ist eine Mischung aus Elementen der islamischen und hinduistischen Religionslehre. Eine Vermischung schiitischer Glaubenslehre und der Kabbala fand bei der Bewegung der Al-Hurufia statt, die vom Fadl-allah zu Beginn des 14. Jahrhunderts ins Leben gerufen wurde. Die Al-Hurufia beschäftigte sich, wie bereits der Name verriet, mit Buchstaben und Zahlen, ähnlich den islamischen Mystikern. Diese spekulative Ader der Al-Hurufia wurde von den in der Türkei bekannten Derwischen zum Teil übernommen. Insbesondere der Bektasi-Orden wies und weist starke schiitische Einflüsse auf. Im Iran zeichnete sich eine neue Bewegung ab. Mohammed Ali aus Täbris bezeichnete sich selbst als Bab, als Tor zu Gott, daher auch die Bezeichnung Babismus. Die Babisten waren Verfechter der geschlechtlichen Gleichberechtigung. Sie wurden im Iran unerbittlich verfolgt. Aus dieser Bewegung ging die Bahia-Sekte hervor, die weder schiitisch noch sunnitisch ist. Vielmehr steht sie für die Gleichheit aller Lebewesen. Das islamische Gesetz hat für sie keine Bedeutung. Die Schiiten sind sich in einer Sache einig, in der Ablehnung der ersten rechtgeleiteten Kalifen, d.h. in der Ablehnung Abu-Bakrs, Omars und Othmans. Denn nur Ali besäße die Legitimation zur Nachfolge des Propheten. Darin unterscheidet sich das Sunnitentum vom Schiitentum fundamental.

Eine weitere Strömung innerhalb des Islam stellte die Mystik dar. Die islamische Mystik wird Sufismus genannt. Der erste bedeutende Sufist war der Prophet selbst, der bescheiden und asketisch lebte. Mohammed allerdings integrierte diese Eigenschaften in die islamische Orthodoxie. Seine Nachfolger wie Hasn al-Basri jedoch stellten diese Eigenschaften in den Vordergrund und die wahren religiösen Pflichten mehr in den Hintergrund. Dies heißt nicht, dass diese keine gläubigen Muslime waren. Die Anhänger des Hasan al-Basri wurden zu überzeugten Asketen. Ihr Ischtihad, d.h. Bemühung bzw. Streben, bestand darin, den Kampf gegen das „Es“ wie Sigmund Freud dies bezeichnen würde, nämlich gegen die Triebe, zu gewinnen. Im Kampf gegen die Triebseele spielten das Fasten, die Meditation, das Beten und rituelle Handlungen eine große Rolle. Doch genau hier unterschieden sich die verschiedenen Tariqat (Wege) des Sufismus, denn die einen bekämpften Emotionalität und Ekstase, andere sahen gerade in Ekstase und Liebe den direkten Weg zu Gott. Auf die Sure 5, Vers 59 sich stützend, wo es heißt: „Er liebt sie, und sie lieben ihn“ propagierten und praktizierten einige Gruppierungen innerhalb des islamischen Sufismus die absolute Liebe. Innerhalb des Sufismus existieren impressionistische, expressionistische, romantische, futuristische, surrealistische und psychoanalytische Gruppierungen. Diese wiederum spalten sich weiter auf, so dass eine überschaubare Darstellung des islamischen Sufismus kaum möglich ist. Es reicht zu sagen, dass diese Strömung den Islam bereichert hat und zwar in allen Bereichen der menschlichen Existenz. Hier trifft wahrlich der Satz des Schweizers Dürrenmatt zu „Alles Denkbare wird einmal (im Sufismus) gedacht“. Zu den berühmtesten Denkern und Philosophen der islamischen Mystik gehören Ibn Arabi und al-Ghazali. Deren Werke „Übersetzung der Sehnsüchte“ (Ibn Arabi) und „Der Retter aus dem Irrtum“ sowie die „Wiederbelebung der Wissenschaft von der

Religion“ von al-Ghazali sind Meilensteine und Standartwerke in der islamischen Mystik bzw. der islamischen Philosophie. Nicht zu vergessen, den von mir verehrten Rumi.

Über die islamische Mystik und die aus dem Islam entsprungenen Sekten zu schreiben, scheint eine unüberwindbare Mauer zu sein oder es ergeht einem wie den Blinden in Rumis Geschichte [8, S. 1259-68] die einen Elefanten betasteten und ihn dann entsprechend dem Körperteil, den ihre Hände berührt hatten als Thron, als Fächer, als Wasserpfeife ansahen. Niemand konnte sich vorstellen wie das ganze Tier aussah. [9, S. 3]

8 Der Islam und die Vernunft

„Nur mit der äußersten Sorgfalt und Umsicht können wir die geschichtlichen Tatsachen auf den wahren Sachverhalt zurückführen; doch sollen wir von dem, was wir wissen, nicht lassen, weil wir anderes nicht wissen. Wir möchten also bei gegebenem Irrtum um Entschuldigungen bitten.“ (Al-Biruni)

Mohammed, der Prophet des Islam und der letzte Prophet Gottes, soll einmal gesagt haben: „Meine Gemeinde wird sich in 73 Sekten spalten, eine einzige davon wird selig, die anderen gehen zugrunde.“ (Überliefert von al-Buchari und Muslim).

Eine dieser Sekten, die unterging war die der Al-Mutaziliten. Der Name Al-Mutaziliten entstammt dem Satz „ana mutazilun minkum“, ich sage mich von euch ab. Die Al-Mutaziliten lehnten die 99 Namen Gottes ab. Sie lehnten die Vielfalt der Eigenschaften Gottes ab. Dies ist insofern problematisch, da der Koran als das Wort Gottes gilt und ebenfalls zu den göttlichen Eigenschaften gehört. Damit lehnen sie den Koran indirekt als Wort Gottes und als ewig gültiges Gesetz ab. Der Koran ist demnach vergänglich und muss sich der Kritik stellen. Ein weiterer Streitpunkt ist die Vergebung der Sünden, hier sehen die Al-Mutaziliten eine bedingungslose Vergebung, während der Koran die Vergebung der Sünden mit bestimmten Bedingungen wie Reue, Vergebung etc. verknüpft. Die Sekte der Al-Mutaziliten blühte insbesondere zu den Zeiten der Abbasidendynastie. Insbesondere unter den Kalifen al-Mansur, Harun al-Raschid und al-Mamoun gewann sie an Bedeutung und wurde zum Staatsdogma. Heute würde man sie als die Rationalisten des Islam bezeichnen. Ihre Handlungen bestanden darin, permanent gegen die Orthodoxie zu protestieren. Die Folge war, dass die Orthodoxie sich wissenschaftlich verteidigte. Diese Art der Verteidigung trug zur Entwicklung der islamischen Wissenschaften bei. Die Al-Mutaziliten, die außerreligiöse Opposition, grübelte über Jahrhunderte und es wurde sehr viel gestritten, doch wusste man kaum mehr warum. Die Anfänge der Al-Mutaziliten gingen ohne äußeren Einfluss aus dem Islam selbst hervor. Zum bedeutendsten Denker dieser

Sekte gehörte der Philosoph al-Kindi. Al-Farabi, Ibn Sina und Ibn Rushd gehörten erst der späteren Zeit an. Allerdings haben alle erwähnten Philosophen die Orthodoxie nie direkt angegriffen. Insbesondere der Philosoph der Araber al-Kindi, interessierte sich für die Ideen der Al-Mutaziliten, wobei er die Theologie und die Naturwissenschaften sowie die Philosophie als getrennte Gebiete ansah. Hingegen zeichnete sich Ibn Sina durch seine Frömmigkeit und Liebe zum Islam aus. Dies trifft auch auf Ibn Rushd zu. Gerade Ibn Rushd versuchte zu beweisen, dass das Praktizieren der Philosophie eine koranische Pflicht sei.

Die Al-Mutaziliten versuchten die verbliebenen Antworten auf ihre Fragen durch die Verbindung der griechischen Philosophie mit den islamischen Gesetzen zu verbinden, um so wahre Vollkommenheit menschlichen Dasein im Diesseits zu erreichen. Ungereimtheiten im Koran sollten durch die Philosophie gereinigt und ergänzt werden. Der Ausgleich zwischen wissenschaftlicher Spekulation und religiösen Dogmen wurde unter der Abbasidendynastie forciert vorangetrieben. Ihre Abhandlungen blieben erfolglos. Die willkürliche Handlung des Koran verärgerte insbesondere die sunnitische Orthodoxie, die in diesen Abhandlungen nur wenige positive Anhaltspunkte finden konnten. Sie kombinierten die griechische Philosophie mit der islamischen Religion. Dabei entstanden mehrdeutige Ausdrücke. Amüsiert schreibt al-Biruni: „Sie verwickelten sich deswegen in törichte Sophismen, und beschleicht sie die Furcht, etwas ihren Ansichten Widersprechendes auch nur anzuhören, noch bevor sie es zur Kenntnis genommen und begriffen haben. (...) Aber das Gespräch mit ihnen ist nutzlos, ja es ist Zeitverschwendung. Nach ihrer Meinung sind ihre Oberhäupter trotz ihrer Irrtümer und ihres Widerspruches gegen das Unabdingbare mehr zu verehren als einer, der das Land der Griechen bereist und die Wahrheit ohne die Mitwirkung der Mu'taziliten in sich aufgenommen hat.“ [10, S. 144 f.]

Sie schweiften herum, kamen aber zu keinem Ziel. Der Versuch, den Islam mit Hilfe der griechischen Philosophie auf eine höhere Ebene zu verhelfen, ist vollständig gescheitert. Das Gegenteil trat ein. Es kam zu einem Bruch zwischen der Religion und der Philosophie. Die Philosophie verfolgte nun ihre eigenen Ziele. Die Gelehrten der Al-Mutaziliten lebten frei. Sie nahmen keine Rücksicht auf die Religion, tranken Wein und überschritten demonstrativ das islamische Gesetz. Andere wiederum berichteten von mystischer Erleuchtung. Manche wiederum berichteten vom Göttlichen in sich. Sie waren der Meinung, dass die Religion nur dazu da sei, dem Volke Halt zu geben und es vor sinnlichen Trieben zu bewahren. Die wahre Weisheit kenne nur die Al-Mutaziliten-Lehre. Diese finde sie in sich selbst und bedürfe keiner religiösen Führung. Al-Ghazali spricht von einer Zeit der Frivolität. Die Orthodoxie verhielt sich am Anfang sehr ungeschickt. Sie war ihren Gegnern nicht gewachsen was daran lag, dass sich diese kaum bemühte die Ansichten der Al-Mutaziliten zu prüfen. Die Orthodoxie reagierte in ihrer Hilflosigkeit radikal und ging dazu über auch die seriösen Ergebnisse der Wissenschaft zu verdammen. Durch diese unüberlegte Handlung hat die Orthodoxie der Sache des Glaubens mehr geschadet als genutzt. Erst unter dem Philosophen al-Ghazali, der die dialektische Kunst beherrschte, trat dieser Sekte ein schlagfertiger Gegner entgegen und brachte die orthodoxe Lehre in die strenge Form eines scholastischen Systems. Durch seine Vorträge an den Hochschulen von Bagdad und Nisapur, wo ihm die Professur für Theologie übertragen wurde, durch seine Schriften konnte er den Einfluss der Al-Mutaziliten deutlich schwächen. Er zählt zu den größten Dogmatikern des Islam und trägt zu Recht den Titel „Hukatu Al Islam“, was übersetzt heißt „Wahrheitsbeweis des Islam“. Manche nennen ihn auch „Zierde des Islam“. Al-Ghazali war kein Reaktionär. Er war auch kein blinder Glaubenseiferer, der ohne Wissen Andersdenkende verurteilte. Er versuchte die von den Al-Mutaziliten verursachte Spaltung zwischen Religion und Philosophie zu beheben. Er würdigte zweifelsohne die Leistungen des al-Farabi und des Ibn Sina. Gleichzeitig sagte er sich von ihnen los. Beide Philosophen verneinten die Auferstehung und sie vertraten beide die Meinung, dass die Welt einen Anfang und ein Ende habe. Zudem dachten sie, dass nach dem Tod kein Leben mehr möglich sei. Aus ihrer Sicht existierte das Jenseits nicht. Al-Ghazali beschuldigte beide des Unglaubens.

Al-Ghazali gelang es die Logik und die Dialektik zu vereinigen, daraus die Scholastik zu bilden und den Verlauf zu verfeinern und zu verschärfen. Die Vereinigung von Orthodoxie und Philosophie führte dazu, dass die Naturwissenschaften jetzt unabhängig von der Theologie Fortschritte erzielen konnten, da sich die Orthodoxie durch die Naturwissenschaften nicht mehr angegriffen fühlte.

Die Lehre der Al-Mutaziliten suchte die innere Reinigung des Herzens und die wahre Gottesverehrung im Lebendigen. Diese Lehre, die sich mehr in ihren Ahnungen als in klaren Begriffen bewegte, fand ihre Heimat mehr in der Poesie als in der Wissenschaft und blieb bedeutungslos, da es sich hauptsächlich um Phantastereien handelte.

Der Name dieser Sekte, die sich selbst gerne als die Verkörperung des Rationalismus im Islam ausgab, entstand aus einem Streit zwischen al-Gazal, einen bedeutenden Geschichtsschreiber zu Zeiten der Abbassiden und seinen Lehrer Hassan al-Basri. Dabei ging es um die Frage, ob ein

Muslim, nachdem er schwer gesündigt habe, noch als Muslim gelte. Al-Gazal vertrat die Meinung, dass die Bezeichnung „gläubig“ nicht mehr passe. Es müsse vielmehr ein Mittelzustand angenommen werden. Sein Lehrer betrachtete diese Ansicht als Spaltung und nannte fortan seinen Schüler „itazal na“, der, der sich von uns trennt. Hieraus entstand das Wort al-Mutazil, was so viel heißt wie „die sich trennenden“. Diese Sekte gestand den Menschen bestimmende Einwirkungen zu, d.h. die Aufgaben wurden gleichmäßig auf Gott und Mensch verteilt. Der Mensch war Gott ebenbürtig. Sie vertraten abweichende Ansichten über die Eigenschaften Gottes und über die Natur des Koran. Diese Sekte leugnete die Eigenschaften Gottes und den reinen abstrakten Monotheismus. Der Mensch mache an sich selbst die Erfahrung, dass er sich selbst zu diesem oder jenem bestimmen könne und dass er der Handelnde sei. Die Al-Mutaziliten vertraten zwar auch die Ansicht, dass es nur einen Gott gebe, allerdings fände in diesem Gott eine Vielheit statt. Sie strebten danach, den abstrakten Gottesbegriff der sunnitischen Orthodoxie zu durchbrechen. Es war für sie schwierig zu verstehen, dass auf der Welt das Böse existiert und daneben die Allmacht Gottes. Für sie war dies ein unüberwindlicher Widerspruch. Sie suchten die Freiheit des menschlichen Handelns, damit solle die Allmacht Gottes relativiert werden. Den Schwerpunkt des göttlichen Wesens legte man in die Allwissenheit. Sie folgten ihren Emotionen. Sie stützten sich auf ihre eigene Erfahrung, die für sie die Wahrheit darstellt. Sie versuchten diese innere Wahrheit mit Gott zu vereinen. Sie sprachen Gott die Macht über das Böse ab. Für sie war das Diesseits die Vollkommenste aller Welten, denn Gott könne nur das tun, was gut und vollkommen sei. Diese Sekte hatte ihre Ansichten aufgestellt, ohne sich mit den Lehren des Koran auseinanderzusetzen. Daher vertraten sie die Meinung, dass Gott im eigentlichen Sinne nicht Subjekt sei, sondern die Menschen selbst seien es. Diese Aussagen brachten die Al-Mutaziliten in große Verlegenheit. Sie betonten immer wieder den gesetzmäßigen Verlauf der Welt. Sie suchten daher das Willkürliche, dass Zufällige aus dem Gottesbegriff zu entfernen. Letztendlich kamen sie zu der Überzeugung, dass das Offenbarungsbuch ein doch von Menschenhand geschriebenes Buch sei, das keine göttliche Verehrung verdiene. Der Koran sei nicht das Wort Gottes, sondern er sei erschaffen worden. Andere wiederum behaupteten, dass das von Gott Geschaffen sein sich nur auf den einen, himmlischen Koran beziehe. Was wir läsen, sei eine Wiedergabe des auf der wohlverwahrten Tafel befindlichen Urtextes und das hätte der Mensch gemacht und geschaffen. Diese Lehre hielt sich nur kurz. Die sunnitische Orthodoxie beantwortete diese Hypothesen mit Fortschritten in den Wissenschaften.

Allmählich verlor die Bewegung der Al-Mutaziliten an Bedeutung. Nach der Machtergreifung durch Mutawakil wurde die sunnitische Orthodoxie wieder zum Staatsdogma. Das war das Ende der Al-Mutaziliten. Vergeblich versuchten sie die Rechte der menschlichen Vernunft gegenüber der Offenbarung durchzusetzen und damit die Übertragung philosophischer Spekulationen auf den Koran zu ermöglichen. Sie versuchten Gott durch Philosophie zu ersetzen und damit zum Ausdruck zu bringen, dass der Mensch durch Spekulationen zur göttlichen Allmacht gelangen könne.

Warum ist die rationalistische Bewegung innerhalb des Islam gescheitert obwohl sie durchaus prominente Fürsprecher hatten? Die Antwort finden wir in den Ausführungen des al-Jabri. Er analysiert diese Tragödie in seinem Buch „Kritik der arabischen Vernunft“ und kam zu dem Ergebnis, dass die Metaphysik dieser rationalistischen Strömungen innerhalb des Islam zu Verschmelzung zwischen Religion und Philosophie geführt habe. Gleichzeitig betonte al-Jabri, dass diese Pluralität des Zeitlichen innerhalb der islamischen Religion nur in Andalusien möglich war. Die Existenz eines solchen Staates sei als Beweis für diese These zu werten. Diese Gegend hatte sich der theologischen Schule des Ascharismus sowie der neoplatonischen Philosophie durch ihre geografische Distanz lange Zeit entziehen können. Anders im Rest des islamischen Reiches. Al-Jabri sah hier das Dilemma der islamischen Philosophie in der Analogie in der das Empirische den Vorstellungen, die dem Jenseits eigen sind, untergeordnet bzw. in diese projiziert würden. Die Vernunft werde somit in einer Zwangsjacke gefangen gehalten. Gleichzeitig stellten die malikitischen Rechtsgelehrten in Nordafrika, die alle Formen der Spekulation ablehnen, ein Hindernis für den Rationalismus dar, um allerdings diesen Rationalismus doch noch zuzulassen, um sich vom muslimischen Orient abzugrenzen. Al-Jabri sieht in der Lehre des Asharismus eine ideologische Waffe gegen Al-Andalus. So versuchte der muslimische Orient Einfluss in Andalusien zu gewinnen. Der islamische Rationalismus teilte sich nach al-Jabri in zwei Strömungen, der maghrebisch-andalusischen und der muslimisch-orientalen. Im andalusischen Zweig wurde die Metaphysik bekämpft. Daher beschäftigten sich die meisten Philosophen mit der Logik und der Mathematik. Aber gerade das Verbot des Metaphysischen verhinderte, nach der Theorie des al-Jabri, eine stärkere Einflussnahme der orientalischen Metaphysik, die den Orient in die epistemologische Sackgasse führte (Vgl. [2]). Die Beschäftigung mit der Logik und Mathematik tolerierten die Gelehrten in Andalusien, weil sie die heiligen Schriften nicht in Frage stellten. Diesen beiden Disziplinen der Logik und der Mathematik ist es zu verdanken, dass die Wissenschaft in Andalusien aufblühte. Die zentrale Idee der andalusischen Philosophie war die Abwehrung des analogischen Denkens. Die Ablehnung des analogischen Denkens kennzeichnete die Grundideen eines Ibn Hazm, eines Shatibi, eines Ibn Mada und eines Ibn Rushd. Sie setzten an Stelle der Analogie andere Arten der Argumentation sich an dem aristotelischen Syllogismus orientierend. Dies ermöglichte es diesen Gelehrten, die Dinge nach den Gesetzen zuerkennen, die ihnen selbst innewohnten und die von den Dingen selbst ausgehend festgestellt und auch abgeleitet wurden. Diese Vorgehensweise ermöglichte eine objektive Vorgehensweise und ermöglichte die Wahrnehmung und Erkennung der Realität. Dies bedeutete nichts anderes, als die Wirklichkeit mit der Vernunft zu begreifen und zu beherrschen. Die andalusische Denkweise ist eine gedankliche Überarbeitung des Analogismus. Diese evolutionäre Entwicklung innerhalb der islamischen Welt, die insbesondere von Ibn Rushd geprägt wurde, ist nicht konsequent verfolgt und ausgeschöpft worden. Die konsequente Fortsetzung der Philosophie des Ibn Rushd erfolgte später im christlichen Abendland. Die islamische Kultur hat die dritte Stufe in der philosophischen Evolution einfach verweigert. Sie hat das Stadium des Verbotenen, so al-Jabri, nie überschritten. Doch von welcher unsichtbaren Mauer spricht al-Jabri?

Eine Selbstüberschreitung der arabisch-islamischen Denkweise hat nur in Andalusien stattgefunden. Sie hatte und hat keine besonderen Auswirkungen auf die restliche islamische Welt. Während sich die Denkweise der Griechen und später der westlichen Welt stufenweise entwickelte und dabei immer wieder Grenzen überschritt, blieb die islamische Philosophie an der zweiten Stufe hängen, sie hinderten sich selbst daran, eine islamische Renaissance zu ermöglichen und die islamische Welt damit in einen Prozess einer fortwährenden Entwicklung, eines fortwährenden Fortschritts zu versetzen. Wo liegt der Fehler? Etwa in der Diskrepanz zwischen Denken und Wissenschaft oder Religion und Wissenschaft?

An der griechischen Philosophie, die ihre Ergebnisse aus der Beobachtung natürlicher Gegebenheiten herleitete, veranschaulichte al-Jabri den Denkfehler der islamischen Philosophie. Die Betonung der Dialektik in der griechischen Philosophie führte zum Niedergang der hellenistischen Herrlichkeit. Ist die Dialektik Schuld auch am Untergang der islamischen Philosophie?

Eine Denkweise, die sich von der Realität entfernt, zieht ihre Erkenntnisse aus der Spekulation. Das System ist zur Selbstreinigung nicht im Stande. Die Vernunft stirbt. Die Dialektik an sich ist nicht ausreichend. Eine Dialektik zwischen Wissenschaft und Denken ist von Vorteil, denn sie ermöglicht die Weiterentwicklung der Wissenschaften. Kaskadenartig eröffnen sich neue Wege und Denkweisen und das Prinzip des Experimentierens wird ihr Motor. Doch waren die Muslime bereits in dieser Phase? Hat nicht Ibn Rushd durch Trennung zwischen Philosophie und Religion zum Überleben der Philosophie beigetragen? Verhalf er nicht der Philosophie im christlichen Abendland die Hiebe der Kirche geduldig zu ertragen und daraus gestärkt hervorzugehen? Wenn die islamische Philosophie versagt hat, wie erklärt sich al-Jabri die Entwicklung der Wissenschaften im Islam? Hat nicht Ibn Cheitam die Optik revolutioniert und ist nicht al-Batruji der wissenschaftliche Vater von Galileo Galilei und des Kopernikus? Wo fand der erste Flugversuch eines Menschen statt?

Doch wohl in Andalusien, durch einen muslimischen Wissenschaftler, durch al-Firnas. Diese Tatsachen sind unbestritten. Weil sie unbestritten sind, sind die vorausgegangenen Argumente des Herrn al-Jabri nicht haltbar. Wenn die islamische Philosophie die Wissenschaft bzw. das wissenschaftlich-experimentelle Denken nicht behindert hat, wer dann?

Al-Jabri führt hier die Politik ins Feld. Nicht die Philosophie, nicht die Religion, nein, die Politik hat die Wissenschaft bekämpft. Die Konfrontation fand nicht zwischen Wissenschaft und Philosophie bzw. zwischen Wissenschaft und Religion statt, sondern zwischen Wissenschaft und Politik. So lautete die neue These des Herrn al-Jabri. Gehen wir dieser These nach. Die Dialektik ging nun aus der Konfrontation zwischen Wissenschaft und Politik und nicht wie vorher aus der Konfrontation zwischen Wissenschaft und Religion hervor. Zunehmend verdrängte die Politik die Wissenschaft. Die Auseinandersetzungen hinsichtlich verschiedener politischer Ideologien prägten von nun an die öffentlichen Diskussionen. Der Wissenschaft, ja sogar der Religion, verblieb eine marginale Rolle. Die Religion wurde Mittel zum Zweck, insbesondere, wenn es um die Frage der Herrschaftsformen ging wie etwa der Frage, ob Kalifat, Imamat oder doch Königtum. Der Diskurs wurde ideologisiert und politisiert. Der wissenschaftliche Diskurs wurde klein gehalten. Damit blieben die Fortschritte in den Wissenschaften aus, wie sie vorher in Andalusien und auch im restlichen islamischen Reich erzielt wurden. Die Religion und auch der Rest einer marginalen Wissenschaft dienten und dienen ausschließlich der Legitimation der Herrschenden. Dies bedeutet, dass Fortschritte in den Wissenschaften mit Rationalismus bzw. mit einer rationalistischen Herrschaftsordnung einhergehen. Hier hat al-Jabri zweifelsohne Recht. Denn tatsächlich verhielte sich ein Großteil des islamischen Reiches während dieser Krise irrational und wendete sich zunehmend dem Sufismus zu. Der islamische Rationalismus, basierend auf der Sunna und der Scharia, wurde an den Rand gedrängt. Hier fand eine Entfremdung statt aber nicht vom Rationalismus der al-Mutaziliten, wie al-Jabri immer wieder behauptet, sondern vom islamischen Rationalismus bzw. von der islamischen Religion selbst, die die Wissenschaft fortwährend aufforderte sich keine Grenzen zu setzen. Die islamische Religion strebt keine Überschreitung der Vernunft an, um die Entfremdung zu überwinden. Doch gerade die Überwindung der Vernunft ist eine Kernaussage der Kritik der arabischen Vernunft des Marokkaners al-Jabri. Die Überschreitung der Vernunft führt zum Irrationalen. Dies ist bereits erfolgt in Form der Entfremdung von der sunnitischen Orthodoxie hin zum irrationalen Sufismus. Hier widerspricht sich al-Jabri erneut. Die Überwindung der Vernunft im Islam ist bereits durch den berühmten Philosophen al-Ghazali erfolgt, der die Wahrheit, die Zweifelsfreie, außerhalb der Vernunft sieht. Was meint al-Jabri dann mit der Aufforderung der Überwindung der Vernunft?

Die Analyse des eigenen Bewussten und Unbewussten mit dem Ziele der Entfremdung von der Entfremdung, wie dies al-Jabri fordert, ist notwendig und auch richtig. Das Bewusstwerden und das Erkennen der Entfremdung ist die Voraussetzung dafür, dass die islamische Welt zum alten Weg wiederfindet und diesen folgt mit der Konsequenz, dass es zu einer Rückkehr der Religion und der Wissenschaft in der islamischen Welt kommt. Religion und Wissenschaft als sich ergänzende Elemente, die zu einer neuen Dialektik führen und zwangsläufig zur Progression und Emanzipation der islamischen Welt führen. Der Islam, der schlafende Riese, das schwächelnde Imperium, würde seinen Platz unter der Sonne fordern und das Monopol der westlichen Herrlichkeit wäre gefährdet. Würde das christliche Abendland dies akzeptieren?

Die Antwort kann hier nur lauten: Nein. Nach der Zerschlagung des islamischen Reiches wurde die Entstehung der Nationalstaaten forciert, als dann wurden Marionettenregierungen eingesetzt, die leicht austauschbar und kontrollierbar waren. Daher kann und wird das Aufwachen der islamischen Welt ausschließlich von Innen erfolgen. Dies kann nur unter Besinnung auf die eigenen Werte und Stärke und nicht in der Nachahmung der westlichen Kultur erfolgen. Das Bewusstwerden des Unbewussten oder Unterbewussten ist die Voraussetzung. Auch hier ist al-Jabri zuzustimmen. Hinsichtlich der Methodik gelingt al-Jabri eine vorzügliche Analyse. Die Differenzen bestehen im Verhältnis zu Religion, die nach al-Jabri, ähnlich wie die Politik, ein Hindernis für den Fortschritt sei. Hier offenbart sich ein erneuter Widerspruch, denn es ist nicht eine stärkere Zuwendung zur Religion, sondern die Entfremdung von dieser, die zum Zerfall des islamischen Reiches führte und zum kulturellen Stillstand geführt hat. Die Rückkehr zur Vernunft alleine ist keine Lösung. Denn was ist Vernunft? Welche Art von Vernunft ist erwünscht, die reine, die kritische oder doch vielleicht die zynische Vernunft?

Alle drei können das Problem nicht lösen. Die Überschreitung der Vernunft, des menschlichen Verstandes, geschieht durch den Glauben an Gott, an eine höhere Macht, die explizit die Menschen auffordert zu lernen. Die Rückkehr zur Vernunft, um sie dann zu überwinden, war für die westliche Welt der Schlüssel zur Macht. Für die islamische Welt, mit einer eigenen Religion, Kultur und Identität, ist eine andere Lösung erforderlich, nämlich die Rückkehr zum wissenschaftlichen Islam. Eine alternativlose Lösung, die al-Jabri aber bewusst außer Acht lässt. Er selbst ist ein Opfer einer sich selbst auferlegten Ideologie, nämlich des europäischen Rationalismus, der gemeinhin nicht mit dem islamischen Rationalismus zu vergleichen ist. Die Rückkehr zur Vernunft und die Überwindung dieser, wie sie al-Jabri fordert, existiert bereits, nämlich in Form der sunnitischen Orthodoxie, von der eine deutliche Entfremdung stattgefunden hat.

Die Lösung ist offensichtlich, der Weg dahin steinig. Al-Jabris Analyse des Untergangs der islamischen Kultur bzw. der Stagnation innerhalb der islamischen Welt ist nur teils zutreffend. Die Schlussfolgerungen, die er daraus zieht, überraschen nicht, denn unbewusst analysiert er die islamische Welt aus der Sicht des Westens. Er tut genau das, was er angibt bekämpfen zu wollen. Al-Jabri hat sich selbst seiner Kultur entfremdet und projiziert diese Entfremdung auf das Dilemma der islamischen Welt. Das Ergebnis ist eine Mischung aus kapitalistischen, sozialistischen, teilweise kommunistischen und christlichen Elementen. Alles ist vertreten, nur nicht der Hauptakteur, der Islam.

In der Hauptfrage über die Willensfreiheit sah der Mittelweg zwischen der Lehre der Al-Mutaziliten und der sunnitischen Orthodoxie eine aneignende Tätigkeit des Menschen. Die Lehre von den göttlichen Eigenschaften, vom Geschaffen sein des Koran wurde aufgegeben. Es wurden Zugeständnisse an die Forderungen der menschlichen Vernunft gemacht, allerdings blieb nach dieser Lehre Gott der willkürliche tyrannische Herrscher, der nach persönlichem Gutdünken regiert, ohne ewiges Gesetz und ohne Zweckursachen, die reine Abstraktion, in der alles individuelle Geistesleben, selbst der Unterschied von Gut und Böse verschwindet. Unter der Herrschaft der Abbassiden wurde die Vernunft zum Maßstab aller Dinge. Bagdad wurde zum Zentrum des islamischen Rationalismus. Die Vernunft wurde zum Dogma. In Wirklichkeit wurde die islamische Orthodoxie nicht aufgelöst, sondern es etablierte sich nehmen ihr ein zweites

Dogma, nämlich die des islamischen Rationalismus. Streng genommen erfüllt der Rationalismus der Al-Mutaziliten, gerade weil er nicht dogmafeindlich ist, nicht die Kriterien rationalistischer Doktrin. Wenn die Vernunft sich für absolut erklärt, dann ist jede Handlung außerhalb dieses Dogma als irrational zu bezeichnen. Die hier entscheidende Frage ist die zugrundeliegende Definition der Vernunft. Die dogmatische Haltung der sogenannten Rationalisten führte zu einem Machtkampf zwischen der Al-Mutaziliten und der sunnitischen Orthodoxie. Während der Herrschaftszeit der Abbasidendynastie in Bagdad unter dem Kalifen al-Mamoun wurde sie sogar zum Staatsdogma. Bedingt durch die Auseinandersetzung mit der sunnitischen Orthodoxie entwickelte sich eine rationale Orthodoxie, während das Dogma der Al-Mutaziliten allmählich an Bedeutung verlor. Die Vernunft diente der sunnitischen Orthodoxie, diese dem denkenden Verstand klarer zumachen. Der Rationalismus der Al-Mutaziliten war jedoch weit davon entfernt liberal zu sein, sie war bis auf einige Ausnahmen doch an den Koran gebunden. Die Erläuterungen zum Koran, was im Islam als „Hadith“ bezeichnet wird, basiert nun vielmehr auf der aristotelischen Philosophie. Die Al-Mutaziliten wurden aus Bagdad nach Basra verdrängt. Dort gründeten sie im Jahre 730 die Schule der Al-Mutaziliten, die sogenannte Madrasat al-mutazilin. Die gesamte Philosophie des islamischen Rationalismus ruhte auf dem Prinzip, dass die Vorbedingung des Wissens stets der Zweifel sei, ohne allerdings diesen Weg des Zweifels konsequent zu gehen, sowie al-Ghazali dies in seinem Leben tat. Auch wurde die Frage der Prädestination kontrovers diskutiert. Die islamischen Rationalisten vertraten den Standpunkt, dass Gott gerecht sein muss. Die Verurteilung eines unfreien Wesen wäre ungerecht und so müsse der Mensch zwangsläufig einen freien Willen besitzen. Diese Aussage stellte die Allmacht Gottes in Frage, weil in diesem Falle Gott nicht tun kann, was er will, sondern er ordnet sich der Vernunft unter. Hier ging es tatsächlich um Sein oder Nichtsein des Islam, denn wenn Gott nicht über den Engel Gabriel mit Mohammed sprach, dann könnte der Koran ein Menschenwerk sein. Damit bräche die islamische Religion zusammen. Gleichzeitig betonen sie die Einheit des Gottesbegriffs. Damit sind sie paradoxer Weise die konsequentesten Verfechter der Einheit und Einzigartigkeit Gottes. Die Vorstellung von Gott wird einzig auf seine Existenz „er ist“ begründet und eingeschränkt, um jegliche Dialektik irgendwelcher konkreten Eigenschaften Gottes im Keime zu ersticken. Alle Eigenschaften seien in seinem Sein enthalten. Damit wurde die Gefährdung der Einheit seines Wesens und auch die Spaltung des Gottesbegriffs in verschiedenen Attributen verhindert oder zumindest erschwert.

Gott ist vernünftig, postulierten die Al-Mutaziliten. Damit stimmen sie mit der sunnitischen Orthodoxie überein.[1] Trotzdem kam es unter der Herrschaft des Kalifen al-Mamoun, der die Lehre des islamischen Rationalismus zum Staatsdogma erhob, zur Verfolgung der orthodoxen Sunniten. Der Führer der Orthodoxie, Achmed ibn Hanbal, vertrat konsequent die Lehre der sunnitischen Orthodoxie, die ihr religiöses Wissen ausschließlich aus dem Koran und den Büchern der Propheten bezog, unter gleichzeitiger Förderung der Wissenschaft. Hanbal wurde unter dem Kalifen al-Mamoun gefangengenommen und gefoltert (Vgl. [11, S. 61 ff.]).

Abu Hasan al-Asari, der zunächst ein Anhänger des islamischen Rationalismus war und sich später der sunnitischen Orthodoxie anschloss, versuchte zunächst einen gemeinsamen Nenner zu finden. Der Konflikt um die Prädestination wurde durch die Einführung des Begriffs der Aneignung ersetzt. Hiernach hat der Mensch die Wahl, d.h. der Mensch kann sich die Möglichkeiten vernünftigen Handelns aneignen. Damit wurde die starre Prädestinationslehre deutlich gelockert. Der Koran müsse wörtlich verstanden werden, dies setze wiederum voraus, dass der Mensch einen Grund für seinen Glauben haben müsse. Die Vernunft stehe nicht über Gott, aber er schließe sie nicht aus, vielmehr sehe er in Gottes Handeln die Vernunft, somit sei eine autarke Vernunft nicht erforderlich. Der Islam enthalte die Vernunft, sie müsse nur erkannt und praktiziert werden. Damit gelang ihm die Versöhnung zwischen dem dogmatischen Rationalismus der Al-Mutaziliten und der sunnitischen Orthodoxie.

Die Al-Mutaziliten hatten geglaubt, mit Hilfe der aristotelischen Philosophie dem Islam zu einer teilweise rationellen Komponente verhelfen zu können, ja zu müssen. Es war den Al-Mutaziliten nicht gelungen, dem Glauben der Sunna ein geschlossenes System gegenüber zu stellen. Die orthodoxe Lehre war und ist logischer und klarer. Durch ihren kompakten Inhalt trug die orthodoxe Scholastik den Sieg davon. Die sunnitische Orthodoxie war in ihrer Form konsequent und stark, solchen Angriffen standhalten zu können. Dazu äußerte sich Sir Hamilton Gibb wie folgt: „Das Sunna-Prinzip war, die Grenzen der Tolerierung so weit wie möglich zu ziehen. Keine große religiöse Gemeinschaft hat jemals den katholischen Geist voller besessen oder ist breiter gewesen, ihren Mitgliedern die weitgehende Freiheit zu erlauben, vorausgesetzt, dass diese die Mindestanforderung des Glaubens annahmen. Keine Gruppe religiöser Sektierer ist jemals von der orthodoxen islamischen Gemeinschaft ausgeschlossen

[1] Vgl. Sure 16, Vers 52; Sure 7, Vers 52; Sure 5, Vers 69; Sure 55, Vers 27; Sure 67, Vers 16

worden außer denen, die einen solchen Ausschluss wünschten und sich so selbst ausschlossen.“ [3, S. 68]

Das Schicksal der Al-Mutaziliten war aber seit al-Asari und al-Ghazali besiegelt. Das wichtigste Resultat ihres Wirkens war die Ausbildung der Scholastik.

Der Charakter dieser Religion selbst führte zu dieser wissenschaftlichen Behandlungsweise derselben. Die islamischen Gelehrten sind die wahren Schöpfer und Meister der Scholastik. Alle scholastischen Disziplinen wurden durch sie fast bis zur höchsten Vollendung vollführt.

Man wird sich fragen, warum in dieser Zeit des Aufbruchs, da die Muslime für externe Ideen empfänglich waren, nicht auch das Christentum bei ihnen Fuß fassen konnte, obwohl ihnen das Christentum sehr bekannt war. Wahrscheinlich hatte die christliche Religion keine adäquate wissenschaftliche Form für seinen wahren Inhalt gefunden.

Die Trinitätslehre allein war für die Muslime Grund genug, es von sich zu weisen. Sie konnten nicht begreifen, dass Drei nicht gleich Eins und Eins nicht zugleich Drei sei.

Der Islam hatte ähnliche Kämpfe nicht zu befürchten, weil der Verstand sich überall in ihm zurechtfinden konnte. Eben diese Tatsache gab den Muslimen die stolze Sicherheit, mit der sie alle Bekehrungsversuche von sich weisen konnten bzw. an diesen abprallten. Zum Wesen der sunnitischen Orthodoxie gehört, dass Gott keinen Sohn haben könne, das die Einheit des höchsten Gottes keinen Gottessohn neben sich dulde.

9 Der Prophet, der höchste Philosoph im Staate Gottes

Al-Farabi ist neben Ibn Sina der bedeutendste Denker der islamischen Welt. Er war das leuchtende Vorbild der islamischen Philosophen und der islamischen Theologen. Zweifelsohne ist al-Farabi ein vorzüglicher Lehrer gewesen. Seine Philosophie half dem Menschen, sich von den Krankheiten der Unwissenheit zu befreien. Er befreite durch seine Klarstellung der Begriffe den Menschen von der Schwäche der Einbildung. Zu Recht wurde Abu Nasr Uzlag ibn Tarhan al-Farabi als „magister secundum" bezeichnet. Seine Philosophie ist in wohlwollenden Worten gekleidet. Der Inhalt seiner Botschaften ist präzise. Es erfordert großen Scharfsinn, diese auch richtig zu begreifen. In seinen philosophischen Abhandlungen behandelt al-Farabi die Grundprobleme der arabischen Philosophie, der islamischen Theologie, der Eschatologie, der Kosmologie und der Ethik. Er äußerte sich in seinen Abhandlungen über Psychologie und Erkenntnistheorie. Al-Farabi erkannte die Vielfalt der islamischen Philosophie. Bei näherer Betrachtung zerfällt die arabisch-islamische Philosophie in eine große Mannigfaltigkeit von Richtungen. Die aus westlicher Sicht dominierende und ins Auge fallende arabische Philosophie, ist diejenige, die sich auf griechische Quellen stützt. Diese bezeichnet sich selbst als „Falsafa", abgeleitet vom griechischen Begriff „Philosophie". Dieser Falsafa gegenüber steht die ursprüngliche islamisch-arabische „Philosophie". Sie wird vertreten durch die „Ulama". Diese Gelehrten vertreten die gesamten Wissenschaften, ohne sich allerdings von der Philosophie zu distanzieren. Ihre Weltanschauung haben diese „Ulama" selbst entwickelt. Sie haben sie versucht wissenschaftlich zu ergründen, um sie so etablieren zu können. Sie haben über die Existenz der Welt, über die Existenz Gottes spekuliert. Diese Art der Spekulation bezeichneten die Griechen als Philosophie, als Liebe zur Weisheit. Die arabischen Denker, auch al-Farabi, sind demnach Philosophen. Jeder gebildeter Araber war auch ein Philosoph, weil Bildung und Philosophie sowie Philosophie und Wissenschaft identisch waren.

Al-Farabi war ergo Philosoph und Wissenschaftler. Er gehörte sicherlich zur griechisch-philosophischen Schule. Al-Farabi stellte die Verbindung her zwischen der Philosophie des Aristoteles und den Scholastikern. Er betrieb eine begriffliche Systematisierung im Sinne Sokrates. Eine Systematisierung der damaligen Weltanschauung. Die Systematisierung der Weltanschauung erfolgte mit Hilfe der Logik, nicht durch das Experiment. Al-Farabi war ein Kind seiner Zeit. Er war in den kulturellen Vorstellungen der Araber tief verwurzelt. Aus dieser Verwurzelung heraus und mit Hilfe der griechischen Philosophie, versuchte er das damalige Weltbild in begreifbarer, erfassbarer Formulierung wiederzugeben. Dank seiner unermüdlichen Arbeit, konnte die arabisch-islamische Philosophie mühelos den Weg des Aristotelismus über den Neoplatonismus fortsetzen. Diese Kontinuität, die durch die arabischen Philosophen gewährleistet wurde, diente später als Grundstein für die europäische Renaissance. Al-Farabi prägte durch seine Philosophie die Denkweise der orthodoxen Theologen als auch die der al-Mutaliziten. Emir Ismail al-Huseini aus Faran schrieb im Jahre 1485, also ca. 535 Jahre nach dem Tod des „magister secundus", einen Kommentar zu den Fusus. Al-Fusus war der Safiden-Dynastie gewidmet. Die Perser waren traditionell die Hauptträger der ostarabischen Philosophie. Sie waren es auch, die nach dem Mongolensturm für das Auferstehen der arabisch-persischen Philosophie sorgten. Haider, der Löwe, Herrscher von Ardebil, veranlasste seinen Emir zur Abfassung eines Kommentars zur Philosophie des al-Farabi. Nach dem Tode Haiders übernahm Jakub die Macht. Unter ihm wurde der Kommentar 1491 fertiggestellt.

Al-Farabi hatte die Philosophie des großen Ibn Sina als Grundlage genommen, um von hier aus die früheren Entwicklungsstufen dieser Philosophie zu erklären. Wie zu erwarten, änderten sich seine Ansichten im Laufe der Zeit. Er veränderte seine Ansichten über den Sufismus. Al-Farabi war davon überzeugt, dass der Mensch von jedem Namen Gottes, davon existieren 99, eine Eigenschaft annehme. Al-Farabi war bemüht, die Existenz Gottes zu beweisen. Er verteidigte einerseits die Freiheit des Willens gegen die starre Orthodoxie, andererseits verteidigte er die göttliche Prädestination. In seiner Denkweise nährte sich al-Farabi der asharitischen und der sifalitischen Denkweise. Beide spekulative Richtungen wurden von den Philosophen seiner Zeit abgelehnt. In seiner Abhandlung „Fusus ul-Hikma", Abschnitte der Weisheitslehre, kommt seine Ambivalenz zum Ausdruck. Seine philosophischen Thesen schwankten zwischen streng orthodoxen Thesen und spekulativer Annahmen.

Alles, was nicht existierte, existent wurde, hat eine Ursache. Das Nichts kann nicht die Ursache sein. Wenn das Nichts früher also keine Ursache war, wird sie aber zu einer solchen, durch eine Ursache, dann wird sie zu

Gott. Von Gott aus gehen die Ursachen der Dinge in geordneter Reihenfolge, gemäß seines Wissens.

Im Werden existieren weder Naturgesetze, noch freier Wille, es sei denn in Abhängigkeit von einer Ursache. Der Verursacher steigt zum Verursacher des Verursachten. Der Mensch kann somit nicht erschaffen ohne Ursacher. Die Ursachen sind das Ergebnis der Ordnung Gottes. Jede Existenz unterliegt der Prädestination. Die Wahl, welcher Weg eingenommen werde, war immer im Menschen drin. Sein Handeln folgt dieser Determination. Die „freie" Wahl steckt im Menschen drin, sie ist bereits vorhanden, damit hat der Mensch gar keine freie Wahl. Er folgt der Vorherbestimmung, somit ist der Mensch nicht „frei". Die „freie" Wahl, die der Mensch in sich trägt muss einen Verursacher haben. Sie ist nicht neu entstanden, denn dazu ist der Mensch nicht in der Lage. Hatte der Hervorbringer der „freien" Wahl im Menschen eine Wahl, oder hat der Hervorbringer einen anderen Hervorbringer? Auf der Suche nach dem ersten Hervorbringer begibt man sich gedanklich auf den Weg zum Ewigen, der die Existenz des Mikro- und Makrokosmos hervorgebracht, in einer Ordnung, die nur er vollbringen kann. Folglich geht alles Existierende, das Gute und das Böse, auf Ursachen zurück, die vom ersten Verursacher verursacht worden sind, von Gott.

Dem ersten Verursacher, also Gott, ist seine Existenz bekannt, ohne Vermittlung. Er erkennt seine Vollkommenheit selbst. Wenn sich Gott dem Menschen offenbaren will, dann geschieht dies ohne körperliche Verbindung.

Wenn er Tote auferwecken will, ihnen die Sinnesorgane wiedergibt, dann kann Gott am Tage der Auferstehung gesehen werden ohne dass er menschliche Gestalt annehmen muss. Er wird dem Menschen nicht gegenübertreten und sich als Objekt darbieten, denn er ist erhaben, unerreichbar und über alle Dinge stehend.

Nicht erkennen bedeutet nicht partout nicht-existent. Ein Objekt ist verborgen, weil der Zustand seiner Existenz abgenommen hat. Das Objekt wird unscheinbar. Es wird nicht erkannt, aber es existiert. Andererseits könnte das Objekt über eine ausgeprägte Kraft verfügen, die Kraft des Erkennenden ist jedoch zu schwach. Das Objekt wird nicht erkannt, aber es existiert. Das erkennende Auge wird durch die Macht des zu erkennenden Objekts geblendet. Man übersieht das Objekt. Das Objekt bleibt ihm verborgen. Oder über das Objekt liegt ein Schleier. Eine unsichtbare Mauer zwischen dem was gesehen werden soll und dem, der das zu Sehende sehen soll. Diese unsichtbare Mauer kann sich mit dem zu erkennenden Objekt vermischen, sie muss es nicht. Nun liegt es am

Intellekt, den Schleier bzw. die unsichtbare Mauer zu erkennen und sie vom Objekt zu entfernen, gleich einer operativen Entfernung eines grauen Stars, um wieder zu sehen bzw. das zu Erkennende zu erkennen.

Der Schleier ist wie ein Kleid. Sowohl der Schleier als auch das Fehlen an Erkennen üben einen verbergenden Einfluss. Beide halten den Akt des Erkennens auf, indem sie sich zwischen Objekt und Subjekt stellen. Der Schleier verbirgt den „klaren" Blick auf das Objekt.

Al-Farabi spricht vom Erkennen des Göttlichen. Gott ist gemäß al-Farabi nicht örtlich. Es ist auch unmöglich zu Ihm Nähe und Ferne zu denken. Er gleicht keinem und Ihm gleicht keiner. Die Verbindung zu Gott hat keine größere Nähe zu Gott als die Verbindung mit Ihm. Er ist die Quelle alles Seins. Er wirkt durch ein Medium seines Wirkens. Das Medium seines Wirkens ist mehr als nur ein Verkünder oder Vermittelnder. In Gott selbst existiert kein Schleier, weder getrennt von Ihm noch vereint mit Ihm. Er ist die Wahrheit, frei von jeglichem Schleier.

Keine Existenz ist vollkommener als die Gottes. Er ist daher sichtbar, durch seine große Sichtbarkeit jedoch unsichtbar bzw. verborgen. Er ist wie ein offenes Buch, dennoch liest kaum jemand darin, nicht infolge seiner Komplexität, sondern weil der Inhalt überragt. Er ist einer, gleich ist Ihm keiner. Er ist einzig, unverhüllt, sichtbar, seiner Größe wegen unsichtbar. Er verkörpert Einheit und Sichtbarkeit. Er ist, weil er omnipotent ist, in allen Dingen. Er erscheint in seiner Schöpfung. Die Erscheinung in seiner Schöpfung setzt später ein als das Erscheinen in seinem Wesen. Die Erscheinung in seiner Schöpfung ist zeitlich determiniert, die Erscheinung seiner selbst hat weder Anfang noch ein Ende. Seine Erkenntnisse über seine Schöpfung entnimmt er nicht seiner Schöpfung, sondern er verfügt über die Erkenntnisse seit Anbeginn der Zeit. Eine Wahrnehmung der Welt über seine Schöpfung würde bedeuten, dass die Ursache seines Wissens seine Schöpfung wäre. Das ist jedoch unmöglich. Niemals kann ein Schöpfer Wissen durch seine Schöpfung erlangen, weil er alle möglichen Varianten kennt. Diese sind in Ihm selbst enthalten.

Gott weiß im Voraus wie der Mensch handeln wird. Er kennt sich und seine Barmherzigkeit. Er sendet ohne Grund niemanden in die Hölle. Dieser Handlungen sind nicht zeitabhängig. Geschieht es früher als erwartete, dann ist die Handlung der Zeit nach, d.h. eine Reihenfolge wie der Greis vor dem Jüngling. Geschieht diese der Natur nach, dann von einem Objekt ohne das ein zweites nicht existieren kann. Während das erste Objekt selbst ohne das zweite Objekt existieren kann. Es kann aber auch der Ordnung nach geschehen, so wie ein Imam vor einem gewöhnlichen Betenden steht. Der Würde nach wie unter dem Propheten, oder dem

Willen Gottes folgend. Denn Gott sprach und es geschah. Niemals jedoch anders, es geschah und dann wollte es Gott. In Gott selbst findet sich eine unendliche Vielfalt und Vielheit. Die Vielfalt und Vielheit ist nicht in Ihm, sondern sie richtet sich nach Ihm. Die Eigenschaften Gottes sind später als Gott, nicht zeitlich verstanden, sondern der Ordnung des Seins folgend. Die Eigenschaft Vielheit wird ein Teil der Ordnung Gottes, nicht ein Teil Gottes. Gott steht über den Eigenschaften. Die „Ordnung" sammelt und ordnet die Vielfalt und Vielheit in eine „Einheit". Die Einheit ist wie ein Tropfen auf dem heißen Stein, denn sie ist ein unbedeutender Teil im Vergleich zur göttlichen Allmacht. Die Eigenschaften sind eine Einheit im Weltall. Aus diesen Eigenschaften entsteht die real-existierende Welt. Als an sich außergöttlich existierende Welt. Vielleicht auch als Idee. Gott alleine ist die Wahrheit, wenn die göttliche Aussage mit dem Objekt übereinstimmt, wenn das Objekt mit der göttlichen Aussage übereinstimmt. Ferner wenn er die Wahrheit von dem Wirklichen ist, das entsteht. Die Rede ist vom Wirklichen, wo das Nichtsein nicht existent ist.

Gott ist die Wahrheit, wenn Er das Objekt der Aussage ist und infolge der Existenz und solange Ihm keine anderen Eigenschaften untergejubelt werden. Durch Gott ist alles zufällige eine Notwendigkeit, denn alles ist vergänglich, alles hat ein Ende, nur Er, Gott, ist ewig.

Er ist nicht sichtbar, weil Er zu sichtbar ist. Seine überwältigende Sichtbarkeit macht Ihn unsichtbar. Er ist verborgen! Er ist sichtbar für den Menschen durch seine allmächtigen Eigenschaften. Diese Eigenschaften existieren, weil Er will. Gleichzeitig sind sie ein Beweis für seine Existenz. Gott ist für den Menschen unerreichbar. Er bleibt für uns immer unsichtbar. Für sich und in sich ist Er sichtbar. Nur ein Minimum der Erkenntnis bzw. der Wahrnehmung einer seiner unendlichen Eigenschaften entreißt den Menschen seiner Körperlichkeit. Der kommt zur Erkenntnis, dass Gott unerkennbar ist. Die Aufgabe des Menschen ist Erkenntnisgewinnung, von der Verborgenheit Gottes, zu seiner Sichtbarkeit und schlussendlich zu der Erkenntnis seiner Unsichtbarkeit. Der Mensch, das vernünftige Tier, wird Gott in seiner Vollkommenheit höchstens erahnen, jedoch nie begreifen.

Gott ist ein Erstes, weil alle Existenzen aus ihrer hervorgehen. Er ist die Urexistenz, die weder zeitlich noch räumlich definiert ist. Gott existierte mit der Zeit, niemals in der Zeit. Er ist gleichzeitig ein letztes, weil alles wieder zu ihm zurückkehrt. Er ist das Ziel. Alles Erstrebbare im Leben zielt auf das Glück im Jenseits. Gott ist die erste und letzte Geliebte, wie die Sufis gerne betonen. Er ist das letzte aller Ziele, das erste in der Intention, das letzte in der Exekution. Er ist derjenige, welcher für jedes existierende Objekt eine Zeit erschafft, obwohl es keine Zeit gibt die vor Ihm existiert und nach Ihm existieren wird. Er ist Herr über das Sein und das Nichtsein. Gott wurde nicht verursacht, sondern er ist der Verursacher aller Dinge.

Anderenfalls müsste man annehmen, dass die Summe der Existenzen eine Summe von Ursachen ohne Verursachte oder von Verursachten ohne dass eine Ursache existiert. Dies scheint absurd zu sein.

Richtig scheint doch, dass die Kette ein Erstes, das sich außerhalb der zufälligen Dinge befindet als Verursacher das Nachfolgende verursacht. Die existierenden Dinge führen zu einer Ursache, die selbst keine Ursache hat. Er, die erste Ursache, verursacht alles, außer sich selbst. Gott existiert in der Vielheit, aber kein Verursachtes aus der Summe der Vielheit ist jedoch göttlich. Die Einheit der Vielheit ist ebenfalls nur ein Teil. Die Summe der Einheiten kann keine Ursache für eine allumfassende Einheit sein. Weil Gott mehr ist als die Summe dieser Einheiten. Gott ist mehr als Teil seiner Untereinheiten bzw. der Summe aller Einheiten. Hierin unterscheidet sich al-Farabi nicht von den Aussagen des großen Aristoteles betreffend der Beweisführung der Existenz Gottes. Aristoteles bewies die Existenz Gottes, al-Farabi seine Einheit. Gleichzeitig gibt al-Farabi zu verstehen, dass der Mensch über nicht existierende Dinge urteilt als wären sie existent. Doch woher nimmt der Mensch diese Gewissheit, dass das „Nichts“ existiert? Wie definiert der Mensch das „Nichts“? Der Mensch bejaht und verneint Aussagen. Das Verneinen bedeutet, dass die Aussage eines Menschen kein äußeres Korrelat hat. Dementsprechend ist eine Aussage wahr, wenn dieser einem äußeren Korrelat entspricht. Das Erkennen ist demnach metaphysisch. Wie sonst soll man sich die Erkenntnis von Gott erklären. Gott existiert aus der Sicht des Menschen, weil der Satz „Gott existiert“ einem äußeren Korrelat entspricht, sonst wäre der Satz nicht wahr. Doch von welchem äußeren Korrelat ist hier die Rede?

Hierfür springt die Wissenschaft ein. Die Wissenschaft an sich gliedert sich in zwei Teile, im Erkennen der Dinge außer uns, das Erkennen von Gegenständen und in der deduktiven Schlussfolgerung, die das Nichtexistierende existent machen.

Zusammenfassend lässt sich folgendes sagen: Der Mensch verhält sich der Existenz gegenüber wie ein Subjekt zufälliger Bestimmungen. Als Mensch bezeichnet al-Farabi sowohl das realexistierende Einzelwesen als auch die außerhalb des Menschen existierende Existenz. Aus dem Nicht-Existierenden kann keine Existenz hervorgehen. Demnach geht der Existenz das Nichts voraus. Die Schöpfung findet nicht in einer Zeit, die deutlich zurück liegt, sondern sie findet so statt, dass sie erst dann eine zeitliche Einteilung bedingt im Sinne von Früher oder Später. Die Zeit wird geboren, ihr geht die Existenz voraus. Dies bedeutet aber auch, dass die Existenz zeitlos ist. Auch Gott ist zeitlos, aber nicht im selben Sinne. Dennoch bedeutet dies, dass die Existenz ebenfalls ewig und anfangslos ist wie Gott. Daher die Rede von der unsterblichen Seele. Die Existenz an sich unterliegt göttlichen Bedingungen. Sie ist nicht autark. Das Werden ist ein Übergang aus dem Zustand der Möglichkeit in den der Wirklichkeit. Das „Notwendige" ist einfach real. Gott existiert. Der Gedanke liegt nahe, dass Gott die Existenz selbst ist. Gott ist jedoch mehr als die Existenz. Er ist die Ursache der Existenz. Gott ist klar, frei von allen Nachteilen, nicht verschleiert. Er ist sichtbar. Das bedeutet aber auch, dass Gott nicht abstrakt ist. Gott erschafft die Handlung ohne Verlangen, denn Gott ist durch sich handelnd und bedarf keinen Ursachers, um zu handeln. Gott verspürt kein Verlangen, denn Verlangen bedingt Begierde. Gott ist frei von Verlangen, ergo auch von Begierde. Seine Vorstellungen materialisieren sich. Gott ist durch sich und für sich erkennbar, weil er frei von der Materie ist.

Wissen im Sinne Gottes bedeutet die Existenz des Abstrakten, des Unmateriellen. Das Wissen um die Ursache bedeutet das Wissen um das Verursachte. Gott ist sichtbar, weil Gott selbst ist. Gott ist die erste Ursache. Die daraus resultierenden Ursachen sind Hinweise auf seine Existenz. Das Wissen um die Existenz der Welt und des Menschen ist eine Eigenschaft Gottes. Darin stimmen al-Farabi und Ibn Sina überein. Seine Wissenschaft sei Er selbst, behaupteten die Al-Mutaziliten. Die Einheit Gottes bedeutet aber auch, dass nur Er erschaffen kann. Er ist einzig, weder wurde Er geboren noch gebar Er.

Seine Sichtbarkeit ist auch die Ursache für seine Verborgenheit. Für den Menschen ist Gott nur begrifflich erfassbar, d.h. durch Beziehung und Relation. Um Gott zu erkennen muss man ihn von beidem, d.h. von Beziehung und Relation befreien. Solange er jedoch im Verborgenen bleibt durch Beziehung und Relation, bleibt er für uns unsichtbar. Kein Verstand und auch kein Wissen dieser Welt kann ihn für uns sichtbar machen. Die Sufis sehen im „Verborgensein" eine zu erklimmende Stufe auf dem Weg zur Erkenntnis. Gott wird aus der Sicht des Sufismus durch Differenzen zum Menschen zu Gott. Mit anderen Worten, der Mensch kann Gott werden.

Gott, so argumentiert Ibn Sina, ist durch seine Allmacht die Ursache der Dinge, daher wisse er um die Dinge. Das Erkennen seiner selbst ist das Erkennen der Dinge. Das ist die Ursache für die konkrete Existenz dieser Dinge. Die Existenz der Dinge bedeutet die „zweite Sichtbarkeit" seiner

Existenz. Anders gesagt, durch die Existenz dieser Dinge kann auf die Existenz Gottes geschlossen werden. Im Umkehrschluss bedeutete dies, dass das Werden dieser Dinge für den „Notwendigen“ wichtig sind. Denn nur so wird er sichtbar, sichtbar für den Menschen.

Gott erkennt nicht die Dinge in abstrakter Weise wie Aristoteles behauptet, sondern Gott erkennt die Dinge in ihren Ursachen. Diese Ursachen sind unveränderlich, denn sie sind von Ihm.

Der ewige Wille Gottes steht in Verbindung mit den existierenden Dingen und ihrer „Vollkommenheit“. Diese Verbindung werde durch den göttlichen Spruch „Es werde“. Wir konstatieren, dass eine Welt des „Sichtbaren“ und eine Welt des „Verborgenen“ existiert. Die Welt des „Verborgenen“ wird bis zum Tage der Auferstehung existieren. Danach wird Gott alles vernichten, einschließlich der Engel. Was ist Auferstehung? Der Nachweis der Existenz Gottes. Die Dinge, deren Ursache er ist, hören nicht auf zu existieren. Andere argumentieren, dass der Tod der Dinge die Existenz Gottes überflüssig machen könnte, daher lässt er sie auferstehen.

Gott ist demnach der erste Verstand, solange Er seine Begriffe aus den Existenzen der Dinge sowie aus den Zeiten, in der sie existieren und aus ihnen Unvollkommenheiten nimmt.

Gott ist der erste Verstand, der auf der ersten Tafel geschaffen hat, geschaffen die Weltseele, welche den Menschen verborgen bleibt. Auf der zweiten Stufe der Weltseele erschuf er die Engel. Danach die Menschen. Diesen befahl er auf eine weitere Tafel zu schreiben, was Er bestimmt und beschlossen hat. Der Mensch wird zum Schöpfer. Er löst sich auf und lebt im Verborgenen. Er erkennt seinen Schöpfungsakt durch Ekstase. Das ist die Essenz der sufistischen Ideologie. Die Entfernung allen Übels und die Hinwendung zu Gott führen dazu, dass alle positiven Eigenschaften zu Ihm zurückkehren und der Mensch lebt ewig in Gott. Der Mensch löst sich in Gott auf.

Eine Vereinigung zwischen Gott und den Existenzen zu einer Einheit. Die Einheit, insofern sie in sich ohne ein anderes Ding außer ihr betrachtet wird, erschafft Dinge wie das Paradies. Die Einheit erschafft ein Ding. Das ist der erste Verstand. Dieser ist unabhängig von Gott in Sein und Wirken. Der Verstand ist demnach unabhängig von Gott. Gott andererseits ist abhängig von den Existenzen. Gott ist abhängig vom Menschen. Ohne die Existenz des Menschen ist die Existenz Gottes undenkbar. Dagegen spricht jedoch, dass das Unendliche keine Summe sein kann, denn dann könnte man das Unendliche vermehren, damit wäre das Unendliche nicht unendlich. Des Weiteren gilt es die Reihenfolge einzuhalten z.B. die der Ursache und des Verursachten. So verirrten sich die Sufis in Spekulationen. Doch was wäre die Welt ohne Spekulationen?

Die Einheit kann aber auch bedeuten, dass das Wissen des Allmächtigen mit den von ihm geschaffenen Dingen in Verbindung steht. Die Macht Gottes manifestiert sich darin, dass sie auf andere Dinge einwirkt. Das Wissen und die Macht sind Gott. Sie können nicht von ihm getrennt werden. Die Sufis behaupten weiter, dass die Existenz des Menschen eine Trennung des Menschen von Gott bedeute. Der Mensch kann im Laufe seines Lebens zur Erkenntnis kommen und die Rückkehr zu Gott, d.h. sich hinwenden zur Vollkommenheit, anstreben. Al-Farabi sieht durchaus Sinn in dieser Äußerung. Er sieht eine Stufe weg von Gott und hin zu Gott. Ganz unten ist die Materie angesiedelt, gefolgt von Elementen, dann die zusammengesetzten Körper, als da wären die Pflanzen und die Tiere. Das vorzüglichste Tier ist der Mensch. Die vorzüglichsten Menschen sind die Propheten. Diese stehen in Kontakt mit den Engeln. Die Engel leben in einer Hierarchie, an deren Spitze Gott steht. Je näher ein Wesen Gott stehe, desto vollkommener ist es. Die Geschöpfe sind Abbilder Gottes. Umso vollkommener ist das Wesen, je mehr es Gott ähnelt. Wenn Gott körperlos ist, wie kann Ähnlichkeit zwischen Ihm und dem Menschen angenommen werden?

Al-Farabi ging einer anderen Frage nach: Wenn die Erkenntnis Gottes das höchste Glück ist, warum sind nur wenige Menschen trotz der Erkenntnis Gottes glücklich?

Al-Farabi sieht die Antwort in der Verbindung von Körper und Seele. Der Körper beschmutzt die Seele. Er macht sie krank. Das gute, also Gott, das jedem nahe steht, entfernt sich. Das Unglücksein des Menschen entsteht. Demnach kann zwischen vernünftigen und unvernünftigen Seelen der Menschen unterschieden werden. Die Seelen der Menschen bilden verschiedene Gruppen. Die einen sind göttlich, die anderen menschlich und damit dunkel und finster. Gott, so al-Farabi, ist die Verkörperung der reinen Liebe. Darin stimmt er den Sufis zu. Das sufistische Nirwana ist das Auflösen des Ichs und der Verlust der Individualität. Ein Zustand des Eintauchens in Gott, dem Wahren. Daher spielt für al-Farabi der Verstand keine große Rolle, denn Gott erreicht man durch das Gebet, der Sprache des Himmels.

Das Beten muss gelernt sein, daher sandte Gott Propheten zu den Menschen, damit sie den Menschen den rechten Weg weisen, damit sie im Diesseits in Glück und im Jenseits im Nirwana leben können.

Die Propheten sind besondere Menschen mit besonderen Eigenschaften. Erstens sind sie Herren über die Materie, zweitens sie entschleiern die Welt des Verborgenen, drittens sie kommunizieren mit den Engeln und vernehmen die Worte Gottes. Die Welt der gewöhnlichen Geschöpfe ist der menschliche Körper mit den Zuständen der Ruhe und Bewegung. Die Ursache für diese Ruhe bzw. Bewegung liegt in der Seele. Al-Farabi bringt damit zum Ausdruck, dass das Betrachten und das Nachdenken nur in der Seele möglich ist. Sie wirkt auf den Körper.

Al-Farabi sieht in Mohammed den vollkommensten Menschen. Ihm wurde die Offenbarung zuteil. Die nachfolgenden Generationen sind das Ergebnis der zeugenden Kraft Gottes. In jedes „Ding“ wurde eine Kraft hineingelegt, die einen Ersatz herbeibringt, welchem das zu Grunde gehende Individuum folgt. So bleibt die Spezies Mensch erhalten. Die Fortpflanzung ist nicht das letzte Ziel, sondern sie ist eine Wegstrecke hin zum Glück, der Weg hin zu Gott.

Al-Farabi war ein überzeugter Mystiker. Das Metaphysische zog ihn an. Er zog sich zurück und lebte Jahre als Sufi unter dem Schutz des Fürsten Saif ed-Daula in Aleppo, im heutigen Syrien. Im Propheten Mohammed sah er den Vollkommenen Menschen. Der Prophet sei mit göttlicher Kraft ausgestattet. Dieser Prophet gehorche ausschließlich dem Schöpfer. Daher vermag dieser Prophet Wunder zu bewirken, die außerhalb des Auffassungsvermögens eines jeglichen Menschenverstandes liegt. Er kann die göttliche Schrift auf der wohl bewahrten Tafel lesen. Auf diese Weise erfährt der Prophet von den Kenntnissen Gottes. Er erhält sein Wissen über den Makrokosmos direkt von Gott. Während der Mensch lediglich vom Mikrokosmos Kenntnisse nimmt. Der Prophet steht bei al-Farabi unterhalb der Engel und oberhalb des Menschen. Der Prophet ist demnach übermenschlich. Seine Eigenschaften stehen über denen des Menschen. Der Prophet ist der Sphäre des Menschlichen entrückt. Auch der vollkommenste Mensch könnte diese Sphäre des Propheten nicht erreichen. Der Mensch steht mit dem aktiven Intellekt in Beziehung. Hier kann der Mensch die Potenz seines Geistes aktualisieren. Die wahren Wunder werden ausschließlich vom Propheten vollbracht. Vorgänge in der Natur werden als Wunder bezeichnet oder erscheinen ein Wunder zu sein. Diese Arten von Wunder werden von Heiligen vollbracht. Gott wirkt über den Propheten direkt auf die Menschheit. Hingegen lassen die Philosophen die göttliche Kraft nur durch Vermittlung der „causae secundae“ (zweite Ursache) auf die Welt wirken. Die Erkenntnisgewinnung des Propheten ist ein passiver Vorgang, der beim Menschen hingegen ein Aktiver. Das göttliche Wissen gießt sich in den prophetischen Geist. Der Prophetengeist erfasst den Inhalt der wohl bewahrten Tafel. Der Prophetengeist steht in direkter Verbindung mit den der Engel. Den Engeln fast gleichstehend. Daher hat er mit Diesen immer Kontakt. Hingegen der Mensch nur wenn er träumt. Der Philosoph darf die Sprüche der Propheten interpretieren in der Erkenntnis, dass es sich um übernatürliche Weisheit handelt. Aus seiner Sicht gehört der Prophet zum Bestandteil des Weltalls. Im Vergleich zur griechischen Philosophie, die eher vom Idealmenschen spricht, sieht al-Farabi im Propheten den Entrückten. Ibn Sina folgt genau dieser Argumentation und sieht im Propheten den vollkommenen Menschen. Demnach können Menschen Propheten werden.

„Das vollkommenste dieser Idealmenschen (der Philosophen im Sinne Platons) ist derjenige, der für die Rangstufe der Prophetie disponiert ist. Er (der Prophet) besitzt in seinen seelischen Kräften drei ihm in eigentümlicher Weise zukommende Eigenschaften: Erstens: Er hört das Wort Gottes; zweitens: Er sieht die Engel Gottes, und drittens: Diese verwandeln sich manchmal in eine bestimmte Gestalt, die er sieht. Der mit einer Offenbarung begnadigte stellt sich, wie wir gezeigt haben die Engel in Bildern vor. Dabei ertönt in seinem Gehöre eine Stimme, die er vernimmt und die von Gott und den Engeln herkommt. Diese hört er also, ohne das dieselbe ein wirkliches Wort sei, das von Menschen ausgesprochen wird oder von anderen irdischen Lebewesen stammt.“ [12, S. 18 ff.]

Es gilt zu beachten, dass der Prophet sich vom vollkommenen Menschen unterscheidet. Prophet zu sein bedeutet nicht das Erreichen einer höheren Stufe der Erkenntnis. Der Prophet ist mehr, daher ist er vom Menschen zu unterscheiden. Das Wort des Propheten ist nicht irdisch, so Ibn Sina. Der Prophet gehört einer anderen Sphäre an und hat direkt Verbindung zu Gott. Der Philosoph hat sich, dies betont Ibn Sina immer wieder, nach der Weisheit des Propheten zu richten. Der Philosoph ist also in seiner Denkweise gebunden. Der Prophet ist der Bewahrer vom Irrtum oder der Retter aus dem Irrtum. Die Notwendigkeit eines Propheten für den Menschen ergibt sich aus der obigen Argumentation. Ibn Sina beschreibt den Propheten wie folgt: „Diese Person, die den Propheten darstellt, ist eine solche, deren Existenz sich nicht in jeder Zeit wiederholt; denn die Materie, die eine solche Vollendung (Entelechie, wie sie die Wesensform des Propheten darstellt) in sich aufzunehmen geeignet ist (oder aufnimmt), findet sich nur in wenigen Mischungen der menschlichen Natur. Daher war es unumgänglich notwendig, daß der Prophet in eingreifender und großzügiger Weise Anordnungen traf, damit seine Satzungen (auf Gebräuchen des Propheten basierend) und Gesetzesvorschriften betreffendes Wohlfahrt der Menschen dauernd erhalten blieben usw.“ [12, S. 26]

Die Prophetenseele ist nicht die höchste Vollendung der Menschenseele.

Wäre die Prophetenseele die höchste Form der Menschenseele, dann wäre sie erworben durch Intellekt.

Die Propheterie ist eine übernatürliche Gabe gibt al-Ghazali zu verstehen. In seiner Abhandlung „Wiederlegung der Philosophen“ schreibt er: „Erstens: Der Prophet besitzt eine besondere (das natürliche Maß übersteigende) Eigentümlichkeit in seiner kombinierenden Phantasie. Wenn diese, so lehren die Philosophen, die Oberherrschaft gewinnt und erstarkt und von den Sinnen nicht in Anspruch genommen und abgelehnt wird, erschaut sich die wohl bewahrte Schicksalstafel und empfängt die Wesensformen der partikulären Dinge der Zukunft in sich eingeprägt. Den Propheten überkommt dieses (übernatürliche Schauen) im wachen Zustande, die übrigen Menschen im Schlafe (Der Traum ist nach diesen Vorstellungen kein natürlicher Vorgang, sondern eine Erscheinung, eine Offenbarung. Mit natürlichen Kräften ist es unmöglich, die verborgenen Schicksalstafeln zu sehen. Es liegt hier also eine von der natürlichen Erkenntnis wesentlich, nicht nur graduell verschiedene vor, eine solche übernatürliche Ordnung). Dieses ist diejenige Eigentümlichkeit der Propheterie, die ihr in der kombinierenden Phantasie zu eigen ist. (...) Zweitens ist eine eigentümliche Begabung in der spekulativen Geisteskraft zu erwähnen. Sie ist innerlich verwandt mit der Kraft des Scharfsinnes, der darübersteht, daß der Geist mit Schnelligkeit von dem bekannten zum Unbekannten übergeht. Mancher Schlauer erfasst aus sich sofort den Beweis, wenn man ihm das Individuum zeigt und umgekehrt, kurz: wenn ihm der terminus medius einleuchtet, erschaut er sofort die Schlussfolgerung, und wenn in seinem Geiste die Definition der Folgerung präsent ist, erkennt er sofort den terminus medius, der zwischen den beiden Termini der Folgerung (Subjekt und Prädikat) vermittelt und sie vereinigt. In dieser Begabung zerfallen die Menschen in verschiedene Gruppen. Die einen erschauern die Erkenntnisinhalte aus sich, die anderen bei der geringsten Hinwendung der Aufmerksamkeit, die dritten nur nach mühevoller Anstrengung. Wenn das Extrem des Mangels an dieser Begabung soweit reicht, daß der Betreffende, keine Spur von Scharfsinn mehr besitzt, so daß er trotz seiner Anstrengung nicht mehr dazu disponiert ist, die Begriffe zu erfassen, kann auch das andere Extrem, das der Kraft und der Zunahme (des zuviel, die aufsteigende Kurve) so weit gesteigert werden, daß der betreffende alle oder die meisten Begriffe (geistige Objekte) und zwar in der schnellsten und kürzesten Zeit erfasst. Diese Funktion ist nach Quantität - in allen oder nur einigen Problemen - und Qualität verschieden, so daß sich verschiedene Intensitätsgrade in der Schnelligkeit herausbilden. Die „Nähe“, in die die aufsteigende Kurve gelangt, ist die der Heiligen („göttlichen") und reinen Seele (...). Ihr Scharfsinn verharrt ungeschwächt bei der Erfassung aller Begriffe und zwar in der schnellsten Zeit. Dieses ist die Seele des Propheten, die ein Wunder von spekulativer Kraft besitzt. Er bedarf keines Lehrers, sondern verhält sich wie jemand, der aus sich alles lernt (was allem Natürlichen widerspricht). Das Öl seiner Geistesfackel brennt, auch wenn es von Außen kein Feuer entzündet (da Gott es von Innen erleuchtet). (...) Drittens ist die seelische Kraft des Handelns nach Außen zu erwähnen. Sie erlangt (im Propheten) eine solche Intensität, daß sie auf die Naturdinge Einfluß ausübt und diese sich in deren Dienste zwingen lassen. Ein Abbild davon ist folgendes: Wenn unsere Seele sich etwas vorstellt, so dienen ihr die Glieder des Leibes und die Fähigkeiten, die eine Bewegung enthalten. Dazu bewegt sich die Seele nach der Richtung, die sie sich vorstellt und die sie erstrebt. Der Leib und die körperlichen Kräfte wurden nämlich als Diener der Seele erschaffen. Dieses Verhältnis ist nach den Graden der Seelenreinheit und ihrer Kraft verschieden. Es ist also nicht undenkbar, daß die Seelenkraft so intensiv wird, daß ihr die Naturkraft in dem Leibe eines anderen gehorcht; denn die Seele ist nicht etwa „eingeprägt" in ihren Körper. Sie besitzt nur eine Art der Bewegung und des Verlangens, den Leib zu leiten. Dieses wurde wie eine natürliche Beschaffenheit in sie hineinerschaffen. Wenn also die Teile des eigenen Leibes der Seele gehorchen können, ist es nicht unmöglich, daß ihr auch ein anderer Leib folge, wenn Gott ihr die dazu erforderlichen übernatürlichen Kräfte verleiht. Daher kann die Seele des Propheten durch den bloßen Blick Winde wehen, Regen fallen, Unwetter und Erdbeben heranbrausen lassen, um Völker zu vernichten. Es ist bekannt, daß solche Ereignisse eintreten, wenn Kälte, Hitze oder Bewegung in der Luft entstehen. Bei dem Propheten entsteht also aus ihm selbst diese Hitze und Kälte oder es entstehen von ihm selbst diese Dinge, ohne daß eine physische Ursache erkennbar zugegen wäre. Dies ist dann ein Wunder zum Beweise für die übernatürliche Sendung des Propheten. Solches ereignet sich jedoch nur in der Luft, die prädisponiert ist. Diese wunderbare Einwirkung kann nicht so weit gehen, daß sie ein Stück Holz in eine Schlange (vor dem Pharao) verwandelt und daß der Mond gespalten wird, der unzerreißbar ist. Dieses ist die Lehre der Philosophen über die Prophetenwunder. Wir (al-Ghazali und die islamischen Theologen) leugnen nichts von allem, was sie vorbringen, und daß diese Wirkungen ausschließlich nur den Propheten zukommen (nicht etwa dem Zauberern, denn sie sind mit übernatürlicher Hilfe Gottes bewirkt). Wir (al-Ghazali und die islamischen Theologen) leugnen nur, daß die Philosophen ein Recht haben, die Wunder ihrer Zahl nach einzuschränken und zu bestreiten, daß ein Stock sich in eine Schlange verwandeln könne oder das ein Toter zum Leben auferstehen könne usw.“ [12, S. 30 ff.]

Für al-Ghazali sind die Wunder authentisch. Hinsichtlich der Propheterie stimmt er in seiner Auffassung mit den Philosophen überein. Umstritten war die Auffassung der Propheterie seitens des Ibn Rushd (Averroes). Jahrhunderte lang galt Ibn Rushd als Freidenker. Später trat Thomas von Aquin als sein Gegenspieler auf. Die neuesten Forschungsergebnisse zeigen, dass die christlich-mittelalterlichen Vorstellungen der Philosophie des Ibn Rushd eher auf Mythen basieren als auf harten Fakten. Manche gehen sogar soweit und behaupten neuerdings, dass Thomas von Aquin nicht Gegner, sondern Schüler des Ibn Rushd war. Im Hinblick auf die Propheterie stimmten viele Aussagen dieser außergewöhnlichen Menschen überein. Zwangsläufig stellt sich die Frage, ob Thomas von Aquin von Ibn Rushd abgeschrieben hat. Ibn Rushd betrachtet die Existenz einer übernatürlichen Offenbarung als selbstverständlich. Basierend auf die Philosophie des al-Farabi und al-Ghazali, verteidigte er die Dogmen des Koran. Gleichzeitig war er bestrebt die islamische Lehre mit dem Wissen seiner Zeit zu versöhnen. In den Dogmen des Koran sah er übernatürliche Wahrheiten. Er leugnete zu keiner Zeit die Schöpfung. Dennoch wurden seine Aussagen verfälscht. Es ist gefährlich über die islamische Philosophie zu urteilen, ohne den Islam wirklich zu kennen. Alleine den lateinischen Übersetzungen zu trauen, ist gefährlich. Zumal eine bewusste Manipulation nicht ausgeschlossen werden kann.

Der Islam hat die Beschäftigung mit der Wissenschaft nicht nur erlaubt, sondern gefordert. Das Spekulieren ist erlaubt. Zwar ist der Glaube der Wissenschaft übergeordnet (Philosophia est ancilla theologiae), daher geht Ibn Rushd vorsichtig vor. Als liberaler Theologe hat er sich erfolgreich gegen die starre Orthodoxie verteidigt. Die nächste entscheidende Frage lautet, sind die wissenschaftlichen Resultate im Sinne der Religion oder widersprechen sie dieser sogar?

Seine wissenschaftlichen Arbeiten bezeichnete Ibn Rushd als theologische Untersuchungen, damit konnte er unangenehme Attacken seitens der Orthodoxie abschwächen. Für ihn stand fest, dass der Koran implizit auffordere, die Schöpfung zu betrachten, um so Erkenntnisse über Gott zu erlangen. Die Philosophie sei ein Instrument dieser Betrachtung bzw. Forschung. Die Philosophie sei vom Koran also erwünscht. Der Vorwurf könnte dahin gehen, dass man den islamischen Philosophen vorwerfe, dass die Basis griechisch ist. Dazu sagte Ibn Rushd: „Dabei darf es keinen Anstoß erregen, daß die alten Philosophen, bei denen wir Belehrung suchen, keine Muslime waren. Das Richtige werden wir annehmen, vor dem

Falschen nötigenfalls warnen.“ [12, S. 38] Die Offenbarung sei die höchste Ordnung des Wissens. Sie könne von der Natur aus eigenen Kräften nie erreicht werden. Ähnlich wie al-Farabi und al-Ghazali siedelt auch Ibn Rushd das Prophetentum zwischen Mensch und den Engeln an. Er sieht des Weiteren eine sachliche Übereinstimmung zwischen der Theologie und der Philosophie. Sein Glaube ist der Glaube der Gebildeten. Die Kreise des Glaubens und des Wissens fallen dennoch automatisch zusammen. Durch Wissen gelange man zum Glauben und erkenne in den Dogmen die Wahrheit. Wissen bedeute vernünftiges Handeln. Das Wissen ist nach Ibn Rushd nur ein Weg, der zum Glauben führt. Nach Zurücklegung dieses Weges werde der Glaube per Wissen zur Pflicht. Ibn Rushd verlangt von den Gelehrten Scharfsinn und Festigkeit im Glauben. Nur dann sei der Gelehrte zur Spekulation in der Lage. Für ihn ist die koranische Offenbarung trotz Spekulationen unumstößliche Wahrheit. Der Koran sei das göttliche Gesetz. Eine Leugnung der Offenbarung ist für Ibn Rushd ein Ding der Unmöglichkeiten. Die koranischen Dogmen seien allgemeingültig. In der Natur der Zustimmung im Glauben sieht er eine sittliche Pflicht. Die Erfüllung der sittlichen Pflicht sei Voraussetzung wissenschaftlichen Arbeitens. Das Ablehnen der Dogmen geschehe nicht durch die Herzen, sondern durch die Zungen, aus Halsstarrigkeit und Unkenntnisse. Es ist ein Dogma, dass sich der Mensch nach seinem Tode einem Gericht stellen muss. Zu diskutieren gelte es welche Art von Strafen einen erwarten. Dennoch könne die Wissenschaft irren, der Prophet jedoch nie. „Deswegen hat der Prophet, als er jemandem befahl, seinem Bruder wegen Diarrhoe einen Honigtrank zu reichen, und diese sich darauf verschlimmerte, worauf sich jener beklagte, gesagt: Gott hat die Wahrheit gesagt, aber der Bauch deines Bruders hat gelogen.“ [12, S. 46] Auch scheinbar evidenten Widersprüchen müsse widersprochen werden. Daher könne der Philosoph irren, aber niemals der Prophet. Wenn der Philosoph irrt, dann sei er noch lange nicht schuldbar. Eine Pflicht setze einen freien Willen voraus. Die Philosophie bilde keine Wahrheit für sich. Sie stimme mit dem Glauben überein. Ja, sie lege Zeugnis für den Glauben ab. Ein klarer Beweis gegen den Vorwurf, dass Ibn Rushd die doppelte Wahrheit vertreten habt, nämlich die Religiöse und die Philosophische. Die Philosophie spricht über Dinge, die die Theologie verschweigt. Über Dinge, über die die Theologie spricht, spekuliert die Philosophie.

Da die Offenbarung die Wahrheit sei, und da sie zu philosophischen Spekulationen auffordere, weil diese zur Gotteserkenntnis führe, führe die philosophische Spekulation nicht zum Widerspruch der Offenbarung.

Im Koran sei eine übernatürliche Wahrheit enthalten. Diese Wahrheit sei die Voraussetzung jeglicher Spekulation. Umdeutung der heiligen Texte bedeute die Zurückdrängung der Offenbarung. Ibn Rushd betont hier, dass die Koranauslegung eine Wissenschaft sei. Nach dieser Wissenschaft hätten sich alle, einschließlich der Philosophen, zu richten. Der Koran ist bei Ibn Rushd eine maßgebende Autorität. Dies zeigt sich darin, dass Ibn Rushd vehement dafür kämpft, dass einige Texte im Koran nicht umgedeutet werden dürfen, auch nicht unter dem Mantel einer wissenschaftlichen Analyse. Gewisse Aussagen des Koran, wie das Leben nach dem Tode und die Offenbarung selbst, gelten aus seiner Sicht ohnehin als Dogma. Die Interpretation des Koran dürfe nur nach festgelegten sprachlichen und philosophischen Gesetzen erfolgen, damit ist eine apriorische Auslegung nicht möglich. Die Offenbarung solle sich nicht dem Irrtum des menschlichen Rationalismus unterordnen. Die Offenbarung steht bei Ibn Rushd über der Wissenschaft. Die Basis eines religiösen Diskurses sei der Konsensus der Theologen. Diese Theologen unterlägen alle den koranischen Vorschriften. Ibn Rushd ist die Verkörperung des Din wa Dawla bzw. der Din wa al-Falsafa-Ideologie. In der Offenbarung sind die Antworten zu suchen und zu finden. Die Wissenschaft scheint eingeengt zu sein. Im Finden des Konsensus sieht Ibn Rushd die Hauptaufgabe der Wissenschaft. Dabei geht es hauptsächlich um sekundäre Fragestellungen. Einige Koranstellen dürften interpretiert werden, andere wiederum eher nicht.

In seiner Schrift „Die Harmonie zwischen Glauben und Wissen“ kann man sich von seiner Nähe zur Orthodoxie überzeugen. Auch dann, wenn seine Gegner ihm vorwerfen, er habe dieses Buch geschrieben, um den Vorwurf der Ketzerei los zu werden. Fakt ist, dass für ihn der Koran und damit aber auch die prophetischen Sprüche, die absolute Wahrheit bilden. Andere Zeitgenossen behaupten, dass Ibn Rushd das Leben nach dem Tode für eine menschliche Erfindung gehalten habe. Dafür wurde er christlicherseits zum Ungläubigen erklärt.

Die Einzelseele des Menschen ist ein Teil der Allseele. Die Seele ist universell. Darin stimmt Ibn Rushd mit dem Islam überein. Die Frage der Unsterblichkeit des Menschen wurde auch von vielen jüdischen Gelehrten vertreten ohne dass sie Konsequenzen zu befürchten hatten. Die Spekulation im Islam und im Judentum hatten eine gewisse Tradition, während sie im Christentum sich noch entwickeln mussten.

Ibn Rushd ist sicherlich kein Häretiker gewesen. Sehr nahe gingen ihm die Vorwürfe des al-Ghazali, des al-Farabi und Ibn Sina, die ihn für einen Ungläubigen erklärten. Al-Ghazalis Vorwürfe basierten auf drei Aussagen, nämlich dass die Welt ewig sei, d.h. anfangslos erschaffen, dass Gott die materiellen Individuen nicht erkenne und dass eine leibliche Auferstehung undenkbar sei. Ibn Rushd milderte die Aussagen al-Ghazalis dadurch, dass er sagte, dass diese Korantexte geistig zu interpretieren seien. Ähnlich wie al-Ghazali in seinem Buch „Der Unterschied zwischen Islam und dem Unglauben“ unterstrich Ibn Rushd die Wahrheit im Wort Gottes. Die Gelehrten, so al-Ghazali, seien die einzigen, die den Sinn dieser Offenbarungen verstehen würden. Sie seien daher die wahren Gläubigen. Was mit dem Rest passiere, bleibt unbeantwortet. Gleichzeitig betont al-Ghazali die zeitliche Entstehung des Wissens um Gott. Das Wissen in der Zeit sei somit auch veränderlich. Ibn Rushd sieht in diesen Aussagen ein Wortspiel. Jeder Philosoph weiß von dem Leben nach dem Tod und von der Auferstehung, sie müsse aber nicht körperlich sein.

Die griechische Philosophie hat dem Islam nicht geschadet, ganz im Gegenteil, der Islam wurde gestärkt. Die Offenbarung wurde zu einem festen Standpunkt. Es ging jetzt um die Frage der Entwicklung des Islam hin zu einer universellen Religion. Hart bekämpften al-Ghazali und Ibn Rushd die Sufi-Ideologie, die im Propheten lediglich eine Weiterentwicklung des Menschen sahen. Alle Menschen seien göttlich. Der Prophet besitze kein Vorrecht vor anderen Menschen. Auch die Imamlehre bestreitet, dass der Prophet eine höhere Stufe einnehme als der Imam. Jede Zeit habe seinen Imam. Die Zeit Mohammeds sei begrenzt. Danach werde ihm ein neuer geistlicher Führer folgen, der die Lehren der alten Propheten erneuern bzw. ersetzen werde. Ist das eine Anspielung auf Imam „Google“? Der Imam sei eine Inkarnation der Gottheit. Der Imam sei also selbst göttlicher Natur. Bei manchen Sekten, wie den Drusen, ist der Imam die Inkarnation des Weltintellektes.

Ein Vergleich mit Thomas von Aquin ist sicherlich angebracht. Denn wenn die Voraussetzungen eines Problems in zwei Kosmologien im Wesentlichen dieselben sind, dann stimmt die Lösung beiderseits auch im Wesentlichen. In der Frage hinsichtlich der Harmonie zwischen Glauben und Wissen trifft diese Feststellung zu, denn alle drei monotheistischen Religionen kommen diesbezüglich zu gleichen Schlussfolgerungen.

Im Islam gibt es eindeutige, auf göttliche Offenbarung zurück zu führende dogmatische Feststellungen, die vom Konsensus der islamischen Theokratie (Theologen, Philosophen und Imame) nicht nur durchgesetzt, sondern auch aufrecht erhalten wurden und werden. Ähnliches trifft auf das Christentum zu. Daher verwundert es keinen, dass Thomas von Aquin zu gleichen Schlussfolgerung kam wie Ibn Rushd. Höchstwahrscheinlich hat Thomas von Aquin sogar die Lehren des Ibn Rushd übernommen.

Wenn er dies auch nie zugeben würde. Ibn Rushd vertrat die islamische Orthodoxie. Beide sind weder Rationalisten noch vertreten sie die These von der Unterdrückung der Wissenschaft durch die Religion. Die Position der Offenbarung ist bei beiden nicht veränderbar. Sie bestimme den Weg der Wissenschaft. Eine Einschränkung des Wissens durch den Koran existiere jedoch nicht. Der Koran fordere den Menschen auf, sich noch mehr Wissen anzueignen, denn egal wie viel Wissen der Mensch im Laufe seines Lebens anhäufe und auch wie viel Wissen die gesamt Menschheit sich im Laufe ihrer Gesamtexistenz anhäufe, dies sei nicht mal wie ein Tropfen auf dem heißen Stein, unbedeutend im Vergleich zum Allwissenden. Ibn Rushd selbst vertrat in seinem Buch die „Spekulative Dogmatik“ die Position der islamischen Orthodoxie. Er bekämpfte die sogenannte „Irrlehre“, die auf Unwissenheit beruhe und zu Fehldeutungen des Koran führe. Eine Auslegung der Koraninhalte sei nur in bestimmten Fällen, in denen der Koran es selbst erlaubt, gestattet. Eine Interpretation könne nur ein Philosoph vornehmen, weil der Koran selbst dem Philosophen dies nicht nur erlaube, sondern gar befehle. Der Sinn philosophischer Interpretationen des Koran sei die Darlegung des eigentlichen Sinnes des Koran. Das Philosophieren sei die natürliche Erkenntnis, diese untersteht der übernatürlichen, göttlichen Erkenntnis, die im Koran enthalten sei. Die Dogmen seien Wegweiser der Philosophie hin zur Wahrheit. Ibn Rushd war der Überzeugung, dass die Existenz Gottes beweisbar sei. Ibn Rushd selbst ließ sich von der koranischen Offenbarung leiten. Zu den Gottesbeweisen gehöre die Vorsehung. Des Weiteren die Neuerschaffung des Lebens, der sinnlichen Wahrnehmungen und des Denkens. Diese lasse sich aus der toten Materie nicht erklären. Aber wie ist das Leben nun entstanden? Alte Objekte seien der Menschen wegen erschaffen worden. Diese seien nicht zufällig entstanden. Gott erkennen bedeute die Objekte, die für den Menschen erschaffen worden sind, zu erkennen. Auch die Pflanzen und Tiere seien des Menschen wegen erschaffen worden. Aus toten Menschen entstehe neues Leben. Es müsse einen Verursacher für das Geben von Leben existieren. Alles Erschaffene geschehe durch den Willen Gottes, dem ersten Verursacher. Diese erschaffenen Dinge dienten dem Wohle der Menschen.

Alles Entstandene unterstehe dem Verursacher, nämlich Gott. Daher gelte es die Eigenschaften der erschaffenen Dinge zu erkennen. Wer die Eigenschaften der erschaffenen Dinge erkenne, der verstehe auch das Wesen des Erschaffens. Ein direkter Gottesbeweis. Auf diesem Weg führe Gott die Menschen zur Kenntnis seiner Existenz. Das sei die Aufgabe der Philosophie. Jeder Gläubige solle diesen Weg einschlagen, um dem Irrtum zu entkommen. Das sei der Weg der Philosophie, der Weg der Gelehrten, die für die Herrschaft des Allmächtigen Zeugnis ablegen. Damit widerspricht Ibn Rushd dem Kontingenzbeweis Ibn Sinas. Die Grundidee des Kontingenzbeweises ist die reale Verschiedenheit von Wesenheit und Dasein. Wenn die Wesenheit nicht aus sich also notwendig das Dasein besitze, müsse es ihr von einem notwendig Seienden, dem die Existenz wesenhaft zukommt, verliehen werden. Alle diese Dinge seien in sich kontingent und würden nur dadurch ins Dasein treten, dass sie von einer notwendig wirkenden Ursache das Dasein empfangen werden. Jedes Verursachte sei daher notwendigerweise etwas in sich kontingentes, sonst könnte sie nicht verursacht werden. Es besäße das Dasein aufgrund seines Wesens. Die Ablehnung des Kontingenzbeweises durch Ibn Rushd ist unerklärlich. Man könnte meinen, dass Ibn Rushd die islamische Philosophie, hier die Philosophie des al-Farabi und al-Ghazali und Ibn Sina gar nicht verstanden hat. Vielleicht ist das der Grund, warum sich Ibn Rushd als Philosoph zweiter Ordnung bezeichnet. Der Kontingenzbeweis des Ibn Sina wurde von allen bedeutenden islamischen Philosophen akzeptiert.

Auch im Hinblick auf die Einheit Gottes verweist Ibn Rushd auf die heilige Offenbarung. Hiernach müsse sich die Philosophie richten. Die Existenz mehrerer Götter stehe im Widerspruch zur einheitlichen Weltleitung. Von zwei Wirkenden könne keine einheitliche Wirkung ausgehen. Zwei oder mehrere Götter würden sich ferner bekämpfen. Sich gegenseitig auslöschen. Es wäre aber auch möglich, dass die Götter sich gegenseitig unterstützen, dann wäre eine Weltleitung möglich. Hier widerspricht sich Ibn Rushd selbst. Der Gedankeninhalt zweier Götter könnte übereinstimmen, dann wäre dies aber ein Beweis für die Existenz von mindestens zwei Göttern. Trotz dieser Gegenargumentation kommt Ibn Rushd zu folgenden Aussage: „Wer daher“, so schließt Ibn Rushd, „unserer Methode folgt, ist der wahre Muslim, dessen Glaubensbekenntnis das Islamische ist. Wer aber sein Glaubensbekenntnis auf andere Methoden gründet ist nur ein Scheinmuslim.“ Aus dem Koran gehe die Philosophie hervor. Stark kritisierte er die Ashariten. Jene strengorthodoxen Muslime, die in der Einheit Gottes den Schlüssel zur Erkenntnis sehen. Gott könne nur einer sein, weil in ihm Individuationsprinzip und Wesenheit zusammenfallen würden. Sein Wesen sei das Sein, außerhalb dessen es nur Nichtsein gäbe. Das Sein sei somit eine abgeschlossene Einheit. Das ist die Philosophie der Ashariten. Zugegebenermaßen ist sie in diesem Punkt der Philosophie des Ibn Rushd meilenweit voraus. Auch im Hinblick auf die Eigenschaften Gottes hat sich Ibn Rushd festgelegt. Die Eigenschaften Gottes seien im Koran klar benannt. Nämlich Wissen, Leben, Macht, Willen, Hören,

Reden und Sehen. Das Wissen Gottes sei an der Schöpfung sichtbar. Sie sei eine ewige Eigenschaft Gottes. Das Wissen Gottes sei nicht zeitlich. Er erkenne die Dinge immer, nicht nur im Augenblicke ihres Entstehens wie die Ashariten behaupten. Das Leben sei die Voraussetzung für das Leben. Der Wille Gottes sei nicht ewig, sondern äußere sich in der Erschaffung der Dinge, nur in dem Augenblick. Die Schöpfung sei seine „Rede". Durch sein „Wissen" und seine „Macht" sei Gott redend. Das „Reden" Gottes mache sich direkt oder indirekt bemerkbar. Er rede über die Engel zu den Propheten, manchmal auch direkt zu den Propheten. Diese scheinen seine „Reden" verstehen zu können. Mit den Gelehrten „rede" Gott durch Vermittlung von Wissen. Die Aufgabe der Philosophie sei zuhören, ordnen, den Glauben verteidigen. Die Offenbarung sei Gottes Werk, aber sonstige Schöpfungen könnten von Menschen mit der Erlaubnis Gottes erschaffen werden. Gott könne alle Inhalte, die vom menschlichen Verstande nicht erfasst werden können, sehen und hören. Entgegen der Lehre der Ashariten glaubt Ibn Rushd, dass diese Eigenschaften keine vom Wesen verschiedene Inhärenzien bilden können, ansonsten müsste Gott einen Körper haben, denn wenn sie ewig seien, dann erhielten wir viele Götter. Körperlichkeit sei zeitlich entstanden, demzufolge könne Gott kein Körper sein bzw. haben. Das ist eine Aussage wider der Gottheit Jesu.

Gott sei vollkommen. Er nehme keine räumliche Richtung ein. Gott sei Licht. Er sei die Ursache der Dinge. Denn alles, was räumlich und zeitlich erfasst würde, sei vergänglich. Die spekulative Theologie begehe einen großen Fehler, wenn sie viele Koranstellen im übertragenen Sinne verstehe. Gerade den Theologen wirft Ibn Rushd eine Verfälschung der Religion durch ihre eigensinnige Interpretation vor. Ibn Rushd erhebt schwere Vorwürfe gegen die Theologen der Hawarig, dann gegen die liberalen Theologen und auch gegen die Ashariten und die Sufis.

Schließlich wendet sich Ibn Rushd gegen Imam al-Ghazali. Diesem warf er vor, die griechische Philosophie der breiten Masse zugänglich gemacht zu haben. In seinem Buch „Die Widersprüche der Philosophen" bezeichnet al-Ghazali die Philosophen als Ungläubige, weil sie den Konsensus der Gemeinde verletzt bzw. ignoriert hätten. Weiter schreibt er, dass al-Ghazali in seinem Buch „Nische der Lichter" die Stufen der Mystiker aufzähle und den Rest der Muslime für geistig beschränkt halte, weil diese nicht daran glaubten, dass es nicht Gott sei, der den ersten äußersten Himmel bewege. Vielmehr hätte al-Ghazali betonen müssen, dass Gott der erste Beweger sei. Stattdessen hat sich al-Ghazali von der griechischen Philosophie, den Neoplatonismus, stark beeinflussen lassen, die auf den

Standpunkt behaart, dass Gott direkt nur eine einzige Wirkung hervorbringen könne. Gleichzeitig behauptet al-Ghazali andererseits, dass die metaphysischen Lehren der griechischen Richtung reine Vermutungen im Gegensatz zu ihren Lehren in den übrigen Wissenschaften seien. In seinem Buch „Der Erretter aus dem Irrtum" attackiert al-Ghazali die griechische Philosophie und nimmt Position zugunsten des Sufismus mit seinem Asketentum ein. Denn nur über den Sufismus könne der Mensch zu den Wissenschaften gelangen, die der Stufe der Propheten im Bereiche des natürlichen Erkennens gleichkomme. Das Gleiche lehrt al-Ghazali in seiner Abhandlung „Alchemie des Glückes". Die Konsequenz dieser Wankelmütigkeit des al-Ghazali waren schwere Auseinandersetzungen zwischen den Freunden der Philosophie und den Zweiflern der Heiligen Schrift. Die Grenzen zwischen Philosophie und Theologie verwischten. Die menschliche Vernunft begann die göttliche Vernunft zu korrigieren. Dies ist das Ergebnis der philosophischen Irrtümer des Imam al-Ghazali. Vielmehr muss der Mensch die Offenbarung wortwörtlich nehmen. Die ungebildete Menge sollte man von den Harmonieversuchen zwischen Glauben und Wissen fernhalten. Im Buch „Der Unterschied zwischen Islam und Unglauben" zählt al-Ghazali die Umdeutungsversuche des Korantextes auf, erklärt, dass es kein Unglauben sei, selbst wenn diese Umdeutungen dem Islam widersprechen. Im Auge des Ibn Rushd ist al-Ghazali ein Feind des Islam. Al-Ghazali so Ibn Rushd, schade der Philosophie und der Offenbarung. Die wörtliche Interpretation des Koran stehe in besserer Harmonie mit der Philosophie als die Umdeutung des Koran mit dieser.

Den Ashariten, die die visio beatifica annehmen, wirft er vor, dass sie die Körperlichkeit und das Einnehmen einer Richtung seitens Gottes leugneten. Dieses widerlegt Ibn Rushd ad hominem. Nach den Ashariten sei die conditio sine qua non etwas, das man in dem Analogieschluss von dem Empirischen auf das Unempirische deduzieren dürfe. Nun sei aber Körperlichkeit und Richtung im Empirischen eine conditio sine qua non für das Sehen. Demzufolge müsse diese doppelte conditio sine qua non auch im Unempirischen vorhanden sein.

Al-Ghazali versuchte zu widerlegen, dass das optische Objekt eine bestimmte Richtung einnehmen müsse. Demzufolge brauche Gott keine Richtung zu uns einnehmen, wenn der Mensch ihn erschaue. Al-Ghazali argumentiert, dass der Mensch sich selbst im Spiegel erblicke. Sein Selbst nehme zu ihm keine räumliche Richtung ein. Er bezeichnet diese Lehren als Irrlehren, weil der Koran und der Prophet Mohammed missverstanden worden seien. Er verlangte von der Wissenschaft, dass sie sich an den Aussagen im Koran halten müsse. Die Lehre von der Unkörperlichkeit Gottes sei ein Irrtum. Ibn Rushd leugnet die Körperlichkeit Gottes. Auch besitze Gott einen Willen im eigentlichen Sinne. Ibn Rushd steht der Orthodoxie näher als al-Ghazali, auch wenn irrtümlicherweise das Gegenteil von vielen Gelehrten behauptet wird. Die Welt sei anfangslos von Gott erschaffen worden. Widerspricht diese Aussage dem Koran? Nein, weil der Koran die Menschen lediglich Lehren will. Die Welt ist ein Kunstwerk des Schöpfers. Die Welt wurde von Gott als etwas Neues erschaffen. Dies hat Gott im Koran allen Menschen offenbart.

Gott ist der Schöpfer. Er trifft die Wahl. Er ist! Die im Koran beschriebene Schöpfung ist keine Zeitliche. Die von Gott erschaffenen Dinge sind ebenfalls zeitlos. Andernfalls wäre Gott selbst zeitlich. Wer allerdings die Welt anfangslos schafft, der ist ebenfalls anfangslos. Bei Ibn Sina ist Gott kein freischaffender Künstler. Er hat keine freie Wahl in der Erschaffung der Welt, hingegen ist er bei Ibn Rushd ein freischaffender Künstler und von Ewigkeit wirkend. Paradoxerweise verleugnet Ibn Rushd die Kontingenz der Dinge, denn hier kann die freie Wahl des Schöpfers am besten deduziert werden.

Die Botschaften Gottes werden durch Propheten verbreitet. Die Wunder, wie die Heilung der Kranken, ist der Beweis der Existenz des Göttlichen. Die Unnachahmbarkeit des Koran ist ein Wunder. Die Existenz der Propheten wird ohnehin von allen angenommen. Sie bringen Erkenntnisse mit sich, die mit natürlichen Erkenntnissen nicht zu vergleichen sind. Der Prophet ist ein übernatürliches Wesen. Die Freiheit und die Unfreiheit des Menschen sind im Koran festgelegt. Der Koran kann beide miteinander harmonisieren.

Der Mensch besitzt die Fähigkeit frei zu entscheiden. Unsere Handlungen sind jedoch von äußeren Umständen und Hemmnissen abhängig. Der Mensch ist frei und doch unfrei. Der Mensch ist also an äußere Umstände gebunden. Die Handlungen des Menschen werden sowohl von inneren als auch von äußeren Ursachen beeinflusst. Gott erschafft alle Ursachen. Neben Gott kann es keine andere Ursache geben. Er ist der Ursacher. Die Schöpfung kann ohne Gott nicht existieren. Es gibt keinen Wirkenden außer Gott. Die sekundären Verursacher können keine Substanzen verursachen. Ibn Rushd versuchte die inneren mit den äußeren Einflüssen zu verbinden. In den Inneren sah er die Einschränkung des freien Willens, in den Äußeren die Befürworter des freien Willens. Beide miteinander vereinbaren zu wollen ist nicht möglich, hier irrte Ibn Rushd.

Kann Gott Frevel begehen? Nein, denn die Koranverse, die besagen, dass Gott auch zum Unglauben führe, müssen anders gedeutet werden. Das Gute, was Gott den Mensch zukommen lässt, führt bei Menschen, welche böse sind, zum Unheil. Gott wirkt hier durch sekundäre Ursachen. Deren Funktion führt die Guten ins Paradies und die Bösen in die Hölle. Es ist also unbestritten, dass Gott auch das Böse erschaffen hat, denn er allein ist der Schöpfer alles Existierenden. Das Böse hält das Gute in Schach, damit der Mensch unterscheiden kann zwischen Gut und Böse. Nur dann erkennt der Mensch die guten Absichten des Allmächtigen. Die Bösen enden im Feuer. Über die Existenz des Jenseits, besteht kein Zweifel. Darin stimmen alle Offenbarungen überein. In der Gestaltung des Jenseits, daran unterscheiden sich die Offenbarungen. Der Mensch ist nicht zwecklos erschaffen. Die vernünftige Seele ist unsterblich. Sie werden nach dem Tode von allen sinnlichen Eigenschaften befreit. Die Seele wird bereinigt. Das Gute in der Seele wird dadurch sichtbarer, klarer. Im Gegenzug kann in unreinen Seelen das Böse zum Vorschein kommen. Die beschmutzte Seele sucht nach der Reinheit im Körper, die sie verloren hat. Gott führt die Seele der Glücklichen in den Körper zurück, hier leben sie ewig im Paradies. Die bösen Seelen werden ebenfalls in Ihre Körper zurück geführt. Hier leiden sie Qualen. Das ist die Hölle. Für Ibn Rushd war das Jenseits real. Aber er leugnete die Auferstehung der Körper. Er scheint zu vergessen, dass Gott der Allmächtige, zu allem in der Lage ist. Die Menschenseele ist unsterblich. Daran besteht kein Zweifel. Die Wiedervereinigung mit dem Körper ist möglich, wenn man bedenkt, dass es nicht unbedingt die verwesenden Körper sein müssen, sondern neue verklärte Körper. Eine Wanderung der Seele von einer sterblichen zu einem unsterblichen Körper. Diese Annahmen können nicht widerlegt werden.

10 Die islamische Mystik

„Do what thy manhood bids
Thee do from none but self expect applause
He noblest lives and noblest dies
Who makes and keeps his self-made laws
All other life is living death, a world where none but phantoms dwell;
A breath, a wind, a sound, a voice,
A tinkling of the camelbell.“ [13, S. 31]

Der Sufi, oder auch Sufik, ist ein ewig Suchender. Auf der Suche nach dem Licht außerhalb des rational Begreifbaren. Der Sufi verlässt die Ebene der Philosophie und des Intellektuellen und folgt der Weisheit seines Herzens. Der Sufi ist bestrebt, sich von dieser Welt unabhängig zu machen. Er versucht nicht Gott durch Logik, Rationalismus oder Intellekt zu erklären, er will Gott durch die Liebe „erfahren“. Daher musste der Sufismus zwangsläufig gegen die Scholastik sein. Diese Opposition gegen die Scholastik basiert auf fehlender Befriedigung des Gemütes. Diese fehlende Befriedigung ist gleichzeitig die Ursache für die Entstehung der islamischen Mystik, deren Vollender der berühmte Rumi ist. Der Mystiker will durch Askese und Meditation das Göttliche erfahren und auch genießen. Aus diesem Grund beginnt der Sufist eine nicht endende Suche nach Gott. Die Liebe zu Gott gibt dem Sufi Kraft und Geduld diese ewige Reise auf sich zu nehmen. Während dieser Reise wird die Seele gereinigt. Gott ist unendlich und die einzige Wahrheit. Die Welt hingegen ist unbedeutend. Der Mensch besitzt nur eine bedingte Existenz. Hier scheint der Sufismus das Menschliche zur Bedeutungslosigkeit zu verdammen. Hier besteht die Gefahr eines aufkeimenden Pantheismus und oder Monismus. Damit wird die Verantwortlichkeit des Menschen ad absurdum geführt. Dies widerspricht jedoch der göttlichen Offenbarung.

Doch auch innerhalb des Sufismus selbst existieren verschiedene Tarikat, Wege, die zur Erleuchtung führen. So zeichnet sich die Persönlichkeitsmystik durch eine direkte Beziehung zwischen Gott und Mensch bzw. durch eine direkte Beziehung zwischen Schöpfer und Schöpfung. Der sogenannte voluntaristische Sufi strebt eine Vereinigung seines Willens mit dem Willen des Schöpfers an, um so zur absoluten Willensfreiheit zu gelangen. Der gnostische Sufi versucht mehr Erkenntnisse über seinen Schöpfer zu erlangen, wohl wissend, dass Gott nicht erfassbar ist. Er überschreitet die Grenzen der Vernunft und der Logik und versucht sich durch das Erleben Gott zu nähern. Beide Formen werden von der sunnitischen Orthodoxie kategorisch abgelehnt. Über die Eigenschaften Gottes zu spekulieren gilt als eine besondere Form der Unwissenheit, der Jahilia. Dem Schöpfer gar menschliche Eigenschaften zu zuschreiben gilt als eine besonders schwere Form des Shirk, der Einmischung in göttliche Angelegenheiten. Es wäre töricht, den Sufismus mit der Tiefenpsychologie zu verwechseln, weil im Sufismus Worte und Begriffe diese Aspekte nie erfassen können. Worte sind wie Spucke im Ozean.

Der islamische Sufismus hat sehr früh seine Spuren in Europa hinterlassen. Der berühmte katalanische Philosoph Ramon Lull wurde sehr stark von der islamischen Mystik beeinflusst. Richtig bekannt wurde der islamische Sufismus in Europa durch Rabia al-Adawiyya. Später durch die Übersetzung des Gulistan von Saadi und die Werke des Hafis. Ohne Zweifel wurde die christliche Mystik von Meister Eckhart durch den islamischen Sufismus stark beeinflusst. In der Predigt über „Qui audit me“ sagte Meister Eckhart: „Das Auge, indem ich Gott sehe, das ist dasselbe Augen, darin sich Gott sieht; mein Auge und Gottes Auge, das ist ein Auge und ein Sehen und ein Erkennen und ein Leben.“ [14, S. 148]

Der Sufismus enthält zweifelsohne auch moralische Elemente. Er fordert die Menschen auf, die Gesetze Gottes einzuhalten und gemäß bzw. entsprechend zu handeln, wenn diese Gesetze verstanden worden sind. Doch dieses Verstehen ist nur durch völligen Verzicht auf weltliche Dinge und absolute Hingabe an Gott möglich. Der islamische Sufismus hat seine Basis in der Scharia, weil er in der Anfangszeit des Islam der Verinnerlichung des Islam diente bzw. der islamischen Kernaussage, des Tauhid, der Tatsache, dass Gott einer ist. Auf seinem Weg zu Gott, seinem Tariq folgend, sucht er die Haqiqa, die Wahrheit. Die Reinigung der Seele, wie bereits erwähnt, erfolgt auf verschiedenen Ebenen. Zunächst vom Materialismus, dann von den menschlichen Trieben und schließlich raus aus dem Dunklen hinein ins Licht. Doch warum wird der Sufismus von der sunnitischen Orthodoxie abgelehnt?

Die Antwort liegt in der Auslegung des Sufismus selbst. In gewisser Weise präsentierte er sich polytheistisch, weil er die real existierende Welt ignoriert und sich ausschließlich auf Gott konzentriert. Gott ist aus orthodoxer Sicht, die einzige Realität. Daher könne man die realexistierende

Welt, die von Gott erschaffen wurde, nicht als nichtexistent ansehen oder gar ignorieren. Ähnlich wie das Höhlengleichnis von Platon erblickt der Sufi das Licht der Weisheit, wenn er die letzte Stufe seiner mystischen Evolution erklimmt. Die Hauptursache für den Konflikt zwischen der sunnitischen Orthodoxie und dem Sufismus ist jedoch die Nähe des Sufismus zur griechischen Philosophie. Die Entrückung, al-majdhub, ist aus Sicht der sunnitischen Orthodoxie eher eine psychische Erkrankung.

Urfi, der Hofpoet des berühmten Mogulkaisers Akbar, sagte über die Sufis: „Der Sufi beschäftigt sich damit, Männer und Frauen zu verführen, der Dummkopf ist beschäftigt, seinen Körper aufzubauen, der Weise beschäftigt sich mit der Koketterie der Worte, der Liebende beschäftigt sich damit, sich auszulöschen.“ [9, S. 22]

Doch seine Kraft schöpft der Sufismus weiterhin aus dem Bündnis zwischen Gott und den Nachfahren Adams, den Menschen. Allah sei somit Transzendenz und Immanenz zu gleich. In der Sure 6, Vers 103 und Sure 2, Vers 108 heißt es: „Nicht erreichen ihn die Blicke aber wohin ihr immer euch wendet, dort ist Gottes Angesicht.“ Allah „hat Zeichen in der Natur und in die menschliche Seele“ verpflanzt (Sure 51, Vers 21). Angetrieben von diesen Suren entwickelten die Sufis verschiedene Methoden, um sich Gott zu nähern. Im Propheten selbst sehen die Sufis die höchste Stufe der sufistischen Anstrengung. Er, der Analphabet mit einer reinen Seele, hat die göttliche Botschaft empfangen und sie rein gehalten und an die Banu Adam, den Menschen, weitergegeben. Mohammed ist aus Sicht des Sufismus der vollkommenste Mensch.

Die islamische Mystik ist in ihrer Komplexität schwer zu begreifen. Es ist auch nicht das Ziel dieses Buches, die vielfältige islamische Mystik zu erläutern. Die islamische Mystik ist durch ihre asketische Lebensphilosophie geprägt. Der Prophet Mohammed war selbst ein Mensch, der bewusst auf Reichtum verzichtete. Die Askese war für den Propheten eine Ausrichtung nach Innen und eine Vorbereitung auf das „Jüngste Gericht“. Die Askese ist auch Mittel der Disziplin und Schutz vor Verweichlichungen. Der Islam enthält eine regulierte Form der Askese in Form des vierwöchigen Fastens mit dem Ziel der Besinnung auf das Innere, auf die Seele. Gleichzeitig lehrt das Fasten Demut und Bescheidenheit. Im Islam gab es zahlreiche Asketen, die in ihren weißen Gewändern umher wanderten. Zur Askese gehört die Armut. Diese bescheidenen Menschen lebten von den milden Gaben der Frommen. Im Verlauf bildeten sich sogenannte Gruppen der Mystiker, die sich um ihren spirituellen Anführer, dem Scheich, scharten. Die Mystiker folgten den Anweisungen des jeweiligen Scheichs. Der Mystiker oder auch der Sufi strebt nach der Reinigung des

Herzen von der Leidenschaft. Er sucht die Stille, um das Vergängliche zu studieren. Die Verrichtung der Gebete und das Rezitieren des Koran gehörten zum Alltag. Aber auch das Streben nach Erkenntnis ist eine Eigenschaft des Sufismus, so unterschiedlich er sein mag.

Die Sufis lehrten und lehren, dass Gott und Mensch eins sei. Durch Meditation und Askese will der Sufi zur intellektuellen Erkenntnis Gottes gelangen. Durch Gebrauch seiner göttlichen Kräfte könne der Mensch eine Vereinigung mit Gott erreichen. Die Vereinigung mit Gott könne nur durch Anstrengung erreicht werden. Diese Anstrengungen, die Jahrzehnte dauern können, beinhalten Gehorsamen, Liebe, Erkenntnisse, Ekstase, Liebe zur Wahrheit und schlussendlich die Vereinigung bzw. das Aufgehen in Gott. Dieser Weg der Erlösung erfolgt unter der Führung eines auf einer höheren Ebene sich befindenden Scheichs. Der bedingungslose Gehorsam und die Öffnung der Seele dem Scheich gegenüber ist verpflichtend. Das Voranschreiten auf dem Pfad der Erkenntnis erfolgt durch Askese und Ekstase. Zu den vom Scheich angeleiteten Übungen gehört der Thikr. Der Thikr oder Rückbesinnung, kann unterschiedlich vollzogen werden. Die einen wiederholen die Sätze „Allah o Akbar“ im Sitzen und steigern sich ekstatisch hinein. Die anderen vollführen den Thikr tanzend, wie dies die tanzenden Derwische des Mevlana-Ordens praktizieren. Die Sufis berufen sich hier auf die Sure 33, Vers 41 in der es heißt „O ihr Gläubigen, gedenket Allahs in häufigem Gedenken und preiset ihn morgens und abends“. Die islamische Mystik bzw. der Sufismus ist eine Reaktion auf die jahrhundertelange Auseinandersetzung zwischen der sunnitischen Orthodoxie und des dogmatischen Rationalismus einerseits und der Auseinandersetzung zwischen der sunnitischen Orthodoxie und den Traditionalisten andererseits. Daher lehnten die Mystiker die Vernunft und die Intellektualität ab, weil nur das Erlebnis, die Ekstase und die innere Erleuchtung die Vereinigung mit Gott ermöglichten. Auch Mystiker sind Dogmatiker, denn die Disziplin der Mystik ist durchaus als Reaktion auf die zunehmende Verweichlichungen innerhalb des Islam zu sehen. Die Übermenschen-Philosophie der Mystiker, die einzig ihren Weg als den wahren Weg akzeptieren, beinhaltet zweifelsfrei faschistoides Gedankengut. Durch die Vergöttlichung des Menschen nahm die Auseinandersetzung zwischen der islamischen Mystik und der islamischen sunnitischen Orthodoxie an Schärfe zu. Al-Ghazali, der Philosoph, der Versöhner, der Zweifler, schaffte es, ähnlich wie Abu Hasan al-Asari, den Sufismus mit der sunnitischen Orthodoxie zu versöhnen. Allerdings hat al-Ghazali nie die Meinung vertreten, dass ein Mensch Gott werden kann. Hier unterscheidet er sich von der sufistischen Lehre fundamental.

Die Fundamentalisten unter den Sufisten vertraten weiterhin die Meinung, dass der Mensch zu Gott zurückkehre und selbst Gott würde. Da jeder Mensch Göttliches in sich verberge, könne auch jeder Mensch durch Übungen diese Vereinigung mit Gott für sich ermöglichen. Gott sei somit die Summe seiner Einzelteile. Man könnte auch sagen, dass Gott existiert, weil der Mensch existiert. Gott sei die Summe unzählige Götter. Hier weichen die Sufis von dem strengen metaphysischen Monotheismus des Islam hin zum pantheistischen Monismus ab.

Die Annahme, dass ein Mensch durch eigene Erkenntnisgewinnung sich mit Gott vereinen könne und damit letztendlich selbst zu Gott würde, ist für einen orthodoxen Sunniten eine Gotteslästerung ungeheuerlichen Ausmaßes. Durch Aussagen wie „Gott wohnt in meiner Jelaba", Ina Rabi fi Jilabi, durch Bistami oder durch Äußerungen des al-Hallaj, der in aller Öffentlichkeit behauptete „Ana Hakun, Ana Rabun, Ana hawa lathi o hibu" (Ich bin die Wahrheit, ich bin Gott, ich bin derjenige, den ich liebe), wurde die Existenz des abrahamitischen Gottes verneint und der Prophet Mohammed sowie die Propheten vor ihm zur Bedeutungslosigkeit verdammt. Für diese Aussagen wurde er durch die abbasidischen Herrscher auf Druck der sunnitischen Orthodoxie erhängt. Trotz der unerbittlichen Verfolgung durch die sunnitische Orthodoxie konnte sich der Sufismus im Islam etablieren. Insbesondere in Form von Gedichten, wie den Vierzeilern des wohl berühmtesten Sufi-Meisters Dschelaladdin Rumi. Die Vorstellung, dass ein Mensch Gott werden könne ist für die sunnitischen Orthodoxie Ketzerei. Daher werden die Sufisten, so zahlreich sie auch sein mögen, von der sunnitischen Orthodoxie zunehmend zurückgedrängt, zumal al-Ghazali den Sufismus von diesen anmaßenden Äußerungen befreite und lediglich die Anstrengungen, die Askese und die Konzentration auf den einzigen Gott betonte. Allerdings besteht bis heute eine gewisse Spannung zwischen dem Sufismus und der islamischen Orthodoxie. Die Auseinandersetzung ging insgesamt eindeutig zu Gunsten der sunnitischen Orthodoxie aus, die weiterhin im Vormarsch ist, während sich der Sufismus zunehmend außerhalb islamischer Staaten eines großen Zulaufes erfreut.

11 Der Streit über den Ursprung des Koran

Wer hat den Koran geschrieben?

Beschäftigen wir uns zunächst mit der ersten Hypothese die behauptet, dass Mohammed selbst den Koran geschrieben habe. Hierzu äußert sich der Koran selbst: „Das dies gewiß ein ehrwürdiger Koran ist. In einem wohlverwahrten Buch. Nur die Reinen können ihn berühren! Eine Offenbarung vom Herrn der Welten!“ (Sure 56, Vers 77-80) „Wahrlich, wenn sich Menschen und Dschinn zusammentäten, um einen Koran wie diesen hervorzubringen, brächten sie nichts Gleiches hervor, auch wenn die einen den anderen beistünden.“ (Sure 17, Vers 88) „Und falls ihr über das, was wir auf unseren Diener herniedersandten, in Zweifel seid, so bringt eine gleiche Sure hervor und ruft andere Zeugen als Allah an, so ihr wahrhaftig seid. Wenn ihr es jedoch nicht tut und ihr vermögt es nimmer, so fürchtet das Feuer, dessen Speise Menschen sind, für die Ungläubigen bereitet.“ (Sure 2, Vers 23-24) „Du hast vor ihm kein Buch vorgetragen, noch schriebst du mit deiner Hand, sonst hätten diejenigen, die es für falsch erklären, deswegen Zweifel geäußert.“ (Sure 29, Vers 48)

Der Prophet ist im Alter von 63 Jahren verstorben. Während seiner Lebenszeit gab es keine Anzeichen dafür, dass Mohammed über großes Wissen verfügt habe oder gar ein dichterisches Genie gewesen sei. Mohammed selbst war des Lesens und Schreibens nicht mächtig. Er war ein Analphabet. Das ist eine unbestrittene Tatsache.

Mohammed heiratete bereits im Alter von 25 Jahren, also 15 Jahre bevor er zum Propheten wurde, eine wohlhabende Kauffrau und gehörte somit zum wohlhabendsten Bewohner der arabischen Halbinsel. Der Prophet Mohammed, verzichtete auf jegliche Macht und jeglichen Luxus. Davon zeugt Martin Lings Aussage in seinem Buch „Muhammad: His Life Based on the Earliest Sources“: „Der Prophet und seine Familie führten ein Leben äußerster Mäßigkeit. (...) Die Armut ihrer Angehörigen erlangte ein solches Ausmaß, dass die Frauen des Propheten ihn nur nach dem Nötigsten fragten und manchmal nicht einmal das.“ [15, S. 276]

Hinzu kommt, dass er, insbesondere im Hinblick auf seine Person, jegliche Ehrerbietung untersagte: „Steht nicht auf, wie die Perser es tun, um bestimmte Menschen zu ehren.“ [16, S. 103] Einen Personenkult lehnte er kategorisch ab: „Ehrt mich nicht so, wie die Christen Jesus, den Sohn der Maria, ehren, sondern sagt vielmehr: Er ist ein Diener Allahs und sein Gesandter.“ [16, S. 103]

Wie konnte Mohammed so ein komplexes Buch zustande bringen?

Wenn der Koran keine göttliche Botschaft wäre und der Inhalt, sowie die Art und Weise wie der Koran geschrieben ist nachzuahmen wäre, hätte der Mensch, schon allein aus Neugier bzw. um die Unechtheit des Koran zu beweisen, nicht selbst versucht, ein ähnliches Werk zu erschaffen? Warum ist dies nicht geschehen? Warum existieren nicht verschiedene Ausgaben des Koran wie bei den Evangelien?

Die Antwort kann nur lauten, den Menschen ist es nicht gelungen, solch ein Werk zu verfassen, obwohl der Mensch 1.500 Jahre Zeit gehabt hätte. Diese Fakten lassen nur eine einzige Schlussfolgerung zu, nämlich dass der Koran Gotteswort ist. In Sure 4, Vers 82 heißt es: „Studieren sie den Koran nicht? Wen er von einem anderen als Allah stammte, fänden sie in ihm gewiss viele Widersprüche.“ [17] Einige christliche Denker wie Martin Luther vertraten die Meinung, dass mit hoher Wahrscheinlichkeit der Satan der Autor des Koran gewesen sei. Doch im Koran wird der Satan verflucht und erniedrigt. Der Teufel würde sich selbst nie erniedrigen, sogar die Bibel bestätigt das. In Markus 3, 26 heißt es: „Und wenn der Satan gegen sich selbst aufgestanden und mit sich entzweit ist, kann er nicht bestehen, sondern er hat ein Ende.“ Offensichtlich kann man den Koran nicht widerlegen und auch nicht ein annähernd gleichwertiges Buch verfassen.

12 Der Prophet Mohammed

„Und wenn man die Sonne zu meiner Rechten und den Mond zu meiner Linken stellte, würden sie mich nicht von meiner Bahn ablenken.“ (überliefert von al-Buchari)

Wer war nun dieser großartige Mensch, der die Weltgeschichte grundlegend veränderte, der innerhalb kürzester Zeit eine neue Weltreligion erschuf? Was weiß man über diesen Menschen?

Eins ist sicher. Es freute Mohammed in der biblischen Geschichte die Urväter seines Volkes zu entdecken. Er zollte seiner Herkunft als Nachfahre Ismaels Beifall. Er verehrte den Glauben des Ibrahim. Er glaubte an die Wunder Jesu und an den Inhalt der Thora. Mohammed, entspringt einer Adelsfamilie des Stammes der Koreisch, der Familie Banu Haschim. Sein Großvater Abu al-Muttalib, Sohn des großzügigen Haschim, galt nicht nur als wohlhabend, sondern auch als äußerst gütig und hilfsbereit. Er erreichte ein gesegnetes Alter von 110 Jahren, zeugte 6 Töchter und 13 Söhne. Der bescheidenste aller seiner Söhne war Abdallah. Dieser heiratete Amina, eine Zahritin. Als einziger Sohn aus dieser Ehe wurde Mohammed in Mekka geboren. Bereits in seiner Kindheit verlor Mohammed seine Eltern und auch seinen geliebten Großvater, Abdul al-Muttalib. Von da an wurde Mohammed von Abu Taleb großgezogen. Abu Taleb zog Mohammed wie seinen Sohn auf, er lehrte ihn Bescheidenheit und Liebe. Mit 25 Jahren lernte er die tüchtige Kauffrau Kadidscha, die zuvor ihren Mann verloren hatte, kennen. Kadidscha lernte schnell die Großzügigkeit, die Ehrlichkeit, die Aufrichtigkeit Mohammeds zu schätzen. Kadidscha heiratete Mohammed. Diese Heirat ruhte auf gegenseitiger Liebe. In, für damalige Zeiten üblichen Heiratsverträgen, wurde Mohammed als der vollkommenste Mensch der Koreisch beschrieben. Die Ehe verlief glücklich.

Mohammeds Schönheit war berühmt. Er wird als eine imponierende Erscheinung beschrieben, als ein guter Zuhörer, als exzellenter Rhetoriker, der eine weiche Stimme besaß. Es wird berichtet, dass er stets mit Bedacht sprach. Sein gepflegtes Aussehen und seine außergewöhnliche

Art des Umgangs mit den Mitmenschen, unterschied ihn von den Massen. Obwohl adligen Geschlechts und wohlhabend, verhielte er sich den Armen gegenüber genauso wie zu den Reichen. Eine ungewöhnliche Verhaltensweise für die damalige Zeit. Auch hielt Mohammed an den Traditionen seines Landes fest. Sein Benehmen, seine Höflichkeit waren in Mekka bereits seit seiner Jugend bekannt. Mohammed überzeugte durch seine Leichtigkeit, Phantasie, Liebenswürdigkeit, aber auch durch klaren Verstand und seinem Urteilsvermögen. Er war nicht nur ein Mann des Wortes, sondern auch ein Mann der Tat. Ein Genius. Mohammed war aber auch Analphabet. Er begleitete die Karawane seiner Frau nach Syrien. Dort begab er sich zu den Märkten von Bostra und Damaskus. Die Aufenthalte waren jedoch kurz und die Unkenntnis der Sprache der dortigen Einheimischen, des Syrischen, standen seiner Neugier und seinem Durst nach Wissen im Wege. Mohammeds Einsamkeit war eine Schule, die Gleichmäßigkeit des Koran verrät eindeutig, dass dieses Buch niemals von mehreren Personen stammen könnte, wenn Mohammed selbst Analphabet war, woher stammt der Koran dann?

Mohammed, der mit 40 Jahren den Ruf Gottes erhörte, kann den Koran also nicht geschrieben haben.

Die Geheimnisse und die Verherrlichung der Trinität, die die Einheit Gottes schwächte, wurde durch das islamische Glaubensbekenntnis „ashhadu an laillah ila allah, wa ashhadu ana Mohammada awduhu wa rasulluh“ (Ich bezeuge, dass es nur einen Gott gibt und dass Mohammed sein erster Diener und sein Gesandter ist) ins rechte Licht gerückt. Die Gottwerdung Jesu wurde kategorisch verneint.

Der Islam ist eindeutig frei von Zweifel. Er erstickt jegliche Diskussion hinsichtlich der Einheit Gottes im Keime. Die Einheit Gottes wird zum Dogma und sie wird glorifiziert. Der Koran, das Wort Gottes, verwarf die Verehrung von Bildern, Götzen und Heiligen. Allein Gott sei verehrungswürdig. Nur Er sei ewig, alles andere sei vergänglich. Gott, der Erschaffer alles Existierenden, der nicht zeugt und gezeugt wurde und wird, sei ein unendliches Wesen ohne Gestalt aber in unseren Gedanken stets existent. Gott sei durch Begriffe wie Raum und Zeit, Materie und Antimaterie nicht zu erfassen, schon gar nicht durch Denken und Fühlen. Gott sei Gott. Er sei allmächtig, allwissend, omnipotent.

Mohammed stellte Gott in den Mittelpunkt und er erinnerte die Christen und die Juden an die ursprüngliche Religion. Mohammed glaubte an die Offenbarung die mit Adam begann. Damit erkannte er die christliche und jüdische Religion an. Alle Propheten des Alten Testaments sind auch Propheten im Islam. Wer auch nur einen dieser Propheten nicht akzeptiert oder gar verleumdet, der könne auch kein Muslim sein. Die Taten der alten Propheten finden im Koran ihren Platz. Sie werden geehrt und geheiligt, sie entzücken. Jesus erfährt eine besondere Erwähnung im Koran, die jungfräuliche Geburt ist im Koran ein Dogma.

Gabriel, der Bote, brachte Mohammed im Laufe von 20 Jahren die Suren, die die aufkeimenden Widersprüche durch göttliche Maxime in Luft auflösten. Doch nicht nur der göttliche Koran, sondern auch die Taten und die Handlungen des Propheten Mohammed spielten eine nicht unwesentliche Rolle. Mohammed, der Prophet, dachte universal und handelte lokal. Die allumfassende Offenbarung ist eine Botschaft an alle und jeden. Sie ist klar und deutlich und in ihrer Aussagekraft eindeutig. Beten, Fasten, Almosengabe, eine religiöse Pflicht, die Bescheidenheit und Demut lehrt, die erinnert und die Hoffnung gibt, dass der Mensch sich selbst, seine Mitmenschen und Gott stets vor seinen Augen und in seinem Herzen trage. Mohammed betete täglich fünfmal, hier stellte er eine direkte Verbindung zwischen sich und Gott her. Die Salat, das Gebet, wird durch sich wiederholendes Vorbeugung vor Gott und seinem Werk zu einer Art Meditation der Seele, zu einem temporären Durchatmen. Vor dem Gebet steht die rituelle Waschung, die nicht nur der körperlichen Hygiene, sondern auch der seelischen Reinigung dient. Das Gebet kann überall stattfinden, denn Gott ist überall. Ein jeder ist selbst ein Imam, es existieren keine Priester oder Pastoren. Der Muslim ist unabhängig, er dient ausschließlich Gott und benötigt hierfür keine Vermittler. Der Mensch soll jedoch auf irdische Genüsse nicht verzichten. Er soll jedoch in Maßen genießen. „Eine andere, nicht minder gewichtete Ursache für die mythische Enthaltsamkeit Mohammeds in seinen Offenbarungen ist sein Bild vom Menschen. Mohammed löst sich von allen gnostischen und neuplatonischen Vorstellungen einer Zweipoligkeit des Menschen und kehrt zu der jüdisch-alttestamentlichen Sicht des Menschen als ganzheitlichem Wesen zurück. Für ihn gibt es zwischen Weltlichem und Geistlichem zwischen Staat und Kirche, so wenig ein Gegensatz wie zwischen Leib und Seele, einem irdischen und einem himmlischen Dasein." [18, S. 21] Mohammed selbst fastete jährlich 30 Tage, um die Seele zu reinigen und sich selbst zu disziplinieren im Gehorsam gegenüber Gott und seinen Propheten. Mohammed war stets ein Pragmatiker. Er liebte es zu diskutieren. In einer Hadith-Überlieferung sagte Mohammed: „Die Meinungsverschiedenheit in meiner Gemeinde ist ein Zeichen göttlicher Barmherzigkeit." [3, S. 53]

Der Koran beschreibt exakt das Maß der Bedürftigkeit und damit auch der Mildtätigkeit. Mohammed ließ verlauten, dass jeder Mensch für seine guten Taten belohnt werde. Der Mensch solle verantwortungsvoll handeln und das erkannte Gute ausführen. „Auch wenn die Menschen dir ihre Gutachten mitgeteilt haben, frage doch immer dein eigenes Herz, was es dazu sagt. (...) Nach seinem Gewissen muß man handeln. (...) Wer das ausführt, was er als richtig erkannt hat, dem schenkt Gott die Erkenntnis, was er noch nicht weiß. (...) Wer den anderen am meiste hilft und nützt, ist daher der beste Mensch. (...) Wenn nun die Leidenschaft dem Handeln folge leistet, dann ist dieser Tag ein guter. Wenn aber das Handeln (die Werke) der Leidenschaft folgen, so wird dieser Tag ein Tag des Bösen (...) was erlaubt und verboten ist, weiß jeder.“ [19, S. 199 ff.]

In der Sure 17, Vers 27 heißt es: „Wenn du Böses getan hast, so tu darauf Gutes, wenn du dir eine schmachvolle Behandlung hast zu Schulden kommen lassen, so verbessere dich wieder.“ „Gottes Barmherzigkeit verzeiht alle Sünden, darum darf der Sünder nie verzagen.“ [19, S. 212] Die Nächstenliebe hat im Leben des Propheten eine sehr wichtige Rolle gespielt.

Mohammed war Ehemann, Vater, Kläger, Kaufmann, Eroberer, Politiker, Religionsstifter und der erste Diener Gottes. Mohammed selbst nahm an neun Schlachten teil. In der Schlacht von Ohud wurde er von einem Wurfspieß im Gesicht getroffen und verlor dabei zwei Zähne. In der Schlacht von Hunain war Mohammed bereit sich für seine Religion zu opfern. Mohammed blieb bis zu seinem Tode psychisch und physisch fit. Er traf vor seinem Tode alle Vorbereitungen für seinen Tod. Mohammed blieb stets ein einfacher Mensch, ein an Güter armer, aber an Güte reicher Mann, der zu Hause den Boden fegte, die Schafe und Ziegen melkte. Er war stets ein bescheidener, aber großzügiger Gastgeber. Er trank keinen Alkohol, seine Speisen bestanden aus Milch, Datteln und Gerstenbrot.

Er revolutionierte die Frauenrechte, verbot uneheliche Beziehungen und schränkte die Vielweiberei auf vier Frauen ein. Er regelte die Rechte der Frauen im Hinblick auf Bett und Mitgift. Ehebruch wurde strengstens bestraft und zwar bei beiden Geschlechtern.

Als er schwer erkrankte ließ er seine Beerdigung genauestens organisieren. Von seinen Freunden und Angehörigen hat er sich verabschiedet und tröstete seine Frauen. Auf dem Schoß seine Lieblingsfrau Aischa und nach Erlaubniserteilung für den Engel des Todes sich seiner Seele zu bemächtigen, starb er friedlich im Jahre 632. Für Mohammed gilt wahrlich die Aussage Carl Heinrich Beckers: „Wir wissen zu viel von Muhammed, um ihn zu idealisieren, zu wenig, um ihm ganz gerecht werden zu können.“ [3, S. 11]

13 Mahomet oder das Bild Mohammeds im Abendland

„Jede Seele haftet für das, was sie getan hat.“
(Sure 74, Vers 41)

Im Mittelalter sahen die Christen in Mohammed den Antichristen. Der Islam sei ein glücklicher Einfall, dem rohen arabischen Semitentum durch die sittlichen Motive der alttestamentlichen Religion aufzuhelfen. Mohammed sei ein Epileptiker gewesen, was durch das Zeugnis seiner ältesten und zuverlässigsten Geographen belegt wurde und sein angeblicher Prophetenberuf sei eine Inszenierung zwischen Mordszenen und erbarmungslosen und blutdurstigen Beduinenhäuptlingen einerseits und den Lüsten und Verdrießlichkeiten des Harems andererseits. Der Prophet sei ein leidender Mensch gewesen, der einem hysterische Weibe glich, bald brüllend wie ein Kamel, bald weinerlich wie ein Kind. In solchen Stimmungen habe Mohammed den Koran verfasst, dessen Glaubenslehre sich in vier Worte zusammenfassen lässt: Allah und Mohammed, Paradies und Hölle. Einen derartigen Religionsstifter könne nichts anderes gelingen, als die asiatischen Völker mit missverstandenen jüdischen Propheten zusammen zu schmelzen und Vernichtungskriege gegen die Christen zu führen. Dieser Krieg habe das Christentum, das bis nach China reichte, ins Herz getroffen. Die Forscher des christlichen Abendlandes bezeichnen den Propheten von knapp zwei Milliarden Muslimen als Epileptiker, Hysteriker oder gar Betrüger. Hierbei wird ein Zusammenhang zwischen seinen angeblichen Anfällen und seinen Offenbarungserlebnissen hergestellt. Der Inhalt des Koran wird als relativer Wahrheitsgehalt interpretiert, der eine gewisse Naivität beherberge. Angeblich lehre Mohammed eine allgemeine Wahrheit über Gottes Existenz und Wesen. Die Vorwürfe und Anschuldigungen gingen soweit, dass behauptet wird, Mohammed habe die Weissagungen der Propheten abgelehnt. Aus diesem Grunde sei er ein falscher Prophet. Um diese Unterstellung zu untermauern wird die

Bibel zitiert (siehe 1. Kön 22, 21 f.). Hier heißt es: „Ich will ein falscher Geist in seiner Propheten Mund sein.“ Doch gleichzeitig wird er wieder in Schutz genommen, weil die damalige christliche Kirche an seiner Verblendung mitschuldig sei. Daraus wird geschlussfolgert, dass den Christen deswegen der Einblick in die innersten Motive, in den Grad der Bewusstheit und Absichtlichkeit seiner Selbstverschließung gegen die biblische Botschaft verwehrt sei. Der Prophet der Muslime ist aus der Sicht der Kirche zum Verführer geworden, quasi zum Rattenfänger von Hameln, weil er selbst ein Verführter sei. In ihrer gnädigen Art kommt die Kirche zu der Überzeugung, dass das Maß seiner Schuld allein von Gott ver- und beurteilt würde. In Anbetracht dieser großartigen Erkenntnisse beschließt die Kirche im Dialog zwischen Christentum und islamischen Religion behutsam vorzugehen. Gleichzeitig sollen die Unterschiede zwischen diesen beiden Religionen klargestellt werden. Mohammed wäre nicht weniger als ein klarer, konsequenter Denker. Seine Eingebungen bewegten sich nach dem Spiele der Phantasie, nach Laune des Tages. Mohammed verfüge über ein lebhaftes Temperament mit Anlage zur Schwärmerei. Mohammed verfolge angeblich seinen Weg mehr träumend als mit offenen Augen und klarem Blick. Er sei ein Kind des Augenblicks. Ein Gedanke, dessen Wahrheit ihm unmittelbar einleuchtete, könne ihn ganz ergreifen und zu hoher dichterischer Begeisterung hinreißen. Um diese Gedanken weiter abzuklären fehlte ihm die Ruhe und Konzentration des Geistes. Er sei kein wahrer und klarer Denker gewesen. In seinem Kopf hätten sich Vorstellungen gekreuzt, die so bunt gewesen seien, dass für die Orientalisten kein leitender Faden zu finden war.

Bis heute sind die Kenntnisse über den Islam bei den Intellektuellen Europas nicht ausreichend. Wir sehen täglich, mit welcher Oberflächlichkeit die Medien über islamische Staaten berichten. Die Unkenntnis der westlichen Staatsmänner über die Welt des Islam ist beschämend. Während der ersten Jahrhunderte des Islam konnte die Christenheit wieder kritisieren noch erklären, nur zittern und gehorchen. Nach der Niederlage der Araber bei Tours und Poitiers gegen Karl Martell begannen die Christen die Muslime zu beschimpfen. In der Romance von Turpin ist Mohammed der Bekämpfer jeglicher Abgötterei. Im Roland, dem nationalen Epos der Franzosen, wird Mohammed als Götzenverehrer erwähnt. Hier erscheint Mohammed auf der einen Seite mit einem Götzengesicht und auf der anderen Seite mit einem Gesicht des Teufels. Malaterra schreibt in der Geschichte von Sizilien, dass Sizilien unter der Herrschaft der Muslime ein Land der Götzendiener gewesen sei. Die Expedition des Roger Guiscard wurde als Kreuzzug gegen das Böse bezeichnet. Marco Polo wunderte sich nicht darüber, dass Muslime Christen hassen, denn schließlich sei das verfluchte Gesetz, welches Mohammed ihnen gebracht habe, welches den Muslimen befehle, anderen Menschen so viel Schaden zuzufügen wie nur möglich. Die Muslime seien überall bösartig. Vergessen hat er, dass er während seiner Reisen durch die islamischen Staaten nicht nur Wissen geraubt hat, er genoss auch ein hohes Ansehen und seine Sicherheit war zu keinem Zeitpunkt gefährdet.

Das Bild Mohammeds änderte sich im 12. Jahrhundert, insbesondere durch Dante, der in Mohammed einen Häretiker und einen religiösen Spalter sah. Dante war sich sicher, dass das Fleisch von Mohammed von Dämonen stückweise von seinem Leibe gerissen worden sei. Danach seien die halbgeheilten Wunden wieder zerfetzt worden. In der Romanze von Baphomet wird Mohammed als Wüstling und Kameldieb beschrieben der, weil er den Rang eines Kardinals nicht erreichen konnte, eine neue Religion erfunden habe, um sich am Christentum zu rächen. Die Reformatoren, die noch weniger Ahnung vom Islam hatten, hier sei insbesondere Martin Luther zu nennen, zweifelten, ob Mohammed nicht noch schlimmer als der Papst sei. Melanchthon war sich sicher, Mohammed sei entweder Gog oder Magog oder vielleicht sogar beides. Im Jahre 1666 erschien ein Buch eines reformierten Theologen mit dem Titel „Antichristus Mahometes: ubi non solum per Sanctum Scripturam, ae Reformatorum testimonia, verum etiam per omnes alios probandi modos et genera, plene, fuse ,inviete solideque demonstratur Mahometem esse unum illum verum, magnum, de quo in Sacris fit mentio, Antichristum.“ [20, S. 15] Genebrand, ein bekannter katholischer Schriftsteller, machte Mohammed zum Vorwurf, dass er den Koran in arabischer und nicht in hebräischer oder gar griechischer Sprache geschrieben habe. Und er begründete dies damit, dass Mohammed eine Bestie sei und die arabische Sprache passe zu seinem islamischen Zustand (Vgl. [20, S. 15]). Shakespeare bezeichnete Mohammed in „König Lear“ ja sogar als Luzifer, als König der Finsternis (Vgl. [20, S. 15 f.]). In vielen biblischen Kommentaren sieht man in Mohammed den Antichristen. Die erste englische Übersetzung des Koran wurde mit einer Ermahnung begonnen: „Guter Leser, der große arabische Betrüger, ist nun endlich nach tausend Jahren über Frankreich in England angekommen und sein Koran oder elendes Machwerk von Irrtümern hat Englisch sprechen gelernt.“ [20, S. 16]

Andere wiederum behaupteten, dass die Erscheinungen, über die Mohammed berichtet, lediglich nur vorgespiegelt seien. Andere wiederum sahen in Mohammed den Gesandten des Teufels. Wiederum andere waren der festen Überzeugung, dass seine Seele und sein Geist von einem bösen Dämon beherrscht worden sei. Mohammed wurde auch die Vielweiberei vorgeworfen, dabei vergaß man die eigenen Propheten. Das fünfte Buch Moses 17, 17 sagt: „Er soll sich viele Frauen halten, damit sein Herr nicht abwendig werde." Im ersten Buch der Könige 11, 1-3 wird berichtet, dass Salomon 700 Frauen und 300 Nebenfrauen hatte. Ähnliches wird von König David Bericht (Vgl. [20, S. 88 f.]). Die meisten Propheten lebten in Mehrehe, so auch Abraham, Isaak, Jakob und weitere Propheten. Mohammed wurde insbesondere von den Geistlichen der christlichen Religion wegen seiner Frauen als unsittlicher Mann angegriffen. Mohammed wäre zu nichts anderem in der Lage als Kriege zu führen, zu rauben, zu töten und Frauen und Jungfrauen zu schänden. Mohammed sei nicht nur ein falscher Prophet, sondern ein Betrüger und Verbrecher. Die Fleischeslust sei seine einzige Triebfeder gewesen. Seine Lehre sei lächerlich und närrisch. Es handle sich um Fabeln und Träumereien. Mohammed habe mit dem nestorianischen Mönch Gergius den Koran zusammengeschrieben. Und wenn Christus darin etliche Male mit hohem Ehren genannt wird, dann handele es sich lediglich um eine List, um die Christen zu hintergehen. Die Ausbreitung des Islam sei auf die Vielweiberei, durch Aussicht auf das Paradies und auf die gewalttätigen Eroberungen zurückzuführen. Mohammed sei ein Werkzeug des Teufels zum Verderben des Christentums. Der Koran sei ein Mischmasch ohne Zusammenhang. Ein Werk des Teufels und nicht Gottes. Mohammed wäre ein bloßer Betrüger, der die Religion nur als Mittel für seine irdische Größe gebraucht habe.

Diese Urteile sind gefallen, ohne den Islam und den Koran kennengelernt zu haben. Eine Einsicht in den Koran war damals nicht leicht zu erreichen. Die katholische Kirche hat eine im Jahre 1530 in Venedig gedruckte arabische Ausgabe des Koran vernichtet und sie verboten, zudem den Druck und die Übersetzung des Koran. Die Protestanten wählten den umgekehrten Weg. Sie gaben zwar den Inhalt des Koran wieder, gleichzeitig versah man jede Ausgabe mit einer christlichen Widerlegung. Papst Innocent XI. bezeichnete Mohammed als einen gottlosen Heuchler. Zwar habe sich Mohammed um die Idee der Einheit Gottes verdient gemacht, doch habe er zur Bestätigung seiner These sich des Betruges bedient und eine höhere Offenbarung bloß vorgetäuscht. Andere wiederum warfen Mohammed vor, nur die halbe Wahrheit gesagt zu haben. Alles, was Mohammed gesagt habe, sei wahr. Der Unterschied zum Christentum jedoch bestehe darin, dass Mohammed nicht alles gesagt habe, was wahr sei. Außerdem habe sich Mohammed durch die Ablehnung der Trinitätslehre als Werkzeug des Teufels erwiesen. Zu den Strategien dieser polemischen Theologie gehörte es, Mohammed in der bösartigsten Weise lächerlich zu machen. Er wurde als Erzverführer beschrieben, der in Purpur gekleidet gewesen sei, der seine Lippen färbte, betörende Düfte trage und häufigen Geschlechtsverkehr liebe. Man behauptete, er habe Gott nur als Vorwand benutzt, um seine eigenen sexuellen Begierden zu rechtfertigen. Gerald of Wales, der mit seiner Argumentation bereits im 12. Jahrhundert die im 19. Jahrhundert herrschende Sicht vorwegnahm, meinte, Mohammeds Lehren kreisten in erster Linie um die Lust und kämen daher den Orientalen besonders entgegen. Diese nämlich lebten in einem Klima großer natürlicher Hitze.

Eine weit verbreitete Überlieferung unterstellte Mohammed, er habe allgemeine sexuelle Lasterhaftigkeit propagiert, um das Christentum zu vernichten. Guibert von Nogent rechtfertigte die zahlreichen Ungenauigkeiten in seiner Mohammed-Biographie mit der Behauptung, man müsse notgedrungen schlecht von jemandem sprechen, dessen Bösartigkeit alles überträfe, was man an Üblem jemandem nachsagen könne. Im „Chanson de gestes" spielten die Muslime eine Schlüsselrolle als Bösewichter. Im Rolandslied bieten die Sarazenen (die den Antichrist, Luzifer, Termageunt, Diana und andere Götzenbilder anbeteten) eine gute Gelegenheit für die Darstellung des europäischen Heldentums; sie sind dazu bestimmt, von den christlichen Rittern getötet zu werden. In Piers Plowman findet sich die gängige Schilderung Mohammeds als Abtrünniger, der mit teuflischen Fähigkeiten ausgestattet sei (Vgl. [21, S. 32 f.]).

In den Augen Leibniz war Mohammed der Bewahrer der Einheit Gottes. Mohammed sei derjenige gewesen, der die Unsterblichkeit der Seele am vehementesten vertrete. Lessing sah in Mohammed keinen Betrüger. Der Islam sei keine Religion des Teufels, vielmehr stimme der Koran mit der Vernunft überein. Für Lessing war Mohammed der Wiederhersteller der wahren Religion. Lessing war der Überzeugung, dass es Mohammed gelungen sei, die Religion in die Praxis umzusetzen, während in Europa die Religion stets eine Frage der Theorie geblieben sei. Aus der Religion des Teufels sei plötzlich ein Werkzeug Gottes geworden und aus dem Wirrwarr eine reine Vernunftsreligion geworden. Ja sogar Voltaire, der sicherlich auch mangels an Kenntnissen, kein Freund des Islam gewesen ist, ließ verlauten, dass Mohammed den Geist eines Pumas und den Mut eines Alexanders gehabt habe. Er habe für seine Lehre gekämpft, Jesus nicht. Der Islam habe sich seit seiner Gründung nicht verändert, das Christentum hingegen schon mehr als zwanzig mal. Mehr durch das Wort als durch das Schwert habe Mohammed den Orient für sich gewinnen können, so Voltaire. Voltaire sah in den Gesetzen des Koran wie dem Alkoholverbot, dem Verbot von Glücksspielen, Almosen, Gebete und Wallfahrten, einen

Beweis für eine strenge Religion, die man zwar aus Europa vertreiben sollte, der man aber kein Unrecht tun dürfe. Er bezeichnete den Islam als bewundernswert, um ihn wieder zu verteufeln.

Diese Ambivalenz spiegelte die Meinung vieler ehemaliger Intellektueller und Kirchenangehöriger. Dante hingegen sah den Koran stets als ein Buch ohne Ordnung, ohne Zusammenhang und ohne Kunst. Voll von Widersprüchen, Anachronismen und Absurditäten. Zur Verteidigung Mohammeds führte er an, dass die Welt auf so einen Betrüger gewartet habe. Aus seiner Sicht sei Mohammed ein Fanatiker wie Cromwell. Mohammed habe seine Ideen anfangs im guten Glauben vertreten und sich selbst getäuscht, indem er andere täuschte. Dann aber, vor die Wahl gestellt, ob er einen Märtyrer oder ein Betrüger werden sollte, habe sich Mohammed genötigt gesehen, die Lehre durch Betrug aufrechtzuerhalten. Vom Propheten sei er zum Betrüger, vom Prediger zum Krieger und vom Flüchtling zum Eroberer geworden. So lautete Dantes Urteil über Mohammed. Andere machten sich auf ihre Weise über Mohammed lustig. Unter den Weinliebhabern kursierte das Lied: „Hat uns nicht Mohammed schändlich betrogen, dass er den Wein in Verachtung gebracht, hat der Verführer nicht schändlich belogen, da er aus Saufen hat Sünde gemacht." Goethe hingegen sah im Koran eine Schrift, die in tiefer Verehrung von Gott reden würde. Der Islam sei die vernünftigste Religion und sie habe der Menschheit einen großen Dienst geleistet. In „Mahomets Gesang" beschrieb Goethe die hinreißende Macht seines Genius und seine, von den kleinsten Anfängen ins riesenhafte wachsende Macht. Mohammed sei es, so Goethe, der die Schwachen und Kleinen mit sich fortreiße zu dem einen Gott, zu dem sie ohne ihn nicht den Weg und die Kraft finden würden. Mohammed war für Goethe der Gesandte des Monotheismus. Im Koran erkennt Goethe die Liebe, das Verlangen des Menschen nach der Gottheit. Trotz der Wiederholungen im Koran, sei dies ein heiliges Buch. Das Buch ziehe einen an, setze einen in Erstaunen welche einem am Ende Verehrung abnötigen würde. Der Still des Koran sei streng, groß und wahrhaft erhaben. Goethe teile die Meinung Mohammeds in der Verurteilung und Abneigung gegen die in Legenden umgewandelten Überlieferungen des Alten Testamentes. Der Islam habe seinem Bekenner keine unmöglichen Pflichten auferlegt. Hiermit meint er das Zölibat. Goethe übersetzte das Wort „Islam" mit „Ergebung in Gott". In „Dichtung und Wahrheit" schreibt Goethe über Mohammed: „Nachdem sich also Mahomet selbst bekehrt, teilt der diese Gefühle und Gesinnungen den Seinigen mit; seine Frau und Ali fallen ihm unbedingt zu. Im zweiten Act versuchte er selbst, heftige aber Ali, diesen Glauben in dem Stamme weiter auszubreiten. Hier zeigt sich Beistimmung und Widersetzlichkeit, nach Verschiedenheit der Charakter. Der Zwist beginnt, der Streit wird gewaltsam, und Mahomet muss entfliehen. Im dritten Act bezwingt er seine Gegner, macht seine Religion zur Öffentlichen, reinigt die Kaaba von den Götzenbildern; weil aber doch nicht alles durch Kraft zu thun ist, so muß er auch zur List seine Zuflucht nehmen. Das Irdische wächst und breitet sich aus, das Göttliche tritt zurück und wird getrübt. Im vierten Acte verfolgt Mahomet seine Eroberungen, die Lehre wird mehr Vorwand als Zweck, alle denkbaren Mittel müssen benutzt werden. (...) Seine große Fassung, die Wiederkehr zu sich selbst, zum höheren Sinne, machen ihn der Bewunderung würdig. Er reinigt seine Lehre, befestigt sein Reich und stirbt.“ Mit diesen Aussagen stand Goethe im Gegensatz zu Spinoza, der in Mohammed einen Betrüger sah. Klopstock würdigte die Kraft und Ausdauer mit der Mohammed seine schwere Aufgabe meisterte. Mohammed behielte nach Klopstock seine Würde und er habe auch andere gewürdigt. Er habe bewusst auf seine eigenen Vorteile verzichtet und habe ganze Staaten befördert. Mohammed beschäftigte Goethe fast so lange, wie sein Lebenswerk, der Faust. Johann Wolfgang von Goethe begann sehr früh den Koran zu studieren. Die Kirchen hingegen konzentrierten sich auf die Werke des Italieners Marracius, den Beichtvater des Papstes Innocent XI.. Marracius, der selbst des Arabischen nicht mächtig war, bezeichnete Mohammed als Ketzer. Trotz der Auseinandersetzungen zwischen Katholiken und Protestanten, waren sich beide Parteien hinsichtlich der Verurteilung des Islam immer einig. Gelegentlich machten sich die beiden Konfessionen Vorwürfe darüber, Mohammed nicht widerlegen zu können. Auch in der Zeit der Aufklärung, in der Toleranz gepredigt wurde, versuchte die Kirche alles Metaphysische zurückzudrängen. Voltaire, der gegenüber Mohammed stets eine ambivalente Haltung einnahm, erzählte Mohammeds Geschichte wie folgt: Mohammed wird in Mekka geboren und zwar in sehr ärmlichen Verhältnissen, durch Betrug und Heuchelei und Schwärmerei habe er seine Arbeitgeberin verführt. Danach habe er eine Partei gebildet und die Stadt beunruhigt. Mohammeds Bewegung sei durch Zopire unterdrückt worden. Mohammed sei verhaftet und verbannt worden. Danach habe ihn Medina als Propheten aufgenommen. Er habe Könige besiegt, deren Throne und Altäre bestiegen und würde bereits von 30 Nationen angebetet werden. Mohammed habe Zopires Bruder und Gattin ermordet, daraufhin habe Zopire Mohammeds Sohn ermordet. Dann habe Mohammed die Kinder des Zopire rauben lassen und sie aufgezogen. Zopire habe seine Kinder zurück geraubt. Mohammed habe sich daraufhin gezwungen gefühlt Mekka zu erobern, um die Kinder zu holen und den Frieden zu sichern. Durch diesen Sieg sei Mohammed zum Propheten geworden. Das Volk sei ihm bedingungslos gefolgt. Der Sieg habe bewiesen, dass Mohammed der wahre Gott sei. Seinen wahren Charakter habe Mohammed nur Omar offenbart. Ihm gegenüber habe Mohammed gestanden, dass er den Wahn der Erde benutzen wolle. Er habe weiter gestanden, dass er sich nur dann behaupten könne, wen er mit dem Schwert kämpfe und die Menschen täusche. Voltaires Mohammed ist ein Lügner, unabhängig davon, ob seine Lehre wahr oder falsch ist. Johann Wolfgang von Goethe hingegen war stets bestrebt die selbstbewusste Kraft des Propheten hervorzuheben. In einem Brief an Herder im Juli des Jahres 1772 schreibt Johann Wolfgang von Goethe: „Ich möchte beten, wie Moses im Koran: Herr mache mir Raum in meiner engen Brust.“ In „Mahomets Gesang“ wird Mohammed zum Prophet. Er führe den Menschen zum wahren Gott den er erlebt und stets gefühlt habe. Mohammed nehme die Menschen auf dem Weg zu Gott mit.

„(...) das Schwert in der einen, den Koran in der anderen Hand, seinen Thron über den Trümmern des Christentums und Roms. Das Genie des arabischen Propheten, die Sitten seiner Nation und der Geist seiner Religion enthalten die Ursachen des Falles des morgendlichen Reiches (...) die den Nationen des Erdballs einen neuen und dauernden Charakter gegeben haben.“ [22, S. 288]

Der gleiche Verfasser sagte auf den Seiten 290 und 295 im selben Buch Folgendes: „In diesem ursprünglichen und verwerflichen Zustande (damit ist die Arabische Halbinsel gemeint, das heutige Saudi Arabien), der den Namen Gesellschaft schlecht verdient, zeichnet sich das Menschtier ohne Künste oder Gesetze, fast ohne Gefühle und Sprache nur wenig von der übrigen Tierwelt aus.“ Und „der hilflose Wilde wurde durch die Bedürfnisse und Beschäftigungen, die sein Dasein an dem schmalen Strick des Strandes fesselten, abgehalten, sein Geschlecht zu vermehren.“

„Sie (die Araber) leisteten im Felde schnelle und kraftvolle Dienste, aber ihre Freundschaft war käuflich, ihre Treue wandelbar und sie waren in ihrer Feindschaft launenhaft; es war leichter, diese wandernden Barbaren zu reizen als zu entwaffnen. (...) Die arabischen Stämme (...) wurden von den Griechen wie von den Lateinern unter der allgemeinen Benennung Sarazenen zusammengefasst, ein Name, den jeder Christenmund nur mit Schrecken und Abscheu auszusprechen gewohnt war.“ Weiter heißt es bei Eduard Gibbon in seinem Buch „Der Sieg des Islam“ auf Seite 309: „Von seiner frühesten Jugend an war Mohammed religiöser Betrachtung ergeben; jedes Jahr entzog er sich im Monat Ramadan der Welt und den

Armen Kadidschahs; in der Grotte von Hera, drei Meilen von Mekka, beriet er sich mit dem Geiste des Betruges oder der Schwärmerei, dessen Wohnung nicht im Himmel, sondern in der Seele des Propheten war." Joseph Pitts schreibt über den Orientalisten an sich und über Mohammed im Speziellen: „Sie hegen große Ehrfurcht vor Verrückten und halten sie sogar für erleuchtet; der Grund dafür liegt darin, dass Mohammeds Gesundheit, als er sich in eine Höhle bei Mekka zurückzog, um dort in Einsamkeit zu leben, durch Fasten und eine dürftige Lebensweise erheblichen Schaden litt und er schließlich redete und sich benahm wie ein Schwachsinniger." [23, S. 46 f.]

Wer war Mohammed, der zahlreiche christliche Intellektuelle, Philosophen und Historiker dermaßen polarisierte? Warum war er so furchteinflößend? Warum wurde er im christlichen Abendland so gefürchtet? Warum wurde er so vehement bekämpft? Warum wurde er so verunglimpft? Rühren diese Vorverurteilungen aus Unwissenheit heraus oder wurde er absichtlich dermaßen beleidigt und entwürdigt?

Allein aufgrund dieser Ambivalenz im Hinblick auf seine Person lohnt es sich das Leben dieses Menschen und sein Werk genauer zu betrachten. Zumal sich die Betrachtung der eigenen Religion hier lohnen würde. Die Widersprüche in den Evangelien dürften zum Nachdenken anregen. „Von der Vielzahl und Verschiedenheit der Abschriften ist nicht nur das Alte Testament betroffen, sondern Gleiches findet sich auch im Evangelium. Denn von ihm gibt es bei den Christen vier Fassungen, die in einem Band vereinigt sind. Die erste ist von Matthäus, die zweite von Markus, die dritte von Lukas und die vierte von Johannes. Ein jeder dieser Jünger hat es entsprechend seiner Predigt in seinem Lande abgefasst. Was in der einen über Christus und seine Reden, als er öffentlich lehrte und als er am Kreuz hing, in ihrer Darstellung erzählt wird, widerspricht nicht selten dem, was in der anderen steht. Das gilt sogar für seinen Stammbaum. (...) Bei den Anhängern des Marcion und des Bardesanes gibt es ein Evangelium, das jeweils von den genannten Evangelien verschieden ist, und die Manichäer haben ein Evangelium für sich, das von Anfang bis Ende etwas ganz anderes enthält, als was die Christen glauben. (...) Hierher gehört noch eine Fassung, die „Evangelium der Siebzig" genannt wird und auf einen Balamas zurückgefährt wird. (...) Somit ist keines der Evangelien zu den prophetischen Büchern zu zählen, auf die man sich verlassen kann." [10, S. 132 ff.]

14 Der islamische Jesus (Isa)

„Wahrlich, Jesus ist vor Allah gleich Adam. Er erschuf ihn aus Staub. Dabei sprach Er zu ihm: 'Sei!' und 'er war'."
(Sure 3, Vers 59)

Der Koran betrachtet Jesus als Menschen und Propheten, jedoch nicht als Gottessohn. In der Sure 4, Vers 17 heißt es: „O Volk des Buches, ihr übertreibt nicht in eurer Religion. Der Messias, der Sohn der Maria, ist der Gesandte Gottes, und sein Wort, welches er in Maria warf, und ein Geist aus ihm. Glaubt an Gott und seinen Gesandten, und sagt nicht: Drei. Dann ergeht es euch besser. Allah ist ein einziger Gott." Propheten sind Menschen, keine Götter, das ist die klare Botschaft dieser Sure.

Im Koran spielt Jesus als Prophet Gottes eine wichtige Rolle. Mohammed sieht in Jesus einen außergewöhnlichen Propheten. Jesus genießt mit seiner Mutter Maria im Islam große Verehrung. Eine Verunglimpfung Jesu ist im Islam verboten.

Allerdings bestreitet der Islam vehement, dass Jesus Gott sei, auch wird die Trinitätslehre kategorisch abgelehnt, denn Gott sei ein einziger Gott, er sei der unbestrittene Herrscher. Er habe alles geschaffen und gelenkt, und er sei die einzig wahre Wirklichkeit, neben dem alles Geschöpfliche nichtig erscheint. Jesus ist das Idealbild des Heiligen. Losgelöst von allen irdischen Bedürfnissen. „Fromm sein" heißt im Islam, den Weg Jesu befolgen. Gott ist alles, aber er kann nicht Mensch werden, und der Mensch ist Geschöpf Gottes, der niemals Gott werden kann. Jesus, Sohn der Maria, ist ein Prophet, aus dessen Offenbarung Gottes Wort spricht. Seine Herrlichkeit übertrifft die des Menschen bei Weitem. Er erweckte Tote zum Leben, aber darin wird er von Moses übertroffen. Jesus ist der Knecht Gottes. Jesus ist Mittler zwischen Gott und den Menschen. Jesus ist, wie Mohammed, ein rechtsgeleiteter Prophet. Der Versuch, in Jesus Gott zu sehen, widerspricht der Botschaft von Jesus Christus. Jesus und Mohammed reihen sich in die Reihe der Propheten ein. Sie sind weder bedeutender noch unbedeutender als die anderen Propheten. Alle Propheten haben aus islamischer Sicht von Gott die Aufgabe erhalten, die gleiche Lehre zu verkünden.

So heißt es in der Sure 42, Verse 14-16: „Er hat euch als Religion vorgeschrieben, was er Noah anbefahl und was wir dir Offenbarten und was wir Abraham, Moses und Jesus anbefahlen: Haltet die Religion aufrecht und verfallt darin nicht in Spaltung. Doch schwer ist für die Götzendiener, wozu du sie aufrufst. Gott wählt dazu aus, wen er will und leitet dazu den, der sich zu ihm hinwendet. Und sie zerfielen erst dann in Spaltung, nachdem zu ihnen das Wissen gekommen war, aus Neid untereinander. Wenn nicht von deinem Herrn ein Wort für eine bestimmte Frist ergangen wäre, so wäre zwischen ihnen entschieden worden. Und diejenigen, denen das Buch zum Erbe gegeben ward, sind in tiefem Zweifel darüber. Hierzu rufe sie auf und sei standhaft, wie dir befohlen wurde. Befolge nicht ihre Gelüste und sprich: Ich glaube an das Buch, das Gott herab gesandt hat, welches es sei und mir ist befohlen, gerecht zwischen euch zu richten. Gott ist unser Herr und euer Herr. Und unsere Werke und für euch eure Werke. Kein Streit ist zwischen uns und euch. Gott bringt uns zusammen und zu ihm ist die Heimkehr.“ Die Besonderheit des Propheten Mohammed ist die Tatsache, dass er der letzte Prophet ist und die göttliche Lehre zu ihren Ursprung zurückgeführt hat. Der Koran nennt Jesus mehr als 25 Mal namentlich. Jesus wird als das „Wort Gottes“, aber auch als der „Geist Gottes“ und als „Zeichen Gottes“ im Koran bezeichnet. Im Koran findet man keine einzige herablassende Bemerkung über den Sohn der Maria. Die Geburt Jesus wird in zwei Suren (Sure 3, Vers 3; Sure 19, Vers 1) beschrieben. Maria, die Mutter Jesus, ist im Koran eine sehr geachtete Frau. In Sure 3, Vers 42 heißt es: „Und damals sprachen die Engel: O Maria, siehe, Allah hat dich auserwählt und gereinigt und erwählt vor den Frauen der Welten.“ Gleichzeitig ermahnt er sie zur Bescheidenheit und Demut. In der Sure 3, Vers 43 heißt es: „O Maria, sei vor deinem Herrn voller Andacht und wirf dich nieder und beuge dich mit den Sich-Beugenden.“ Der Koran widmet der Maria sogar ein eigenes Kapitel. In der Sure 3, Vers 45 wird die frohe Botschaft verkündet: „Damals sprachen die Engel: O Maria, siehe, Allah verkündet dir ein Wort von ihm; sein Name ist der Messias, Jesus, der Sohn der Maria, angesehen im Diesseits und im Jenseits, und einer von denen, die Allah nahestehen.“ Und in der Sure 3, Vers 47-48 heißt es: „Sie sagte: Mein Herr, soll mir ein Sohn (geboren) werden, wo mich doch kein Mann berührte? Er sprach: Allah schafft ebenso, was Er will; wenn Er etwas beschlossen hat, spricht Er nur zu ihm: „Sei!“ und „es ist“. Und Er wird ihm das Buch lehren und die Weisheit und die Thora und das Evangelium.“ Im Koran werden Jesus und Maria verehrt. Maria wird als tugendhaft beschrieben und ihre Aussagen als Gottesoffenbarung an die Menschheit angesehen. Jesus ist das Wort Gottes und der Messias, auf den die Juden warteten. Gott hat Jesus ermächtigt Wunder zu vollbringen und mit Hilfe Gottes konnte Jesus die Toten zum Leben erwecken und die Blinden und Leprakranken heilen. Doch eins war Jesus nie, nämlich Gottessohn. „Nichts anderes sagte ich zu ihnen, als das, was Du mich geheißen hattest: Betet Allah an, meinen Herrn und euren Herrn. Und ich war ihr Zeuge, solange ich unter ihnen weilte, doch nachdem Du mich abberufen hattest, bist Du ihr Wächter gewesen; und Du bist der Zeuge aller Dinge." (Sure 5, Vers 117) „Wahrlich, Allah ist mein Herr und euer Herr. So dient Ihm! Das ist ein gerader Weg." (Sure 19, Vers 34-36) Schlussendlich heißt es im Koran: „So haben wir euch doch aus Staub erschaffen, dann aus einem Samentropfen, dann aus etwas sich Anklammerndem, dann aus Fleisch, teils geformt teils umgeformt." (Sure 22, Vers 5) [17]

Dies betrifft alle Lebewesen auch den Menschen zu denen die Propheten gehören, ohne Ausnahme. Cerinthus, der Asiate, sah wie viele andere christliche Gelehrte in Jesus einen gewöhnlichen Sterblichen. Den Sohn der Maria und Joseph, aber auch gleichzeitig der weiseste Mensch unter den Menschen, von Gott auserwählte, das Ansehen Gottes auf der Erde wieder herzustellen. Es ist im Christentum selbst umstritten, dass Gott sich selbst im Körper eines Menschen offenbart, dass Jesus, der Allwissende, im Bauch der Maria heranwuchs, dass dieser Allmächtige durch die Menschen gekreuzigt wurde, dass er Schmerzen und Angst verspürte, dass die Unsterblichkeit starb. Als Apollinaris, Bischof von Laodicäa, die Lehre vertrat, dass sich die Gottheit mit der Liebe des Menschen vereinigt, da wurde er von der äthiopischen und ägyptischen Kirche angefeindet. Nestorius, von der syrischen Schule beeinflusst, unterschied die Menschlichkeit Jesus von Gott. Er lehnte den Namen „Mutter Gottes" kategorisch ab. Im Jahre 680, erhob die katholische Kirche, ein Kompromiss unter der Führung Konstantins, des Sohns des Heraklius, der die Vereinigung von zwei Willen in der Person Jesus Christus propagiert, die Trinitätslehre zum Dogma.

15 Einheitsglauben versus Trinitätslehre

„Alles Denkbare wird einmal gedacht", sagte einst der berühmte schweizer Schriftsteller Dürrenmatt. Beginnen wir doch einmal mit der einfachen Frage, was Gott mit seinen Werken eigentlich beabsichtigt?

Die drei großen Religionen sind sich in einem Punkt einig, nämlich dass nur Gott vollkommene Taten vollbringen kann. Nicht der Mensch, sondern Gott kann in den Menschen hineinleuchten und erfüllt den Menschen mit Seele. Darin sind sich die abrahamitischen Religionen einig. Wenn alles Existierende Gotteswerk ist, dann stellt sich zwangsläufig die Frage, wozu der Mensch die Vernunft braucht. Der Mensch lebt so lange in Dunkelheit, solange er keine Teilhabe an der göttlichen Seele hat, d.h. der Mensch verfügt über keine Vernunft, solange er nicht ein Teil des großen Ganzen ist. Der Mensch soll der Dunkelheit und der Unwissenheit, ja, er muss diesen Weg nehmen, entsagen, um so dem Göttlichen nahe zu kommen. Je leerer der Mensch ist, desto wahrscheinlicher ist es, dass er den erreicht hat, der alle Dinge ist, Gott.

Der Mensch wird zunächst von Gott verlassen, er ist nicht in ihm. Kann der Mensch durch Gebete dieses „Nichts" überwinden? Die Antwort lautet: Nein. Vielmehr soll der Mensch in seiner Unwissenheit und seiner inneren Leere verharren, um ein Teil von ihm zu werden. Gott wird nur tätig, wenn der Mensch bereit ist, bereit zu empfangen, bereit ein Teil der Seele zu empfangen. Gott tut dies nicht freiwillig, nein, er muss, wenn der unwissende, leere Mensch empfangsbereit ist, sich in diesem ergießen. Es wäre demnach ein göttlicher Fehler, wenn er nicht große Werke und Gutes in einen Menschen gieße. Das Gießen dieser Weisheit bzw. des lebendigen Geistes in den Leib, kann vor der Geburt, aber auch im Laufe des Lebens geschehen. Wenn der Geist bereit ist, dann geht ein Teil der Seele Gottes hinein in den Menschen. Nicht der Mensch bestimmt das Schicksal des Menschen, sondern der Mensch bestimmt das Schicksal Gottes, denn Gott ist auf die Bereitschaft des Menschen, ein Teil der göttlichen Seele zu empfangen, angewiesen. Merkt der Mensch etwas von diesem Vorgang des „Hineingießens"?

Das Bemerken liegt nicht in der Gewalt des Menschen, sondern in der Macht Gottes. Er kann sich zeigen oder sich verbergen. Aber Gott darf nichts leer lassen, daher muss der Mensch davon ausgehen, dass er in ihm ist. Was ist also die Aufgabe des Menschen? Was ist der Sinn seiner Existenz? Was spielt der Glaube dann für eine Rolle?

Der Glaube wird hier auf bestimmte Aspekte reduziert. Beten und Fasten, um so Leib und Fleisch in Schach zu halten. Der Leib und das Fleisch sind Gegner des Geistes. Der Leib ist auf der Erde zu Hause, der Geist ist fremd auf der Erde, aber heimisch im Himmel. Daher muss man dem Geist helfen. Wie? Indem man die Freude des Leibes, also die Speise, der Trank und sexuelle Gelüste bekämpft. Das ist der Sinn des Gebetes, dem Geist zu helfen über den Leib zu triumphieren. Wenn es soweit ist, dann kann der Geist durch Liebe an einen gebunden werden. Ist der Geist durch die Liebe gefangen, so gibt es kein Entkommen mehr. Dieser Mensch kommt damit weiter als durch Buße und Selbstgeißelung. Durch die Gefangenschaft des Geistes wird der Mensch befreit von Dunkelheit und Unwissen, um in ein neues Unwissen zu gelangen.

Gott definiert sich also durch die Seele und durch den Geist. Aber wo bleibt die Vernunft? Die Vernunft ist in der Seele enthalten und unterliegt der Kontrolle dieser. Vernünftiges Leben und Handeln heißt demnach, das Göttliche in sich erkennen. Erkennen wir dadurch Gott? Sind wir dadurch alle göttlich? Ist Selbsterkenntnis auch das Erkennen Gottes? Kann der Mensch durch Selbsterkenntnis zu Gott werden, ist man dann Gott oder Gottessohn? Ist Jesus auf diesem Wege Gottessohn geworden? Können wir, wenn wir Jesus Weg folgen, ebenfalls Söhne Gottes werden? Werden wir dann eins mit Gott? Wenn dem so ist, dann wird das Göttliche entblößt, nichts bleibt im Verborgenen. Ist der Mensch dann Gott? Wird dann nicht Gott auch zum Menschen? Ist Gott dann greifbar, erfassbar? Wird Gott durch den Menschen lebendig?

Gott ist demnach das Ergebnis seiner Schöpfung. Es drängt sich die Vorstellung auf, dass eine Seele existiert, die als Gott definiert wird, welche zunächst kein Wissen weder von der Zeit noch vom Leibe hat. Erst durch das Handeln des Menschen, wenn diese Seele durch Eindringen in den Menschen Kenntnis von sich nimmt und so lebendig wird. Der Sohn ist Vater und der Vater ist Sohn. Folglich muss der Mensch Sohn sein, aber konsequenterweise auch Vater. Hat Gott nun einen Sohn oder ist der Sohn selbst Gott? Wenn der Sohn Gott ist, warum lässt er eine solche Tortur über sich ergehen? Worin liegt hier der Sinn? Welche Rolle spielt eigentlich die Religion überhaupt? Wenn Jesus Gott war bzw. Träger der göttlichen Seele, dann musste er über unermessliche Kräfte verfügen. Er wäre nicht sterblich. Jesus ist aber nach der christlichen Lehre gekreuzigt worden. Hat ihn die göttliche Seele vorher verlassen? Oder ist die göttliche Seele mit Jesus gestorben?

Wenn allerdings die göttliche Seele unsterblich ist, worin liegt der Sinn zu behaupten, Gottessohn sei für die Sünden der Menschen gestorben? Die Seele lebt, lediglich sein Leib wurde gekreuzigt. Handelt es sich dann um einen symbolischen Akt? Wenn Gott eine unsterbliche Seele ist, die sich in Menschen ergießt, die sich dieser Seele öffnen, welche Rolle spielt der Leib Christi noch? Woran glauben die Menschen nun, an die unsterbliche Seele oder an das Opfer, das Jesus brachte, um die Menschen von der Sünde zu befreien? Wenn Jesus Gott ist und somit allwissend ist, dann ist er auch Herr über Raum und Zeit. Hat Gott, der alle Eventualitäten kennt, es nötig, sich solch einer Methode zu bedienen, um den Menschen aus seinem Gefängnis zu befreien? Könnte er es nicht mit einem „Es werde“ bewerkstelligen? Gott ist also Mensch geworden und sitzt zur rechten Hand des Vaters. Wie ist das Verhältnis hier zwischen Sohn und Vater zu sehen? Hat Gott in seinem Menschsein auch menschliche Eigenschaften angenommen? Gier? Andere Gelüste? Oder nahm er nur die leiblichen Gebrechen an und verzichtete auf Unvernunft und Sünden?

Ich hoffe sie haben bemerkt, dass von der Trinitätslehre die Rede ist. Diese setzt also voraus, dass die göttliche und menschliche Natur zusammengehören. Ist die Trinität eine Selbstreflexion des Geistes? Ist der Geist der Schöpfer der Einheit der göttlichen und menschlichen Natur? Die Schlussfolgerungen muss also heißen, im Geiste finden wir das, was wir wussten. Das Denken der Trinität ist also eine Selbstreflexion des Geistes. Demnach muss die Trinität der Ursprung der Schöpfung sein. Trinität heißt, wir sind, wir wissen, dass wir sind, das ist zweifelsohne eine Selbstreflexion der eigenen Existenz, quasi die Gewissheit ihrer selbst. Trinität bedeutet aber auch, dass Gott Liebe, Sein und Wissen ist. Diese Eigenschaften zu erkennen, bedeutet Gott zu erkennen. Das Denken der Trinität ist ein Finden des Bewusstseins im Denken. Trinität bedeutet nicht dreifacher Gott, sondern von Denken einer sich selbst analysierenden Einheit und in sich differenten Einheit. Wenn dem so ist, dann stellt sich zwangsläufig die Frage, braucht Gott ein Jenseits um zu richten, oder tut er es jetzt schon? Was ist das Jüngste Gericht? Eine Metapher für eine Selbstverurteilung? Die anschließende Frage muss lauten, worin liegt der Unterschied zwischen der Trinitätslehre des Christentums und des islamischen Sufismus?

16 Moral und Ethik im Islam

Die meisten Menschen wissen nicht was der Grund für das Erscheinen des Islam ist. Woher auch, wenn das jetzige Wissen der islamischen Welt von den Kolonialenherren stammt. Der Islam kam, um unter den Menschen die Einheit Gottes wieder in Erinnerung zu bringen. Der Islam schaffte es innerhalb kürzester Zeit zerstrittene Stämme zu einer Einheit zu formen, ihnen Sinn und Hoffnung zu geben. Er verbot den Alkohol, das Glücksspiel, die Blutrache und das Begraben von lebendigen Mädchen. Hieraus kann hypothetisch die Schlussfolgerung gezogen werden, dass der Islam seine Schuldigkeit getan hat, da die Botschaft des Islam in der heutigen Zeit überholt sei, denn in der heutigen islamischen Welt gibt es kaum noch Götzenanbieter und die Mädchen werden nicht mehr lebendig begraben. Der Alkohol und das Glücksspiel gehören zur Gesellschaft dazu, obwohl sie im Islam verboten sind, doch werden sie weiterexistieren und der Versuch sie abzuschaffen wird frustran bleiben. Der Islam ist also eine Angelegenheit der Vergangenheit und wir, die Menschen, haben neue moderne Vorschriften, nach denen wir uns richten. Zumindest handelt es sich um das, was die Menschen heute lernen, nämlich die Realität so zu sehen wie sie ist.

Genau hier fehlt allerdings das Verständnis um den wahren Charakter des Islam. Der Islam kam nicht, um nur die Blutrache abzuschaffen oder den Alkohol zu verbieten, nein, vielmehr hat er zum Ziel, die Menschen von Mächten zu befreien, welche die Menschen selbst für sich zu Göttern erhoben haben. Diese falschen Götter bereiten dem Menschen Angst und Unbehagen und berauben diesen der Selbstachtung. Die Befreiung von diesen Mächten bedeutet auch das Ende der Unterdrückung des Menschen durch die Menschen. Der Mensch wird somit von der Angst vor seinesgleichen befreit. Natürlich bedeutet dies auch eine Befreiung von den Trieben und eine Überwindung der Angst vor dem Tode. Der Überwindung dieser Ängste und Triebe schenkte der Islam eine fundamentale Bedeutung, denn gerade die Triebe und ihre Befriedigung, die vorübergehend zu einer Entlastung führen, treiben die Menschen in die Abhängigkeit, die fortan das Leben des Menschen bestimmen. Um diese Abhängigkeit zu meiden bzw. um aus dieser Abhängigkeit herauszukommen, setzt der Islam als Gegengewicht zu den Trieben die Liebe zu Gott. Die Beherrschung der eigenen Triebe Mithilfe der Liebe Gottes, die der Islam vermittelt, ist keineswegs mit einer Askese zu verwechseln. Der Islam verbietet nicht den Genuss der schönen Dinge, die das Leben hervorbringt. Vielmehr geht der Mensch durch eine Schule, in der er lernt, das Leben in vernünftigen Maßen zu genießen und die Triebe in Grenzen zu halten. Der Islam achtet darauf, dass der Einzelne auch zur Ruhe kommt, z.B. in Form eines Gebetes, weil diese Ruhe und die innere Gelassenheit für die Gesellschaft, die durch Wechselwirkung zwischen verschiedenen Individuen definiert wird, von großer Wichtigkeit sind. Der Islam befreit Menschen vom Aberglauben. Der Aberglaube ist das Ergebnis der Unwissenheit. Der Islam führt die Menschen zurück zu den einfachen Wahrheiten, die Gott uns über seine Propheten mitteilte. Der berühmte muslimische Gelehrte des 20. Jahrhunderts und Begründer der „Jamat al-islamija“ al-Maududi sagte über den Propheten: „Er war der letzte Prophet Gottes. Durch ihn belebte Gott denselben reinen Glauben wieder, der auch von allen vorherigen Propheten verkündet worden war. Diese ursprüngliche Botschaft war von den Menschen in verschiedenen Zeitaltern, die Verfälschungen und Beimischungen gegenüber nachlässig waren, korrumpiert und in die verschiedensten Religionen zerteilt worden. Diese fremden Elemente wurden von Gott wieder entfernt, der Islam in seiner reinen und ursprünglichen Form wurde der Menschheit durch Mohammed verkündet. Da es seit Mohammed keinen Boten mehr gegeben hat, wurde das Buch, das ihm geoffenbart wurde, Wort für Wort bewahrt, damit es für alle Zeiten eine Quelle der Unterweisung sei.“ [24, S. 3]

Der Islam fordert seine Gläubigen auf den Verstand zu gebrauchen, um das Leben zu verstehen und um die Religion in Eintracht mit der Wissenschaft zu bringen. Um zu Gott zu gelangen, ist weder Aberglaube noch Unglaube nötig. Denn jeder Schritt der wissenschaftlichen Entwicklung geschieht mit dem Willen Gottes. Das Wissen bzw. die Wissenschaft ist ein Teil des Islam und keine entgegengesetzte Kraft. Diese Ziele sind zeitlos. Die Wissenschaft ist ein Instrument, das die Menschen auf dem Weg zur Erkenntnis hilft und weiterhelfen wird. Im Vergleich zum Westen erhebt die islamische Welt die Wissenschaft nicht zu einer eigenen Gottheit, mit der alle anderen Möglichkeiten zur Erkenntnisgewinnung vernichtet werden. Die Wissenschaft verfügt über ein großes Spektrum, dennoch kann sie die Spektren des menschlichen Geistes nicht abdecken und schon gar nicht überschauen. Die Wissenschaft ist ein Teil der Religion und nicht umgekehrt. Die Wissenschaft ist nicht in der Lage alles zu erkennen und zu beweisen, aber viele ihrer Anhänger bestreiten weiterhin das Vorhandensein einer menschlichen Seele, weil sie sich wissenschaftlich nicht vorstellen und auch nicht beweisen können, dass der Mensch die Grenzen der Materie überschreiten kann. Eben jener Mensch, der mit Hilfe der Wissenschaft die Wahrheit ergründen soll. Alles, was die Wissenschaft nicht beweisen kann, darf nicht sein. Wenn ich also Gott nicht beweisen kann, dann ist es sehr einfach zu sagen, dass er nicht existiere. Die heutige Welt bedarf des Islam, um weiterhin den Aberglauben zu bekämpfen und um die Wissenschaft mit der Religion zu versöhnen. Der Mensch könnte wieder zur Ruhe kommen, sich verstärkt wahrnehmen, um seinen eigenen Geist wieder zu schärfen und die Seele zu pflegen. Man darf nicht außer acht lassen, dass in Europa jede wissenschaftliche Entdeckung als Sieg über Gott gewertet wird. Dieses Gedankengut macht sich durch Äußerungen wie „die Gewalt des Menschen über die Natur" bemerkbar. Durch die Wissenschaft versucht letztendlich der Mensch die Nichtexistenz Gottes zu beweisen, um letztendlich sich selbst Göttliches zu verleihen und selbst mit dem Gedanken zu spielen, Leben zu erschaffen. Der Mensch möchte selbst Gott werden.

Die Wissenschaft und der Mensch haben den Islam heute nötiger als je zuvor. Sowohl der Wissenschaft als auch dem Menschen muss wieder Bescheidenheit nahegebracht werden. Im Islam findet die Suche nach dem Wissen große Anerkennung gleichzeitig jedoch, sollte das Erwerben von Wissen und neuen Erkenntnissen die Bescheidenheit und das Erkennen der eigenen Grenzen nicht unterschlagen. Gott verbietet nicht den Fortschritt, er fürchtet auch nicht die Konkurrenz des Menschen, wenn jedoch das erworbene Wissen der Menschheit schadet, wie im Beispiel der Atomspaltung und damit der Entwicklung der Atombombe, dann zieht sich der Mensch den Zorn Gottes zu. Wenn Wissen zur Unterdrückung dient, dann ist diese Art von Wissenschaft nicht im Sinne Gottes.

Wenn der Islam doch so aufgeklärt ist, dann stellt sich natürlich die Frage, warum der Islam sein Volk einigen wenigen herrschsüchtigen Monarchen und Diktatoren überlässt? Die Antwort hierauf lautet schlicht und einfach, dass nicht der Islam in diesen Ländern herrscht. Der Islam von dem ich rede ist nicht der, den uns die korrupten Regierungen der islamischen Staaten vorleben. Der Islam den ich meine, kommt durch folgendes Zitat zum Ausdruck: „Der Schaum aber, der vergeht wie die Blasen; das aber, was den Menschen nützt, bleibt auf der Erde zurück. Und so prägt Allah die Gleichnisse." (Sure 13, Vers 17)

Im Islam ist kein Platz für Tyrannen. Sie brechen sämtliche Gesetze Gottes. Im Islam wären die Regierungen gezwungen, sich an die Gesetze Gottes zu halten. Denn niemand ist verpflichtet jemandem zu gehorchen, der sich nicht an das Gesetz Gottes hält. Im Islam haben die Regierenden die gleichen Rechte und Pflichten wie der Normalbürger. Auch können sie dieses Amt nur durch Wahlen erlangen. Der Islam kennt keine Könige und keine Sklaven. „Ihr seid einer vom anderen." (Sure 4, Vers 25) Der Islam sagt auch: „Wer einen Sklaven tötet, wird von uns getötet, wer einen Sklaven verstümmelt, wird von uns verstümmelt und wer einen Sklaven kastriert, wird von uns kastriert (Überlieferung von al-Buchari und Muslim). Und er erinnerte die Menschen an ihre gemeinsame Abstammung: „Ihr seid die Söhne Adams und Adam wurde aus Staub erschaffen." (Überlieferung von Muslim). Der Islam beendete alle Kriege, die nicht um Gotteswillen unternommen wurden. Gekämpft wurde, um die Gefahr oder den Angriff von Feinden gegen die Muslime zurückzuschlagen oder um Kräfte zu zerschlagen, die die Menschen an der Ausübung ihrer Religion hindern wollten. „Und kämpft auf dem Pfad Gottes gegen diejenigen, die gegen euch kämpfen, doch übertretet nicht das Maß. Wahrlich, Gott liebt nicht diejenigen, die das Maß übertretet." (Sure 2, Vers 190)

„Und kämpft gegen sie, bis es keine Verfolgung mehr gibt und aller Glaube auf Allah gerichtet ist. Sollten sie aber aufhören, dann sieht Allah wahrlich wohl, was sie tun." (Sure 8, Vers 39) Juden und Christen blieben in der islamischen Welt ihre Religion zugehörig, das widerspricht dem Vorwurf, dass der Islam mit Gewalt des Schwertes Menschen auf seinem Weg bringen wollte. Der islamische Krieg basiert weder auf Habgier noch auf der Eroberung von mehr Land und Macht und auch nicht, um andere Völker auszubeuten, noch hat die persönliche Lust eines Heerführers damit zu tun. Der Krieg im Islam ist defensiv ausgerichtet. Er dient ausschließlich der Verteidigung. Auch im Verteidigungsfall gilt: „Begeht keinen Verrat und verstümmelt nicht und tötet keine Kinder." (Überlieferung von Muslim). Niemand, der nicht als kämpfender mit der Waffe in der Hand dasteht, um gegen die Muslime zu kämpfen, darf getötet werden, auch sollen Städte und Kulturgüter nicht verwüstet werden und auch dürfen die eigenen Gelüste nicht befriedigt werden denn: „Allah liebt nicht jene, die Unheil stiften." (Sure 5, Vers 64). Das ist zweifelsohne der Unterschied zwischen der Kriegsführung der Muslime und der Nicht-Muslime. Die Kriegsgefangenen haben würdig behandelt zu werden.

Auch wird dem Islam Feudalismus vorgeworfen. Al-Barawi definiert in seinem Buch „Hizb al-ischtiraki fi dawla", Das sozialistische System, den Feudalismus folgendermaßen: „Der Feudalismus ist die Bezeichnung für eine Art der Produktion, die auf der andauernden Leibeigenschaft besteht. In diesem System ist der eigentliche Produzent seinem Herren verpflichtet, ihm bestimmte wirtschaftliche Forderungen zu erfüllen, die entweder in Form von Diensten oder durch Bezahlung mit Geld oder Naturalien geleistet werden.“ Der Feudalismus teilte die Gesellschaft in mindestens drei Klassen: die Großgrundbesitzer, die Bauern und die Knechte. Die Bauern waren Eigentum der Großgrundbesitzer und die Knechte Eigentum der Bauern. Nun stellt sich natürlich die Frage, wo und wann sich ein derartiges feudales System im Islam finden lässt? Offensichtlich findet eine Verwechslung zwischen Feudalismus und der islamischen Gesellschaft statt. Das feudalistische System ist gekennzeichnet durch andauernde Leibeigenschaft, unbezahlte Zwangsarbeit, Frontdienst während der Erntezeiten, das Recht der Großgrundbesitzer, das Ausmaß der Grundfläche zu bestimmen, die Ausübung der alleinigen Gerichtbarkeit durch die Adligen sowie der Zwang, sich seine Freiheit erkaufen zu müssen.

Der Islam kennt den Begriff der Leibeigenschaft nicht. Ebenso kennt der Islam eine Leibeigenschaft in Bezug auf Grund und Boden nicht. Es gibt lediglich eine Abhängigkeit im Islam, nämlich die gegenüber Gott. Auch begründet der Islam seine Ökonomie niemals auf ein System der Abhängigkeit eines Menschen von einem anderen. Vielmehr basiert das Wirtschaftssystem im Islam auf der Freiheit der Arbeit. Dem Islam ist das Verhältnis von Bauer und Großgrundbesitzer völlig unbekannt. Die Beziehung, die zwischen dem Bauern und dem Besitzer des Landes bestand, war die der Pacht. Entweder mietet der Bauer, je nach seinem Vermögen ein Stück Land, auf das er bauen kann was er will, oder der Bauer wird Teilhaber des Grundbesitzes. Die Gewinne aus der Ernte werden am Ende des Jahres geteilt. Die Pflichten und Rechte sind auf beiden Seiten aufgeteilt. Das geerntete Korn wird nach altem islamischem Brauch von den Armen in den Mühlen gemahlen, so verdienen die Armen ihren Lebensunterhalt. Der Islam ist auf freiheitliche Beziehungen aufgebaut. Der Grundbesitzer hatte die menschliche Ehre zu achten und sie taten dies, um Gott näher zu kommen, um ihm zu dienen. Das unterscheidet das System, das auf dem Glauben an Gott beruht und einem System, das außerhalb des Glaubens errichtet wurde. Auch war es dem Landbesitzer nicht überlassen, wie viel Landfläche er verpachten durfte. Die Größe des Landes, die der muslimische Bauer zu pachten wünscht, bestimmt allein er selbst, abhängig von seiner Arbeitskraft und seinem Vermögen. Die Aufgabe des Landbesitzers bestand darin, die Höhe der zu zahlenden Pacht festzulegen. Das Recht blieb Aufgabe der Zentralregierung und nicht der Großgrundbesitzer. Zu diesem Zweck wurden spezielle Gerichtshöfe eingerichtet. In den europäischen Staaten existierte zu dieser Zeit noch nicht einmal eine umfassende Gesetzgebung. Das römische Recht, das später die Grundlage der europäischen Gesetzgebung wurde, gab den Feudalherren das Recht, das von ihnen abhängige Volk zu regieren und zu richten, also nach persönlichem Gutdünken. Im Islam hat sich der Großgrundbesitzer nach der Leitung und dem Gesetz Gottes zu richten, welches alle Menschen gleich behandelt. In der islamischen Welt gab es niemals eine Bauernflucht wie in der europäischen Feudalzeit. Die einzige Gewalt, die sie an einem bestimmten Stück Erde festhielte, war entweder der eigene Wille oder die Liebe zu diesem Flecken Erde.

Solange der Islam diese Länder regierte, gab und gibt es kein feudalistisches System. Die islamische Ideologie des islamischen Wirtschaft- und Rechtssystems erlauben kein feudalistisches System. Tatsächliche Leibeigenschaft in islamischen Ländern findet man erst während der späteren Zeit der Osmanen, als die Religion ihren Einfluss auf die Seelen der Menschen zunehmend verlor. Das ist die Zeit der osmanischen Paschas. Diese Entfremdung von der Religion wurde von den Imperialisten noch weiter verstärkt. Sie zerstörten das Verantwortungsbewusstsein für die Gemeinschaft. Bis heute existiert diese Art der Leibeigenschaft in einigen islamischen Staaten, die ihren Ursprung nicht im Islam hat!

17 Der Islam und seine Einstellung zum Krieg

Durch den Irak- und Afghanistan-Krieg und durch die Terroranschläge vom 11. September ist der „Dschihad", gerne auch als „Heiliger Krieg" beschrieben, ein Synonym für die islamische Religion geworden. Doch wie kriegerisch ist diese Religion wirklich? „Dschihad", ein häufig missverstandenes und missbrauchtes Wort, bedeutet „Selbstdisziplin" und „Befolgung der göttlichen Gebote". In erster Linie heißt „Dschihad" Kampf gegen die eigenen Schwächen, d.h. Kampf gegen Gier, Egoismus und Habsucht. Der Dschihad ist ein nach innen gerichteter Kampf, gegen die eigene Unzulänglichkeiten und ein Kampf gegen die eigenen Gelüste. Der Dschihad ist von einem Krieg gegen einen äußeren Feind zu unterscheiden. Der Krieg, der mit dem Kampf gegen sich selbst, dem Dschihad, nichts gemeinsam hat, ist nur dann erlaubt, um einen von außen gesteuerten Angriff abzuwehren und sich so seine Unabhängigkeit zu bewahren. Ein Krieg ist im Islam dann erlaubt, wenn Menschen vor Tyrannei geschützt werden müssen. Im Krieg ist das Töten unvermeidbar, aber das Töten im Krieg hat dennoch zum Ziel, Blutvergießen zu vermindern und nicht zu vermehren. Der Mensch beherbergt zwei Eigenschaften in sich, das Gute und das Böse. Wenn das Böse angreift, dann muss sich das Gute wehren. Handelt es sich um einen Kampf gegen die eigenen bösartigen Triebe, so spricht man vom Dschihad. Ist es jedoch ein Kampf gegen eine von außen kommende Bösartigkeit, so spricht man von einem Krieg. Der Kampf gegen Korruption und Vetternwirtschaft, wenn er mit Waffen geführt wird, ist als Krieg zu bezeichnen. Da der Kampf zwischen Gut und Böse stets gegeben ist, ist auch der Krieg ein treuer Begleiter des Menschen. Aber auch der Dschihad ist ein allgegenwärtiger Begleiter der Menschen, denn stets muss die Tugend das Laster besiegen und sein Eindringen verhindern. Der Islam hat den Kampf zur Selbstverteidigung, zur Verteidigung der Tugenden und auch zur Verteidigung der Offenbarung zugelassen. Die Krieg dient der Herstellung des Gleichgewichtes zwischen verschiedenen menschlichen Gruppierungen, denn würde Allah die unterschiedlichen Menschen nicht im Zaume halten, dann würden die Menschen sogar Gotteshäuser wie Kirchen, Synagogen und Moscheen zerstören. Wenn der Islam seine Sache verteidigen muss, so folgt daraus, dass der Prophet selbst Kriege führen muss, damit die Gerechtigkeit wieder hergestellt werde. Die Aufgabe der Propheten war immer, die Tugenden über die Laster zum Siege zu verhelfen. Gleichzeitig gibt der Islam zu bedenken, dass auch wenn ein Krieg gerechtfertigt ist, doch die moralischen Gesetze eingehalten werden müssen. Auch im Krieg gibt es keine Umstände, die das Überschreiten des Moralischen erlauben. Man könnte durchaus zu der Schlussfolgerung kommen, dass Krieg und Moral sich gegenseitig aufheben. Dennoch ist es erforderlich, dass auch in Zeiten des Krieges die moralische Anständigkeit eingehalten wird. Die Einhaltung der Moral basiert nicht auf menschlichen Gesetzen, sondern auf Göttlichen. Im Kriege kann man sehr wohl Kampfgeist und Moral miteinander verbinden. Kriege sind grundsätzlich mit Moral und Mitleid nicht vereinbar, aber Kriege sollten Gerechtigkeit nicht außer acht lassen, denn ein Krieg wird der Gerechtigkeit willen geführt. Verletzungen von Anständigkeit und Gerechtigkeit sind auch in der Kriegszeit nicht erlaubt. Nur wenn diese Kriterien erfüllt sind, kann im Islam von einem „bellum justum“ (gerechten Krieg) gesprochen werden.

Mohammed stellte neue Verhaltensweisen für das Führen von Kriegen auf. Das Töten von Menschen soll sich nicht über die Grenzen des Schlachtfeldes hinaus erstrecken. Seine Kriege waren dadurch gekennzeichnet, dass er nicht die Völker, sondern deren Herrscher, die die wahren Aggressoren waren, bekämpfte. Mohammed hat zu keinem Zeitpunkt gebilligt, dass Menschen getötet werden, die am Kriege nicht beteiligt waren. Mohammed verbot es ausdrücklich Frauen, Kinder und ältere Menschen, die mit dem Kriege nichts zu tun hatten und haben, zu töten. Verstöße gegen diese Regelungen wurden nicht nur getadelt, sondern zogen Strafen nach sich. Der Krieg stellt in seiner Gesamtheit eine Verteidigungslinie des Schwachen gegen den Starken da. Ein gerechter Krieg, aus islamischer Sicht, muss folgende Kriterien erfüllen. Er muss hinsichtlich seiner Motive gerecht sein. Er muss in seiner Führung, in seiner Beendigung und in der Behandlung des Unterlegenen stets die Würde bewahren. Eindringlich ermahnt der Koran nur diejenigen zu bekämpfen, die sich des Angriffs schuldig gemacht haben und die eigenen Grenzen nicht zu überschreiten, denn Gott liebt nicht die Grenzüberschreitenden. Der Krieg im Islam wird nicht dadurch gerechtfertigt, weil er dazu dienen soll, Ungläubige zu bekehren, sondern lediglich um Angriffe abzuwehren. Ausdrücklich betont der Islam, dass es keinen Zwang im Glauben gibt. In der Konsequenz heißt das, dass der Krieg nicht die Aufzwingung der Religion bezwecke. Der Koran verbietet religiösen Streit, denn für jeden

Menschen ist die Wahrheit klar vom Irrtum zu unterscheiden. Obwohl im Islam ein Verteidigungskrieg erlaubt ist, empfiehlt der Koran dennoch, nicht bereits beim ersten Anzeichen eines Angriffes einen Krieg zu beginnen, denn die Möglichkeit den Krieg aufzuhalten ist immer gegeben. Mit anderen Worten, Diplomatie geht vor kriegerischen Auseinandersetzungen. Der islamische Krieg darf keiner Ideologie unterliegen. Auch nicht der Islamischen. Der Prophet hat die Aufgabe, das Wort Gottes den Menschen bekannt zumachen und hat sogar dafür zu sorgen, dass jedermann völlig frei, die Religion oder die Glaubensrichtung wählt, die ihn am besten zusagt und seiner Vernunft entspricht.

Häufig wird der Prophet Mohammed als Kriegstreiber dargestellt. Doch dies ist historisch nicht haltbar. Der Prophet Mohammed erklärte den Persern und Byzantinern erst dann den Krieg, als diese begonnen hatten ihre Staatsangehörigen, die den Islam angenommen hatten, zu verfolgen und zu foltern. Dieser Akt wurde von Mohammed, der den Islam den Menschen nie aufzwang, als Angriff auf den Islam bewertet. Wir finden keine Anhaltspunkte, dass der Prophet seine Religion jemanden aufzwingen wollte. Er hat lediglich die Glaubensfreiheit als eines seiner Ideale verteidigt.

Der Krieg im Islam dient ausschließlich der Abwehr einer Rechtsüberschreitung. Niemand darf getötet werden, weil er ein Nicht-Muslim ist. Er wird lediglich getötet, wenn er sich Übergriffen gegen den Islam zuschulden hat kommen lassen. Allah erlaubt es den Muslimen nicht gegen diejenigen zu kämpfen, die die Muslime nicht angreifen, die, die nicht in den Krieg verwickelt sind, weil dies eine Überschreitung und einen Übergriff darstelle. Das Ziel eines Kampfes ist die Beseitigung des Streites. Wenn allerdings die Angreifer die Gesetze der Moral, wenn sie Frauen vergewaltigen und Kinder töten, außer Kraft setzen, so soll der muslimische Kämpfer diesen nicht mit gleicher Münze vergelten. Rache rechtfertigt keinen Krieg. Der Friede ist die Grundlage aller Beziehungen zwischen Muslimen und Andersgläubigen. Wenn aber der Islam angegriffen wird, so wird der Krieg zur Pflicht, denn nur so kann das Gute gegen das Böse geschützt werden. Ergeben sich die Feinde, so gilt der Krieg als beendet. Wenn die Beziehung zwischen den Menschen auf Frieden und nicht auf Krieg beruhe, warum wird dann zwischen der „Welt des Krieges" und der „Welt des Friedens" unterschieden?

Die Unterteilung in eine Welt des Krieges und eine Welt des Friedens ist eine von den Rechtsgelehrten eingeführte Einteilung. Die Welt des Friedens bzw. des Islam beschreibt einen Raum oder einen Staat, dessen Bewohner überwiegend Muslime sind und innerhalb deren Machtbereichen islamischen Regeln gelten. Die zweite Gruppe bezeichnet diejenigen, die nicht muslimischen Glaubens sind, aber einen Pakt mit Muslimen geschlossen haben. In dieser Gruppe gelten nicht-islamische Lebensregeln, wie Freiheit des Ehebruches, des Wuchers, das Trinken von Alkohol und das Glücksspiels. Die dritte Gruppe, die Welt des Krieges, bezeichnet Gruppen oder Staaten, die dem Islam nicht wohlgesonnen sind und regelmäßig Kriege gegen islamische Territorien führen bzw., wo die Muslime sich nicht sicher fühlen und wo islamische Rechtsregeln nicht vollständig anerkannt werden. Die Einteilung beschreibt die bilateralen Beziehungen und ist keine Rechtfertigung für kriegerische Handlungen. Die Welt des Krieges ist ein Land, das den Muslimen Rechtsunsicherheit androht. Der Islam urteilt nach der Grundlage von Rechtssicherheit und nicht nach der religiösen Grundlage von Islam oder Nicht-Islam.

Man darf nicht vergessen, dass die Muslime im 2. Jahrhundert nach der Flucht von Völkern umgeben waren, die regelmäßig das islamische Territorium angriffen. Daher wurde im islamischen Territorium eine neue Verteidigungsstrategie erarbeitet. Die Muslime begannen nun mit Gegenangriffen, um den Angriffen des Feindes zuvorzukommen. Diese neue Strategie war allerdings nur zulässig, wenn das islamische Territorium auch tatsächlich nach diesem Muster angegriffen wurde. Präventive Kriegsführung ist nur dann erlaubt, wenn ersichtlich ist, dass ein Angriff gegen das islamische Territorium im Gange ist. Die Muslime waren daher keine Aggressoren, wenn sie einen Eingriff unternahmen, um einem feindlichen Kriegsakt zuvorzukommen. Einige Despoten missbrauchten den Islam, um ihre eigene Macht zu stärken, denn nicht alle Herrscher des islamischen Reiches haben im Sinne des Islam gelebt und regiert. Al-Kassan und Abu Hanifa gehen sogar so weit zu sagen, dass ein Land nur dann als islamisch zu bezeichnen sei, wenn die Gesetze und Regeln islamisch sind. Wenn dies nicht der Fall sei, dann könne nicht von einem islamischen Land gesprochen werden, auch dann nicht, wenn es sich selbst als solches bezeichne. Abu Hanifa sieht nur eine Rechtfertigung für einen Krieg, nämlich in der Abwehr eines Angriffs. Fühlt ein Muslim sich nicht sicher, so handelt es sich wahrscheinlich um einen drohenden Angriff. Fühlt er sich hingegen sicher, so ist ein Angriff sehr unwahrscheinlich. Im ersten Fall spricht Abu Hanifa vom Haus des Krieges, im zweiten Fall vom Haus des Friedens.

Wir haben vorhin erwähnt, dass die Rechtfertigung für einen Krieg ausschließlich in der Abwehr eines Angriffs liegt. Daraus kann auch geschlussfolgert werden, wer im Krieg getötet werden darf und kann und wer nicht. Diese Bedingungen spiegeln die Spielräume eines Befehlshabers wieder. Und wenn der Feind alle ethisch moralischen Werte über Bord wirft, so sollen die Muslime im Kampf dieses Verhalten nicht nachahmen. Der Glaube an Gott besteht während des Krieges im Festhalten an der Tugend. Wenn muslimische Gefangene gefoltert werden, so ist es den Muslimen trotzdem nicht gestattet, die eigenen Gefangenen zu foltern, der Rache willen. Es gilt Gleiches nicht mit Gleichem zu vergelten. Die Speisung eines Gefangenen ist aus der Sicht des Koran eine der am meisten rechtschaffenen Handlungen und ein Beweis für Barmherzigkeit. Der Gefangene ist im Islam wie ein Gast zu behandeln und nicht wie ein Sklave.

Ein islamischer Befehlshaber muss bestimmte Kriterien erfüllen. So darf er niemals in einem Wettbewerb, in dem es um Folter und Grausamkeiten geht, mit seinen Gegnern treten. Befehlshaber, die die Gesetze Gottes verletzen, dies mit der Vorgehensweise des Gegners erklären, erfahren keine Nachsicht. Einige muslimische Befehlshaber wie Timur Lenk waren in ihrer Tradition so behaftet, dass sie die Regeln des Islam völlig vernachlässigten. Es ist im Islam verboten, Gefangene verhungern und verdursten zu lassen. Selbst dann nicht, wenn der Feind so etwas tut. Auch ist es nicht erlaubt, Verwundete zu foltern oder sie gar ihrem Schicksal zu überlassen. Auch ist Hilfesuchenden Asyl zu gewähren. Wenn der Krieg zu Ende ist, die Angriffe abgewehrt wurden, Friedensverträge unterschrieben wurden, dann verpflichtet der Islam zur Einhaltung dieser Verträge. Und der Islam befiehlt, gerecht zu sein gegenüber jedem Menschen. Wenn im Kriege feindliche Soldaten um Gnade bitten, so darf deren Blut nicht vergossen werden.

Die Friedensverträge dürfen den Kriegsgegnern keine Reparationen auferlegen, um diese zu unterdrücken und ihrer Lebensgrundlage zu berauben. Der Islam lehnt jegliche Art von Aggressionen ab. Der Krieg ist im Islam keine Fortsetzung der Diplomatie mit anderen Mitteln, sondern Mittel der letzten Wahl und nur der Verteidigung dienend. Die islamische Religion begünstigt die vollständige Abschaffung des Krieges. Zusammenfassend lässt sich zweifelsohne sagen, dass der Islam keine Religion des Krieges, sondern eine Religion des Friedens ist. Der Islam sieht im Krieg ein Instrument, um Aggressionen abzuwehren und die Schwachen zu verteidigen. Der Islam ist realistisch genug zu erkennen, dass die Gewalttätigkeit auf der Welt eine Tatsache ist, so bedauerlich das auch sein mag. Daher ist Töten in manchen Fällen notwendig, aber es sollte immer auf das geringste Maß beschränkt gehalten werden.

18 Die Frau im Islam

Einige behaupten, dass zwischen den beiden Geschlechtern keine Unterschiede existieren. Andere wiederum sind der festen Überzeugung, dass der Islam der Frau gegenüber feindlich gesinnt sei, er zerstöre die Würde der Frau. Ganz andere wiederum sehen die Frau im Islam als das Opfer der Triebbefriedigung des Mannes und als Gebärmaschine an. Weder die einen noch die anderen geben die Wahrheit wieder. Vielmehr wird die misslungene Integration der Frau in der westlichen Gesellschaft ungefiltert auf die heutige islamische Welt übertragen.

Es sollte nicht außer acht gelassen werden, dass einige Wissenschaftler in Europa vor einigen Jahrhunderten sich darüber stritten, ob die Frau eine Seele besäße oder nicht. Des Weiteren war man sich darüber nicht einig, ob die Seele der Frau, falls sie eine besäße, menschlichen oder tierischen Ursprungs sei. Auch wurde die Frage erörtert, ob die Frau mit den Sklaven gleichzustellen sei oder nicht. Im Laufe der Geschichte änderte sich die Stellung der Frau. Vor der feudalen Zeit wurde die Frau nicht wegen ihrer menschlichen oder eigenständigen Persönlichkeit beachtet, sondern war Gegenstand der männlichen Triebe. In den Zeiten der industriellen Revolution wurden die Frauen und Kinder ausgebeutet. Die Bezahlung der Frauen in den Fabriken lag deutlich unterhalb der Bezahlung ihrer männlichen Kollegen. Sie arbeiteten unter unmenschlichen Bedingungen und niemand verteidigte sie, weil das menschliche Gewissen schwächelte. Während im Laufe der Zeit das Alter der arbeitenden Kinder heraufgesetzt wurde, blieben die Frauen den Arbeitgebern weiterhin ausgeliefert. Als auch noch der erste Weltkrieg die Zahl der heiratsfähigen Männer deutlich reduzierte, waren die Frauen gezwungen, sich selbst zu versorgen unter schwierigen Bedingungen, unter Verzicht auf die Selbstachtung aus der Abhängigkeit heraus. Der Mangel an heiratsfähigen Männern förderte die Prostitution. Vielleicht liegt es daran, dass Europa die Polygamie nicht erlaubte. Die Frau sah sich somit gezwungen ihre Bedürfnisse anderweitig zu befriedigen und gleichzeitig musste sie Schwerstarbeit in den Fabriken zu sehr niedrigen Löhnen verrichten. Letztendlich blieb der europäischen Frau nichts anderes übrig, als sich gegen dieses Unrecht zu erheben, um wenigstens im Bereich der Entlohnung Gerechtigkeit walten zu lassen. Durch Demonstrationen und Streiks konnten die Frauen die Gesetzgebung zunehmend mehr beeinflussen, um das an ihnen begangene Unrecht zu beseitigen. Sie bekamen das Wahlrecht, sie erwarben Bildung und sie konnten Sitze im Parlament für sich gewinnen. Dennoch verdienen die Frauen in Europa bis heute weniger als die Männer, mal abgesehen davon, dass die Familienstrukturen kaum noch existieren.

Wenden wir uns doch mal der Frau im Islam zu. Musste die moslemische Frau auch in Fabriken arbeiten? War die muslimische Frau ebenfalls gezwungen gegen den Staat zu kämpfen, um gleiche Rechte und gleiche Löhne wie die Männer zu erhalten? Ist die Entwicklung der islamischen Gesellschaft der europäischen Gesellschaft gleich zu setzen? Oder handelt es sich bei einer Frauenbewegung in der islamischen Welt lediglich um eine Nachahmung der europäischen Frauenbewegung, die einem völlig anderen historischen Kontext entstammt?

Im Islam gibt es kein Missverständnis darüber, dass die Frau ein menschliches Wesen mit eigener Persönlichkeit ist. Auch sind die Seelen der Männer und der Frauen gleichwertig, denn sie entstammen der gleichen Quelle. In Sure 4, Vers 1 heißt es: „O ihr Menschen! Fürchtet euren Herrn, der euch aus einem einzigen Wesen erschaffen hat und aus ihm erschuf er seine Gattin, und aus beiden ließ er viele Männer und Frauen ausbreiten. So fürchtet Gott, in dessen Namen ihr einander ersucht und wahret die Verwandtschaftbande. Wahrlich, Gott wacht stets über euch.“ Diese Sure bestätigt die Einheit im Ursprung und die vollkommene Gleichberechtigung in der menschlichen Persönlichkeit, die mit Respekt vor dem Leben des anderen und der Unverletzbarkeit der Würde des anderen einhergehen. Die Integrität des anderen darf nicht verletzt werden. Es handelt sich um Rechte, die keinen Unterschied zwischen den Geschlechtern kennen. Diese Sure ist eineindeutig. Weiter heißt es: „O ihr, die ihr glaubt! Lasst mich eine Schar über die andere spotten, vielleicht sind diese besser als jene; noch Frauen über andere Frauen spotten, vielleicht sind diese besser als jene. Und verleumdet einander nicht und gebt einander keine Schimpfnamen. Schlimm ist die Bezeichnung der Sündhaftigkeit, nachdem man den Glauben angenommen hat, und jene, die nicht umkehren. Das sind die Ungerechten. O ihr, die ihr glaubt! Vermeidet häufigen Argwohn, denn mancher Argwohn ist Sünde. Und spioniert nicht und führt keine üble Nachrede übereinander. Würde wohl einer von euch gerne das Fleisch seines toten Bruders essen? Sicher würdet ihr es verabscheuen. So fürchtet Allah. Wahrlich, Allah ist gnädig, barmherzig.“ (Sure 49, Vers 11 f.) Von Muslim und al-Buchari wird überliefert, dass der Prophet Mohammed gesagt habe, dass jeder Mensch einem anderen ähnlich sei. Auch im Jenseits wird nicht zwischen Frauen und Männern unterschieden. So heißt es im Koran: „Da erhörte sie ihr Herr und sprach: Seht, ich lasse kein Werk der Wirkenden unter euch verloren gehen, sei es von Mann oder Frau; die einen von euch sind von den anderen.“ (Sure 3, Vers 195) Die Frauen haben hinsichtlich Vermietung, Stiftung und auch in allen anderen geschäftlichen Angelegenheiten die gleichen Rechte wie die Männer. Auch hier ist der Koran eindeutig: „Den Männern steht ein Teil von der Hinterlassenschaft ihrer Eltern und Verwandten zu und ebenfalls den Frauen steht ein Teil von der Hinterlassenschaft ihrer Eltern und Verwandten zu. Sei es wenig oder viel. Das ist ein vorgeschriebener Anteil.“ (Sure 4, Vers 7)

Weiter heißt es: „Die Männer sollen ihren Anteil nach ihrem Verdienst erhalten und die Frauen sollen ihren Anteil nach ihrem Verdienst erhalten.“ (Sure 4, Vers 32) Diese Rechte sind im Koran fest verankert und verpflichtend, sie bedürften weder einer Revolution noch einer industriellen Revolution und sie sind jetzt fast 1.500 Jahre alt. Die industrielle Revolution ist ca. 300 Jahre alt.

Eine Ehe darf nicht ohne Erlaubnis der Frau geschlossen werden. Ohne ihre Zustimmung ist der Vertrag nicht gültig. Auch hier ist der Islam mehr als nur eindeutig. Im Islam hat die Frau das uneingeschränkte Recht ihren Bräutigam selbst zu bestimmen. Das ist keine Wunschvorstellung, sondern für jeden Muslim eine Verpflichtung.

Die Frau im Islam ist, wie der Mann auch, verpflichtet, sich Wissen anzueignen. Ein Gesetz, das wiederhole ich gerne, das nun seit ca. 1.500 Jahren existiert.

Zweifelsohne existiert aber zwischen Mann und Frau ein Unterschied hinsichtlich der Anatomie. Der Frau ist es möglich, schwanger zu werden. Sie ist in der Lage Kinder zu gebären und sie zu stillen. Offensichtlich erfolgte von Gott aus eine Spezialisierung beider Geschlechter hinsichtlich bestimmter Aufgaben. So kann ein Mann niemals Kinder austragen. Er ist auch nicht in der Lage Kinder zu stillen. Das sind offensichtliche biologische Aufgaben, die allerdings mit den Rechten zunächst einmal wenig zu tun haben.

Der Mann hingegen verfügt über die Eigenschaften andere Dinge zu verrichten. Das bedeutet aber nicht, dass nicht auch beide Geschlechter die Eigenschaften des anderen in sich tragen. Das ist auch biologisch erklärbar, denn es handelt sich um Vermischungen verschiedener geschlechtlicher Eigenschaften in einer Persönlichkeit.

Wir sehen, dass sich der Islam an der Realität orientiert. Der Islam betrachtet beide Geschlechter von Natur aus als gleich, er unterscheidet aber auch dort, wo von Natur aus Unterschiede herrschen.

So steht im Koran in der Sure 4, Vers 11: „Der männliche Erbe soll soviel wie den Anteil von zwei weiblichen Erben erhalten.“ Was bedeutet das?

In der Realität bedeutet dies, dass der Mann für den Unterhalt der Familie verantwortlich ist bzw. verantwortlich gemacht wird. Von der Frau wird nicht verlangt, dass sie Teile ihres Vermögens hergeben muss. Sie kann frei über ihr Vermögen verfügen, es sei denn sie ist die Versorgerin der Familie. Der Mann erhält 2/3 des Vermögens, aber er ist verpflichtet dieses Vermögen für seine Familie auszugeben. Die Frau erhält 1/3 des Vermögens, das sie einzig für sich behält. Sollte die Erbin verheiratet sein, so ist sie nicht verpflichtet das Geerbte ihrem Mann zur Verfügung zu stellen, es sei denn es wird eine Absprache getroffen. Der Mann ist verpflichtet die Ehefrau zu versorgen, sollte er dieser Aufgabe nicht nachkommen, so kann die Ehefrau ihn verklagen und sie darf sich von ihm scheiden lassen. Das Gericht hat dann über die Unterhaltszahlung zu entscheiden unabhängig davon, ob und wie viel die Ex-Ehefrau geerbt haben könnte.

In der Geschäftswelt gibt es keine Unterscheidung zwischen den Geschlechtern hinsichtlich des Lohnes. Hier entscheidet einzig und allein die Leistung.

Die führende Position innerhalb der Familie kann im Islam sowohl von der Frau als auch vom Mann übernommen werden. Mehrheitlich wird sie von den Frauen übernommen, da sie als vernünftiger gelten.

Ohnehin ist die Ehe eine persönliche Angelegenheit zwischen zwei Personen, die einer Bewertung von Außen nicht unterliegt. Die Ehepaare sind diejenigen, die miteinander auskommen müssen. Dies zu bewerkstelligen ist deren Aufgabe. Hier ein Urteil oder eine Bewertung als Außenstehender abzugeben ist nicht möglich und auch nicht erlaubt. Sollte es dennoch zu Auseinandersetzungen innerhalb der Ehe kommen, so sieht der Islam vor, dass beide vor dem Gesetz gerecht und ohne Bevorzugung dem anderen gegenüber behandelt werden.

Nehmen wir mal an, die Ehe funktioniert. Welchen Verpflichtungen unterliegt die Frau in der Ehe in der islamischen Gesetzgebung? Und damit einhergehend stellen wir uns auch die Frage, ob diese Pflichten gerecht oder nicht gerecht sind. Ob sie einseitig sind und selbstverständlich, ob es ein Entrinnen gibt? Gemäß der islamischen Scharia ist die Frau zum Beischlaf mit ihrem Mann verpflichtet. Des Weiteren darf sie ohne die Erlaubnis des Ehemannes niemanden ins Haus lassen. Zudem ist sie verpflichtet, während der Abwesenheit des Ehemannes die Verantwortung für das Heim zu übernehmen. Die Verpflichtung zum Beischlaf dient der Befriedigung der Bedürfnisse beider Lebenspartner. Die Ehe ist eine Institution, die sowohl die geistig-seelischen, die ökonomischen als auch die körperlichen Bedürfnisse regelt bzw. erfüllt. Die Pflicht zum Beischlaf seitens der Frau ist zu relativieren. Sie ist nicht verpflichtet dem nachzukommen, wenn sie ihren Mann hasst oder wenn sie psychisch nicht dazu in der Lage ist. Ebenso kann eine momentane, akute Belastungsreaktion vorliegen, die der Frau den Beischlaf nicht ermöglicht. Über diese Probleme sind die Ehepaare verpflichtet möglichst offen zu sprechen und entsprechende Kompromisse zu finden, um aufkeimende Konflikte im Keime zu ersticken. Wenn ein Kompromiss nicht möglich ist, so ist eine Trennung unvermeidlich. Aus oben genannten Gründen besitzt die Frau das Recht die Ehe aufzulösen. Im Übrigen verpflichtet der Koran den Ehegatten auch dazu, der Aufforderung seiner Frau zu folgen. Sollte der Mann die Ehefrau vernachlässigen, so hat die Frau das Recht sich zu trennen. Die Verpflichtungen betreffen also beide gleichermaßen. Die Verpflichtung niemanden ins Haus zu lassen dient dazu, insbesondere Leute fernzuhalten, die den Familienfrieden stören könnten. Zudem soll die Frau vor Übergriffen in ihrem Haus geschützt werden. Diese Verpflichtung gilt übrigens auch für den Ehemann. Zwangsläufig resultiert daraus die Frage, welche Konsequenzen und Folgen dies für den Mann bzw. für die Frau hat?

Man muss dabei bedenken, dass die Ehe nicht nur an sich bzw. für sich eine wichtige Institution ist, sondern auch für die Gesellschaft. Für Auseinandersetzungen innerhalb der Ehe ist nicht zwangsläufig das Gericht zuständig. Es existieren im Islam ortsgebundene religiöse Institutionen, die als Schlichter auftreten. Im Falle eines Fehlverhaltens erfolgt zunächst eine Ermahnung mit Rücksicht auf die Würde der oder des Betroffenen. Sollte diese Ermahnung zu keinem Erfolg führen, so kann im zweiten Schritt, nach Rücksprache mit dem religiösen Schlichter, der Verkehr verweigert werden. Dies kann von beiden Seiten erfolgen. Sollte diese Maßnahme ebenfalls erfolglos bleiben, so kann nun die Trennung erfolgen. Das Aussprechen einer Scheidung seitens des Ehemanns oder der Ehefrau sind nicht rechtsgültig, solange das Gericht nicht entschieden hat. Zunächst werden Vertreter beider Seiten seitens des Gerichts eingeladen, um doch noch einen Kompromiss zu finden. Sollte der Kompromissversuch scheitern, so kann das Gericht die Scheidung aussprechen. Das Ende einer Ehe wird vom Gericht verkündet und nicht seitens des Ehemannes. Eine erneute Heirat nach einer Scheidung steht nichts im

Wege und ist seitens der Scharia erwünscht. Die Scharia behandelt Mann und Frau gleich. Die Scheidung gilt als ultima ratio.

Eins der größten Einwände gegen den Islam ist sicherlich die Polygamie. Hier glaubt man einen Schwachpunkt dieser Religion ausgemacht zu haben. Doch die Polygamie ist im Islam kein Grundprinzip, sondern nur in Notfällen zulässig. So durften im Islam heimkehrende Soldaten die Ehefrauen der Gefallenen Kameraden heiraten. Die Anzahl der Ehefrauen wurde auf maximal vier beschränkt, damit diese samt ihrer Kinder versorgt waren. Es existierten keine Sozialämter, die diese Witwen hätten versorgen können. Gleichzeitig wollte der Islam auch die sexuellen Veranlagungen der Frauen befriedigt und diese Frauen versorgt sehen. Ihre Würde blieb ihnen. Auch sollte diesen Frauen weiterhin die Möglichkeit gegeben werden Mutter zu werden, falls dies vorher nicht möglich war, bevor der erste Ehemann im Kriege fiel. Und wenn der Ehemann mehr als eine Frau hatte, dann hatte sich dieser an bestimmte Regelungen zuhalten. „Dann heiratet Frauen, so wie es euch gut erscheint, zwei, drei, oder vier. Doch wenn ihr fürchtet, sie nicht alle gleich behandeln zu können, dann heirate nur eine.“ (Sure 4, Vers 3)

Das islamische Prinzip ist die Einehe. Die Polygamie ist nur in Notfällen erlaubt. Ein weiterer Grund für die Polygamie im Islam ist die Unfruchtbarkeit der Frau. Zwar trägt die Ehefrau keine Schuld an ihrer Unfruchtbarkeit, doch hat man den Wunsch nach Nachkommen des Ehemannes nachzukommen. Hier hat die Frau zwei Möglichkeiten. Entweder sie akzeptiert eine zweite Frau neben sich oder sie sucht die Trennung. Ein Zwang in Polygamie zu leben existiert im Islam nicht. Ein drittes Argument für die Polygamie basiert auf mögliche andauernde Erkrankungen der Geschlechtsorgane, die den Sexualverkehr unmöglich machen. Die Sexualtriebe gelten nicht als unsaubere oder gar niedrige Angelegenheiten. Vielmehr sieht der Islam sie als Notwendigkeit an. Als eine gegebene Realität, aus der es kein Entrinnen gibt. Die Frau kann weiterhin mit dem Mann verheiratet bleiben, wenn sie es wünscht und wenn ihr kein Unrecht widerfährt. Andernfalls kann sie sich sofort scheiden lassen. Die Entscheidung, ob eine Ehefrau in Polygamie leben will oder nicht, bleibt letztendlich ihre Entscheidung. So wenig wie es Zwang im Glauben gibt, so wenig existiert er auch hier.

Nachdem nun dieser Sachverhalt dargestellt wurde, komme ich zu der nächsten Frage, ob es der Frau im Islam erlaubt ist einer Arbeit bzw. einer Profession nachzugehen oder nicht? Das Recht auf Arbeit ist in der islamischen Scharia ein Grundrecht. Darüber gibt es keinen Zweifel. Die Frauen im Islam arbeiteten und arbeiten in allen Bereichen. Allerdings werden vom Islam bestimmte Bereiche bevorzugt z.B. in der ärztlichen Behandlung weiblicher Patientinnen. Es besteht nicht nur das Recht sondern auch die Pflicht in bestimmten Bereichen, wie z.B. im Bereich Lehrtätigkeit an Mädchenschulen oder wie bereits erwähnt in der Gynäkologie, Frauen einzusetzen. Hier ist es ausschließlich erlaubt, dass Frauen von Frauen behandelt und untersucht werden dürfen. Im Falle eines Krieges sind die Frauen sogar verpflichtet alle Tätigkeiten zu übernehmen. Die Frau kann sowohl Familienernährerin sein oder aber zum Lebensunterhalt bzw. Familieneinkommen in Form einer Nebentätigkeiten beitragen. Im Unterschied zur sogenannten westlichen Welt wird im Islam die Arbeit der Frau nicht unbedingt als Grundprinzip angesehen. Die Frau kann und darf, wenn es erforderlich ist, einen Beruf nachgehen. Ohne Gründe bzw. aus Gründen der Mode bzw. durch Anpassung an den Zeitgeist arbeiten zu müssen, findet im Islam keine besondere Akzeptanz. Auch im Islam ist die Vereinbarung von Beruf und Mutter schon seit 1.500 Jahren ein wichtiges Thema. Die Idee, dass Kinder in Kindergärten oder Betreuungsanstalten versorgt werden, während die Mutter ihrem Beruf nachgeht, ist keine Erfindung der westlichen Zivilisation, sondern ein universelles Thema. Der Islam duldet die Versorgung dieser Kinder in den entsprechenden Einrichtungen, allerdings macht er darauf aufmerksam, dass solche Einrichtungen sowohl in körperlicher, geistiger als auch seelischer Hinsicht zwar die Kinder entsprechend betreuen können, diese aber die Liebe und die Fürsorge der Mutter nicht ersetzen können. Doch gerade diese Liebe und Zuneigung ist für die Entwicklung des Kindes von fundamentaler Bedeutung und kann spätere psychische Folgeschäden verhindern. Insbesondere in den ersten Lebensjahren braucht das Kind die Mutter. Die Erziehung wird im Islam einer normalen beruflichen Tätigkeit gleichgesetzt.

Die Berufstätigkeit der Frau sowie die Unterbringung der Kinder in Kindergärten, um Beruf und Familie zu vereinbaren, sollten eher die Ausnahme bleiben und nicht zum Grundprinzip der Kindererziehung werden. Wobei man bedenken muss, dass in der islamischen Welt die Arbeitslosigkeit ohnehin sehr hoch ist. Dies ist eine Tatsache die der Islam ebenfalls vor Hunderten von Jahren bereits bedacht hat. Das Problem der islamischen Welt liegt nicht im islamischen System selbst, sondern hat seine Ursachen in der herrschenden Armut, die zu einer Endwürdigung der Bevölkerung führt. Dieses Problem kann durch gezielte Bildungsoffensive und durch Steigerung der Produktivität gelöst werden, jedoch nicht durch einen Machtkampf der Geschlechter.

Wie ein roter Faden zieht sich die Tatsache, dass der Islam eine ganzheitliche Religion ist. Er berücksichtigt stets die menschliche Natur auf der einen Seite und die gesellschaftlichen Anforderungen auf der anderen Seite. Die Frau hat im Islam seit ca. 1.500 Jahren das Wahlrecht und selbstverständlich Mitspracherecht im Parlament. Die Gleichberechtigung der Frau ist im Islam, welcher nicht gleichzusetzen ist mit islamischen Staaten, gegeben. Im Übrigen und in aller Bescheidenheit kann ich reinen Gewissens behaupten, dass der Islam die erste Religion ist, die der Frau diese Rechte garantiert. Nicht durch weltliche Gesetze, sondern durch göttliche Gesetze. Die Frau hat das Recht auf Bildung, Arbeit, Gleichberechtigung und das Recht sich selbst zu verloben oder sich scheiden zu lassen. Wo also bleibt die Benachteiligung der Frau durch den Islam?

Die Position der Frau im Islam ist weder erniedrigend noch diskriminierend, wenn man dieses Thema weniger emotional und mehr sachlich betrachtet. Es geht auch nicht um die politische Rolle der Frau, sondern um die Rolle, die der Islam den Frauen zugesteht. Während im Christentum die Frau alleine für den Sündenfall verantwortlich gemacht wird, trägt sie im Islam weder die Verantwortung für die Ursünde, noch ist sie verantwortlich für das Unglück der Welt. Im Islam trägt Adam die Verantwortung für die Ursünde. Eva hat sich insofern mitschuldig gemacht, indem sie ebenfalls von der verbotenen Frucht aß. Im Koran heißt es hierzu: „Wir haben bereits vordem mit Adam einen Bund geschlossen. Doch er vergaß, und wir fanden keine Standhaftigkeit bei ihm.“ (Sure 20, Vers 115) Auch geht aus dem Koran hervor, dass der Teufel Adam verführt hat und nicht Eva. Dazu heißt es in Sure 20, Vers 120: „O Adam! Dürfte ich dich zum Baum der Ewigkeit führen und zu einem Königreich, das nie vergeht?“ Adam war also derjenigen, der die Gottesgesetze missachtete und Eva folgte ihm. Adam war für die erste Sünde verantwortlich. Diese Feststellung ist dem Koran eindeutig zu entnehmen. Darüber gibt es keinen Zweifel. Doch Gott ließ Adam nicht fallen, er gewährte ihm Gnade. Damit wird deutlich, dass im Koran keine Erbsünde existiert. Im Islam ist jeder für sein Handeln selbst verantwortlich. „Jede Seele wird für das aufkommen, was sie vorausgeschickt hat.“ (Sure 74, Vers 38) Wenn also keine Kollektivschuld existiert und keine Erbsünde, dann kann niemand für das eigene Handeln oder für das eigene Scheitern andere verantwortlich machen. Nicht die Frau in Form einer Schlange, wie es in den heiligen biblischen Schriften steht, ist der Feind der Menschen, sondern der Teufel. Nicht das Geschlecht entscheidet, sondern die Taten. Im Islam sind die Frauen ebenbürtige Schwestern der Männer. Die Frau ist die Mutter der Menschheit. Der berühmte Gelehrte Mahmud Schaltut, der jahrelang an der berühmten Al-Azhar-Universität in Kairo lehrte, predigte seinen Schülern, dass der Koran und sein Ursprung die Frau als Partnerin des Mannes voraussetze. Die Nachkommen tragen stets die Namen der Mütter und der Väter. Alle Menschen stammen aus demselben Ursprung. Diese Aussage macht klar, dass alle Menschen vor Gott gleich sind. Zwischen den Menschen sollte es keine Klassen geben. Der Streit um den Vorrang vor Gott ist nicht geschlechtsspezifisch, sondern kann nur durch erworbene Tugenden entschieden werden. In Sure 49, Vers 13 heißt es: „O, ihr Menschen, wir haben euch von Mann und Weib erschaffen und euch zu Völkern und Stämmen gemacht, dass ihr einander kennen möchtet. Wahrlich, der Angesehenste von euch ist vor Allah der, der unter euch der fromme Gerechteste ist." Der Koran schreibt eindeutig vor, die Eltern zu ehren, ohne dabei einen Unterschied in der Verehrung zwischen Vater und Mutter zu machen. Der Gelehrte Schaltut bekräftigte, dass der Koran die Verehrung und die gute Behandlung beider Elternteile festlege. Der Koran sieht die Schwangerschaft der Frauen und die Erziehung der Kinder als eine besondere Sondermühe an und würdigt sie. So steht in Sure 31, Vers 14: „Und wir haben den Menschen seinen Eltern ans Herz gelegt, denn seine Mutter trägt ihn in Schwäche über Schwäche, und seine Entwöhnung erfolgt binnen zwei Jahren." Die Verehrung der Eltern schreibt der Koran vor, auch wenn die Eltern nicht muslimischen Glaubens sind. Die Eltern sollen von den Kindern geachtet und gewürdigt werden. Insbesondere die Ehrung der Frauen wird im Islam stark betont. Der Koran betrachtet die Frau als Gottesgeschenk. Der Mensch sollte für jede Gabe des Allmächtigen dankbar sein. Die Ehefrau, die Kinder und ihre Nachkommen sind Geschenke Gottes. Gott mag die Feinde der Frauen nicht. In Sure 6, Vers 141 heißt es: „Verloren sind fürwahr jene, die töricht, ohne Wissen ihrer Kinder töten und für unerlaubte erklären, was Allah ihnen beschert hat, Lüge wider Allah erfinden. Sie sind gewiss irregegangen und keineswegs rechtgeleitet." „Und wenn einem von ihnen die Botschaft von der Geburt einer Tochter überbracht wird, verdüstert sich sein Gesicht, indes er seinen Zorn unterdrückt. Er meidet seine Leute wegen der schlimmen Bescherung, die er erhalten hat: Soll er diese trotz der Schande behalten oder unter der Erde lebendig verscharren? Wahrlich, übel ist, wie sie urteilen." (Sure 16, Vers 58 f.) Diese Menschen erwartet eine schreckliche Strafe.

Wie bereits mehrfach erwähnt ist der Islam die Religion des Wissens. Das Wort „Koran" selbst bedeutet „studieren". Das erste offenbarte Wort lautete „lies". Der Islam fordert beide Geschlechter auf, auf moralische

Erziehung zu achten und nach Wissen zu streben, ohne Unterschied zwischen Herkunft, Religion und Rasse. Streben nach Wissen ist Pflicht für jeden Muslim und für jede Muslima. In den Frühzeiten des Islam nahmen Frauen an Predigten und an Sitzungen des Propheten teil. Wegen der großen Menge an Frauen, die an diesen Predigten und Gebeten teilnahmen, wurde in der Hauptmoschee vor Medina ein separates Frauentor, Babu-Nisa, errichtet. Der Islam beschreibt die Frau als ein selbständiges, vernünftiges und verantwortungsvolles Wesen, das in der Anlage ist für sich und für die Familie zu sorgen. Hierin unterscheidet sie sich nicht vom Manne. Ihre Verantwortung wiegt genauso viel wie die des Mannes. Ihre Belohnung oder ihre Bestrafung durch Gott hängt einzig und alleine davon ab, ob sie die Gebote Gottes beachtet hat oder nicht. Sie muss nicht blindlings ihrem Mann gehorchen. Im Koran heißt es: „Und diejenigen, die aber gute Werke tun, sei es Mann oder Weib, während sie gläubig sind, werden ins Paradies kommen, ohne das geringste Unrecht zu erleiden.“ (Sure 4, Vers 124) „Ich lasse die Arbeit eines Wirkenden unter euch, ob Mann oder Weib, nicht verloren gehen. Die einen von euch stammen von den anderen.“ (Sure 3, Vers 195) „Die Männer erhalten einen Anteil von dem, was sie erworben haben, und die Frauen erhalten einen Anteil von dem, was sie erworben haben.“ (Sure 4, Vers 32)

Die Gebote Gottes sind an beide Geschlechter gerichtet. „Und einen jeden Menschen haben wir seine Werke an den Nacken geheftet, und am Tage der Auferstehung werden wir ihm ein Buch vorlegen, das er aufgeschlagen finden wird. Lies dein Buch. Heute genügt deine eigene Seele als Rechnerin wider dich.“ (Sure 17, Vers 13 f.) „Die Gläubigen Männer und Frauen sind einander Beschützer und Helfer, in dem sie das Gute gebieten und das Verwerfliche verbieten und das Gebet verrichten und die Zakat und Allah und seinem Gesandten gehorchen. Jene sind es, denen Allah seine Barmherzigkeit schenkt. Wahrlich, Allah ist allmächtig, allwissend.“ (Sure 9, Vers 71) Das bedeutet, dass die Verantwortung der Frau sich nicht ausschließlich auf ihre privaten Angelegenheiten beschränkt, vielmehr ist sie auch der Gemeinde und anderen Mitmenschen gegenüber verantwortlich. Sie soll in der Gesellschaft eine aktive Rolle spielen. Der Islam verbietet es, eine Frau ohne deren Zustimmung zu verheiraten. Allein die Braut entscheidet darüber, wen sie heiratet und wann sie heiratet. Ob die Braut Jungfrau sei oder nicht, ist einzig Ihre Sache. Eine Zwangsheirat ist im Islam verboten. Und wenn sich eine Frau scheiden lassen möchte, so verfügt sie über die gleichen Rechte wie die des Mannes. „Und geht mit ihnen in rechtlicher Weise gütig um.“ (Sure 4, Vers 19) Der Koran geht sogar noch weiter und verlangt vom Mann, wenn die Frau schwanger ist und trotzdem eine Scheidung ansteht: „Lasset sie während der Schwangerschaft mit euch wohnen gemäß euren Mitteln, tut ihnen nichts zuleide in der Absicht, es ihnen schwer zu machen. Und wenn sie schwanger sind, so bestreitet ihren Unterhalt, bis sie sich ihrer Bürde entledigt haben. Und wenn sie die Säuglinge säugen, gebt ihnen ihren Lohn und beratet euch freundlich miteinander, wenn ihr euch dadurch Schwierigkeiten schafft, dann solle eine andere im Auftrage des Vaters das Kind säugen. So soll der Wohlhabende gemäß seinem Einkommen aufwenden, um der, dessen Mittel beschränkt sind, soll demgemäß aufwenden. Allah fordert von einem Menschen nur das, was er ihm hat zukommen lassen." (Sure 65, Vers 6 f.) Die Scheidung ist im Islam eine Notwendigkeit, wenn die Ehe gescheitert ist. Nach der Scheidung ist der Mann verpflichtet, für die Frau und die Kinder Unterhalt zu zahlen. Wo liegen demnach die Privilegien des Mannes? Und wo sehen Sie die Benachteiligung der Frau?

Die Verleumdungen der Frau stehen im Koran unter Strafe. Daher gab es in der islamischen Welt auch keine Hexenverfolgung. Sie sehen, in der sunnitischen Orthodoxie hat die Frau die gleichen Rechte wie der Mann. Dabei ist streng zwischen der sunnitischen Orthodoxie und dem real existierenden Pseudoislam zu unterscheiden.

Was bewegte die Menschen im christlichen Abendland den Islam als eine frauenfeindliche Religion zu bezeichnen? Es lohnt sich, die Rolle der Frau in den drei monotheistischen Religionen miteinander zu vergleichen. Dabei werden Sie feststellen, dass die Frau im Islam über die vollen Rechte verfügt. Frau Professor Uta Ranke-Heinemann schrieb in ihrem Buch „Eunuchen für das Himmelreich" auf Seite 185: „Albertus Magnus war ein großer Frauenverächter. Er behauptete: 'Die Frau ist zur Sittlichkeit weniger als der Mann geeignet. (...) Wenn die Frau mit einem Mann Verkehr hat, möchte sie möglichst zur gleichen Zeit unter einem anderen Mann liegen. Die Frau kennt keine Treue. (...) Man muss sich vor jeder Frau hüten wie vor einer giftigen Schlange und dem gehörnten Teufel. (...) Ihr Gefühl treibt die Frau zu allem Bösen, wie der Verstand den Mann zu allem Guten hinbewegt.'" [25, S. 200] Die Frauendiskriminierung im Christentum ist mit der Erbsünde verbunden, im Islam existiert keine Erbsünde. Das Christentum betont, dass nur Jesus ohne Erbsünde geboren wurde, Maria, die Mutter Jesus, wurde erst im Jahre 1854 im Dogma von der Unbefleckten Empfängnis von greisen Männern von der Erbsünde freigesprochen (Vgl. [26, S. 260]). Die Betonung der Jungfräulichkeit durch Paulus insbesondere im 1. Kor. 7, 32 f. und 2. Tim. 2, 4 führte zur Einführung des Zölibates sage und schreibe 300 Jahre nach Christi Geburt. Zuvor durften Priester und Bischöfe heiraten und Kinder erzeugen, bis die Sexualität und alles was mit Frauen zu tun hat im Christentum verteufelt wurden.

Der Islam unterscheidet nicht zwischen Mann und Frau. Er unterscheidet zwischen gottesfürchtig und nicht gottesfürchtig. Eine Benachteiligung der Frau im Islam existiert nicht, vielmehr gilt die Benachteiligung der Frau oder der Endwürdigung dieser als zutiefst antislamisch. Die islamische Religion ist keine frauenfeindliche Religion, auch hat sie kein gestörtes Verhältnis zur Sexualität. Vom real existierenden Pseudoislamismus auf die wahre sunnitische Orthodoxie zu schließen, zeugt von fehlender Information und Kenntnis über die islamische Religion. Die pauschalen Vorurteile, dass die Frau im Islam ein Opfer sei und dass sie unterdrückt werde, widerspricht der islamischen Religion selbst. Der Islam garantiert allen Menschen ihre Rechte. Aus psychologischer Sicht sind die Vorwürfe, die gegen den Islam eher als eine Projektion zu betrachten sind, als eine Spiegelung der Rolle der Frau in der eigenen Religion. „Und ihnen den Frauen steht in rechtlicher Weise gegenüber den Männern das gleiche zu, wie den Männern gegenüber ihnen.“ (Sure 2, Vers 228) Der Prophet selbst pflegte zu sagen: „Der beste von euch ist diejenige, der seine Frau am besten behandelt und ich behandle meine Frau am besten“ (überliefert von Thirmidi und Muslim). „Ein Gläubiger Mann darf seine Gläubige Frau nicht hassen. Sollte er einige ihrer Eigenschaften nicht ausstehen, dann wird er mit einer anderen Eigenschaft von ihr zufrieden sein“ (überliefert von Muslim).

19 Der Islam, eine wissenschaftsfreundliche Religion

„Unser Herr, strafe uns nicht, wenn wir uns vergessen oder vergangen haben; unser Herr, lege uns nicht eine Verantwortung auf, wie du sie denen auferlegtest, die vor uns waren."
(Sure 2, Vers 287)

Werfen wir einen Blick auf die islamische Wahrnehmung der Wissenschaft. Betrachten wir doch mal den Koran hinsichtlich seines Standpunktes, die Naturwissenschaften betreffend, etwas genauer.

In Sure 88, Vers 18-21 heißt es: „Wie! Wollen Sie nicht die Wolken betrachten, wie sie erschaffen sind, und den Himmel, wie er erhöht ist, und die Berge, wie sie aufgerichtet sind, und die Erde, wie sie hingebreitet wird?" Und in Sure 3, Vers 191 heißt es: „In der Erschaffung von Himmel und Erde und im Aufeinanderfolgen von Tag und Nacht liegen Zeichen für diejenigen, die Verstand haben, (...) die über die Erschaffung von Himmel und Erde nachsinnen und sagen: 'Herr! Du hast das alles nicht umsonst geschaffen." Der Koran befiehlt den Gläubigen die Natur genau zu studieren, den Verstand zu schärfen und den Erwerb von Wissen zur Pflicht werden zu lassen. Der Prophet selbst ermahnte jeden Muslim, Mann und Frau, sich auf die Suche nach Wissen zu begeben. Der Koran ermahnt sogar seine Gläubigen die Natur zu studieren, den Verstand auf der Suche nach der Wahrheit einzusetzen. Der Erwerb von Wissen ist ein Teil des islamischen Glaubens. Der Prophet Mohammed legte selbst sehr großen Wert darauf, dass die Suche nach Wissen eine heilige Pflicht für jeden guten Muslim sei. Es gibt im Koran keinen einzigen Vers, der im Widerspruch steht, zu dem was die heutigen Naturwissenschaften aufgrund ihrer Forschung lehren. Es herrscht keine Inkompatibilität zwischen dem Koran und der Wissenschaft. Verfolgungen oder gar Folterungen aufgrund von naturwissenschaftlicher Entdeckungen hat es im Islam nicht so häufig gegeben wie dies im christlichen Abendland der Fall war. Die Verfolgung von Andersdenkenden erfolgte im Islam nicht durch die Orthodoxie, sondern durch die sogenannten Al-Mutaziliten, den Rationalisten. Eines der berühmtesten Opfer dieser sogenannten Rationalisten war Ahmed ibn Hanbal. Die Wissenschaftler waren in der islamischen Gemeinschaft hoch angesehene und sehr geschätzte Menschen. Das Blühen der Wissenschaften im Islam wurde begünstigt auch durch die Großzügigkeit der Kalifen. Wissenschaftler aller Richtungen sammelten sich am Hofe des Kalifen und wurden von ihm finanziell unterstützt, um zu lehren und um ihre Forschungen voranzutreiben. Die Hochzeit der islamischen Wissenschaften war ohne Zweifel um das Jahr 1000, das als das Zeitalter des Ibn Sina, des Ibn al-Cheitam und des al-Biruni gilt. Ibn al-Cheitam gilt bis heute als einer der größten Physiker aller Zeiten. Insbesondere im Bereich der Optik leistete er Pionierarbeit. Er war der erste, der die Brechung des Lichtstrahles durch verschiedene Medien entdeckte. Er war auch der Erste, der das Gesetz der Trägheit kund tat. Das Werk „Opus Maios“ des Roger Bacon ist nichts anderes als eine Übersetzung der Arbeit von Ibn al-Cheitam über die Optik. Al-Biruni beschäftigte sich u.a. mit der Philosophie des Aristoteles. Al-Biruni war kein Bewahrer der aristotelischen Philosophie. Er hat sich mit dieser auseinandergesetzt und sie weiterentwickelt. „Die Schwierigkeit mit den meisten Leuten entsteht durch ihre Extravaganz in Bezug auf Aristoteles Meinungen, sie glauben, das es keine Möglichkeit von Fehlern in seinen Ansichten gibt, obwohl sie doch wissen, dass er nur nach dem Besten seiner Fähigkeiten theoritisierte.“ [27, S. 129 f.]

Das ist ein klarer Beweis dafür, dass die islamische Wissenschaft keine abgeleitete Wissenschaft ist. Das widerspricht auch den Vorwürfen, insbesondere aus dem christlichen Abendland, die in der islamischen Wissenschaft lediglich eine Aufbewahrung der griechischen Wissenschaften sehen. „Die Griechen systematisierten, generalisierten und theoritisierten, aber die geduldigen Wege eingehender und andauernder Beobachtung und experimenteller Untersuchung waren dem griechischen Temperament insgesamt fremd. (...) Was wir Wissenschaft nennen, entsprang als ein Ergebnis neuern Methoden des Experimentes, der Beobachtung und des Messens, die nach Europa von den Arabern eingeführt worden waren. (...) Moderne Wissenschaft ist der bedeutsamste Beitrag der islamischen Zivilisation.“ [27, S. 129 f.]

Auch der bedeutende Wissenschaftshistoriker Sarton sah in der Schaffung eines experimentellen Geistes durch die Muslime, welcher bis in das

12. Jahrhundert hinein die Welt prägte, die wichtigste Errungenschaft des Mittelalters.

Ungefähr ein Jahrhundert nach dem Tode von al-Biruni sistierte der experimentelle Geist in der islamischen Welt. Niemand kann sich erklären warum. Doch eins ist sicher, weder die Religion noch der Koran sind hierfür verantwortlich zu machen. Die Kunst der hohen Wissenschaft in der islamischen Welt hörte einfach auf zu existieren. Es dauerte 500 Jahre bis dieser Geist des Experimentierens, Erforschens und Entdeckens durch Galileo fortgesetzt wurde. Welche Gründe gab es für den Untergang der Wissenschaften in der islamischen Welt?

Waren es die äußerlichen Umstände wie z.B. die mongolische Invasion oder waren es doch interne Gründe, die zu dieser Katastrophe geführt haben? Vielleicht waren es auch interne religiöse Machtkämpfe, die den kreativen Geist des Islam lähmten?

Einer der führenden islamischen Philosophen al-Ghazali äußerte sich folgendermaßen zu diesem Dilemma: „Ein schweres Verbrechen gegen die Religion ist in der Tat von einem Menschen begangen worden, der annimmt, dass der Islam durch die Abwendung von den mathematischen Wissenschaften verteidigt wird, obgleich er sieht, dass es nichts in diesen Wissenschaften gibt, was der Wahrheit der Religion entgegengesetzt ist.“ [28, S. 20]

Die kreative Wissenschaft im Islam wurde durch den Sufismus auf der einen Seite und einer sich zunehmend entwickelnden rigiden Orthodoxie, die im Vergleich zur sunnitischen Orthodoxie mehr auf die vorislamische Tradition basierte, in die Enge getrieben. Diesen beiden Richtungen mangelte es an Toleranz hinsichtlich der Wissenschaft. Beide Richtungen zeigten großes Desinteresse gegenüber der Wissenschaft. Beide waren und sind mit sich selbst beschäftigt. Diese Situation hielt bis heute an. Von all den großen bekannten noch existierenden Zivilisation ist heute die Wissenschaft in den islamischen Staaten am wenigsten geschätzt und auch entwickelt. Dieser Zustand widerspricht zutiefst der koranischen Haltung gegenüber den Wissenschaften. Die islamische Welt befindet sich seit nun mehr als 500 Jahre im Zustand der Al-Jahilija, dem Zustand der Unwissenheit. In der islamischen Welt wird technologischer Fortschritt gleichgesetzt mit dem islamischen Rationalismus, der aus Sicht der Traditionalisten und Sufisten eine Gefahr für ihre Existenz darstellt. Diese Annahme rührt daher, das zum einen die reine Orthodoxie mit der Korruption, Vetternwirtschaft, Dekadenz und Opportunismus nicht zu vereinbaren ist, zum anderen durch die Philosophie sogenannter islamischer Rationalisten, die mit ihrem irrationalem Glauben, den sie von Aristoteles übernahmen, nicht mit dem von Tradition und Sufismus geprägtem jetzigen Glauben zu vereinbaren sei. In der Summe geht es um die Aufrechterhaltung der eigenen Machtposition, weniger um den Islam. Wir dürfen nicht vergessen, dass Galileo nach seinen Aussagen von der Kirche verfolgt wurde. Dieses Problem ist also kein rein spezifisches islamisches Problem. Der Unterschied liegt darin, dass das christliche Abendland die Phase des Stillstands aber überwunden hat und dies mit Hilfe der islamischen Wissenschaft. Heute jedoch befindet sich die islamische Welt in einer Situation, in der ihr niemand helfen will, weil dies zwangsläufig zu einer Erweckung einer neuen und alten Weltmacht, nämlich des Islam, führen könnte.

Es steht außer Frage, dass es zwischen Diesseits und Jenseits Dinge gibt, die der Wissenschaft immer verborgen bleiben werden. Nicht jeder Wissenschaftler von heute ist sich dieser Tatsache bewusst. Kein Wissenschaftler spricht von einer Endgültigkeit seiner Aussage oder seiner Forschung, es handelt sich immer um temporäre Ergebnisse, die jederzeit korrigiert werden können, ja korrigiert werden müssen. Der Wissenschaftler weiß genau, wann und wo er spekuliert. Gute Wissenschaftler bzw. Wissenschaftler, die in ihren Bereichen aus menschlicher Sicht phantastisches geleistet haben, hier sei insbesondere Einstein zu erwähnen, sind bescheidene und zurückhaltende Menschen, die sich der Begrenzung der wissenschaftlichen Forschung bewusst sind. Es ist nicht diese Art von Wissenschaftler, die das Göttliche in sich sehen und sich zum Göttlichen erheben bzw. auserkoren. Heisenberg spricht von der Entdeckung der Begrenzung unseres Wissens. Die Befürchtungen des Sufisten und des rigiden Orthodoxen, dass zwischen der Wissenschaft und der Metaphysik keine Gemeinsamkeiten existieren bzw. sich diese beiden gar ausschließen, ist das größte Hindernis zur Rückkehr des wahren islamischen Rationalismus mit seiner Offenheit und seiner Liebe zu Wissenschaften jeglicher Art. Die Physik, die sich heute mit Hypothesen beschäftigen muss, unterscheidet sich sehr wenig von der Metaphysik. Im Prinzip kommt es zu einer Vermischung von Physik und Metaphysik wie anders kann es auch funktionieren, denn die Physik kann metaphysische Annahmen temporärer beweisen, widerlegen oder sie versteht sie gar nicht. Für den sunnitischen Orthodoxen gehört das Ganze zum großen Plan Gottes, dessen Bedeutung in den Bereich, den Gott erleuchtet, seine Verehrung für die Schönheit des Plans selbst nun noch erhöht. Es ist anzunehmen, dass alle Gesetze der Physik sich innerhalb des von Gott gegebenen Planes bewegen, so fundamental und bedeutend sie auch sein können. An die Gesetze der Physik zu glauben widerspricht nicht der islamischen Religion. Im

Koran spricht man von denen „die da glauben an das Ungesehene“. Betrachtet man den Koran als das vollkommenste aller Bücher, so besteht kein Widerspruch im Streben nach Wissen durch die Wissenschaft, so heißt es im Koran: „Dies ist ein vollkommenes Buch; es ist kein Zweifel darin: eine Richtschnur für die Rechtschaffenen; die da glauben an das Ungesehene.“ (Sure 2, Vers 3 f.)

Das gegenwärtige Bild der Wissenschaft in den islamischen Staaten ist erbärmlich. Die Anzahl der Studenten an den Universitäten ist sehr niedrig, auch ist das Niveau dieser Universitäten gegenwärtig miserabel. Die Ausgaben seitens der islamischen Staaten für die Bildung sind im Vergleich zu Ausgaben im Verteidigungshaushalt verschwindend gering. Die Anzahl der tätigen Wissenschaftler in allen islamischen Staaten beträgt ca. 80.000. Alleine Japan mit seinen 120 Millionen Einwohnern verfügt über 500.000 Wissenschaftler. Ein Vergleich der verdeutlicht, wie wenig die Wissenschaft in der islamischen Welt geschätzt wird. Dies ist ein eklatanter Widerspruch zum Inhalt und zur Intention des Islam selbst. Die Vernachlässigung der Wissenschaft ist aus islamischer Sicht eine Sünde. Doch was soll man von Despoten, Diktaturen, dekadenten Monarchen, die vom Westen gedeckt werden, erwarten? Vor ca. 800 Jahren hat die islamische Wissenschaft die Welt geprägt. Heute befindet sich diese in einer weiterhin anhaltenden Narkose. Natürlich kann man sich die Frage stellen oder zumindest darüber nachdenken, ob die Aufrechterhaltung dieses Zustandes nicht doch von ganz bestimmten Gruppen so auch erwünscht ist. Die früheren Herrscher der islamischen Welt umgaben sich mit Wissenschaftlern und Künstlern. Heute sammeln die Nachfahren dieser Herrscher Luxusautos und Villen. Dieser Zustand hat wenig mit der Religion zu tun, vielmehr geht es hier um Besitzstandswahrung. Während früher die islamische Welt die eigene Technologie exportierte, wird heute alles aus dem Ausland importiert. Dies ist mehr darauf zurückzuführen, dass es zu einer Vermischung zwischen Politik und Wissenschaft gekommen ist, wobei nicht die Wissenschaft, sondern die Politik die Richtung angibt. Der Wissenschaft wird es schwer gemacht sich heimisch zu fühlen, daher verwundert es keinen, dass die wenigen guten Wissenschaftler ins Ausland auswandern. Das Ergebnis dieser verheerenden Politik ist eine enorme Rückständigkeit in nahezu allen Bereichen. Dies schreit förmlich nach der Sure 59, Vers 3 in der es heißt: „So zieht eine Lehre daraus, o die ihr Augen habt“. Man hat nur das Gefühl es hört keiner zu. Ist die islamische Wissenschaft nun endgültig gestorben oder wird die islamische Wissenschaft erneut aufsteigen und die Führung übernehmen? Das Potential ist sicherlich vorhanden. Der Glaube unterstützt die Rückkehr zur

Wissenschaft. Braucht die islamische Wissenschaft eine Art Renaissance? Wenn ja, wer kann dies ermöglichen? Wann kann er dies ermöglichen und vor allen Dingen wie lange könnte dies dauern?

Die Rückkehr zur Spitze ist nur durch Hingabe und hartes Training möglich. Die Ausgaben für Bildung und Forschung müssen deutlich erhöht werden. Doch dies ist angesichts der herrschenden Klasse kaum möglich. Dies wirft wiederum die Frage auf, ob eine erneute islamische Revolution erforderlich ist, um eben diese Voraussetzungen zu schaffen, damit die Wissenschaft wieder ihren alten Platz einnehmen kann.

Diese Prozesse haben sowohl in Indien als auch in China stattgefunden. Die Chinesen und Inder haben erkannt, dass alle Grundlagenwissenschaften relevante Wissenschaften sind, dass die Grenze von Heute die Anwendung von Morgen ist und dass sie dran bleiben müssen. Daher geben diese beiden Länder Milliarden für Forschung und Wissenschaft aus. Warum sollte die islamische Welt die Vorgehensweise der Chinesen nicht nachahmen? Wer hindert diese Welt daran? Warum finden Wissenschaftler wenig Achtung in diesen islamischen Staaten, während sie in anderen Ländern mit offenen Armen empfangen werden? Die früheren islamischen Wissenschaftler wurden gewürdigt und geachtet, sie genossen Schutz und Sicherheit und konnten sich ruhigen Gewissens ihrer Aufgabe widmen. Die Wissenschaftler der damaligen Zeit waren Meinungsführer. Die arabische Sprache war die Sprache der Gebildeten. Heute bilden die Wissenschaftler in der gesamten islamischen Welt eine völlig unbedeutende Minderheit. Es gibt kaum wissenschaftliche Zentren, schon gar keine gemeinsamen wissenschaftlichen Zentren. Es ist erforderlich, dass sich die Wissenschaftler aller islamischen Staaten zusammenschließen. Nur dann ist Fortschritt möglich. Und die Isolation der islamischen Wissenschaft und Wissenschaftler von der internationalen Wissenschaft muss schleunigst aufgehoben werden. Die Anpassung an internationale Standards ist ebenfalls erforderlich. Dies setzt die Schaffung einer professionellen Organisation voraus. Die Voraussetzung für eine neue islamische Renaissance beinhaltet Hingabe, uneingeschränkte Unterstützung, Internationalisierung und eine kritische Betrachtung der eigenen Situation, denn „gewiss, Allah ändert die Lage eines Volkes nicht, ehe sie nicht selbst das ändern, was in ihren Herzen ist.“ (Sure 13, Vers 12)

Doch solche Veränderungen werden ohne Zweifel Widerstand seitens der Regierenden hervorrufen. Die Tragik liegt darin, dass ausgerechnet diese Menschen, die das Wissen, eine Pflicht im Islam, unterdrücken, laut von sich geben, im Namen des Islam zu sprechen. Die islamischen Staaten müssen eine Wissenschaftspolitik erschaffen, die sie unabhängig vom Westen macht.

Der Koran, die heilige Schrift der Muslime, legt großen Wert auf die Reflektion über die Naturgesetze und ihre Entdeckung. Der Koran fordert die Menschen auf, sich weiterzuentwickeln, sich Wissen anzueignen und sich der Wissenschaft nicht zu verschließen. Wissenschaftliche und technologische Erziehung ist ein Teil der islamischen Heilslehre.

Im Konkreten heißt es, wissenschaftliche und technische Fächer in den Schulen zu fördern. Des Weiteren eine moderne wissenschaftliche Ausrüstung, verbunden mit qualifizierten Kräften aus den eigenen Reihen zu stellen. Neue Anreize schaffen, damit die islamische Intelligenzia nicht ins Ausland auswandert. Von größter Wichtigkeit ist auch die Erschaffung eines Systems der Auslese d.h., dass Schüler mit bestimmten Begabungen massiv unterstützt werden müssen. Die Talentförderung muss systematisch aufgebaut werden. Die Zusammenarbeit zwischen den islamischen Staaten muss verbessert und weiter ausgebaut werden. Das Ziel kann nur heißen, ein gemeinsamer islamischer Staat, der über ausreichend Möglichkeiten verfügt, um eine eigene Wissenschaft mit Stipendien, Talentförderung und Kongressen aufzubauen. Eine weitere Voraussetzung ist die Trennung zwischen Politik und Wissenschaft, jedoch nicht zwischen Wissenschaft und Religion.

Es ist nicht die Religion, die der Wissenschaft im Wege steht. Dies sind vielmehr die vom Westen gestützten korrupten Regierungen in den islamischen Staaten, die bewusst den Fortschritt im eigenen Lande verhindern, um die Machtstrukturen so zu belassen wie sie sind. Eine aufgeklärte Bevölkerung ist eine Gefahr für diese Regierungen, die alles andere sind als islamisch und den Fortschritt in der Technologie, der explizit im Koran verlangt wird, im Wege stehen. Der Koran sagt in Sure 34, Vers 11 f. folgendes: „Und fürwahr, wir verliehen David unsere Gnade (...) und wir machten das Eisen weich für ihn und sprachen: Verfertige lange Panzerhemden und füge die Maschen des Kettenwirks fein ineinander."

Dieser Vers verdeutlicht, dass der Koran die Menschen sowohl früher als auch heute ermutigt, die Kontrolle über die Technologie zu übernehmen, um in allen Bereichen, d.h. in der Architektur, in der Metallurgie, in der Technologie der Windkraft Fortschritte zu erzielen, um so den Menschen das Leben zu erleichtern. Indirekt beinhaltet dieser Vers die Aufforderung sich Wissen anzueignen. Es ist bekannt, dass sich der Prophet Mohammed selbst sehr für die Technologien begeistern konnte. „Was die einen weder die anderen erhebt, ist die Suche nach herausragenden Eigenschaften. (...) Wenn Geiz in einer Stadt oder einer Nation um sich greift, dann wird Allahs Beschluss (...) in Kraft gesetzt, und das ist die Bedeutung seiner Worte im heiligen Koran.“ [29] „Wenn wir eine Stadt zu zerstören beabsichtigen, lassen wir unser Gebot an ihre Reichen ergehen; sie aber Freveln dahin, so wird der Richtspruch fällig gegen sie, und wir zerstören sie bis auf den Grund.“ (Sure 17, Vers 17)

Doch die Situation in der heutigen islamischen Welt ist von Abhängigkeiten geprägt. Sie treiben Handel mit den USA, Europa und einigen asiatischen Staaten, die ihnen nützliche und wertvolle Artikel verkaufen, ohne dass die Muslime mit der Arbeit der Herstellung selbst vertraut sind. Es handelt sich hier um unselbständige Staaten, oder anders ausgedrückt, um unmündig gewordene Satellitenstaaten. Dies ist ein Zustand der Unbehagen verbreitet und zum Wesen dieser Kultur nicht passt. Mit Saadis Worten: „Wer selbst befohlen hat, erträgt die Knechtschaft schwer, wer Zärtlichkeit genossen hat, den schmerzt die Peitsche mehr. Es mag der kluge Bauernsohn bei Hof Minister werden, und des Ministers dummer Sohn weidet dann die Herden. Willst du deines Vaters Erbe, mußt du seiner würdig sein: nur was du selber schaffen kannst, das ist in Wahrheit dein!“ [30, S. 276 f.] Im Bereich der Verteidigung herrscht die gleiche Situation. Man kauft Waffen im Wert von Milliarden Dollar, die Produktion und Technologie von Verteidigungsmitteln liegt in den Händen anderer. „Wer sich der Wissenschaft verschrieben hat und handelt nicht als Wissender, ist dumm geblieben. Von einem Esel, der mit Büchern schwer behangen, kannst du nicht Weisheit, und die Erkenntnis nicht, verlangen.“ [30, S. 295]

Für die islamische Welt gibt es mehrere Gründe sich endlich der Förderung der eigenen Wissenschaft zu widmen, der erste und wichtigste Grund liegt im Koran selbst, der jeden gläubigen Muslim auffordert zu lernen und zwar sein Leben lang. Zudem wird der Aufbau einer potenten Wissenschaft zur Unabhängigkeit der islamischen Welt führen und die unausgesprochene Verachtung der islamischen Welt gegenüber, aus der Welt schaffen. Der Philosoph al-Ghazali fordert in einem seiner bedeutendsten Werke „Die Wiederbelebung des Religiösen Lernens“ die Muslime auf, endlich von der Wissenschaft und von der Entwicklung der Wissenschaft Kenntnis zu nehmen, sich zu beteiligen und selbst wissenschaftlich zu arbeiten. Aus seiner Sicht ist die Wissenschaft eine Verpflichtung für die gesamte islamische Welt. Die Wissenschaft macht uns vertraut mit den unveränderbaren Gesetzen Allahs und sie kann zur Überwindung der Konflikte zwischen islamischen Staaten führen und die Entstehung einer islamischen Nation ermöglichen. Das ist das, was die Naturwissenschaft ermöglichen kann. Was sie aber nicht kann, ist sicherlich Gott zu ersetzen. Die Wissenschaft und der Rationalismus können Gott nicht ersetzen, dies wird übrigens nicht nur von der sunnitischen Orthodoxie so gesehen, sondern auch von führenden Intellektuellen des christlichen Abendlandes. „Es ist das Schicksal unserer Zeit, mit dem ihr eigenen Rationalisierung und Intellektualisierung, vor allem: Entzauberung der Welt, dass gerade die letzten und sublimsten Werte zurückgetreten sind aus der Öffentlichkeit, entweder in das hinterweltliche Reich mystischen oder in die Brüderlichkeit unmittelbarer Beziehungen der einzelnen zueinander.“ [31] Im Vergleich zur islamischen Welt wird hier vor einer Mechanisierung der Beziehungen gewarnt.

Die Naturwissenschaften dienen der Erforschung der göttlichen Gesetze, die nicht im Widerspruch zu den physikalischen Gesetzen stehen. Die Naturwissenschaft ist lediglich ein Instrument der Forschung, des Suchens nach den göttlichen Regeln und der Schöpfung. Die Wissenschaft ist dafür da, die Gläubigkeit zu nähren und nicht, um in dieser Welt Macht und Besitz zu mehren. Niemals kann die Naturwissenschaft Gott ersetzen und wenn sie es versucht, dann erfolgt meistens eine Selektion im Sinne des Sozialdarwinismus. Dies ist jedoch kein Freispruch für die Religion. Sowohl die Naturwissenschaften als auch die Religion können missbraucht werden. Eine Kombination von beiden ist, meines Erachtens, die beste aller Lösungen. Eine Kombination von Kreativität, Ethik und Moral mit anderen Worten, eine vom Gewissen und von der Liebe geleitete Wissenschaft auf der Suche nach der göttlichen Wahrheit. „Ein Reich gewinnt Schönheit durch seine Weisen und ein Glaube erlangt Vollkommenheit durch jene, die leben, was sie glauben. Daher bedürfen die Könige der Weisen Ratschläge mehr als die Weisen der königlichen Gunst.“ [30, S. 296] Die Wissenschaft ist der Weg, sie ist niemals das Ziel. „Wer mit Glauben und mit Wissen schachert, treibt Verrat, verbrennt das Korn, das er zuvor geerntet hat.“ [30, S. 295]

20 Der Untergang einer blühenden Kultur

„Doch du, oh beruhigte Seele kehre zurück zu deinem Herren, befriedigt in seiner Zufriedenheit so tritt denn ein unter meine Diener und tritt ein in meinen Garten."
(Surat-al-fajr, Vers 27-30)

„Der bärtige Mann versuchte krampfhaft, sich wieder zu erinnern. Nach einer Weile sagte er: 'Alles, was ich weiß, ist, dass als ich Granada verließ ...' 'Granada!' Die Anderen sahen den bärtigen Mann entgeistert an. (...) Und der arme, bärtige Alte, als hätte ihr hönischer Unglaube nicht schon genug bestürzt, wurde durch ihr Gelächter nun vollends verwirrt. (...) 'Ich bin entwurzelt', sagte er traurig, 'und das ist alles, worauf es ankommt. Was macht es da schon für einen Unterschied, ob ich mich daran erinnere, aus Granada verjagt worden zu sein oder aus Bait-al-Muqadis (Jerusalem) oder aus Jahanabad oder aus Kaschmir?' Die tiefe Traurigkeit in seiner Stimme hinterließ bei allen Männern ein Gefühl großer Melancholie. Sie versanken in Schweigen. Nach einer Weile sagte der bärtige Mann mit tränenerstickter Stimme: 'Freunde, wir haben alles verloren, was einmal unser war. Und jetzt scheint es so, als hätten wir sogar unsere Erinnerungen verloren.' [32, S. 93]

Die Sehnsucht nach der islamischen Glanzzeit, nach der Blüte der islamischen Philosophie, Mathematik, Astronomie, Physik, Chemie und insbesondere der Medizin, lässt die 800-jährige Epoche der islamischen Herrschaft auf der iberischen Halbinsel jederzeit aufleben und jeder Muslim wünscht sich diese Zeit zurück. Während der Jude sich immer wieder sagte „nächstes Jahr in Jerusalem, jetzt sind sie da", sagt sich der Muslim „nächstes Jahr in Andalusien, inschallah!" In manch einem schönen Traum taucht die Brücke von Wadalkebir auf und man schlendert über das Marktviertel von Cordoba mit seinen 80.000 Läden und Werkstätten. Man sieht die großen Gasthäuser, in denen Reisende samt ihrer Tiere Unterkunft fanden. Man erinnert sich an die öffentlichen Bäder aber auch an die zahlreichen Schulen, in denen auch die Kinder der Ärmsten der Armen kostenlos unterrichtet wurden. Der Blick schweift über die zahlreichen Bibliotheken. Gegen Abend, wenn die Kraft der Sonne nachlässt, durchwandert man mit einer großen Neugier die Madinat-a-Zahra mit ihren zahlreichen Moscheen, Bibliotheken, Krankenhäusern, Schulen und Kaffeehäusern. Von den Formen der Moscheen geht eine klare und innerliche Melodie aus, an die fünf Mal am Tag erinnert wird. Die früheste Moschee in Cordoba hatte Abdul Rachman I., Begründer der Omaijaden Dynastie, bauen lassen. Er war auch der erste, der in den Garten seines Palastes Rusafa die ersten Dattelpalmen auf spanischem Boden pflanzen ließ. Cordoba wuchs durch die Blühte des Handels sehr rasch zur größten Stadt der Welt. Die größten Bibliotheken in Cordoba umfassten ca. 400.000 Bände. Damals zählte die Stadt mehr als eine Millionen Einwohner. Jeden Freitag versammelten sich die Gläubigen vor der zentralen Moschee in Cordoba und diskutierten mit den größten Gelehrten der damaligen Zeit über Philosophie, Religion und Politik. Die Moschee von Cordoba wurde vom „Falken der Quraisch“, Abdul Rachman, erbaut. Die Schönheit dieser Moschee bezaubert bis heute jeden Besucher. Diese Moschee wurde bis zum 15. Jahrhundert mehrfach erweitert. Die Kuppel fällt durch die sie tragenden, sich kreuzenden Rippen auf. Die sie zierenden Mosaike sind von göttlicher Schönheit. Diese Baukunst ist ein Paradebeispiel der islamischen Architektur. Sie ist schlicht, funktional, schön, einladend und großzügig. Sie heißt den Besucher im Hause Gottes jederzeit willkommen. Der hufeisenförmige Al-Mirhab verrät die Einflüsse der islamischen Baukunst der Omaijaden-Dynastie. Der Säulenwald, der heute 19 Schiffe des Bauwerks und die typischen rotweißen Bögen der Halle, sind charakteristisch für die islamische Baukunst und für den islamischen Sinn für Ästhetik. Das quadratische Minarett erinnert an die maurisch-nordafrikanische Architektur. Alleine diese Moschee symbolisiert die Verschmelzung der nordafrikanischen und der arabischen Kultur unter der Fahne des Propheten. Unter Abdel Rachman III. blühte Al-Andalus wieder auf. Er förderte den Handel mit den nordeuropäischen Seefahrern. Die Araber brachten den Zuckerrohranbau, die bereits erwähnte Palmenkultur und den Seidenanbau nach Al-Andalus. Sie perfektionierten das Seidenhandwerk und die Kunst der Töpferei. Innerhalb kürzester Zeit waren sie in Europa führend. Das Kunstverständnis der Omaijaden ließ die Wissenschaft und die Kunst erblühen. An dieser Wissenschaft und an dieser Kunst durften alle teilhaben. Bereits im 9. Jahrhundert hatte Sirdschab die typische andalusische Musik begründet. Der bereits erwähnte Arzt Ibn al-Firnas erfand einen Taktmesser für Musikinstrumente, gleichzeitig arbeitete er an einem Planetarium. Er befasste sich auch mit der Herstellung von Glas und experimentierte mit Segelflugapparaten. Dies alles einige Jahrhunderte vor Leonardo Da Vinci. Die Juden Spaniens entwickelten unter der Herrschaft der Muslime nach arabischem Vorbild eine reiche neuhebräische Literatur. Nach dem Tode Abdel Rachman folgte ihm sein Sohn Hisham II. auf den Thron. Dieser war jedoch nicht im Stande die Macht in der eigenen Hand zu behalten. Er war zwar in den Eroberungskriegen gegen Nordspanien erfolgreich, konnte sogar die Grenzen bis zu den Pyrenäen vorschieben, verlor allerdings Einfluss und Land in Nordafrika und auch im Inneren des Reiches. Der Tod dieses Heerführers im Jahre 1002 beendete die glorreiche Herrschaft der Omaijaden-Dynastie in Spanien. Bereits sieben Jahre später brach das Kalifat in einem 22 Jahre währenden Krieg auseinander. Fast in jeder Stadt oder Festung bildete sich eine eigene Dynastie. Cordoba wurde eine Stadtrepublik. In Valencia und Almeria regierten die Slawen. Diese Fürsten pflegten weiterhin die Baukunst und entwickelten die Ritterkultur. Auch die Gotik wurde von ihnen erfunden. Kulturell hochentwickelt und militärisch geschwächt sahen sie sich der jungen Staatsmacht Kastilien nicht gewachsen. Daher riefen sie 1086 die Berber-Dynastie der Almorabitin, unter der Führung des charismatischen Yusuf ibn Taschfin, um Hilfe. Zwar schlug er die christliche Armee bei Zalaga vernichtend aber er leitete auch das Ende der islamischen Herrschaft über Spanien ein. Über den Maghreb herrschten nun die Berber, im Osten die Seldschuken und in Palästina drangen die Kreuzfahrer ein. Das war das Ende des arabisch-islamischen Reiches. Nun fiel die Macht des Islam an Berber, Türken und Iraner. Zwischen dem 15. und 16. Jahrhundert ging auch das maurische Spanien zugrunde. 1492 eroberten die Spanier den Staat von Granada. Im Jahre 1050 rief Abdallah ibn Yasin von einem Kloster in Senegal die Berber auf, sich zu vereinigen und sich für einen Heiligen Krieg bereitzuhalten. Dieser neuen Bewegung, die sich Al-Murabitun nannte, gelang es relativ rasch den Islam südlich der Sahara zu etablieren. In Timbuktu blühten die Kunst und die Wissenschaft. Ferner war diese Wüstenstadt der Knotenpunkt des Handels, insbesondere des Handels mit Salz in Westafrika, geworden. Die Al-Murabitin waren insbesondere in Maghreb, unter der Führung von Yusuf ibn Taschfin, sehr erfolgreich. Sie unterwarfen den Maghreb und machten Marrakesch zu ihrer Hauptstadt. Das maurische Spanien blieb als Nordprovinz in ihrem Besitz. Auch diese verstanden sich in der Bebauung von Moscheen wie die von Tlemcen im Jahre 1136. Im Jahre 1135 gründeten sie die Hochschule in der Qarawiyin-Moschee von Fes, die bis heute noch besteht und hohes Ansehen genießt. Alsbald zu Beginn des 12. Jahrhunderts meldete sich ein Prediger namens Ibn Tumart, der sich als neuer Mahdi (Messias) ausgab. Er legte sehr großen Wert auf das Bekenntnis der Einheit Gottes. Seine Anhänger wurden Al-Muwahidun genannt. Diese, später als Almohaden (Einheitsbekenner) bezeichneten Muslime, gelangten zu großem Ruhm, da sie in wenigen Jahren Nordwestafrika eroberten. Bereits im Jahre 1195 setzten sie nach Spanien über und schlugen bei Alarcos die Kastilier vernichtend und vereinigten das Land von Granada bis Tripolitanien. Zur neuen Hauptstadt wurde Sevilla bestimmt. Unter ihnen wurde diese Stadt zu einer der wichtigsten und größten Kulturstädte der Welt. Hier wirkten Muslime, Juden und Christen gemeinsam. Insbesondere für die jüdische Gemeinschaft zählte diese Epoche zu ihrer glücklichsten Zeit. In dieser Zeit wirkten viele jüdische Ärzte und Philosophen. Ihre Werke sind mit den Werken ihrer islamischen Brüder im christlichen Abendland zur Grundlage der mittelalterlichen Wissenschaft geworden. Die Familie Ibn Zuhr gehörte über drei Generationen zur anerkannten Autorität in der Medizin. Als Philosoph glänzte Musa ibn Maimun, der später Leibarzt von Salah al-Din wurde. Er war der Schüler des großen Philosophen Ibn Tufail aus Granada und auch Schüler des Mohammed ibn Rushd. Aus den Schriften des Ibn Rushd lernte das christliche Europa die Dialektik. Er wurde zum einflussreichsten Denker der jungen Städte Italiens und Frankreichs. Die Vertreter dieser Philosophie, u.a. Siger von Brabant, wurden von der Kirche verfolgt. Ibn Rushd war auch ein bedeutender Politiker und ein ausgezeichneter Richter sowie königlicher Leibarzt und zuletzt auch Minister. Dieser großartige Philosoph, der in der islamischen Welt zu keinem Zeitpunkt in Gefahr schwebte, starb im Jahre 1198 in Marokko. Die Baukunst der Almohaden zeugt von einer funktionalen Schlichtheit. Bezeichnend für diese Bauweisen stehen heute noch drei gewaltige Moscheen zur Besichtigung zur Verfügung, die eine in Sevilla, die anderen beiden in Rabat und Marrakesch. Die Moschee in Sevilla ist inzwischen in eine Kathedrale umgewandelt worden. Der Turm, La Giralda, steht heute noch und dient als Glockenturm. Die Tore sind wahre Meisterwerke. Die Almohaden waren auch Meister in der Bebauung von Brücken, Badeanstalten, Palästen und Festungen. Sie mussten allerdings im Jahre 1212, nach einem Verrat durch die Andalusier in der Entscheidungsschlacht gegen die Christen, Spanien verlassen. Der Rückeroberung standen nur noch kleine Stadtstaaten wie Cordoba 1236 und Valencia, dann im Jahre 1248 Sevilla und Cadiz gegenüber. In Granada gelangten 1237 die Nasriden an die Macht und einigten sich 1246 mit den Kastiliern. Als Vasallen Spaniens regierten sie den letzten islamisch-spanischen Staat bis 1492. In dieser Zeit blühte die islamische Kultur, für die die Alhambra typisch ist, erneut auf. In Granada blühte die Kunst der Waffenschmiede. Arabische Juden und Christen führten diese Tradition in Spanien fort. Vor allem die aufblühende Wissenschaft des frühmittelalterlichen Europas ist ohne das arabische Erbe nicht denkbar. Bereits im 12. Jahrhundert existierte in Toledo eine Übersetzerschule. Zu den berühmten Granadiner gehörte auch Abu al-Hasan Ali ibn Mohammed al-Qalasadi, der als erster mathematische Symbole für die Gleichheit und die Wurzel verwendete. Ein weiterer berühmter Gelehrter, der aus Sizilien stammte, ist Mohammed al-Idrisi. Er studierte in Cordoba. Nach zahlreichen Reisen ließ er sich am Hofe Rogers II. nieder und entwarf die berühmte Weltkarte von 1154. Noch signifikanter war die Aufnahme arabischen Wissens in den italienischen Städten.

Das Almohaden-Reich in Nordafrika wurde durch die Meriniden im Jahre 1269 endgültig vernichtet. Diese brachten große Fortschritte im Bereich der Geschichtswissenschaften und der Philosophie. Einer der berühmtesten Gelehrten ist zweifelsfrei Abdel Rachman ibn Chaldun. Er gilt als Vater der Soziologie. Sein Hauptwerk die „Al-Muqqadima“ gilt bis heute als Standardwerk in der Soziologie. Mindestens so berühmt ist auch der Reisende und Geograph Mohammed ibn Battuta. Er besuchte fast alle Gebiete der islamischen Welt. Seine Reisen führten ihn durch Nordafrika, Syrien, dem heutigen Irak, der Türkei, Iran, Südrussland, das mittlere Asien, Afghanistan, China und nach Indien, wo er als Richter tätig war. Von dort aus bereiste er China und später auch die Staaten Westafrikas. Er diktierte auf Wunsch des Meriniden Sultans Abu Inan seine Reiseberichte einem Schreiber. Einige Jahre später besetzten die Spanier und Portugiesen Marokko und zerstörten dieses letzte Reich.

Zusammenfassend lässt sich sagen, dass sich die islamische Welt ab dem 16. Jahrhundert radikal änderte. Aus einem Imperium entstanden kleine Staaten, die nicht mehr in der Lage waren sich gegen den aufkeimenden Kolonialismus zu wehren. Die letzten Muslime waren aus Spanien vertrieben. Das islamische Reich wurde nun zwischen dem christlichen Abendland und dem Osmanischen Reich aufgeteilt. Das war der Beginn des Untergangs des islamischen Rationalismus.

21 Al-Umma zwischen Wunsch und Wirklichkeit

Glaubt man der einflussreichen ägyptischen Zeitung „Al-Ahram“, so will die Mehrheit der heute lebenden Muslime in einer islamischen Ordnung leben, in der sie den technischen Fortschritt des Westens mit ihrem Glauben kombinieren kann. Die Zeit drängt, denn die Kluft zwischen dem wissenschaftlich technisch triumphierenden Westen und der islamischen Welt wird zunehmend größer und damit verbunden auch eine deutliche Zunahme der Spannung zwischen diesen beiden Kosmologien. Mit dem völkerrechtswidrigen dritten Golfkrieg gegen den säkularen Staat Irak und dem Krieg gegen die Taliban in Afghanistan hat sich die politische Lage in der islamischen Welt deutlich destabilisiert. Die sunnitische Orthodoxie, die vom politischen Terrorismus unterschieden werden muss, hat mehr Anhänger als je zuvor. Eine Paradoxie kennzeichnet in der Gegenwart die Einstellung der Mehrheit der Muslime im Hinblick auf die westliche Welt. Sie wollen von ihr so viel übernehmen, wie nur nötig ist, um den Westen zu überwinden bzw. überwinden zu können, um durch die Übernahme der Moderne wieder zur islamischen Ordnung zu gelangen, jedoch mit einer erheblich stärkeren Durchschlagskraft als jetzt. Gleichwohl gibt es zur Zeit für die Zukunft des Westens und ihrer Weiterentwicklung kaum ein wichtigeres Thema als die friedliche Kooperation mit dieser Großregion, mit ihren unverzichtbaren Erdöl- und Erdgasvorkommen. Das Erwachen der islamischen Welt und die Sehnsucht nach der Umma führt zur weiteren Polarisierung entlang kulturell-religiös genährter Grenzziehungen und kann im Sinne einer „Clash of Civilisation“, wie Samuel Huntington dies in seinem Buch beschreibt, die Regime dieser Region beseitigen.

Eine Frage, die viele Muslime quält ist die, warum der islamische Kulturkreis nach dem Fall Cordobas 1492 ins kulturelle Hintertreffen geraten ist, insbesondere in technisch-wissenschaftlicher Hinsicht. Unter dem Globalisierungdruck laufen diese Staaten Gefahr, zu dauerhaften Verlierern von Modernisierungsprozessen und Globalisierungsprozessen zu werden. Als Alternative hält die islamische Bewegung der Muslimbruderschaft die Staatsphilosophie des Islam entgegen. „Der Islam bietet ein vollkommenes

System für alle Lebenssituationen und müsse daher im ganzen Staat implementiert werden. Die Muslimbruderschaft sieht den Islam durch westliche Einflüsse bedroht. Die Organisation der Muslimbruderschaft strebt eine islamische Ordnung an, wie sie der Prophet Mohammed in Medina auf der Grundlage des Koran geschaffen hatte. In Medina hatte der Prophet des Islams 622 eine Verfassung für die in Medina lebenden Menschen verfassen lassen. Diese regelte die Rechte und Pflichten der Muslime und Nichtmuslime. Diese Verfassung, bekannt als Al-Sahifa, war nach der Vertreibung Mohammeds aus Medina, die erste Urkunde der Muslime in der Staatsgebiet, Staatsvolk und Staatsgewalt existierten. Dieser erste islamische Staat sollte als Modell für alle anderen islamischen Staaten gelten. Aus diesem historischen Ereignis leitet die Muslimbruderschaft die Legitimation zur Schaffung eines islamischen Staates ab. (...) Die Muslimbruderschaft hat Ableger in über 60 Ländern.“ [33, S. 63 f.] Zu ihren wichtigsten Ablegern gehört die AKP, die heutige Regierungspartei in der Türkei.

Aus den militärischen und politischen Niederlagen ergibt sich für fromme Muslime die Frage nach dem „Warum“. Und vor allen Dingen die Frage: Wer hat uns das angetan? Andere wiederum fragen: Was hat unsere Führung und was haben wir falsch gemacht? Für einige wenige sind regional spezifische Gegebenheiten für den Untergang verantwortlich. Für die Mehrheit der Muslime jedoch ist der Westen für den Untergang der islamischen Welt verantwortlich. Die Anschläge von New York und Washington und die Reaktion des Westens, insbesondere der Vereinigten Staaten von Amerika, verstärkten diese Annahme. Aus Sicht der Amerikaner wird die These vom „Clash of Civilization“ wieder aufgegriffen. Gemäß Huntington wird das 21. Jahrhundert durch die Konfrontation zwischen der islamischen Welt und dem Westen geprägt sein. Diese Behauptung führt in der öffentlichen Meinung der Amerikaner zur Entstehung des Bildes von antiamerikanischen Islamisten und zu einer verzerrenden Gleichsetzung von Islam und Terrorismus. Bereits Präsident Reagan warnte vor einer weltweiten islamistischen Bewegung. Mit dem Zusammenbruch der Sowjetunion gewann die Diskussion, inwieweit der Islam der neue Herausforderer der amerikanisch dominierten westlichen Welt sein würde, weiter an Bedeutung. In den Vereinigten Staaten von Amerika bildeten sich im Umgang mit der islamischen Herausforderung zwei gegensätzliche Fraktionen, nämlich die „Confrontationalists“ und die „Accomodationists“. Die amerikanische Haltung gegenüber islamistischen Bewegungen rückt die Bedrohung durch ein mögliches internationales Netzwerk islamistischer Extremisten in den Mittelpunkt ihrer Außenpolitik. Der amerikanischen Regierung sprach man die Empfehlung aus, rigoros gegen tatsächliche oder vermeintliche staatliche Financiers wie Irak, Iran und dem Sudan vorzugehen und regionale Partner wie Ägypten, Marokko, Jordanien und Pakistan im Kampf gegen die erstarkte islamistische Opposition zu unterstützen. Für den Westen ist die Aufrechterhaltung von nicht-demokratischen-autoritären Regimen in dieser Ölregion des Nahen Ostens das kleinste Übel im Vergleich zur Bedrohung durch die islamistischen Bewegungen, obwohl die „Accomoditionists" mehrfach darauf verwiesen, dass die Gründe des islamischen Erwachens auf mehrere Ursachen zurückzuführen seien. Hier sind die politischen, sozialen und wirtschaftlichen Probleme der autoritär regierten Länder in der islamischen Welt zu nennen, sowie auch ganz bestimmte Aspekte der amerikanischen Außenpolitik. Ja, sie sahen in der bedingungslosen amerikanischen Unterstützung für Israel sowie für die Regime in der islamischen Welt die Hauptgründe für den immer stärker werdenden Widerstand der Muslime gegenüber der westlichen Welt, insbesondere gegen Amerika. Im Sinne der „Confrontationalists" wurde dem jeweiligen arabisch-islamischen Regime am Umgang mit der islamischen Opposition freie Hand gelassen. Diese wiederum machen die amerikanische Außenpolitik für die Stagnation in der islamischen Welt verantwortlich und unterstellen der amerikanischen Politik einen antiislamischen Kreuzzug. Die islamischen Bewegungen gewinnen in allen islamischen Staaten deutlich an Stärke und damit auch an Einfluss. Je härter die amerikanische Außenpolitik und die jeweiligen Regime gegenüber diesen islamischen Bewegungen vorgehen, desto mehr Zulauf erhalten sie und desto stärker werden sie. Ungewollt verhilft die amerikanische Außenpolitik der Entstehung einer panislamischen Bewegung. Bereits jetzt könnten bei freien und fairen Wahlen in allen islamischen Staaten die islamischen Oppositionsparteien die Wahlen gewinnen. Das Ziel dieser islamischen Bewegungen ist die Wiedererrichtung eines islamischen Reiches basierend auf der Scharia. Zweifelsohne können sie davon ausgehen, dass die Mehrheit der Muslime dies auch wünscht. Ist die Entstehung eines islamischen Reiches tatsächlich möglich? Wenn ja, wie könnte dieses aussehen? Droht dem Panislamismus das gleiche Schicksal wie dem Panarabismus?

Wie könnte so ein Reich entstehen und regiert werden? Im Vergleich zum arabischen Sozialismus und seinen Utopien, haben die islamischen Parteien konkrete Pläne und sie sind auch dabei diese zu verwirklichen. Es bedarf keiner besonderen Anstrengungen entsprechende Pläne für die Errichtung eines islamischen Reiches zu konstruieren, denn ein islamisches Reich hat bereits existiert und der Islam selbst verkörpert in sich die entsprechenden Gesetze. Wie könnte ein islamischer Staat aussehen?

Der heilige Koran macht Aussagen zu zwei Arten von Staaten. Diese haben dieselben Ziele und Ideale, unterscheiden sich jedoch im Hinblick des Umfangs der Autorität des Staates sowie in der Weise, in der sie ausgeübt werden sollen. In beiden Staatsformen vereint das Staatsoberhaupt zugleich weltliche und geistliche Autorität. Der Kalif, Stellvertreter des Propheten auf der Erde, erlangt sein Amt ausschließlich durch Wahlen. Das Staatsoberhaupt soll direkt vom Volk gewählt werden. Der Kalif hat das Amt auf Lebenszeit. Er kann weder abdanken, noch kann er abgesetzt werden. Er ist gleichzeitig erster Diener seines Volkes. Er ist an göttliche Gesetze gebunden. Die Scharia bestimmt seine politischen Handlungen. Der Kalif ist verpflichtet, entsprechende politische Entscheidungen mit den gewählten Repräsentanten der Umma selbst zu diskutieren. Das letzte Wort hat allerdings er. Die Beratschlagung mit den Repräsentanten der Umma dient der Suche nach optimalen Lösungen und will gleichzeitig die Politik des Kalifen transparent machen. Das Volk ist zur Zusammenarbeit sowie zum Gehorsam gegenüber der Autorität verpflichtet, solange diese im Sinne Gottes und seines Gesandten handelt (Vgl. Sure 4, Vers 60). Der zweite Typus des islamischen Staates ist der, bei dem der Kalif ebenfalls Repräsentant des Volkes ist. Der Unterschied liegt in der Zeitdauer des Amtes, des Umfangs seiner Autorität und der Begrenzung seiner Amtszeit. Er ist also Repräsentant des Volkes und die Souveränität liegt beim Volke (Vgl. Sure 4, Vers 59). Die Staatsgeschäfte sollen von verantwortungsvollen und geeigneten Personen geführt werden. Diese werden vom Volke gewählt. Das Oberhaupt eines islamischen Staates ist immun im Hinblick auf juristische Angriffe bei der Ausübung seiner öffentlichen Pflichten, aber als Privatperson genießt er keine Privilegien. Hier ist er einfacher Bürger des Staates. Die Pflichten werden präzise in der Ermahnung des Propheten ausgedrückt: „Jeder von euch ist ein Verwalter, jeder ist verantwortlich und zur Rechenschaft zu ziehen für das, was ihm zu seiner Sorgpflicht aufgetragen wurde.“ (Sure 20, Vers 119 f.) Der Souverän ist verantwortlich für sein Volk und der Vater ist verantwortlich für seine Familie. Der islamische Staat hat die Pflicht seine Bevölkerung vor äußeren Angriffen zu beschützen und für inneren Frieden zu sorgen. Ferner trägt er Vorsorge für geistige und körperliche Bedürfnisse seines Volkes. Es ist die Pflicht des islamischen Staates, die Versorgung mit den Notwendigkeiten des alltäglichen Lebens für alle seine Bürger zu gewährleisten. Des Weiteren unterliegt der islamische Staat der Pflicht, Möglichkeiten für die intellektuelle Weiterbildung und körperliche Ertüchtigung bereitzuhalten. Die Richter sind zur Unparteilichkeit verpflichtet (Vgl. Sure 2,

Vers 189).

Die Vorherrschaft des Westens auf der internationalen Ebene wird als wesentliche Störung des Friedens angesehen und folglich missbilligt. Die wirtschaftliche Ausbeutung der islamischen Staaten durch den Westen wird seitens der islamischen Bevölkerung strikt abgelehnt. Nur eine Ökonomie, die auf einem gerechten Austausch ruht, kann von Dauer sein. Die Stärke bzw. Schwäche eines Volkes ist kein Zeichen für seine Überlegenheit oder Unterlegenheit. Ein Volk, das heute schwach ist, kann morgen stark werden. Erinnerungen an ein Verhalten, das böses Blut hervorrief, kann nun zur Zerstörung der Beziehung führen (Vgl. Sure 41, Vers 12). Der Koran besteht auf vollkommene Übereinstimmung des Verhaltens hinsichtlich der Erklärung und der Verkündung von Absichten. So heißt es in Sure 49, Vers 13: „O die ihr glaubt, vermeidet häufigen Argwohn, denn Argwohn vermag in manchen Fällen großes Unheil anzurichten." Das Ziel ist eine Vereinigung von starken und schwachen Staaten, um den Frieden zu sichern. Man solle keinen Vertrag mit der Absicht abschließen, die andere Partei zu schwächen oder Nutzen aus ihrer Schwäche zu ziehen. Islamische Staaten sind verpflichtet eine friedliche Schlichtung der Konflikte zu erreichen (Vgl. Sure 49, Vers 11). Sollten zwei moslemische Staaten keine Lösung des Konflikts erzielen können, so sind die anderen islamischen Staaten verpflichtet, ihre guten Dienste zur Verfügung zu stellen, um die Konflikte zur Zufriedenheit aller zu lösen. Sollte sich eine Partei weigern, die Vermittlungstätigkeit der neutralen islamischen Staaten anzunehmen, dann sind die neutralen islamischen Staaten befugt, gewaltsame Maßnahmen zu ergreifen. Der Urteilsspruch der neutralen islamischen Staaten ist zu akzeptieren, denn er wird im Falle einer Konfliktlösung als ein Befehl Gottes aufgefasst.

Existiert eine islamische Wirtschaftsordnung? Wenn ja, worauf basiert sie? Die islamische Wirtschaftsordnung basiert auf dem absoluten Eigentumsrecht und der Betrachtung des Menschen als Ganzes. Bezüglich des islamischen Eigentumsrechts haben auch die anderen, die Bedürftigen, Anrecht auf das Besitztum der Wohlhabenden. Dieses Anrecht wird zentral geregelt, um Konflikte zu vermeiden. Die zweite Säule betont die Ganzheit des Menschen. Der Mensch ist als Mittelpunkt des Universums erschaffen worden. Die Naturprodukte, die Naturgesetze sind erschaffen worden, um dem Menschen die Erreichung seiner edlen Ziele ermöglichen zu können. Der Mensch darf für keine andere Schöpfung geopfert werden. Die übrige Schöpfung hingegen darf und wird für die Erhaltung seines Lebens und seiner Entwicklung geopfert. Unser Eigentum gehört uns auf Zeit. Es ist uns anvertraut worden, dafür werden wir Rechenschaft ablegen müssen. Alle Bodenschätze, alles was auf der Erde wächst, gehört nicht ausschließlich einem einzigen Volk, einem Herrscher oder einem Staat, denn sie sind Gaben Gottes. Das islamische Wirtschaftssystem schreibt eine gerechte Verteilung der Bodenschätze der gesamten Erde unter der ganzen Menschheit vor. Die islamische Wirtschaftsordnung ist keine Verfechterin einer klassenlosen und farblosen Gesellschaft. Dennoch versucht die islamische Wirtschaftsordnung, die Klassenunterschiede zu verringern, dies geschieht durch fünf weitere Wirtschaftsinstrumente innerhalb des islamischen Wirtschaftssystems.

Der Islam schließt den Zins aus seinem Wirtschaftssystem aus, weil Zins die ungleiche Verteilung der Reichtümer verstärkt. Er ist quasi ein Hindernis für das wirtschaftliche Aufkommen des kleinen Mannes. Die Reichen werden immer reicher und die Armen immer ärmer. Durch Verzinsung wird das ganze Leben des Menschen verkommerzialisiert. Für die Pflege der zwischenmenschlichen Beziehung bleibt nicht viel Raum übrig. Entscheidend in der islamischen Lehre ist das Zuerkennen des Anteils der gesamten Menschheit an den Gütern dieser Welt. Gleichzeitig ist das Ziel die Verhinderung von Akkumulation der Güter in wenigen Händen. Um für eine gerechte Verteilung der Güter innerhalb der Gesellschaft zu sorgen, wurde im Islam eine Spezialabgabe, Zakat, eingeführt. Diese Art Steuer wird bei ruhendem Geld und Besitztum erhoben, der Anteil beträgt 1/40 des Einkommens. Diese Sonderabgabe wird damit begründet, dass das Kapital zwischen Proletariat und Bourgeoisie ungleich verteilt ist. Durch die Zakat soll dieser Nachteil ausgeglichen werden. Die Zakat-Gelder sollen u.a. für folgende Aufgaben verwendet werden, hierzu zählen Milderung der Not der Armen, für Stipendien, für das Gesundheitswesen, für Schulen und Bildungsstätte.

Das Moralische und das Religiöse bestimmen das islamische Wirtschaftssystem und das islamische Leben. Die Hauptursachen der Konflikte in der Welt sieht das islamische Wirtschaftssystem in der ungerechten Verteilung der Güter. Die Ökonomie, in ihrer heutigen Form, macht der Islam für den Hass unter den Menschen, Staaten und Völkern verantwortlich. Das islamische Wirtschaftssystem sieht sich als dritten Weg, der in der Lage ist, die Vorteile des kapitalistischen und des sozialistischen Systems, unter Ausschluss deren Nachteile, in sich zu vereinen. Der Islam fordert seine Bürger auf, Frieden zu schaffen, indem er ein gesellschaftliches System errichtet, das allen seinen Bürgern das Recht gibt, sich auf physischer, intellektueller, moralischer und spiritueller Ebene zu entwickeln. Der islamische Staat ist verpflichtet, alle seine Bürger ausreichend mit Nahrung, Kleidung und Unterkunft sowie mit Medizin zu versorgen.

Auch ist es Aufgabe einer islamischen Gesellschaft, jedem eine Ausbildung zukommen zu lassen. Jeder Mensch soll seiner natürlichen Anlagen, gemäß dem Streben nach Wissen, ermutigt und unterstützt werden, so wie es der Koran fordert. Um die islamische Gesellschaft zu verwirklichen, bedarf es intakter Familienverhältnisse. Anstelle von Ehebruch und sexuellem Vergnügen außerhalb jeder verantwortungsbewussten Bindung, tritt nun die Beherrschung von Trieben und die Zärtlichkeit von Ehepartnern. Anstelle von Betäubung des Gemütes durch Alkohol und Drogen treten die Erkenntnisse Gottes. Deswegen wird das Ziel jeder Erziehung im Islam sein, den jungen Menschen die Erfahrung mit Gott zu vermitteln. Das Leben in der islamischen Gesellschaft ist gekennzeichnet durch das Streben nach moralischen Tugenden. Die islamische Gesellschaft hat auch die Aufgabe, den Menschen darauf vorzubereiten, dass er eines Tages sterben wird. So heißt es in Sure 9, Vers 71 f.: „Die gläubigen Männer und gläubigen Frauen sind einer des anderen Frauen. Sie gebieten das Gute und verbieten das Böse und verrichten das Gebet und zahlen die Armensteuer und gehorchen Allah und seinem Propheten. Sie sind es, deren Allah sich erbarmen wird. Wahrlich, Allah ist allmächtig. Allah hat den Gläubigen Männern und den Gläubigen Frauen Gärten verheißen, die von Strömen durchflossen werden, immer darin zu verweilen und herrliche Wohnstätte in den Garten der Ewigkeit. Allahs Wohlgefallen aber ist das Größte. Das ist die höchste Glückseligkeit." Erziehung, Ausbildung und intakte Familienverhältnisse sowie individuelles und freiwilliges Engagement bilden einen wesentlichen Bestandteil der islamischen Gesellschaft. Diesen Aspekten wird das Bewusstsein des Moralischen und des Religiösen zugrunde gelegt und die Überzeugung, dass wir nicht absolute Eigentümer der Erde sind. Außerdem muss jeder Muslim Rechenschaft darüber ablegen, wie er mit den Gaben Gottes umgegangen ist.

Das Faktum der Unterentwicklung der islamischen Welt wird häufig auf die orthodoxe religiöse Lehre zurückgeführt, sowie auf den mangelnden Ehrgeiz der Muslime. Es heißt, dass der Muslim dem Weltlichen entsagen müsse, zu Gunsten der koranischen Verheißung des Jenseits. Des Weiteren heißt es, dass der Weg der Orthodoxie antimaterialistisch sei, er verzichte bewusst auf jegliches Engagement für die Verbesserung des Lebensstandards. Spirituelle und religiöse Erfüllungen seien wichtiger.

Mit Bedauern muss man feststellen, dass hier die islamische Orthodoxie aufgrund fehlender Kenntnisse und Desinteresses stigmatisiert wird. Die islamischen Grundwerte sind sehr gut mit dem Axiom rationalen Handelns vereinbar. Diese Rationalität allerdings strebt ein Gleichgewicht zwischen moralisch-ethischer Verantwortung und wirtschaftlichem Handeln an. Der Mensch ist in seinen Handlungen frei und dank Gottes Hilfe ist er auch ein handlungsorientiertes Subjekt. Materiell soll er die ihm gegebenen Ressourcen zu seinem Vorteil nutzen. Das moralische Subjekt erwächst ihm aus seiner Freiheit der Verantwortung, nämlich zwischen Vernunft und Unvernunft bzw. zwischen Gut und Böse zu wählen. Hier zeigt sich der wahre Fortschritt des Menschen auf dem Weg zu seinem Schöpfer (Vgl. [34]). Dabei ist der Mensch verpflichtet, in seiner sozialen Interaktion gerecht zu agieren und bescheiden zu bleiben. Die islamische Wirtschaftslehre geht eindeutig in die Richtung des Ideals eines absolut vollkommenen und fairen Wettbewerbs, basierend auf Eigeninitiative und Privateigentum. Die islamische Orthodoxie verlangt vom Menschen Produktivität, Fleiß und Sparsamkeit. Monopol- oder Oligopolstellungen auf dem Markt gelten als ausbeuterisch. Der Handel mit schädlichen Waren wie Prostitution und Alkohol ist nicht erlaubt. Der muslimische Konsument wird ermahnt bescheiden zu bleiben und Habgier zu vermeiden. Ein Teil des Einkommens sollte freiwillig an Bedürftige abgegeben werden. Die Preisbildung unterliegt ausschließlich der Funktion der Marktkräfte. Angebot und Nachfrage bestimmen den Preis. Dieser Prozess vollzieht sich allein auf Grundlagen rationalen Handelns einer Vielzahl von Käufern und Verkäufern, die natürlich eigene Interessen verfolgen und auch verfolgen dürfen. Die islamische Orthodoxie kennt zwei verschiedene Preis-Konzepte. Zum einen den gerechten Preis und zum anderen den Null-Preis. Der gerechte Preis erfüllt die vom Islam vorgeschriebene ethische Normen der sozialen Gerechtigkeit. Der Null-Preis bezeichnet die Zinseinnahmen. Diese werden vom Islam verboten, weil sie die ungerechte Verteilung der Güter verfestigen. In Bezug auf die moderne, westlich geprägte Ökonomie mit Währung ohne Edelmetall und bei gegebener Inflation kann daher angemerkt werden, dass ein nomineller Zins für Darlehen in Höhe der Inflationsrate nicht unislamisch ist, weil hier keine ungerechten Verluste drohen. In der Realität jedoch herrscht eigentlich ein absolutes Zinsverbot.

Das Zinsverbot hat angeblich verheerende wirtschaftliche Folgen für die islamischen Staaten, denn es verhinderte bis vor einigen Jahren die Gründung islamischer Banken. Damit wurde indirekt die Vormachtstellung westlicher Finanzinstitute gefestigt. Das hatte durchaus zur Folge, dass Investitionen für islamische Entwicklungsprojekte am ausländischen Veto scheitern konnten. Nicht das Zinsverbot an sich, sondern die fehlende Alternative hat zu dieser absurden Abhängigkeit geführt. Zinsverbot bedeutete für die islamischen Staaten auch Kapitalflucht ins Ausland, hauptsächlich nach Amerika. Es beschleunigte in den islamischen Staaten die

Geldentwertung. Die Folge der Flucht des islamischen Kapitalbestandes ins Ausland ist das Verkümmern der ohnehin schlecht funktionierenden Infrastruktur. Heute wird in den islamischen Staaten teilweise versucht den Zins indirekt als Dividende einzuführen. Dies ist durchaus ein Kompromiss zwischen der reinen Lehre vom Zinsverbot und den Spielregeln des Kapitalismus. Es handelt sich nicht um einen vorgeschriebenen Preis und nicht um eine willkürliche staatliche Preisfestsetzung. Es ist jedoch eine Tatsache, dass es in den islamischen Staaten in der Praxis staatliche Preisfestsetzungen gibt. Diese Preisfestsetzung, die nicht der islamischen Lehre zu entnehmen sind, fördern Ineffizienz und Misswirtschaft, weil sie Engpässe und Überschüsse erzeugen. Die gerechten Preise, im Sinne der islamischen Lehre, kommen einem vom Markt generierten Gleichgewichtspreis näher als staatlich festgesetzte Preise. Preisschwankungen werden in Kauf genommen. Missbilligt wird jedoch die Spekulation durch das Zurückhalten von Gütern. Die gerechten Preise entstehen laut Ibn Chaldun, durch das Wechselspiel von Angebot und Nachfrage. [35] Demzufolge fluktuierten die Preise für alle Güter mit Ausnahme von Gold und Silber. Ibn Chaldun erkannte auch, dass mit der Entwicklung einer Zivilisation der Markt und die Palette der Güterproduktion und entsprechend auch die Arbeitsteilung sich verändern. Wirtschaftswachstum und Handel kennzeichnen die höchste Stufe einer Zivilisation. Sie können aber auch zum Untergang führen und zwar dann, wenn die Gier der Herrschenden nach Macht und Reichtum zuungunsten der sozialen Gerechtigkeit umschlägt. „Das Wohlergehen und die wirtschaftliche Blüte einer Zivilisation hängen von der Produktivität und den vielfältigen, durchaus eigennützigen Bemühungen der Menschen ab. Wenn die Menschen keinen Geschäften mehr nachgehen, um ihren Lebensunterhalt zu bestreiten, und überhaupt jeder einträgliche Beschäftigung einstellen, bricht die Zivilisation zusammen und ein allgemeiner Verfall setzt ein.“ [29, S. 56] Ibn Chaldun bekräftigte, genauso wie die sunnitische Orthodoxie, Flexibilität und Fleiß. In Erziehung und Ausbildung sahen beide die Grundlagen für den Fortschritt der menschlichen Zivilisation. Ibn Chaldun, und später auch Masul Alain Choudhury und Syed Nawab Haider Nagri, versuchten eine Synthese zwischen kapitalistischer Wirtschaftslehre und islamischer Ethik herzustellen. Nagri entwickelte seine Wirtschaftslehre direkt aus der islamischen Ethik. Seine Lehre stützt sich auf viele ethische Axiome nämlich Ganzheit, Gleichgewicht, Willensfreiheit und Verantwortung. Die Ganzheit besagt, dass die wirtschaftlichen Aktivitäten des Menschen untrennbar sind mit ethischen Prinzipien. Das Gleichgewicht bezieht sich auf ausgewogene und gerechte Produktion-Konsumentenbeziehung. Willensfreiheit ist eine Kombination aus individuell ökonomischer Freiheit und staatlicher Kontrolle. Verantwortung heißt gerechte soziale Umverteilung. Auch Nagris Modell geht von den Annahmen rationalen Handelns und vollkommenen Wettbewerbs aus, d.h. Produzenten und Verbraucher entscheiden nach rationalen Kriterien. Entscheidend für dieses Wirtschaftsmodell sind die sozialen Wohlfahrtfunktionen. Diese stehen in Übereinstimmung mit der orthodoxen islamischen Lehre, der zufolge das Wohl des Einzelnen nicht nur vom eigenen Handeln, sondern auch von den Entscheidungen anderer mitbestimmt wird. Eine rücksichtslose Gewinnmaximierung ist also nicht erlaubt. Verbraucher und Produzenten geben freiwillig und in sozialer Verantwortung einen Teil ihres Reichtums oder Einkommens ab und maximieren somit den Wohlfahrtsstaat. Auch in der islamischen Welt ist die Steuerpolitik als soziales Instrument bekannt. Allerdings haben die islamischen Staaten diese Ansätze seit dem Mittelalter nicht mehr weiterentwickelt. Eine klare Aussage im Hinblick auf die Erhebung, Verwaltung und Wendung der Steuergelder ist leider nirgendwo zu erkennen. Die Steuerabgaben sind an wohltätige Stiftungen gegangen, die sogenannten Waqf, diese jedoch waren wenig wohltätig. Sie akkumulierten auf diese Weise Großgrundbesitz. Nicht selten waren die Nutznießer der Stiftung die herrschende Klasse. Entgegen der ursprünglichen Absicht der orthodoxen Lehre kamen diese Gelder oder Güter nur sehr selten den Armen und Bauern zugute.

Das Wissen und die Erkenntnis und die Vernunft, al Ilm wa Iql, haben in der islamischen Orthodoxie eine sehr große Bedeutung. Der gläubige Muslim ist verpflichtet sich fortwährend weiterzuentwickeln, dazu gehört sich Wissen anzueignen. Wie kommt es, dass Analphabetismus in der islamischen Welt weit verbreitet ist? Wer hat diese Rückständigkeit verursacht? Zwei Gruppen sind für diese Misere verantwortlich zu machen. Einerseits die Ulama, Korangelehrte, weil sie den Koran so interpretierten, dass theologische Erziehung die empirisch-wissenschaftliche Ausbildung in den Hintergrund rückte. Diese Gelehrten haben sich in die Angelegenheit der Wissenschaften eingemischt, obwohl die Wissenschaften und der Koran sich gegenseitig ergänzen. Ich verweise hier auf die Ausführungen des großen Meisters al-Ghazali. Andererseits die korrupten Herrscher, die sich ihrer Verantwortung gegenüber dem Volk weitgehend entzogen. Die menschlichen Ressourcen blieben in den islamischen Ländern auf der Strecke. So importieren beispielsweise die Golfstaaten nicht das Knowhow, sondern ausländische Spezialisten. Auch existiert in diesen Ländern kein Ausbildungssystem. Eine derartige Vernachlässigung der Wissensaneignung in den letzten 400 Jahren hat es in der islamischen Geschichte noch nie gegeben. Dies ist wahrlich eine unverzeihliche Sünde.

Der Prophet Mohammed war selbst Händler. Der Warenaustausch im Islam hatte immer einen hohen Stellenwert. In den Jahrhunderten danach folgten jedoch die herrschenden Klassen der ausländischen Wirtschaftsinteressen und schadeten irreversibel der eigenen Wirtschaft. Die islamischen Herrscher, wie der Sultan von Malaysia, fügten sich freiwillig in das damalige britische Residency-System. Die politischen Führer, zum größten Teil Despoten, setzten auf Protektionismus statt auf Markt und Wettbewerb. Klientelsysteme bestimmten die Gesetze des Marktes. Auch spielten die Theorie des monopolistischen Wettbewerbs sowie der Kapitalismus wie man sie kennt, keine Rolle in der islamischen Wirtschaftspolitik. Erst später haben islamische Staaten die eigenen Wirtschaftsinteressen wiederentdeckt. Man hat die Bedeutung der Monopolstellung erkannt, dies zeigt die Gründung der OPEC. Dies allerdings setzt die Bedingungen vollkommenen Wettbewerbs voraus, dies stärkt wiederum Preisabsprachen, Ausbeutung und unlauteren Wettbewerb, was mit der orthodoxen islamischen Lehre nicht vereinbar ist. Es wäre also sinnvoll, den unvollkommenen Wettbewerb zu eliminieren, aber genau hier versagen die Führer der islamischen Welt, denn gerade sie profitieren von der Korruption. Damit wird die wirtschaftliche Ausbeutung verstärkt. Die ökonomischen Ungerechtigkeiten nehmen zu, weil es an effizienten staatlichen Maßnahmen zur Kontrolle unvollkommener Konkurrenz mangelt. Die Privatisierungen in den islamischen Staaten, in Verbindung mit monopolistischen Preisbildungen sind sehr riskant, weil Preiserhöhungen und überhöhte Gewinnspannungen als Widerspruch zum islamischen Gebot der sozialen Gerechtigkeit interpretiert werden könnten. Gerade die Privatisierung könnte die ineffizienten Staatsunternehmen aus der Krise raus holen. Gleichzeitig könnte und müsste sich die Rechenschaftspflicht der Bürokratien und politischen Eliten erhöhen. Privatisierung könnte auch dem Schwarzmarkt entgegenwirken. Die Liberalisierung des Kredites und des Steuerwesens könnte Anreize schaffen für ausländische Investitionen, dies könnte zur Linderung der Arbeitslosigkeit führen. Voraussetzung einer effizienten Privatisierung sind klare konzipierte staatliche Maßnahmen, die den fehlgeleiteten Staatskapitalismus oder Staatssozialismus, wie in Syrien, überwinden. Es fehlt jedoch eine sozial gerechte, verantwortungsvolle staatliche Politik, die sich den Anforderungen der Zeit kontinuierlich anpassen. Diese Politik muss nicht zwingend zum Materialismus und zum Verfall islamischer Werte führen. Die islamische Wirtschaftslehre ist sehr wohl mit dem Kapitalismus kompatibel. Leider hat sich die islamische Wirtschaftslehre seit den Zeiten des Ibn Chaldun nicht weiterentwickelt.

Sie hat die abstrakte Theorie des vollkommenen Wettbewerbs nie überwunden. Dies ist sicherlich ein entscheidender Faktor für die Rückständigkeit der islamischen Wirtschaftslehre und Wirtschaftspolitik. Diese Entwicklung ist sicherlich nicht auf die Lehre des Koran zurückzuführen, sondern auf die sogenannten „Ulama", die eine Monopolstellung auf die Interpretation der heiligen Schrift für sich beanspruchen bzw. innehaben. In einer Phase der weltweiten Liberalisierung und Globalisierung ist die Überarbeitung bzw. Anpassung der islamischen Wirtschaftslehre an die Gegenwart dringender denn je. Es gibt auch keinen Grund, sich zu isolieren, um seine Identität gegenüber westlichen Einflüssen zu erhalten. Die „Ulama", meist selbsternannte oder vom Staat ernannte Rechtsgelehrte, machten sich selbst zu Vermittlern zwischen Herrschern und Volk. Mittels ihres Berufsstatus monopolisieren sie das Wissen und hemmen ganz bewusst den Informationsfluss von der Basis zur Führung. Die Einstellung dieser Nachahmer, wie sie al-Ghazali bezeichnen würde, führt zur Blockierung der politischen und wirtschaftlichen Entwicklungen in der gesamten islamischen Welt. Nicht die islamische Orthodoxie ist mit dem Kapitalismus nicht vereinbar, bei sicherlich gegebenen Differenzen, sondern die fortschrittsfeindliche Haltung der Traditionalisten, in deren Händen die gesamte weltliche und geistliche Macht liegt. Diese Rechtsgelehrten sind sicherlich keine Anhänger der sunnitischen Orthodoxie und genau genommen keine gläubigen Muslime.

22 Der arabische Sozialismus

Gamal Abdel Nasser schrieb in den 50er Jahren seine „Philosophie der Revolution". Dieses Manifest des arabischen Sozialismus sollte die islamische Welt säkularisieren und revolutionieren. Er wollte die Pilgerfahrt nach Mekka revolutionieren. Sie solle nicht eine Eintrittskarte ins Paradies sein, sondern die Solidarität aller Muslime weltweit stärken und zum Fundament eines neuen starken Islam werden. Weiter schreibt er, dass das Erdöl ein Geschenk Gottes an die Araber sei. Dieses schwarze Gold solle nicht nur die Staatskassen füllen, sondern als Machtinstrument islamischer Außenpolitik eingesetzt werden. Zweifelsohne strebte er die Vereinigung der arabischen Staaten unter der Führung Ägyptens, unter seiner Führung an. Dies ist nicht nur der Beginn der Irrfahrt des arabischen Sozialismus, sondern auch die Wiedergeburt des arabischen Nationalismus und gleichzeitig der Beginn der Reislamisierung. Hinter dem arabischen Sozialismus des Gamal Abdel Nasser steckt die Idee des Panarabismus und ist auch gleichzeitig der Startschuss für den Panislamismus.

Das Wort „Sozialismus" heißt im Arabischen „Ishtirakya". Etymologisch stammt „Ishtirakya" von den arabischen Verbalwurzeln sk-r-k, die bereits in der vorislamischen Zeit auf der arabischen Halbinsel bekannt war. Das Wort „Shirk" kann sowohl „Gemeinbesitz" als auch „Polytheismus" heißen. Der arabische Enzyklopädist Salim al-Bastuni nennt 1871 die Pariser Kommune „ishtirak", was so viel heißt wie „den Wunsch nach Teilhabe der Massen am Vermögen der Gesellschaft". Gegen Ende des 19. Jahrhunderts wurde der Begriff „Sozialismus" als eine revolutionäre Gewalt gegen das Privateigentum definiert und der Kommunismus als Praxis der Pariser Kommune. Im Ägypten des Nasser wurde der Begriff „Sozialismus" als eine europäische Idee des Wandels durch Reformen und durch Revolutionen der Massen verstanden. Im Laufe der Zeit spaltete sich die „Ishtirakia" in eine kommunistische, sozialdemokratische, im Verlauf nationalistische und jetzt auch religiöse Bewegung. Die erste arabisch kommunistische Partei wurde 1919 in Palästina gegründet. Bereits drei Jahre später wurde in Ägypten die erste sozialistische Partei von Salama Musa gegründet. Musa veröffentlichte zahlreichen Abhandlungen über den Sozialismus. Islamische Sozialisten wie Gamal Din el Afghani lehnten den Sozialismus europäischer Ausprägung ab, denn die Aspekte des Sozialismus seien ohnehin im Koran enthalten, somit waren diese neuen Ideen für die islamischen Sozialisten nichts anderes als die Umsetzung der koranischen Lehre.

Der Kommunismus blieb in der arabisch-islamischen Welt ohne nennenswerten Einfluss. Am 23. Juli 1952 putschten die Freien Offiziere in Ägypten unter der Führung Gamal Abdel Nassers und Mohammed Nagib. Der ägyptische König wurde abgesetzt und Ägypten wurde zu einer Republik. Aus Nassers Sicht war der Sturz des Königs und die Gründung der Republik eine Revolution. Die Philosophie der Revolution, mit der er seine Revolution rechtfertigte, enthält in Wirklichkeit weder eine Philosophie noch eine Ideologie, weil er Ägypten nicht nur als Teil der arabischen Welt, sondern auch als Teil der islamischen Welt betrachtet (Vgl. [36]). Seine Ziele waren eindeutig, nämlich die Interessen des ägyptischen Staates, die Integrität des ägyptischen Staates und die Souveränität des ägyptischen Staates zu schützen vor den Engländern, dem König, vor den Liberalen und vor den Zionisten. Daher sah er die Revolution als Abwehr Ägyptens gegen äußere Feinde durch eine neue Elite. Unter dem Einfluss der Baath-Bewegung und arabischen Marxisten wurde Nasser im Laufe seiner Regierungszeit zunehmend ideologischer, aber ein Marxismus-Leninismus sowjetischer Prägung lehnte er aus religiösen Gründen kategorisch ab. 1962 sagte er: „Es ist völlig unmöglich, ein guter Muslim und ein guter Kommunist zu sein (...) der Kommunismus schließt notwendigerweise eine gewisse Kontrolle durch die kommunistische Parteien der Welt ein."

Die Auseinandersetzung bzw. die Spannung zwischen ideologischer Determination und pragmatischer Freiheit kennzeichnet sein Denken und offenbart sein ambivalentes Verhalten zum Sozialismus. Besonders deutlich wurde dies in der Auseinandersetzung mit der Baath-Bewegung. Die Baath-Bewegung setzte sich für die Unteilbarkeit der arabischen Nation vom Atlantik bis zum Persischen Golf ein. Aus ihrer Sicht bildet die arabische Nation, gemäß Artikel 6 ihrer Parteistatuten, einen einzigen, souveränen und unabhängigen Staat. Er hat eine einzige Exekutive und Legislative und eine gemeinsame Judikative. Die arabische Einheit müsse durch einen revolutionären Kampf hergestellt werden. Dieser revolutionäre Kampf zur Wiederherstellung der arabischen Nation war weder durch einen pragmatischen Politiker wie Nasser noch durch einen Chefideologen der Baath-Bewegung auch nur im Ansatz zu bewältigen. Von dieser revolutionären und auch von der Masse unterstützten Idee einer arabischen Nation blieben lediglich pragmatisch ideologische Konflikte wie die Sozialismusdiskussion in Ägypten und die jämmerlichen Verhandlungen über eine Union zwischen Ägypten, Irak und Syrien, die wie zu erwarten war, scheiterten. Nasser wollte mit seinem modifizierten Sozialismus die Kluft zwischen den Armen und Reichen verringern. Dies bedeutete aber eine Absage an den Klassenkampf als eine notwendige Voraussetzung für die Erreichung sozialer Gerechtigkeit. Die friedliche Rolle des Sozialismus wurde durch die Verwendung des Slogans „demokratische-kooperativer Sozialismus“ zum Ausdruck gebracht (Vgl. [37, S. 288]).

Fathi Ghassim veröffentlichte 1961 in der Zeitschrift „Rus al Yusuf“ die Vorteile des arabischen Sozialismus gegenüber dem europäischen Kapitalismus und dem Kommunismus sowjetischer Ausprägung. Seiner Meinung nach seien kapitalistische Profitgier und Konsummentalität sowie kommunistischer Kollektivismus mit dem Islam nicht zu vereinbaren. Hingegen versuchte der Rektor der Al-Azhar-Universität in Kairo, Mahmud Schaltut, in seinem im Jahre 1961 in „Al-Ahram“ erschienen Artikel, die Verträglichkeit von Islam und Sozialismus zu beweisen. Einflussreich jedoch waren die sieben Unterschiede zwischen dem Kommunismus und dem arabischen Sozialismus, welche von Mohammed Hananain Haikal, dem Herausgeber von „Al-Ahram“, herausgearbeitet worden waren. Der fundamentale Unterschied betrifft den Klassenkampf, den die Araber nicht als vollständige Unterdrückung der nicht revolutionären Klassen, sondern als Abbau der Klassenunterschiede definieren. Auch sieht der arabische Sozialismus nur das Ausbeuterische, nicht aber das produktive Eigentum als schädlich an. Ohnehin ist Enteignung ohne Entschädigung im Islam nicht erlaubt. Ferner ist der arabische Sozialist kein Produkt der Geschichte, sondern ihr Motor. Die Opferung der Gegenwart für die Zukunft ist im arabischen Sozialismus nicht vorgesehen. Entscheidend ist auch die Tatsache, dass der arabische Sozialist, der in erster Linie Muslim ist, durch keine ideologische Barrieren behindert wird, sondern er hat das Privileg aus dem kulturellen Reichtum der Welt zu schöpfen, d.h. er hat die Möglichkeit positive Aspekte des Sozialismus in den Islam zu integrieren. Am arabischen Sozialismus ist nicht eine Partei beteiligt, sondern die ganze arabische Nation. Der arabische Sozialismus betont die friedliche Beseitigung der Klassenunterschiede, die Duldung kleinen Privateigentums, sowie Pragmatismus auf der einen Seite und Produktionsmittel in der Hand der Nation auf der anderen Seite. Stets hat im arabischen Sozialismus das Individuum Vorrang vor dem Staat. In seiner Rede vom 16. Oktober 1961 sagte Nasser über den arabischen Sozialismus: „Wir haben jetzt einen starken öffentlichen Sektor in der Wirtschaft, welcher dem Volk als Ganzes gehört. (...) Nach meiner Auffassung bedeutet Sozialismus klar und einfach, dass das Volkseinkommen von allen Bürgern geteilt werden muss. (...) Die Definition der politischen Freiheit in ihrer vereinfachten Formen ist das Recht jedes Staatsbürgers, das Geschick seines Landes nach seiner individuellen Auffassung mitbestimmen zu dürften." [38, S. 15 ff.] Die arabische Form der Praktizierung des Sozialismus sieht nicht die Sozialisierung des Landes vor. Organisierte nationale Aktionen sowie wissenschaftliche Fortschritte sind der Weg in die Zukunft. Im arabischen Sozialismus regiert nicht das Proletariat, weil der Islam keine Klassendiktatur duldet. Die Sozialisierungswellen der Jahre 1961-1962 rückten die staatlichen Probleme Ägyptens in den Vordergrund. Damit war die Idee des arabischen Sozialismus und damit natürlich auch verbunden die Erschaffung einer arabische Nation gestorben. Nasser zögerte dies zuzugeben. Die Idee einer arabischen Nation wurde durch die Machtergreifung der Baath-Bewegung im Irak und in Syrien erneut aufgegriffen. Tatsächlich wurden auf Initiative der Baath-Regierungen im Irak und in Syrien 1963 in Kairo Verhandlungen über eine Vereinigung geführt. Diese Gespräche sollten zum einen die Missverständnisse der Vergangenheit beseitigen und zum anderen den Weg für die Einheit freimachen. Am 17. April 1963 kam die Einigung über einen politischen Zusammenschluss. Ein Zusammenschluss, der aufgrund eines pro Nasser Putsches in Syrien 1963, nie zustande kam. Nasser hat aus Rache die Protokolle der Konferenzgespräche veröffentlichen lassen, um der arabischen Welt zu beweisen, dass die Verantwortlichen aus dem Irak und Syrien die alleinige Verantwortung für das Scheitern der arabischen Wiedervereinigung tragen. Aflaq und Bitar verteidigten sich, sie hätten frühzeitig vor Missständen gewarnt, außerdem seien sie in den letzten Monaten mit Beleidigungen seitens der Ägypter überschüttet worden (Vgl. [39, S. 1925 ff.]). Diese Auseinandersetzung führte zu einem Machtkampf in Syrien zwischen den Baath-Anhängern und den Anhängern Nassers. Dabei wurde der Putschversuch der Nasseristen blutig niedergeschlagen. Die Baath-Partei war nun in Syrien allein an der Macht und versuchte das ägyptische System von Damaskus aus zu korrigieren. Diese Versuche sind kläglich gescheitert. Die Wiederherstellung der Baath-Regierung in Syrien nach der Sezession ging vom Militär aus, genauer von einem Militärkomitee, bestehend aus Offizieren, die einer syrischen Minderheit angehörten, nämlich den Alawiten und den Drusen. Nach der Machtergreifung begannen die Putschisten verstärkt die Schlüsselpositionen aus ihren eigenen Volksstämmen zu besetzen, um sich so der Unionisten zu entledigen. Damit wurde die Herrschaft der Baath-Partei in Syrien und im Irak für die nächsten Jahrzehnte gesichert, gleichzeitig wurde die Idee einer starken einheitlichen arabischen Nation zu Grabe getragen. Die Entstehung der Nationalstaaten beendete die Bewegung der Unionisten. Der Irak wurde bis zum dritten Golfkrieg, der mit dem Erhängen Saddam Husseins an einem islamischen Feiertag endete, von der korrumpierten linksgerichteten Baath-Partei regiert. Nun regieren die Schiiten im Irak, wenn man so will die Nachfahren der Bataniten und in Syrien ist nach wie vor das Baath-Regime, unter der Führung Assads, an der Macht, wobei die Machtelite einer Minderheit von Alawiten und Drusen entstammt. Für die sunnitische Orthodoxie, die zunehmend an Stärke zunimmt, ist die Machtergreifung in Syrien eine Frage der Zeit. Im Irak steht eine Auseinandersetzung zwischen der sunnitischen Orthodoxie und dem Schiitismus bevor.

Ein arabischer Sozialismus hat in Wirklichkeit nie existiert. In vielen arabischen Staaten haben linksgerichtete Parteien und Regierungen regiert, doch keiner dieser Parteien oder Regierungen hat es gewagt, sich gegen die Orthodoxie in aller Öffentlichkeit zu widersetzen. Dies ist ein Zeichen dafür, dass die sunnitische Orthodoxie über eine Macht verfügt, die von keiner anderen Ideologie im islamischen Raum verdrängt werden kann. Wir erinnern uns an die letzten Worte des irakischen Diktators Saddam Hussein kurz vor seinem Tode: „Ich bezeuge, dass es nur einen Gott gibt, und dass Mohammed sein Diener und Gesandter ist." Ein Sozialist, Sekularist, der in der Stunde der Wahrheit sich erneut Gott anvertraute. Mit ihm starb die Baath-Partei im Irak und damit auch die Irrungen und Wirrungen um den arabischen Sozialismus im Irak. Auch in Algerien ist die sozialistische Partei zu Grabe getragen worden. Auch hier meldet sich die sunnitische Orthodoxie in Form der FIS zu Wort. Im Jemen wurde der sozialistische Teil hinweggefegt. Der Jemen ist konservativer als je zuvor. Die Suche nach der wahren Identität hat gerade erst begonnen. Wer hätte gedacht, dass der Kemalismus in der Türkei besiegt werden würde? Die Nachfahren des al-Ghazali melden sich zu Wort, die Söhne der Wüste machen sich erneut auf, um ein islamisches Reich zu errichten. Weder der Sozialismus, noch der Kommunismus und schon gar nicht der dekadente Kapitalismus können die Seelen der Menschen berühren so wie die Lehre des Islam dies tut. Die Suche nach der wahren Identität innerhalb der islamischen Welt hat gerade erst begonnen.

23 Der arabische Nationalismus

„Ethnische Araber haben keine gemeinsame Identität, sie leben in subethischen und religiösen Stammesgemeinschaften. Arabische Gesellschaften sind immer noch traditionelle Gemeinschaft, die von ethnischen Streitigkeiten und Stammesidentitäten geprägt sind.“
(Bassam Tibi: From Pan-Arabism to the Community of Sovereighn Arab States)

Der arabische Nationalismus glaubt, dass hinter der von westlichen Kolonialmächten bewusst betriebenen Zersplitterung der arabischen Einheit in vielen Nationalstaaten eine arabische Nation verhindert habe. Diese Nation sei trotz der Zersplitterung durch ihre Kultur und Sprache geeint und zu wirtschaftlicher Einheit und Integration fähig. Die Panarabisten waren und sind von der Idee überzeugt, dass der amerikanische Imperialismus und zuvor der Kolonialismus eine organisch gewachsene arabische Nation unterbunden habe und weiter unterbindet und dass die Niederlage der Kolonialisten und der heutigen amerikanischen Hegemonie und deren Vertreibung aus arabischen Territorien, die Wiedervereinigung der arabische Nation ermöglichen werde. Die Nationalisten haben nicht vergessen, dass trotz Versprechungen Großbritanniens an die damaligen arabischen Führer nach dem ersten Weltkrieg, die Region unter dem Deckmantel der Völkerbundsmandate zwischen den beiden Imperialmächten Frankreich und Großbritannien aufgeteilt wurde. Die damals angesehene Familie al-Hussein, aus dem Stamme der Haschemiten, direkte Nachfahren des Propheten, trat in britische Dienste. Prinz Faisal wurde zum König des Irak, Prinz Abdullah wurde Großwesir von Transjordanien und Prinz Hussain wurde Wächter der beiden heiligen Städte Mekka und Medina. Die Haschemiten-Herrscher bewiesen ihre Unfähigkeit eine arabische nationale Bewegungen zu führen, geschweige denn eine arabische Nation zu gründen. Die opportunistische Handlungsweise machte sie zu den Werkzeugen des britischen Imperialismus. Damit war de facto die Zerstückelung der arabischen Welt und damit auch der stolzen arabischen Seele vollzogen. Der Zusammenbruch des Osmanischen Reiches schuf künstliche Nationalstaaten. Die Imperialisten verliehen diesen Nationalstaaten einen ökonomischen Inhalt und produzierten eine schwache nationale Bourgeoisie, wobei ihre Verbindungen hierdurch noch mehr zerrissen. Die Heimtücke dieses Prozesses, kombiniert mit der Arroganz der Besatzung und dem Projekt des Zionismus in Palästina, ließ die Wut der arabischen Massen hochkochen. Die ersten panarabischen Nationalbewegungen entstanden um das Jahr 1908 in Syrien. Diese Bewegung wurde im ersten Weltkrieg von Großbritannien in einer arabischen Revolte gegen die Osmanen missbraucht. Der arabische Nationalismus geriet in eine Krise. Erst in den zwanziger und dreißiger Jahren erwachte der arabische Nationalismus aus seiner Starre. Unter Amin al-Rihani, Edmond Rabbath und Sat al-Husri begann der arabische Nationalismus sich neu zu ordnen. In Syrien kam es zu Aufständen in den Jahren 1925 bis 1927 und in Palästina von 1936 bis 1938. Der arabische Nationalismus wurde nun von einer gebildeten Mittelschicht getragen. Jedoch blieb vor der Gründung des Staates Israel der arabische Nationalismus eine minoritäre Strömung, die zum einen vom islamischen Erwachen und zum anderen vom Regionalnationalismus und vom arabischen Sozialismus überflügelt wurde. Erst die sogenannte große Katastrophe, die vernichtende Niederlage im ersten arabisch-israelischen Krieg, ließ den Panarabismus zu einer Massenkraft werden.

Die Niederlage im Krieg gegen Israel 1948 bis 1949 traf die Armee am schmerzlichsten. Die freien Offiziere, angeführt von Nasser, putschten 1952 in Ägypten und übernahmen die Regierungsmacht. Nasser war eher ein pragmatischer Nationalist, in erster Linie daran interessiert, die Briten aus dem Lande hinauszuwerfen. Er verstaatlichte die Wirtschaft und führte eine weitgehende Landreform durch, die eine Klasse von wohlhabenden Bauern hervorbrachte. Es gelang ihm 1954 tatsächlich die Briten zu zwingen, sich innerhalb von zwei Jahren vom Suez-Kanal zurückzuziehen. Nasser verweigerte sich, mit den USA ein arabisches Bündnis gegen die UdSSR zu bilden. Gleichzeitig verstaatlichte er den Suez-Kanal, um die daraus gewonnenen Einkünfte zur Finanzierung des Staudamms zu verwenden. Daraufhin griffen Großbritannien, Frankreich und Israel Ägypten an. Zur Überraschung aller führte der Widerstand der Araber mit sowjetischer Unterstützung zur Niederlage Frankreichs und Großbritanniens und zum Abzug ihrer Truppen. Der Kampfgeist der Söhne der Wüste war erwacht und sie erwiesen ihre Kampfkraft. Gamal Abdel Nasser wurde zum arabischen Nationalhelden. Der Nasserismus gewann in der gesamten arabischen Welt an Einfluss. Ägypten schien tatsächlich in der Lage zu sein, unter der Führung des charismatischen Nasser, einen arabischen Staat zu schaffen. Nicht nur um den britischen Einfluss zu brechen, sondern um der neuen Hegemonialmacht USA Grenzen zu setzen. Die Folge des arabischen Nationalismus war die Gründung der Baath-Partei in Syrien. Diese Partei schlug eine Union zwischen Ägypten und Syrien vor. Nasser willigte ein und die Vereinigte Arabische Republik war geboren mit einer neuen Verfassung und mit der Lichtgestalt Nasser als Präsidenten. Der arabische Nationalismus war nun im Begriff die gesamte arabische Welt zu einen. Nasser jedoch war nicht bereit die Macht mit den Baathisten zu teilen. Sie gingen relativ rasch in die Opposition. Es kam im Weiteren zu einer Auseinandersetzung zwischen der Vereinigten Arabischen Republik und dem Irak. Damit wurden alle Hoffnungen auf die Bildung einer arabischen Staatsunion zunichte gemacht. Angesichts der Feindschaft des Imperialismus und des von Frankreich und Großbritannien betrieben Wirtschaftsboykotts und der ihm feindlich gesonnenen Bourgeoisie mit ihrer Verbindungen zum französischen, britischen und neuerdings auch amerikanischen Imperialismus, sah sich Nasser gezwungen weitere Verstaatlichungen vorzunehmen. Er wollte zunächst eine kapitalistische Entwicklung fördern, änderte jedoch aufgrund seiner Gegnerschaft seinen Kurs. Nach Verstaatlichung der Industrie und der Finanzinstitutionen, erfolgte eine zweite Landreform. Insbesondere die Landreformen in Syrien, einem Land mit einer starken Bourgeoisie, schwächte seinen Einfluss und führte im September 1961 zum Putsch gegen Nassers Statthalter in Syrien. Damit wurde das euphorisch begonnene Experiment des Panarabismus beendet. Die Baathisten übernahmen 1963 in Syrien, danach im Irak, die Macht und unterstützten Nasser trotz weiterhin bestehende Differenzen gegen reaktionäre Kräfte auf der arabischen Halbinsel. Erneut brachen Vereinigungsdiskussionen aus. Diesmal brachen sie unter gegenseitigen Beleidigungen und Beschuldigungen zusammen. Nasser wurde in der arabischen Welt isoliert. Er war nun gezwungen mit den proimperialistischen, konservativen Regimen auf der arabischen Halbinsel Gespräche aufzunehmen. Im Jahre 1965 schloss er mit den Wahhabiten Frieden. Seine Rolle im Kampf gegen Israel wurde nun von den syrischen Baathisten übernommen. Sie unterstützten die neugegründete palästinensische Befreiungsorganisation „Al-Fatah“ unter der Führung Yassir Arafats. Diese Befreiungsorganisation setzte dem israelischen Militär durch gezielte Anschläge zu. Israelische Gegenangriffe zwangen Ägypten und Syrien zu einer erneuten Zusammenarbeit. Sie bildeten ein gemeinsames Militärkommando. Auch Jordanien unterzeichnete einen gemeinsamen Verteidigungspakt mit Nasser. Erneut schien ein gemeinsames Vorgehen von arabischen Staaten gegen Israel bevorzustehen. Die arabische Masse sah bereits in diesem Abkommen die Vorstufe zu einer vereinigten arabischen Nation. Erinnerungen an die Umaijaden Dynastie wurden wach. Die Einheit der arabischen Nationen würde, so hofften die meisten Menschen in der arabischen Welt, durch einen gemeinsamen Feind schneller vorangetrieben werden. Die verbalen Drohungen gegenüber Israel nahmen zu. In allen arabischen Medien wurde die Vernichtung Israels angekündigt. Insbesondere der Radiosender „Die Stimme Palästinas, Stimme der palästinensischen Revolution“ hatte sich diesbezüglich hervorgetan. Hier wurden sogar öffentlich verschiedene Angriffstaktiken der vereinigten arabischen Streitkräfte besprochen. Die ägyptische Regierung hatte sich in der Zwischenzeit von sowjetischen Militärexperten beraten lassen. Die arabische Armee wurde mit sowjetischen Waffensystemen ausgerüstete und vertraut gemacht. Israel nutzte die Zeit, um sich mit amerikanischen Waffen aufzurüsten. Mit Hilfe der Amerikaner griff die israelische Luftwaffe überraschend ägyptische Luftwaffenstützpunkte an. Innerhalb von sechs Tagen war die ägyptische Luftwaffe ausgeschaltet. Ägypten und der palästinensische Widerstand waren geschlagen und gedemütigt. Der Sechstagekrieg im Juni 1967 war ein vernichtender Schlag für den Nasserismus.

Der Sechstagekrieg zeigte die Unfähigkeit arabischer Regierungen, die arabische Welt zu vereinigen, Israel zu besiegen und sich dem aufkommenden amerikanischen Imperialismus entgegenzustellen. Angesichts des offensichtlichen Versagens von Ägypten und Syrien im Jahre 1967 verlor die arabische Masse den Glauben an die Vereinigung der arabischen Nation und auch den Glauben an den arabischen Nationalismus. Der Widerstand gegen Israel wurde nun ausschließlich von der PLO getragen. Die PLO war von finanzieller Unterstützung anderer arabischer Staaten abhängig. Als sich das Haschemiten-Regime in Jordanien durch die PLO bedroht fühlte, startete sie eine blutige Attacke gegen die PLO. Insgesamt wurden ca. 3.000 palästinensische Kämpfer getötet. Der „Schwarze September“ zeigte die innerarabischen Differenzen auf eine brutale Art und Weise. Das Versagen der PLO-Strategie, verbunden mit der israelischen Besetzung des Westjordanlandes und des Gazastreifen, führte innerhalb der PLO zu einem Strategiewechsel. Die PLO forderte nun die Gründung eines palästinensischen Staates auf den neu besetzten Territorien. Unter dem Einfluss der Niederlage im Kriege von 1973 wurde von der PLO die Idee eines palästinensischen Mini-Staates neben Israel vorgeschlagen. Die Unterstützung der PLO, für die Gründung eines Mini-Staates, kommt weitgehend aus Kreisen die danach strebten, sich die Macht und materiellen Vorzüge von Amtsposten anzueignen. Für die arabische Masse wäre solch eine Lösung Hochverrat. Die PLO selbst hat inzwischen die Existenz Israels anerkannt und strebt eine politische Lösung auf der Grundlage eines Staates im Westjordanland und mit Ostjerusalem als Hauptstadt an. Der Widerstand gegen diese Politik kommt nun hauptsächlich aus den inzwischen stark aufkommenden islamistischen Organisationen, zunächst der Jihadisten und neuerdings aus den Reihen der Muslimbruderschaft. Wegen des Versagens des arabischen Nationalismus, dann des arabischen Sozialismus und zuletzt der PLO, wird der Widerstand sowohl innerhalb der Westbank und Gaza als auch in der gesamten islamischen Welt in zunehmendem Maße von der islamischen Bewegung getragen. Anstelle des Panarabismus ist nun eine neue Bewegung des Panislamismus entstanden.

Die arabische Nation ist nicht das, was die unfähigen arabischen Regierungen repräsentieren. Tatsächlich existiert die arabische Einheit in der Seele, den Gefühlen und den Zukunftshoffnungen der arabischen Völker. Die islamische Ideologie hat genau dies erkannt und sie strebt neben sozialen Reformen auch die Übernahme einer globalen Führungsrolle an. Die moderne Welt wurde den Muslimen aufgezwungen, sie wurde nicht von Muslimen mitgestaltet. Die Panarabisten und die arabischen Sozialisten haben aus Sicht der islamischen Masse mitgespielt. Die islamische Bewegung hingegen präsentiert eigene Lösungen, eine islamische Gesellschaft und Wirtschaftsordnung. Im Vergleich zum Nationalismus und Sozialismus ist der Islam in der Seele der Menschen tief verankert und die breite Masse identifiziert sich mit den islamischen Werten. Während sich der arabische Nationalismus und Sozialismus hauptsächlich auf arabische Staaten beschränkte, repräsentiert die islamische Bewegung die gesamte islamische Welt und strebt die Einheit aller islamischen Staaten an.

24 Die Arabische Liga

„Die Araber haben sich geeinigt, sich nicht zu einigen.“
(Arabischer Spruch)

Die Rückkehr des Islam auf der großen Bühne der Weltpolitik ist unverkennbar. Auch die Tendenz der Überwindung des Nationalstaates oder zumindest die Idee, dass der Nationalstaat nicht die letzte Konsequenz im Zusammenleben der arabischen Völker sein könnte bzw. sein muss, wird am Beispiel der Europäischen Union eindrucksvoll demonstriert. Diese neuen starken Staatenbünde suchen nach einem neuen System bzw. nach einer neuen internationalen Autorität. Hierbei stützen sie sich in der Realität auf Axiome wie Menschenrechte, Weltfrieden und Völkerverständigung, aber auch auf wirtschaftliche Interessen bzw. wirtschaftliche Dominanz und militärische Dominanz. Die Europäische Union mit ihrer gemeinsamen Währungsunion, basierend auf ihren christlichen Wurzeln, ist in der Tat eine funktionierende Institution. Ist solch eine Union in der islamischen bzw. zunächst in der arabischen Welt möglich?

Die Rede ist von der Arabischen Liga, die sich aus Mitgliedern zusammensetzt, die die gleiche Sprache, die gleiche Kultur und die gleiche Tradition haben.

Sie werden mir zustimmen, wenn ich behaupte, dass die Gemeinsamkeiten zwischen den Staaten der Arabischen Liga wesentlich größer sind als zwischen den Staaten der Europäischen Union. Damit dürfte das Argument von unterschiedlicher Prägung des Islam oder unterschiedlichen kulturellen Hintergründen als Hindernis für die Entstehung einer arabischen Nation ad acta gelegt werden. Die nationalistische Bewegung, die ihre Wurzeln in den Anfängen des 19. Jahrhunderts hat, ist von Grund auf eine Bewegung für die Einheit der Araber, der arabischen Seele. Die arabische Nation sollte im gleichen Maße erstarken wie die Europäische Union. Die Vorstellung von einer arabischen Nation, die sich von Marokko bis nach Bagdad erstreckt, fand und findet in der Bevölkerung großen Anklang. Trotz der geographischen Zerstückelung, die von den Kolonialmächten verursacht wurde, ist das Zusammengehörigkeitsgefühl innerhalb der arabischen Welt intakt geblieben, ja sogar stärker als je zuvor. Die arabische Intelligenzia emanzipiert sich zunehmend. Sie ist es, die das arabische Bewusstsein wiederherstellte und sich jetzt zunehmend in den Vordergrund stellt. Zugute kommt dieser Bewegung ein Prozess der Reislamisierung, der sich in allen arabischen Staaten vollzieht und sich zunehmend auf eigene Traditionen und auf islamische Werte, die zunehmend die politischen Geschicke in diesen Ländern nachhaltig beeinflussen, besinnt. Frei nach Ibrahim al-Yasidschi ruft die proarabische nationalistische Bewegung: „Auf ihr Muslime! Auf ihr Araber, erwacht!“ Das gesamte arabische Bewusstsein spielt bei allen Entscheidungen jetzt eine entscheidende Rolle. Die erste Konfrontation dieses gesamtarabischen Bewusstseins mit der christlich dominierten westlichen Welt erfolgte und erfolgt im Irak-Krieg gegen die Vereinigten Staaten und ihre Verbündete. So makaber und unlogisch sich dies auch anhört, aber der Krieg gegen den Irak, der so vielen Muslimen das Leben kostete und kostet, die Erhängung Saddam Hussains an einem islamischen Feiertag, der erneute Aufruf zum Kreuzzug eines Präsidenten der Vereinigten Staaten von Amerika, George W. Bush, hat die Seele der Araber nachhaltig verändert und das Streben nach einer starken, unabhängigen, islamisch orientierten, arabischen Nation enorm gestärkt. Die Erfolge des Widerstandes in Afghanistan und auch im Irak stärken das Bewusstsein eines jeden Arabers. Eine Weltmacht wurde von einigen tausenden Gotteskrieger fast in die Knie gezwungen. Diese Tatsache ließ die Araber aufhorchen und im Bewusstsein das Reich der Umaijaden entstehen lassen. Hinzu kommt, dass diese Araber nicht vergessen haben, dass der Westen selten sein Wort hält. So geschehen nach dem ersten Weltkrieg. Die Versprechungen, den Arabern als Dank für die Waffenhilfe gegen die Türken einen eigenen Staat zu geben, erwies sich als Trug ersten Ranges (Vgl. [40, S. 36]). Vor dem zweiten Golfkrieg versprachen die Amerikaner den Kurden, im Falle ihrer Unterstützung, einen unabhängigen kurdischen Staat innerhalb des irakischen Territoriums. Damit wurde der Zorn der arabischen Nation erneut entfacht, davon abgesehen, dass die Kurden nach dem zweiten Golfkrieg ihrem Schicksal überlassen wurden. Vor dem dritten Golfkrieg wurde die ganze Welt vor irakischen Massenvernichtungswaffen gewarnt. Nach der Eroberung und Plünderung Bagdads durch die Amerikaner und seinen Verbündeten, zu denen auch einige arabische Herrscherfamilien gehörten, wurden keine Massenvernichtungswaffen gefunden, auch die Demokratisierung des Irak ist lediglich eine große Lüge gewesen. Der Irak ist ein besetztes Land, die Erdölvorräte werden von den Amerikanern kontrolliert, die Kontrolle über den Irak wird zunehmend von den Schiiten übernommen und die irakische Hochkultur, die Wiege der Zivilisation, wurde zerstört und ihre Einzelstücke können als Sammlerstücke erworben werden. Die Demokratisierung des Irak hat nie stattgefunden und wird auch nie stattfinden. Ganz im Gegenteil. Der Irak droht auseinanderzubrechen. Eine erneute Zerstückelung des arabischen Bodens. Erinnerungen an das Sykos-Picot-Abkommen werden wach. Damals einigten sich die Franzosen und die Engländer den arabischen Raum unter sich aufzuteilen. Daher sitzt das Misstrauen gegenüber dem christlich orientierten bzw. christlich dominierten Westen in der gesamten arabischen Welt sehr tief. Dieses Misstrauen wurde durch den Irak-Krieg und den Einmarsch in Afghanistan verstärkt. Damals zerstückelten England und Frankreich das Arabische Reich. Sie schafften es aber nicht, die arabische Seele zu zerstückeln. Nach dem Prinzip „Teile und Herrsche“ wurde nach dem Ersten Weltkrieg der arabische Nationalismus seitens der Engländer und Franzosen massiv unterstützt. Dies sicherlich nicht um eine arabische Nation zu gründen, sondern um die Etablierung der Nationalstaaten zu zementieren und so die eigene Herrschaft über dieses Gebiet auf Jahrhunderte hinaus zu sichern, damit das arabische Öl die westliche Industrie vorantreibe. Insbesondere während des Zweiten Weltkrieges bemühten sich die Engländer der Ermächtigung Libanons und Syriens sowie des Irak, um den Landweg nach Indien zu sichern. Den Seeweg über den Suez-Kanal glaubte England sich politisch und militärisch sichern zu können. Als Rommels Panzer auf Kairo zu rollten, da sahen sich die Engländer erneut gezwungen die Gunst der Araber für sich zu gewinnen und sie versprachen den Traum eines gesamten arabischen Reiches zu verwirklichen. Also „beschloss England, dass ein gewisses Maß von arabischer Einheit mit den britischen Interessen im Nahen Osten sehr wohl zu vereinbaren war. Man versprach sich davon größere Stabilität in der ganzen Zone.“ [41, S. 307] „Die arabische Einheit war nicht immer eine praktikable Idee, aber stets eine verlockende. Sie führte die britische Regierung letztlich mit amerikanischer Unterstützung dazu, Pläne für die Ordnung der arabischen Angelegenheiten zu entwickeln.“ [42, S. 275] „Es traf sich auch, dass London einen eigenen Plan für die Einheit der Araber ausgearbeitet hatte, eine arabische Liga.“ [43, S. 267] Zahir Abdelsamid formulierte in einem Artikel: „Der britische Imperialismus wollte ein Organ schaffen, dass er für seine Zwecke nutzen konnte, und sie gleichzeitig mit der Lösung der arabischen Einheit tarnen.“ [44, S. 600] „Außenminister Anthony Eden, der einst Orientalistik studiert hatte, war der Vorkämpfer dieser neuen britischen Politik gegenüber den Arabern.“ [41, S. 307] Die Idee der Gründung bzw. der Bildung der Arabischen Liga war geboren. Es war jedoch keine Idee der arabischen Nationalisten, sondern ein „Britisches Pferd“ für die Araber, zumal die meisten arabischen Staaten nach wie vor occupiert waren. Die Araber glaubten, dass die Bildung einer arabischen Liga im Grunde auf die Wiederherstellung des „Fruchtbaren Halbmondes“ hinauslaufe. Erneut sollten sich die Araber eines Besseren belehren lassen. Die arabische Stimme verstummte, erneut wurde der seelische Rückzug angetreten. Währenddessen begann England mit der Errichtung einer „Arab News Agency“ und einem gesamtarabischen Sender, dem sogenannten „Near East Broadcasting Station“ in Jaffa, um die britische Idee zu fördern (Vgl. [45, S. 479 ff.]). Mustafa al-Nahas Pascha, damaliger Premier Minister von Ägypten, schlug vor sich in Kairo zu treffen, um ein Programm für eine arabische Union auszuarbeiten (Vgl. [46, S. 18]). Im September 1944 traf man sich in Alexandria, um über die Struktur der geplanten Organisation zu diskutieren. Es standen insgesamt drei Modelle zur Diskussion, nämlich ein einheitlicher arabischer Staat mit einer zentralen politischen Autorität, ein föderativer Staat oder eine lose Konföderation (Vgl. [47, S. 6 f.]). Aus Angst vor Macht- und Privilegienverlusten entschied sich diese Kommission für eine lose Konföderation. Damit wurde die Idee eines arabischen Reiches zu Grabe getragen. In seiner Ansprache vor dem Wellesley College Forum über die Gründung der Arabischen Liga äußerte sich Hassouna, dass die Gründung der arabischen Liga „der erste Versuch (sei), den gemeinsamen Banden des Blutes, der Sprache, Religion und Bestrebungen der unabhängigen arabischen Staaten Ausdruck zu geben.“ [48, S. 14] Die Ziele der Arabischen Liga sind die Verbesserung der Zusammenarbeit zwischen den arabischen Staaten, Schutz der Unabhängigkeit, damit ist nicht die Unabhängigkeit von der Kolonialherrschaft gemeint, sondern die Unabhängigkeit der in den Mitgliedstaaten vorhandenen Regierungsformen zu respektieren und nichts zu unternehmen, um diese Regierungsformen zu ändern. Auch im Falle eines Angriffs oder der Drohung eines Eingriffs gegen einen Mitgliedstaat der Liga sind keine eindeutigen Maßnahmen vorgesehen, offensichtlich weil es der Liga an einem ausführenden Organ mangelt. Auch die Errichtung eines arabischen Gerichtshofes wurde in Betracht gezogen. Die Meinungsverschiedenheiten hinsichtlich Zuständigkeit ließen eine solche Institution nicht entstehen. Eine klare Aussage hinsichtlich Koordination und Zusammenarbeit ist den Regeln der Liga nicht zu entnehmen. Die Beistandspflicht im Falle von Aggressionen gegen ein Mitglied der Arabischen Liga wird in Artikel zwei geregelt. Dort heißt es: „Die Vertragsparteien betrachten jeden Akt der bewaffneten Aggression gegen eine oder mehrere von ihnen oder gegen ihre bewaffneten Streitkräfte als gegen alle Vertragsparteien gerichtet. In Einklang mit dem Recht zur Selbstverteidigung verpflichteten sie sich daher, einzeln und kollektiv unverzüglich dem Staat oder den Staaten zu Hilfe zu kommen, gegen die ein solcher Akt der Aggression unternommen wird unverzüglich einzeln und kollektiv alle verfügbaren Maßnahmen einschließlich der Anwendung bewaffneter Macht zu ergreifen, um die Aggressionen zurückzuweisen und um Frieden und Sicherheit wiederherzustellen. In Übereinstimmung mit Artikel 6 des Paktes der Arabischen Liga und Artikel 51 der Charta der Vereinten Nationen werden der Rat der Arabischen Liga und der Sicherheitsrat der Vereinten Nationen von einem solchen Akt der Aggression und den Mitteln und Maßnahmen, um ihn zu begegnen, in Kenntnis gesetzt werden." Auch verpflichten sich die Mitglieder der Liga, keine internationale Abkommen abzuschließen, die den Bestimmungen dieses Vertrages widersprechen, noch bei ihren internationalen Beziehungen auf eine Weise zu handeln, die im Widerspruch zu den Zielen dieses Vertrages steht. In Wirklichkeit ist die Liga ein Pakt aus „einer wohlklingenden Präambel und 20 nichtssagenden Paragraphen." [49, S. 154] „Die Liga ist ein lockerer Staatenbund und Gefüge (...) und faktisch eine Verbindung von diffusen panarabischen Gefühlen nationaler Machtpolitik und Hegemonialbestrebungen ihrer einzelnen Mitglieder. Die Rivalitäten zwischen Kairo und den anderen Mitgliedstaaten haben die Liga in ihrer gesamten politischen Wirksamkeit wieder und wieder paralysiert." [50, S. 155] Nasser beschrieb in seiner Rede vor dem ägyptischen Nationalkongreß am 31.05.1966 die Situation der Arabischen Liga wie folgt: „Wir müssen wissen, was die Liga ist wo ihre Grenzen liegen. (...) Weil sie Grenzen hat, müssen wir sie deshalb auflösen? Die Antwort ist: Nein! Weil die Liga sich mit der Zeit stärken und ein bedeutendes Instrument der arabischen Aktion werden kann. Sie eint auf kulturellem und wirtschaftlichem Gebiet. Aber wir können von ihr nicht verlangen, dass sie aus sich entscheidet und handelt, da sie weiter ein schwaches Glied der arabischen Kette bildet, wegen der einfachen Tatsache, dass sie alle arabischen Staaten repräsentieren soll. Zum Beispiel, wenn wir eine Entscheidung über den Abbruch der Beziehungen zur Bundesrepublik Treffen, dann haben verschiedene Staaten das Recht, Vorbehalte zu machen. (...) Wir können von der Liga nicht mehr fordern, als ihre Mitgliedstaaten entscheiden." [51, S. 259 f.]

Boutros-Ghali sah die „chronische Krise, unter der die Liga leidet, in der wesentlichen Schwäche der arabischen Länder." [52, S. 136] Boutros-Ghali fügte hinzu, dass „die Liga oft die Fassade war, hinter der die arabischen Staaten ihre Ohnmacht verbergen und ihr dann ihre Mängel und Misserfolge zuschieben wollten." [52, S. 136] Für McDonald ist „die innere Instabilität der Arabischen Liga die Grundlage für widersprüchliche

Kommentare in den beiden letzten Dekaden, in Wirklichkeit ein in allen regionalen Organisationen innewohnendes Charakteristikum. In ihrer Struktur ist die Arabische Liga eine lockere, aber mit Anspruch auf Dauerhaftigkeit errichtete Konföderation von unabhängigen Staaten, durch einen Pakt sanktioniert, dem jeder Mitgliedstaat nur ein ganz beschränktes Maß seiner Souveränität zur Verwirklichung gemeinsamer Ziele und Pläne übertragen hat. Mehr als eine Allianz, aber weniger als eine souveräne Föderation, ist die arabische Liga, wie jede regionale Organisation, den Spannungen interner Interessenkonflikte ausgesetzt, die nur in dem Maße gemindert werden, indem die Mitgliedstaaten bereit sind, realistische Prioritäten für die Absichten zu setzen, die nur oder weitgehend nur durch die Organisation verwirklicht werden können.“ [53, S. 282]

Agwani stellte fest, dass die arabische Gesellschaft unter tiefen sozialen und wirtschaftlichen Problemen leide, die nicht der Etablierung einer solchen regionalen Organisation förderlich seien, weil die Arabische Liga nicht im Stande sei, die dringenden wirtschaftlichen Fragen zu lösen bzw. Antworten auf die aktuellen Probleme zu finden (Vgl. [54, S. 366 f.]). Dabei war die Gründung der Liga, auch wenn es initial eine britische Idee war, „Ausdruck des mächtigen Gefühls der arabischen Persönlichkeit, des arabischen Nationalismus, einer fundamentalen Welle, die unter vielen Formen die arabische Renaissance am Ende des XIX. Jahrhunderts zu neuem Leben erweckte. Nach den zerschellten Hoffnungen von 1915-1918 wollte man endlich den Traum eines vereinten arabischen Reiches verwirklichen.“ [55, S. 362] Die Staaten der Arabischen Liga gewähren Garantien für Gebiet und System (Vgl. [40, S. 67]). Damit wird das Prinzip der Nationalstaaten gefestigt und die Idee der arabischen Einheit bewusst geschwächt. Man gewinnt den Eindruck, dass die arabische Liga gegründet wurde, um die Entstehung einer arabischen Nation zu verhindern. Ähnlich sieht es auch McDonald. In der Gründung der Arabischen Liga sieht er zwei Ziele: „Erstens wollen die Mitgliedstaaten durch den Mechanismus der Liga ihre nationalen Ziele erreichen. Zweitens sollten die Mitgliedsstaaten etwas von ihrer Souveränität zu Gunsten der gemeinsamen Ziele der Organisation opfern.“ [53, S. 67] „Man muss hinzufügen, die Diskrepanz zwischen dem Enthusiasmus der Volksmassen für die arabische Einheit und die zögernde Haltung der Staatslenker, die vor allem an den Schutz der etablierten Interessen denken. Die Tendenz zu Gunsten der arabischen Einheit bleibt aber machtvoll. Es ist nicht unmöglich, dass in der Zukunft die Umstände der Liga zugute kommen, um sie zum Zentralpunkt neuer Bestrebungen zur Vereinheitlichung der arabischen Staaten zu machen.“ [55, S. 362] Das ist eine Tatsache, dass die arabische Masse und auch „ziemlich alle Zeitungen der arabischen Welt die Liga angriffen (...) nämlich weil die Arabische Liga und die arabischen Völker nicht dieselbe Sprache redeten“, schrieb Mohammed el-Tabi in der Tageszeitung „Akhbar al-Yom“ am 04.04.1953.

„Der Pakt erkennt unabhängige und souveräne Staaten an, d.h. dass er sie in ihren bestehenden Grenzen anerkennt, was schon jeden späteren Traum eines größeren Arabiens aufhebt. So unternimmt es der Pakt schon in seinem Ansatz, die Rolle der Liga auf die Sammlung der Staaten einzudringen und nicht auf die Vereinigung der Völker oder des Volkes der arabische Nation in den arabischen Ländern auszurichten.“ [55, S. 365] Diese Politik ist die Ursache für das Weiterbestehen der Liga (Vgl. [55, S. 367]).

Die Ziele der Arabischen Liga, nämlich die Vereinheitlichung des Schulsystems und der universitären Systeme, die Wiederbelebung der arabischen Kultur, hierzu gehört der Austausch von Lehrern und Schülern, die Ausarbeitung eines einheitlichen wissenschaftlichen Vokabulars, die Förderung der Wissenschaften, sind verfehlt worden. Die Liga war und ist kein Motor der kulturellen Integration. Auf dem wirtschaftlichen Gebiet hat die Liga gänzlich versagt. „Wenn es sich um die Konventionen des Ligarates handelt, die wirtschaftliche Integration zwischen den arabischen Staaten vorantreiben, so ist die Situation noch ungünstiger.“ [52, S. 124] Die „Arab Financial Institution for Economic Development” ist bemüht, gemeinsame Entwicklungsprojekte in den arabischen Staaten voranzutreiben. Diese Versuche blieben ergebnislos. Die Niederlagen gegen Israel im Jahre 1948, 1956 und 1967 zeigten die Uneinigkeit der arabischen Staaten. Diese Kriege gingen außerhalb des Rahmens der arabischen Liga vonstatten. Nach der Niederlage und der Anerkennung Israels durch die UNO 1949 kam 1950 der „Vertrag über gemeinsame Verteidigung und wirtschaftliche Zusammenarbeit“ zustande. Dieser Vertrag forderte die automatische Beistandspflicht kollektiver Sicherheit. Boutros-Ghali äußerte sich zu diesen ineffizienten Vertrag wie folgt: „Es wäre ungerecht, der Liga die Mängel der verschiedenen Systeme der kollektiven Verteidigung zuzuschreiben, die aufgestellt wurden. Denn diese Mängel sind in der Schwäche der arabischen Staaten auf militärischem und technologischem Gebiet zu suchen, nicht in der strukturellen Schwäche der Liga.“ [52, S. 109] Weiter erklärt er, dass „die verschiedenen Konstruktionen der kollektiven Sicherheit der Liga den Fehler hatten, ein falsches Gefühl der Sicherheit gegeben und den arabischen Ländern ihre eigenen Unzulänglichkeiten verschleiert zu haben. Die Liga hat ihrer Aufgabe in dem Maße nicht genügt, in dem sie die arabische Welt nicht aufgefordert hat, sich der militärischen Wirklichkeiten bewusst zu werden, und indem sie nicht zu wirksamen Maßnahmen aufgerufen hat, um die arabischen Staaten auf den Weg des technologischen und wirtschaftlichen Fortschritts zu führen." [52, S. 109] Somit hat keine der betroffenen Parteien Vertrauen zu den Instrumenten und Voraussetzungen der Liga und ihres nicht transparenten Apparates. Die Unfähigkeit der arabischen Liga zeigte der irakisch-kuwaitische Konflikt im Jahre 1961. Nach Erklärung der Unabhängigkeit Kuwaits erklärte der damalige irakische Staatschef Kassem, dass „Kuwait ein untrennbarer Bestandteil des Iraks sei und dass der Irak einen territorialer Anspruch auf Kuwait habe." [56, S. 1929] Zum ersten Mal wurde die Liga militärisch tätig und schickte eigene Truppen an der irakisch-kuwaitische Grenze. Gleichzeitig muss festgehalten werden, dass der Konflikt einen antikolonialistischen Beigeschmack hatte, weil der damalige britische Premier Minister Heath vor dem Unterhaus erklärte, dass Großbritannien in keiner Weise die Ansprüche des Irak gegen die gerade erlangte Unabhängigkeit Kuwaits hinnehmen werde. Ein klarer Hinweis für die antipanarabische Haltung des Westens. Diese antiarabische Haltung ist auch in dem Artikel „Der Angriff gegen die arabische Welt soll auch an anderen Stellen aktiviert werden" ebenfalls „Das Problem des Schatt al-Arab und der Grenzen des Irak" in der Zeitschrift „Die arabischen Staaten", diskutiert worden. Die irakische Regierung antwortete prompt, nicht jedoch die Liga. Kassem gab der britischen Regierung Folgendes zu verstehen: „Die Frage ist eine rein arabische, und sie geht nur die Araber etwas an. Die Regierung des Irak wird es den Imperialisten nicht gestatten, in die Front der Araber einzudringen. Das Endziel der irakischen Regierung ist die Bildung einer einzigen großen arabische Nation." Diese Stellungnahme erschien ebenfalls in der Zeitschrift „Die arabischen Staaten". Doch dazu sollte es wieder nicht kommen, denn bereits 1963 brach ein bewaffneter Konflikt zwischen Algerien und Marokko, um Grenztstreitigkeiten, die ihren Ursprung in der französischen Kolonialzeit hatten, aus. Als Vermittler trat hier die „Organisation für die Einheit Afrikas", nicht die Liga an. Die Liga war auch nicht in der Lage den Jemen-Konflikt zwischen Ägypten und Saudi Arabien zu lösen. Zutreffend schreibt Boutros-Ghali: „Für die einen findet das Phänomen in dem archaischen und wenig effektiven Verfahren der Liga zur Beilegung von Streitigkeiten eine Begründung. Wenn ein Gerichtshof bestünde oder selbst eine Schlichtungskommission, wie in der OAU, würden die arabischen Staaten weniger renitent sein. Für die anderen ist diese Krise keineswegs mit den von der Liga vorgesehenen System verbunden; ihr Ursprung liegt bei den tieferen Widersprüchen der arabischen Welt in der augenblicklichen Konstellation, die die arabischen Staaten eher dazu bewegen, die Anrufung eines dritten nicht-arabischen Staates (oder einer Organisation vorzunehmen als die eines arabischen). In der Konsequenz würde auch die Errichtung eines arabischen Schiedsgerichtshofes oder irgendeines anderen Organs zur Schiedsregelung nichts daran ändern. Für die Dritten schließlich liegt die Erklärung dieser Krise beim Übergewicht im Rahmen der Liga. Es ist doch bemerkenswert, dass in der Mehrzahl der Fälle die Staaten, die eher die Vereinigten Nationen oder andere Organisationen angerufen haben als die Liga, so handelten, da sie im Gegensatz zu seinen Partnern standen.“ [52, S. 104]

„Man kann nicht bestreiten, dass die Liga wieder in den meisten Fällen auf einem Gebiet erstrangige Bedeutung versagt, der Regelung von Streitigkeiten zwischen arabischen Staaten.“ [52, S. 105] Die Unstimmigkeiten innerhalb der arabischen Liga lähmen diese Organisation. „In der Tat gibt es keinen arabischen Politiker, der nicht zu gegebener Gelegenheit die Revision des Paktes und die Reform der Liga gefordert hätte.“ [52, S. 131] Gleichzeitig vermerkt Boutros-Ghali, dass „indessen, selbst wenn alle Reformen heute nicht zustande kommen, selbst wenn ihre Ohnmacht sich täglich bestätigt, bewahrt die Liga ihr Prestige und ihren Wert als Mythos, weil sie für alle Völker von Agadir bis Aden die Umma symbolisiert, die arabische Nation, und weil sie für alle Eliten die Vorstufe einer Integration zeichnet. Und solange keine andere Organisation ihrer Ablösung sichert, behält sie für alle diesen Glaubenswert.“ [52, S. 137]

Was die arabische Einheit angeht, so ist die Arabische Liga ihr Grundpfeiler. Der Einfluss der arabischen Liga umfasst heute fast das gesamte Gebiet des damaligen Umaijaden-Reiches. Die geistige und die seelische Disposition ist gegeben. Trotz eifriger Penetration und militärischer Brutalität haben es die Kolonialmächte nicht geschafft, das arabische Bewusstsein zu dezimieren, dies gibt Anlass zur Hoffnung. Von entscheidender Bedeutung ist die panarabische Einstellung der arabischen Völker. Die revolutionäre Forderung unter den Intellektuellen gewinnt zunehmend an Bedeutung und man darf nicht vergessen, dass die Revolution in Ägypten wie auch im Irak, der Monarchie ein Ende setzte. Die Bewegung des Panarabismus existiert nach wie vor. Das Gemeinschaftsgefühl der Araber ist ungebrochen. Die Idee einer arabischen Nation bzw. die Sehnsucht nach einer arabischen Nation mit einer gemeinsamen Sprache, einer gemeinsamen Regierung, eine gemeinsamen Kultur, einer gemeinsamen Armee, eine gemeinsamen Identität und insbesondere einer gemeinsame Religion ist größer als je zuvor. Überflügelt wird dieser Wunsch ausschließlich von der Gründung eines islamischen Reiches oder einer islamischen Union von Marokko bis Mindanao. Der Widerstand der regierenden Regime schwächelt und es wird zunehmend schwerer diesen Drang, insbesondere der neueren Generation, Widerstand zu leisten. Die Kriege gegen Irak und der Einmarsch in Afghanistan haben die arabische Welt in eine enorme Unruhe versetzt und die gesamte islamische Welt in Bewegung gebracht. Der Ruf nach einer gemeinsamen Strategie der islamischen Staaten, insbesondere gegenüber dem Westen, wird immer lauter und die Töne werden immer aggressiver. Die Betonung der eigenen Kultur und der eigenen Religion ist täglich wahrnehmbar. Die Moscheen sind überfüllt, die arabische Sprache erlebt eine Renaissance und der Islam ist dabei, seinen alten Platz wieder einzunehmen. Wer kann dies verhindern? Alle Versuche des Kolonialismus, Imperialismus-Kommunismus und Sozialismus und auch der Kapitalismus konnten den Islam nicht in die Knie zwingen. Warum also sollten es nicht zur Entstehung eine arabische Nation und später auch zu einer islamischen Union kommen? Die Engländer und Amerikaner, die die alten arabischen Regime am Leben erhalten, sind dabei ihre Hegemonialmacht zu verlieren.

25 Die „Achse des Bösen“

Der Islam kommt zum richtigen Zeitpunkt. Nach dem Zerfall des Sowjetimperiums war die Weltmacht USA und ihre „Tochterorganisation“ Europa auf der Suche nach einem neuen ernstzunehmenden Gegner. Dies liegt in der Natur der Weltmächte. Sie definieren sich durch ihre Gegner. Je größer der Feind, desto mehr Rechtfertigung zur öffentlichen Demonstration der eigenen Potenz. Diese Demonstration des Größenwahns erfolgt verbal und non-verbal. Komplette Kulturen, die seit Jahrtausenden existieren, werden von der Bush-Administration zu Schurken erklärt, ganz in der Tradition der Kreuzritter. Diese sahen im Kampf gegen den Islam und gegen das Judentum ihre Berufung. Der Hass wird zum Sinn des Lebens. Das Nachdenken wird durch die Existenz einer anderen Kultur extrem einseitig. Eine ganze Kultur leidet unter einer paranoiden Psychose. Doughty bediente sich bereits einer solchen krankhaften Rhetorik. Scharfsinnig bemerkte er: „Sind die Lehren Mohammeds heute nicht die Religion des zehnten Teiles der Menschheit? Wie würde die Welt ohne die redegewandte Zunge dieses verhängnisvollen Ismaeliten aussehen! Selbst eine dünngeistige Religion ist, wenn sie nur die Massen hinter sich zu bringen versteht, eine große Macht in der unberechenbaren Weltgeschichte. Gefährlich ist jedes Band, das viele Millionen Menschen auf Leben und Tod zu vereinen mag! Der Islam und das Volk der Juden gleichen großen geheimen Verschwörungen, nur untereinander Freunde, jedem Außenstehenden gegenüber aber hartherzig, ungerecht, hinterhältig und unversöhnlich. Doch die heidnische, vorislamische Religion der Kaaba sorgte dafür, dass der so schnell erblühende Mohammedanismus nicht ebenso schnell wieder verging.“ [57, S. 92] Ähnliches wird die amerikanische Regierung wohl auch denken, weil die Lehren Mohammeds heute die Religion des dritten Teiles der Menschheit sind. Zu Recht schreibt Horten über die negative Wahrnehmung des Islam in der westlichen Öffentlichkeit: „Es ist erstaunlich, welches Maß von Blindheit für die feineren Seiten einer Religion und Kultur, wie der Islam, sich in solchen Darstellungen findet. Nur die äußeren, materiellen Erscheinungsformen dieser Religion scheinen nach solchen dilettantischen Darstellungen vorhanden zu sein. Die feineren Seiten einer so zarten Blüte der Menschheitskultur, wie es die Religion ist und dies gilt auch von der des Islam, sind für die Blicke solcher auf das Äußerliche gerichteter Darsteller nicht bestehend. Diese unglaubliche Oberflächlichkeit muß aus der Behandlung des Islam verschwinden.“ [19, S. 10] Eines der häufigsten Vorwürfe an die muslimische Welt lautet, Islam und Demokratie seien miteinander nicht zu vereinbaren. Der Islam sei eine rückständige Religion und passe in diese Zeit nicht hinein. Der Islam sei menschenfeindlich und reaktionär. Der Muslim an sich sei intolerant.

Kommen wir zum ersten Vorwurf der da lautet, Islam und Demokratie seien inkompatibel. Entgegen den Vorstellungen gibt es sowohl im Koran als auch in der Sunna keine klare Gestaltung der politischen Ordnung. Die islamischen Regierunglehren entstammen der orthodoxen Lehre, die im Mittelalter von sunnitischen Gelehrten ausgearbeitet wurde. Dieses politische System stützt sich auf zwei Säulen, die Scharia auf der einen Seite und die Rolle des Herrschers auf der anderen Seite. Der Kalif, Stellvertreter des Propheten, herrscht faktisch absolut, seine Herrschaft ist gemäß der Scharia „Din wa Dawla“ ungeteilt, er könne allerdings Aufgaben an verschiedene Personen delegieren. Der Khalif ist den göttlichen Gesetzen unterworfen, die Interpretation der göttlichen Gesetze erfolgt durch die Religionsgelehrten, den sogenannten „Ulamma“. Diese verstehen sich als Erben des Propheten. Die Aufgaben des Kalifen bestehen darin, in seinem Herrschaftsgebiet die Scharia durchzusetzen. Theoretisch verfügte er über keine legislative Gewalt. Er besitzt jedoch weitreichende Kompetenzen bei der Organisation der Justiz. Parteien, Stände oder Parlamente waren sowohl in der islamischen Lehre als auch in der politischen Praxis bedeutungslos. Allerdings ist „der sunnitische Islam eine Religion, in der die Überzeugung der Gemeinde ausschlaggebend ist. Nicht eine Autorität, die durch eine Einzelpersönlichkeit oder eine kleine Gruppe von Individuen vertreten ist, kann in ihm den Glauben festsetzen, sondern die Stimme des Volkes; denn, die Gemeinde als Ganzes kann nicht in die Irre gehen, da sonst die von Gott gestiftete Religion dem Irrtum verfallen würde.“ [19, S. 16] Eine Institution wie die Kirche existiert im Islam nicht. Das islamische Herrschaftssystem ist am ehesten mit dem Hobbschen System zu vergleichen. Die Idee der Volkssouveränität, aus der sich im Laufe der Zeit politische Rechte und Pflichten ableiten ließen, hatte in einer auf Gottesgesetze basierende Ordnung keinen Platz. Ausschließlich Gott ist souverän. Seine Werte, Normen und Gesetze können von keinem Herrscher und keiner parlamentarischen Mehrheit abgewandelt bzw. außer Kraft gesetzt werden. Aber es bleibt grundsätzlich in der Tat die Möglichkeit der Gründung einer demokratisch-rechtsstaatlichen

Ordnung, weil die Demokratie sich nicht nur auf formale Verfahren und Strukturen reduzieren lassen kann. Sie setzt Rechts- und Wertvorstellungen voraus. Hierzu zählen die Idee der Menschenrechte, das Mehrheitsprinzip und die Gewaltenteilung sowie die Freiheit des Individuums, Pluralismus der Meinungen und der Gleichheitsgrundsatz. Sie können durchaus auf dem Boden der islamischen Regierungslehre gedeihen. Die Angleichung islamischer Grundwerte wie Gleichheit und Gerechtigkeit, setzt neue Deutungen voraus. Hier hat bereits eine Diskussion eingesetzt, sowohl im Hinblick auf die Menschenrechte als auch hinsichtlich der Definitionen einer rechtsstaatlichen Ordnung (Vgl. [58]). Die Idee der Menschenrechte kann direkt aus dem Koran abgeleitet werden (Vgl. Sure 17, Vers 70). Es findet dabei eine stärkere Betonung hinsichtlich Verantwortung und Pflichtbewusstsein, weniger im Hinblick auf die Freiheit statt. Daraus kann aber nicht die Schlussfolgerung gezogen werden, dass das Individuum ganz der Gemeinschaft der Umma sich unterzuordnen habe oder gar geopfert werden würde. Das islamische Recht geht vom individuellen Rechtssubjekt aus, nicht vom Kollektiv, d.h. jeder ist für sein Handeln selbst verantwortlich. Gleichzeitig sollen sich die Individuen harmonisch in die Gemeinschaft einfügen. Hier gilt Gemeinnutz vor Eigennutz. Der ausgeprägte Individualismus wird hingegen als egoistisch und destruktiv angesehen. Ein von göttlichen Gesetzen losgelöster Individualismus ist in der islamischen Lehre absolut fremd. Die Individualität soll einerseits durch die Schranke des Gewissens, andererseits durch die äußeren Schranken des Gesetzes einhergehen, welches über allen Individualrechten steht. Freiheit wird grundsätzlich als Grundwert islamischer Lehre bejaht.

Nach islamischer Lehre sind alle Menschen vor Gott gleich. Gleichheit vor Gott bedeutet nicht gleichzeitig Gleichheit vor dem Gesetz. In der Emanzipation sehen die Muslime die Gefahr einer Auflösung der Familie, der Ehen und eine zu starke Lockerung der Moral. In der gesamten islamischen Welt wünscht sich heute die Mehrheit die Einführung der Scharia. Sobald die Scharia herrscht, erscheint die Staatsform irrelevant.

Die Scharia schreibt das Beratungsprinzip vor, die sogenannte „Shura“. Diese regelt die Verantwortlichkeit der Regierenden vor Gott und den Menschen. Sie dient als Grundlage für eine gerechte und geregelte Rechenschaftspflicht. Sie regelt sogar gegebenenfalls die gewaltfreie Ablösung des Herrschers. Die Justiz ist insoweit unabhängig, da sie aus der Unverfügbarkeit des göttlichen Gesetzes abgeleitet wurde, somit ist sie für die weltliche Obrigkeit unantastbar. Hiermit sind die Grundsätze der „Good Gouvernance“ angesprochen, die international propagiert werden und die hier quasi islamisch formuliert werden. Diese im Koran und Sunna festgelegten Grundwerte können im Rahmen eines wiederbelebten Kalifats geschehen. Die Verwirklichung kann auch in einer islamischen Republik erfolgen. Die Umsetzung der Scharia lässt dem Wandel der gesetzlichen Bedingungen mehr Spielraum als das Kalifat. Die Scharia erlaubt sehr wohl flexible Anpassungen an die modernen Verhältnisse, auch die Einbeziehung neuer, außerhalb des Islam entwickelter Formen politischer Organisationen. Die Volkssouveränität ist nur eingeschränkt möglich, nämlich in dem Maße, dass Gott dem Menschen gewisse Vollmachten zur Regelung seiner Angelegenheiten überträgt. Eine Vorstellung, die sich durchaus bei weiteren Anpassungen mit parlamentarischen Prinzipien in Einklang bringen lässt. Für die politische Mitbestimmung steht das Prinzip der Konsultation, der Shura, das den Muslimen im Koran vorgeschrieben wird, zur Verfügung (Vgl. [59]).

Die Realität in den islamischen Staaten ist jedoch eine andere. Weiterhin „bleiben die Mechanismen politischer Machtausübung, parlamentarische Kontrolle und demokratische Partizipation vernachlässigt. Die Rolle der Opposition werde nicht systematisch behandelt. Das Verhältnis zum Parteienpluralismus bleibt unklar. Die politische Analyse wird durch einen moralischen Diskurs ersetzt.“ [60, S. 273 ff.]

Wir kommen zu dem Ergebnis, dass die Scharia sehr wohl demokratische Grundwerte enthält. Diese sind sicherlich nicht mit der westlichen Demokratie zu vergleichen. Es geht aber auch nicht darum Systeme zu exportieren, sondern aus der eigenen Geschichte, der eigenen Tradition, der eigenen Religion heraus, eine eigene Regierungsform zu entwickeln. Diese muss nicht nur die universellen Grundwerte, zu denen u.a. Menschenrechte, Frauenrechte, Recht auf Arbeit und Freiheit gehören, enthalten sondern auch umsetzen. Dies ist in der Scharia zweifelsfrei gegeben. In welchem Ihnen bekannten islamischen Staat herrscht das islamische System? In keinem. Wie also kann man ein System kritisieren, dass in den letzten 600 Jahren an keiner einzigen Regierung in der islamischen Welt beteiligt war? Was hat der Islam mit der Missachtung der Frauenrechte in den islamischen Staaten gemein, wenn er dort an der Macht gar nicht beteiligt ist? Die Jasmin-Revolution, die nicht nur Tunesien und Ägypten erfasste, sondern den gesamten arabischen Raum und nach wie vor im Gange ist, zeigt welch eine Willkürherrschaft, die vom heuchlerischen Westen unterstützt wurde, herrschte und herrscht. Am Beispiel des Aufstandes in Libyen aber auch zuvor in Ägypten, sieht man die ambivalente, heuchlerische Haltung der westlichen Welt, die weder an Menschenrechten, noch an Frauenrechten, noch an irgendwelchen Rechten überhaupt interessiert ist. Vielmehr geht es um die Sicherung der Öllieferungen und Kontrolle der Bodenschätze in diesen Ländern. Mit dem Beginn der arabischen Revolution und dem Sturz des Mubarak-Regimes, sowie des tunesischen Despoten und des Gaddafi-Regimes, demaskierte sich das wahre Gesicht des Westens. Wo bleiben nun die Menschenrechte? Warum hat man so lange gezögert mit der Unterstützung der Bevölkerung in diesen Staaten, doch wohl nur weil man sich erhofft hatte, dass die alten Regime in der arabischen Welt die Oberhand behalten. Doch dies hat sich als einen großen Fehler erwiesen. Jahrzehntelang wurden Menschenrechte im arabischen Raum an den Pranger gestellt. Gleichzeitig wurden alle Optionen und Möglichkeiten in Betracht gezogen, um die Regime an der Macht zu halten. Diese waren käuflich und großzügig in der Ausbeutung und am Ausverkauf ihrer eigenen Bodenschätze. Hier haben Menschenrechte keine Rolle gespielt, aber den Islam kritisierte man. Was nun? Der arabische Riese ist erwacht, die arabische Masse beginnt zu atmen und zum ersten Mal seit 1492 stellen sie Ansprüche und erheben ihre Stimme und fordern Gleichberichtigung für den Islam. Wer vermag diese Masse aufzuhalten? Die Gegner von damals, wie die Muslimbruderschaft, sind plötzlich Ansprechpartner von heute. Der Westen richtet sich auf eine neue Politik in der arabischen Welt ein und überraschend und unerwartet besteht der Westen erneut auf die Einhaltung der Menschenrechte. Wo war der Westen als Mubarak Tausende hinrichten ließ? Wo waren die westlichen Menschenrechtler als Ben Ali seinen ganzen Staat terrorisierte und Gaddafi wie Gott in Frankreich in Libyen herrschte? Und genau hier fiel mir ein Spruch des berühmten marokkanischen Wanderpredigers Sidi Abderraham al-Majdub ein, der folgendes in seinem Buch „Kitab al Fikr“ schrieb: „Sie sehen mich schwarz und arm und denken sich er sei minderwertig und ein Nichtsnutz, doch ich bin ein Buch mit sieben Siegeln, in dem jeder das findet, was er sucht, wenn er sucht.“

Die Menschen in der arabischen Welt haben die Despoten besiegt und sie sind dabei, der arabischen Welt ihren Platz auf diesem Planeten zurückzugeben, ohne westliche Einmischung. Wir können davon ausgehen, dass der Islam die Basis, der Schlüssel für die Zukunft dieser Staaten sein wird. Diese Menschen haben es nicht nötig irgendwelche politischen Systeme zu importieren, weil sie ein eigenes politisches System haben. Die Projektion seitens der westlichen Welt kann nun aufhören, zumal der Westen seinen Einfluss in der arabisch-islamischen Welt verlieren wird. Mubarak, Ben Ali, Gaddafi und die anderen arabischen Herrscher waren Marionetten der westlichen Imperialpolitik. Man ist fast dazu geneigt zu sagen, dass das römische Imperium erst jetzt sein Ende gefunden hat. Wo waren die Menschenrechtler und die Vorkämpfer der Menschenrechte als unschuldige Zivilisten in diesen Ländern massakriert wurden? Der Westen predigt Wasser und trinkt Wein. Um sich den Zugang zu Ölquellen und Gasquellen zu sichern, ist der Westen über Leichen gegangen. Wo waren da die westlichen Demokraten, die Intellektuellen, die Feministinnen und die Humanisten? Ich erinnere daran, dass man sich für die Revolte im Iran heftigst eingesetzt hat, sich aller Propagandamitteln bediente. Wie groß war der Aufschrei, als die Schiiten Salman Rushdie in seiner Abwesenheit zum Tode verurteilten. Wie solidarisch war der Westen doch bei den Berliner Filmfestspielen iranischen Regisseuren gegenüber. Wo waren diese Gutmenschen als im arabisch-islamischen Raum Menschen, die für ihre Rechte und Freiheiten kämpften, erschossen wurden? Wo sind die Feministinnen? Unzählige Frauen sind in diesen Ländern von Angehörigen des Militärs vergewaltigt worden. Zählen diese Frauen nicht oder bringen sie weniger Schlagzeilen? Das taktische Abwarten ist durchschaut worden und die pseudohumanistische Haltung des Westens ist sichtbar geworden. Der Schleier ist gefallen. Und die „schiefen Beurteilungen des Islam seitens moderner Schriftsteller und selbst hervorragender Geschichtsschreiber zeigt es sich, wie verhängnisvoll eine Unkenntnis der Weltanschauung und Grundlehren des Islam und auch für die Einschätzung politischer Ereignisse werden kann.“ [19, S. 14]

Die Jasmin-Revolution hat die europäische Politik entblößt und ihre Ratschläge ad absurdum geführt. Ehemalige angebliche Terroristen, Islamisten wie die Muslimbruderschaft, sind nun gefragte Ansprechpartner. Welch eine Ironie des Schicksals. Die Jasmin-Revolution ist sicherlich noch nicht zu Ende, doch eins ist sicher, die Einführung der Scharia in der islamischen Welt ist nicht aufzuhalten und die Rückkehr des Islam auf der politischen Weltbühne als gleichberechtigte Weltmacht hat bereits begonnen.

26 Die Erfindung der Islamisten

„Nichts als Esel sind die Menschen, drum treibe und bezähme sie! Und wenn sie, was du wolltest, dir gegeben haben, flieh!“ [61, S. 61]

Der Islamismus hat der christlich-abendländischen Welt den Krieg erklärt. Die westliche Welt befindet sich im Belagerungszustand. Ayman al-Zawahiri ließ durch Al-Jazeera mitteilen, dass er den Westen vernichten möchte. „Unser Ziel ist es, möglichst viele Menschen umzubringen. Das ist die einzige Sprache, die der Westen versteht.“ Ein anderer Terrorist ließ verlauten: „Ihr liebt das Leben, wir aber lieben den Tod.“ Der Islam bedrohe den Weltfrieden. Doch stimmt das? Oder ist man der Hysterie in den Medien verfallen?

Mohammed ist zwölf Jahre alt. Er lebt mit seiner Mutter und seinen beiden Geschwistern im Gazastreifen. Sein Vater sitzt im israelischen Gefängnis. Angeblich wegen antiisraelischen Aktivitäten. Der Gazastreifen, ein Symbol für Tristesse, ein Gefängnis für mehr als eine Million Menschen. Menschen, die weder eine Perspektive noch Sicherheit haben. Die einzige Konstante sind die sich wiederholenden Angriffe seitens der israelischen Armee. Diese treffen regelmäßig unschuldige Menschen, Frauen und Kinder. Eine permanente Demütigung und Endwürdigung. Gegen diese Angriffe wehren sich diese Menschen mit ihrem eigenen Leben. Der Außenstehende hat für diese Selbstmordanschläge, die ich keineswegs befürworte oder gar rechtfertige, schnell eine Erklärung parat: Der Islam war immer eine kriegerische Religion. Doch stimmt es so wirklich?

Wechseln Sie die Perspektive! Werfen Sie einen schonungslosen Blick auf ihre eigene Religion. Ich helfe Ihnen nach, wenn Sie dem christlichen Glauben angehören: Kreuzzüge, Religionskriege, Hexenverfolgung, Reconquista, Zwangschristianisierung, Sklaverei, Imperialismus und Kolonialismus. In der islamischen Welt sind diese Fakten noch lebendig. Georg Bush sprach vom Kreuzzug gegen den Satan, als die USA nachweislich log, um in den Irak einzumarschieren. Ob Georg Bush bewusst war, was er damit bei 1,5 Milliarden Menschen auslöste, als er das Wort „Kreuzzug“ in den Mund nahm? Tatsächlich hat er nur das ausgesprochen, was viele Menschen dachten. Beide Religionen sind auf Expansionskurs. Die Feindschaft zwischen diesen Religionen ist nicht neu. Sie hat mit der Terrororganisation Al-Qaida wenig zu tun. Die Auseinandersetzung zwischen der islamischen Welt und dem christlichen Abendland ist eine Fortsetzung der Kreuzzüge mit anderen Mitteln. Nach dem Zusammenbruch der UdSSR, zu dem auch die Muschahiddin, sogenannte islamische Gotteskrieger bzw. die heutigen Taliban, mit Hilfe des Westens beitrugen, waren die Vereinigten Staaten von Amerika kurzfristig verwirrt und desorientiert. Was macht eine sogenannte Supermacht ohne einen Gegner. Kein Gegner, kein Feindbild. Kein Feindbild, kein Krieg. Kein Krieg, keine modernen Waffen. Keine modernen Waffen, Machtverlust der Waffenlobby.

Der Islam wurde als Waffe gegen den Kommunismus missbraucht und nach dem Zusammenbruch des Eisernen Vorhangs, wurde der Islam selbst zum Feindbild. Man definiert sich durch den Feind, durch Feindbilder, durch Hass. Demnach muss festgehalten werden, dass der Islam kein neues Feindbild darstellt. Die Feindschaft besteht seit nun ca. 1.500 Jahren. Sie hat ihren Ursprung nicht in dem Unterschied der beiden großen Religionen, sondern in ihren Gemeinsamkeiten. Die Feindschaft zwischen Brüdern scheint die Schlimmste zu sein. Diese Feindschaft wurde für ca. 70 bis 80 Jahre durch den Kommunismus verschleiert. Doch was sind 70 Jahren im Vergleich zur 1.500 Jahren Feindschaft. Als 1948, mit Unterstützung der britischen Herrlichkeit, der Staat Israel auf palästinensischem Boden ausgerufen wurde, eskalierte der Konflikt. Dies war die Geburtsstunde der mächtigsten Opposition in der islamischen Welt, der Muslimbruderschaft. Der Widerstand gegen den Kolonialismus und Imperialismus organisierte sich. Die britische Politik mischte sich in Pakistan, Iran, Irak, Ägypten, Palästina, Syrien und Afghanistan ein. Die antiwestlichen Ressentiments wurden dadurch verstärkt! Der Widerstand gegen die westliche Bevormundung wuchs innerhalb weniger Jahre zu einer Volksbewegung. Im Iran herrschten die Briten durch ihre Ölkonzessionen bis 1952. Premierminister Mohammed Mossadegh verstaatlichte daraufhin das Öl. Zwei Jahre später wurde dieser Mann, mit Hilfe des britischen und amerikanischen Geheimdienstes, gestürzt. In diesen Jahren begann sich die islamische Bewegung im Iran zu organisieren und ein Geistlicher namens Khomeini griff öffentlich den Schah an und wurde daraufhin ins Exil geschickt. Khomeini kehrte 1979 in seine Heimat zurück und übernahm dort die Macht. Das war die Geburtsstunde der islamischen Republik Iran. Durch die Auseinandersetzung mit dem Kolonialismus und Imperialismus, der bis heute anhält, kann und konnte sich doch nur ein politisch-militanter Islam entwickeln, der auch nur antiwestlich sein konnte. Das Zentrum dieses Erdbebens ist der Nahostkonflikt. Solange dieser Konflikt nicht gelöst wird, solange werden diese Auseinandersetzungen bestehen und an Schärfe deutlich zunehmen.

Die Hamas, ein erbitterter Gegner des israelischen Staates, wurde in ihrer Entstehung von den Israelis als Gegengewicht zur PLO unterstützt. Mit dem völkerrechtswidrigen Irak-Krieg wurden im Irak die islamistischen Kräfte ins Leben gerufen. Zunächst von den USA, unterstützt im Kampf gegen Saddam Hussein, dann bekämpften sie die Besatzungsmächte, jetzt werden sie von den USA erneut militärisch unterstützt, um den Aufmarsch des Schiitismus aufzuhalten. Aus politischer Ignoranz haben die Vereinigten Staaten von Amerika dem sogenannten radikalen Islamismus einen Bärendienst im Irak erwiesen. Der Feind des Feindes ist nicht zum Freund geworden, sondern zum Feind. Amerikanische Soldatinnen, die irakische Männer wie Hunde behandeln. Häftlinge, die rechtlos in Guantanamo festgehalten werden.

Im Westen werden die Aktivitäten der islamischen Bewegungen als das Werk einzelner, von einigen Gurus manipulierter Jugendlicher, angesehen. Gleichzeitig sieht der Westen in Saudi Arabien einen zuverlässigen Partner und in Präsident Karsai, „dem Bürgermeister von Kabul“, wie er von eigenen Landsleuten bezeichnet wird, einen großen Hoffnungsträger für Afghanistan. Daran erkennt man, dass die westliche Islam-Politik auf Sand gebaut ist.

Als die USA im Jahre 1994 und 1995 das Pipelineprojekt durch Afghanistan gefährdet sahen, da riefen sie die Taliban ins Leben. Diese sollten in Afghanistan für Sicherheit sorgen, damit die westliche Welt die Ölquellen Zentralasiens anzapfen könne. Der sogenannte islamistische Terrorismus ist ein Kind der amerikanischen Politik. 1993 besetzten die Vereinigten Staaten von Amerika Somalia und versuchten das Chaos zu kontrollieren, schnell bemerkten sie, dass das Chaos sie beherrschte. Nach einem Jahr der Schande verließen die Vereinigten Staaten von Amerika Somalia und hinterließen ein noch größeres Chaos und weit interessanter, die sogenannten islamistischen Terroristen konnten auf dem Schwarzen Kontinent eine exzellente Infrastruktur aufbauen.

Während des Balkankrieges sickerten, mit Hilfe der Vereinigten Staaten von Amerika, islamische Gotteskrieger nach Bosnien Herzegowina. Dort konnten sie sogar ein eigenes Bataillon aufbauen. Sie sorgten dafür, dass die bosnischen Muslime überleben konnten.

Der politische bzw. radikale Islamismus ist ein Produkt der amerikanischen Außenpolitik. Diese radikalen Kräfte bekämpfen nicht den Westen per se, sondern sie bekämpfen die Unterstützer der Regime in den islamischen Staaten. Wenn allerdings die neue amerikanische Doktrin von einer neuen Weltordnung unter der Führung der Amerikaner spricht und die britische Regierung unter der Führung von Tony Blair die Pflicht zur Interventionen salonfähig machen will, dann ist die Integrität eines jeden Staates außerhalb des christlichen Abendlandes gefährdet. Diese Länder wären vogelfrei. Die westliche Führungsrolle wird durch ihre moralische Überlegenheit gerechtfertigt und legitimiert. Ist man antiamerikanisch, wenn man diesem Größenwahn ablehnend gegenübersteht? Herrscht nun in Somalia, Afghanistan und Irak Demokratie? Ganz im Gegenteil. Dort herrscht momentan nicht einmal ein stabiler Frieden. Die neue Weltordnung der amerikanischen Außenpolitik, des ehemaligen amerikanischen Präsidenten Georg Bush und seiner Berater Wolfowitz, Cheney und Condoleeza Rice, deren Vorfahren vor einigen Jahrzehnten in den Vereinigten Staaten die Plätze des weißen Mannes nicht betreten durften, ist endgültig gescheitert. Fakt ist, die amerikanische Außenpolitik ist in die Falle der Islamisten getappt. Die paranoide Außenpolitik der amerikanischen Regierung stärkt die Position der Islamisten. Auch der neue Hoffnungsträger Hussein Barack Obama ist dieser Philosophie treu geblieben, wenn auch etwas defensiver. Durch die Jasmin-Revolution wird diese neue amerikanische Weltordnung zu Grabe getragen. In der gesamten islamischen Welt erhebt sich die Masse gegen die eigenen Despoten. Die ehemaligen Verbündeten des Westens in der islamischen Welt wie Gaddafi, Saddam Hussein, Mubarak, Ben Ali werden vom eigenen Volk vertrieben. Nun sind die Amerikaner dank ihrer eigenen Politik in der islamischen Welt manövrierunfähig. Was nun Uncle Sam? Wie heißt es in Goethes Zauberlehrling:

„Herr, die Not ist groß!
Die ich rief, die Geister,
Werd ich nun nicht los.“

27 Orthodoxie versus Tradition

„Sprich: Gott ist Einer,
Ein ewig reiner,
Hat nicht gezeugt und ihn gezeugt hat keiner,
Und nicht ihm gleich ist einer."
(Sure 112 [62])

Die Muslime erhielten durch Mohammed eine Religion, aus der alles Mystische entfernt wurde.

Schmerzgeplagt stellt sich hier al-Jabri die allentscheidende Frage, was die islamische Vernunft nun wirklich sei? Die Vernunft nach al-Jabri ist die Kombination von Prinzipien und traditionsbedingten Regeln, nach denen sich die Wissenschaft in der islamischen Welt richtet. Im Vergleich zur sunnitischen Orthodoxie führt er dieses Dilemma nicht auf die vorislamische Tradition, der Al-Jahiliya, zurück sondern vielmehr auf die Zeit, in der der islamische Rationalismus durch die arabische Tradition in Gefangenschaft genommen wurde und fortan die Wissenschaft gezwungen war durch die Augen der sogenannten arabischen Tradition, die insbesondere nach dem Fall von Cordoba an Stärke zunahm, zu sehen. Von da an hörte im Prinzip der islamische Rationalismus auf zu existieren. Die Betrachtung des Universums, der Existenz des Menschen, der Frage nach Gott und die Verarbeitung der Geschichte erfolgte durch die Traditionalisten die unbeweglich, unflexibel, starr, intolerant und eigensinnig waren und blieben. Diese traditionalistische Denkweise bestimmt die Analyse des Vergangenen und der Zukunft. Das Bild ist verzerrt. Der Patient sieht verschwommen. Die Indikation zur Durchbrechung eben dieser traditionsbehafteten Denkweise ist gegeben. Das ist sicherlich die erste Botschaft des al-Jabri, in der Hoffnung, dass wieder die Sonne über dem Morgenland erscheine und die Sehnsucht nach offenen Diskursen, losgelöst von den offenbarten Texten, in Erfüllung gehe. Seine Forderung lautet, die Logik und die Vernunft seien nicht in diesen Texten zu suchen, sondern sie existierten außerhalb. Die Vernunft und die Logik in den offenbarten Texten würden durch die Strenge eben dieser Texte in ihrem Spielraum erheblich eingeschränkt und bewusst in eine bestimmten Richtung gelenkt. Mit anderen Worten, das Neue, das Unbekannte wird in ein bereits existierendes Schema eingebettet. Dies führt zwangsläufig zur Praxis der Analogie, der Mutter aller traditionalistischen, philosophischen Denkweisen im Islam. Die Diskrepanz an sich, zwischen dem Unbekannten und der Tradition, wird als Gefahr angesehen. Mit Hilfe der hermetischen Theosophie wird das nun neu entstandene Bild, sei es naturwissenschaftlich oder geisteswissenschaftlich, an das bekannte traditionalistische Schema angepasst. Die Suche nach der Wahrheit beginnt mit einem Blick nach Innen, dort im Inneren des Menschen liegt die verborgene Wahrheit. Das kann nur bedeuten, dass der Mensch in sich die Wahrheit enthält. Diese Wahrheit liegt im Verborgenen und wird bei genauer Betrachtung der eigenen Gedanken, der eigenen Wahrnehmung entschleiert und in der Konsequenz spirituell realisiert. Das Unbekannte wird nicht erforscht, sondern in einer bereits existierenden, alles enthaltenden Wahrheitsidee lediglich gesucht. Folglich folgt keine Systemanpassung, sondern eine Anpassung an das bestehende System, aus dem analog Schlussfolgerungen gezogen werden. Um dieses Dilemma zu veranschaulichen, könnte man sich folgende Konstellation vorstellen: Eine moderne Autokarosserie mit einem Motor aus den 20er Jahren. Die Traditionalisten gehen von einer absoluten Wahrheit aus, die den Texten innewohne. Daher führt die Beweisführung die, die Logik des Aristoteles als Basis inne hat und damit der Analogie folgend, zwangsläufig zu einer absolut unumstößlichen, göttlichen Wahrheit. Mit anderen Worten, es existiert aus der Sicht der Traditionalisten eine Garantie auf Wahrheit, auf die einzig absolute Wahrheit.

Der Untergang des islamischen Rationalismus ist ohne weiteres verbunden mit der Schwächung der Orthodoxie. Nicht von ungefähr stellten sich orthodoxe Sunniten in einer Zeit einer schweren Regierungskrise nun die Frage, ob die Religion die Wahrheit des Lebens sei? Und wenn es früher so gewesen ist, dann stellt sich automatisch die Frage, ob dies auch auf das Heute zutrifft, wobei zu bedenken ist, dass die Wissenschaft heutzutage das Leben radikal verändert hat als dies früher der Fall war. Daraus resultiert zwangsläufig die Frage, ob die Religion ein Bedürfnis des Menschen ist. Ob der Glaube an sich ein Bedürfnis des Menschen ist? Oder bleibt die Religion eine Privatangelegenheit, wo jeder entscheiden kann, ob der Einzelne frei über sich entscheiden kann oder nicht. Aus der Sicht der sunnitischen Orthodoxie ist der Islam ein perfektes System. Das theologische System dient nicht nur der Ausbildung des Geistes, sondern es ist auch ein Wirtschaftssystem, Sozialsystem und ein Zivil- und Strafrechtssystem. Ein gerechtes System von Gottes Gnaden. Diese Aussagen mögen viele überraschen, insbesondere Menschen, die sich für Intellektuelle halten. Sie beschuldigen diese Religion der Sklaverei und werfen dieser Religion gleichzeitig vor, Feudalismus unter der Fahne des Kapitalismus zu begünstigen. Was ist das für eine Religion, die Steinigung und Amputationen von Gliedmaßen und Auspeitschung erlaubt, ja sogar befiehlt? Eine Religion, die ihre Anhänger zu Almosenempfängern macht, die eine Zweiklassengesellschaft etabliert und die keine Sicherheit auf ein würdiges Leben haben. Kann diese Religion, die den Kommunismus und den Sozialismus nicht nur überlebt sondern besiegt hat, gegen die große Übermacht des Kapitalismus bestehen? Hier ist es von entscheidender Bedeutung zu wissen, ob diese Zweifel berechtigt sind und woher diese Zweifel kommen? Ferner ist es wichtig zu wissen, ob die Leute, die diese Aussagen tätigen, selber darüber nachgedacht haben, oder ob sie dem Zeitgeist folgen und opportunistisch denken und auch handeln. Die Wahrscheinlichkeit, dass diese nicht ihre eigenen Zweifel sind und auch nicht das Ergebnis des eigenen Denkens sind, ist sehr groß. Viele waren sich sicher, dass eine Auseinandersetzung zwischen dem Islam und dem Christentum nach den vernichtenden Niederlagen der Kreuzritter beendet sei, doch da scheint man sich zu irren. Als Lord Allenby im ersten Weltkrieg in Jerusalem stand, sagte er folgenden Satz: „Jetzt sind die Kreuzzüge beendet!" In den letzten ca. 300 Jahren griffen die Europäer nach der islamischen Welt. Der Kolonialismus hatte zum Ziel, innerislamische Strukturen zu vernichten. Gerne erinnert sich die Orthodoxie an den britischen Premier Minister Gladstone, als dieser im britischen Parlament den Koran in der Hand haltend laut sprach: „Solange dieses Buch in den Händen der Ägypter ist, gibt es für uns kein sicheres verbleiben in diesem Lande!" Man kann hier ohne zu übertreiben schlussfolgern, dass diese kolonialistische Politik zum Ziel hatte, diese Religion zu eliminieren und diese aus dem Geiste ihrer Anhänger herauszureißen. Denn nur dann wäre ein Verbleib der Kolonialherren in den islamischen Ländern möglich gewesen. Durch eine gezielte Bildungspolitik der Westeuropäer wurde versucht, das Bild des Islam zu verzerren. Lediglich die Sufis duften ihre Runden drehen. Aber der Islam als Wirtschaftssystem und als politisches System wurde ausgeschaltet. So wurde das Rechtssystem durch die europäische Denkweise geprägt. Die Menschenrechte waren das Ergebnis der Französischen Revolution, die Demokratie stammte von den Engländern und die Zivilisation vom römischen Imperium. Kurzum Europa trat als Gigant auf und dem Islam, bzw. der islamischen Welt, wurde auferlegt, gegenüber

Europa gehorsam zu sein bei gleichzeitiger Aufgabe der eigenen Identität. Diese Menschen wurden zur Unmündigkeit erzogen. Generationen um Generationen wurde für Europa gearbeitet, eine moderne Sklaverei. Sie hatten Augen und doch waren sie blind, sie hatten Ohren und doch waren sie taub, sie konnten sprechen und doch waren sie stumm, denn sie sahen, hörten und sprachen durch die Sinnesorgane der Europäer. Das Denken überließen sie den Europäern. Eine ganze Zivilisation wurde in den Kindergarten geschickt. Es dürfte also keinen verwundern, dass die damaligen und heutigen Intellektuellen in der islamischen Welt ein Ergebnis eben dieser unmündigen Politik sind. Über die eigene Religion, über die eigene Identität, ja sogar über das eigene Leben wissen sie nur das und kennen nur das, was ihnen die Europäer zukommen ließen und lassen. Es ist also folgerichtig, dass diese Intellektuellen selbstverständlich die Trennung von Religion und Staat sowie Religion und Wissenschaft fordern. Was sie jedoch vergessen ist die Tatsache, dass die Religion, die den Europäern abhanden gekommen ist und die Religion, von der die Orthodoxen sprechen, zwei verschiedene Dinge sind. Die feindselige Einstellung der Religion gegenüber in Europa ist ein spezifisches europäisches Problem, das nicht auf die islamische Welt übertragen werden kann. Die Auseinandersetzung zwischen Wissenschaft und Religion in Europa hatte seinen Ursprung darin, dass die Kirche das Wissensgut für sich alleine beanspruchte. Als die Wissenschaft dann die Oberhand gewann, begannen die Christen an der Kirche zu zweifeln. Auch muss festgehalten werden, dass die Kirche sich einen göttlichen Herrschaftsanspruch selbst zugesprochen hat. Hieraus resultierte eine enorme Unflexibilität in der Ausübung und Erfüllung dieser kirchlichen Gesetze. Die Umsetzung dieser wurden auf eine brutale Art und Weise durchgesetzt, was viele Menschen erschreckte und abschreckte. Das Foltern und das Verbrennen auf dem Scheiterhaufen gehörten zum Alltag. Wissenschaftler wurden verfolgt, Bücher verbrannt, andere wiederum wurden als Ketzer verurteilt, weil sie z.B. behauptet haben, dass die Erde rund sei. Diese Wissenschaftler wurden mit einer derartigen Grausamkeit verfolgt, sodass jeder Denker oder Besitzer eines wachen Verstandes, gezwungen war, gegen die Kirche zu kämpfen. Aus Sicht der islamischen Orthodoxie war diese Häresie eine göttliche Pflicht der Intellektuellen. Was haben also diese Auseinandersetzungen mit der islamischen Welt zu tun? Die islamische Geschichte ist geprägt von großen Medizinern, Physikern, Chemikern, Astronomen, Astrologen sowie Dichtern und Philosophen. Es gab keinen wirklichen Machtkampf in der islamischen Welt zwischen Wissenschaft und Religion und es kam schon gar nicht zu Verbrennungen oder Folterungen eben dieser. Warum also drängen die Intellektuellen darauf Religion und Wissenschaft zu trennen oder gar die Religion abschaffen zu wollen? Die sunnitische Orthodoxie sieht hier den Einfluss der westlichen Intellektuellen, wobei diese an den Materialismus und Atheismus verzweifeln werden und sich wieder auf der Suche nach der Vereinigung von Leben und Religion machen werden, oder ist die Religion tatsächlich überwunden? Der sunnitischen Orthodoxie ist sehr wohl bekannt, dass eine Mehrheit der westlichen Bevölkerung im 19. Jahrhundert durch die großen Entdeckungen in den Naturwissenschaften nun glaubte, dass die Wissenschaft den Platz der Religion endgültig eingenommen habe. Insbesondere aus dem Bereich Psychologie, angestoßen durch Freuds These, wonach der Mensch in drei psychologische Phasen zu teilen sei, der Phase des Aberglaubens, der Religiosität und der Phase des Wissens, wurde diese Annahme verstärkt. Diese Feindseligkeiten gegenüber der Kirche haben ihren Ursprung in der Rückständigkeit und auch der Dekadenz des Klerus. Es war also notwendig, dass sich die Wissenschaft ihren Weg erkämpfen musste, um einen Fortschritt in der christlich-abendländischen Kultur zu ermöglichen. Diese Vorgehensweise, die im christlichen Abendland notwendig war, wurde nun ohne zu differenzieren und ohne die Eigenarten des Islam zu berücksichtigen, auf diese Welt von Außen aufgetragen. Der islamischen Welt wurde nahegelegt und in vielen Fällen forciert versucht, sowohl politisch als auch militärisch, die Religion zurückzuweisen, damit sich diese Welt angeblich von der Rückständigkeit befreien könne. Dabei darf man nicht vergessen zu erwähnen, dass die Kolonialisten natürlicherweise gar nicht an einer Weiterentwicklung dieser Welt interessiert waren und sind. Das Ziel, welches verfolgt wurde, war und ist, die Schwächung des Islam, weil das christliche Abendland nicht erneut durch den Islam überrannt werden wollte und will. Damit ist allerdings nicht gesagt, dass alle Schriftsteller und Wissenschaftler des christlichen Abendlandes Materialisten und Atheisten waren und sind. Ich erwähne hier gerne den berühmten Soziologen Jeans Bridge, der einzig im Islam eine gesunde Mischung des Materialistischen mit dem Geistigen verbunden sah. In Erinnerungen möchte ich auch den Schriftsteller Somerset Maugham bringen, der da sagte: „Europa hat heute seinen Gott verlassen und sich einer neuen Gottheit zugewendet, der Wissenschaft. Aber die Wissenschaft ist ein wankelmütiges Wesen, denn sie beweist heute, was sie gestern noch verneint hat. Und morgen verneint sie das, was sie heute erst bewiesen hat. Daher findet man ihre Anhänger in ständiger Unruhe, niemals stabil."

Es ist nicht auszuschließen, dass diese Unruhe und Instabilität die Ursache der zunehmenden psychischen Erkrankungen in der westlichen Welt sind. Den Menschen fehlt eine Konstante. Alles um sie herum verändert sich. Alles befindet sich im Wandel. Dabei geht die Sicherheit und die Geborgenheit, die der Mensch braucht, verloren. Das ist doch durchaus Grund genug sich der Religion erneut zu bedienen. Ein Mensch ohne Religion lebt in Unbehagen. Ein Gefühl der inneren Leere macht sich breit, die Kenntnis um die Endlichkeit des menschlichen Daseins führt zu Verwirrungen. Daher sind die meisten Menschen auf die Suche nach dem Sinn des Lebens, nicht wenige laufen ihren Träumen hinterher. Andere wiederum versuchen innerhalb kurzer Zeit das Maximale herauszuholen aus sich und aus der Gesellschaft. Und hier stimme ich Freud zu, der Mensch wird zum Sklaven seiner Triebe. Diese Triebe können temporär befriedigt werden, sie können sich aber mit Hilfe der Wissenschaft in eine tödliche Waffe verwandeln. Wie sonst erklärt man sich den Dreißigjährigen, den Hundertjährigen, den Ersten und Zweiten Weltkrieg. Wir alle sind uns darüber im Klaren, dass ohne Religion das Leben lediglich eine kurze Reise ist, die Vergnügen oder aber Verderben bedeuten kann.

Die Gewissheit, dass das Leben nicht endlos ist und die damit verbundenen Ängste können durch die Religion beschwichtigt werden. Sie gibt den Menschen Menschlichkeit, Mitgefühl, Barmherzigkeit und Hoffnung. Die meisten Menschen befriedigen ihre Triebe ohne daraus wirkliche Lehren zu ziehen. Die kurzfristige Befriedigung besitzt keinen Wert. Sie ist nicht beständig. Daher folgen Serien von temporärer Befriedigung mit unbedeutenden Zielen. Wenn sie erreicht sind bedürfen sie, in einer Art Kettenreaktion, erneute Befriedigung, ein Teufelskreislauf. Neue Ideologien, die auf Hass oder Abneigung beruhen, können die Menschen nicht zum Guten führen. Denn hier wird Unrecht durch Ungerechtigkeit ersetzt. Nur eine Religion, die nicht auf eigene Vorteile aus ist und das Böse bekämpft, bringt den Menschen die innere Ruhe und Hoffnung sowie auch den Fortschritt. Diese Religion basiert auf wahrer Gottesliebe. An diese Gottesliebe kann sich der Mensch orientieren und wieder Hoffnung schöpfen. Die Alternative wäre ein mühsames Leben mit temporären Befriedigungen, welches letztendlich ohne signifikante Ergebnisse bleiben würde und das Gefühl, dass alles ohnehin verloren gehe.

28 Mohammed zwischen Marx und Adam Smith

Religion sei „Opium“ für das Volk pflegen Kommunisten zu sagen. Karl Marx und seine Anhänger erlebten in dieser Zeit Ausbeutungen und Hungersnöte ganz besonders in Russland, wo Millionen an Hunger und Schwindsucht starben. Die Großgrundbesitzer beuteten die Armen aus und genossen den Luxus. In dieser Zeit fühlten sich die Menschen von der Kirche, die nach dem Prinzip agierte, wenn man dich auf die rechte Wange schlägt, so halte auch die Linke hin, verkauft und verraten. Der Klerus profitierte, wie die Großgrundbesitzer auch, von der Ausbeutung des kleinen Mannes. Der Klerus besaß selbst Leibeigene. Sobald sich Diese auflehnten, wurden sie sowohl vom Staat als auch von der Kirche in Schach gehalten. Die Kirche verwies auf die Belohnung im Paradies und wenn diese Verlockung nichts brachte, dann wurde dem aufständischen Volk klargemacht, dass die Auflehnung gegen die Feudalherren gleichzeitig auch als Ungehorsam gegen die Kirche zu betrachten sei. Wer dennoch den Aufstand probte, wurde als Ketzer im Namen Gottes vernichtet. Die Kirche stellte sich somit als Feind des Volkes und Freund der Feudalherrschaft dar. Über das Feudalsystem in der islamischen Welt ist bereits berichtet worden. Daher ist ein Vergleich der Feudalherrschaft in Russland mit der islamischen Welt nicht möglich und somit kann auch das gestörte Verhältnis zwischen der Kirche und dem Volke in Russland nicht direkt auf die islamische Welt übertragen werden, was die Kommunisten in der islamischen Welt aber gerne tun. Die Gelehrten der Al-Azhar-Universität haben allerdings, ähnlich wie die Priesterschaft in Russland, reagiert. Sie halfen einigen Regierungen in der islamischen Welt, sich mit ihrer Situation abzufinden und die Unterdrückung zu akzeptieren. Sie versuchten das aufgebrachte Volk daran zu hindern, eine Revolution gegen die korrupten Regierungen zu initiieren, weil dies auch als eine Auflehnung gegen Gott verwertet wurde, denn schließlich regieren die Tyrannen im Namen des Islam. Der Klerus des Islam, der eigentlich nur eine beratende Funktion hat, missbrauchte die eigene Stellung und unterstellte das islamische Gesetz in der Hierarchie unterhalb der regierenden Despoten. Die

Kommunisten waren der Überzeugung, dass der Islam selbst an dieser Grausamkeiten schuld sei, denn schließlich stehe im Koran: „Und begehrt nicht das, womit Allah die einen vor den anderen ausgezeichnet hat.“ (Sure 4, Vers 32) Ferner verwiesen sie auf die Sure 20, Vers 131, wo es heißt: „Und richte deinen Blick nicht auf das, was wir einigen von ihnen zum Genuss gewährten, den Glanz des irdischen Lebens, um sie dadurch zu prüfen. Denn die Versorgung deines Herrn ist besser und bleibender.“ Natürlich kann daraus geschlossen werden, dass auch der Islam Opium für das Volk sei, welches das einfache Volk betäubt bzw. seiner Sinne beraubt. Hier stellt sich nun die Frage, ob diese verheerende Entwicklung das Ergebnis opportunistischer Rechtsgelehrter ist, oder ob in der Religion selbst ihre Wurzeln liegen. Es ist wichtig nochmal zu erwähnen, dass im Islam kein Klerus existiert. Die Aussagen der Gelehrten sind für nicht und nichtig zu erklären, sobald sie von der islamischen Lehre abweichen. Die sozialistischen Experimente in der islamischen Welt haben ihre Wurzeln auch in der Unwissenheit der Bevölkerung. Wissen zu erlangen ist im Islam jedoch eine Pflicht. Die islamischen Bewegungen innerhalb der islamischen Welt richteten sich gegen die korrupten Regierungen. Man darf nicht vergessen, dass auch die Bewegungen gegen den Kolonialismus und Imperialismus innerhalb der islamischen Welt von religiösen Gelehrten angeführt wurden. Der Islam ist auch eine Befreiungsbewegung gegen Tyrannei, Korruption, Fremdherrschaft, Unterdrückung und Endwürdigung. Der Islam fordert die Menschen nicht auf, Unrecht zu ertragen, ganz im Gegenteil, er fordert die Menschen auf, sich gegen Unrecht zu erheben. Jede Revolution in der islamischen Welt ist stets eine Religiöse gewesen, weil der Islam von seinem Wesen her keine Unterdrückung duldet. Doch kehren wir zu den beiden Versen zurück: „Und begehrt nicht das, womit Allah die einen von euch vor den anderen ausgezeichnet hat.“ Dieser Vers bezieht sich auf eine Beschwerde einer Frau, als diese wissen wollte, warum nicht auch sie in den Kampf ziehen könne. Dieser Vers ist in diesem Zusammenhang so zu verstehen, dass jeder auf seine Art und Weise mit seinen Möglichkeiten zum Wohle der Gemeinschaft beitragen solle. Der andere Vers: „Und richte deinen Blick nicht auf das, was wir einigen von ihnen zum Genuss gewährten.“ Hier ist gemeint, dass es im Islam verboten ist, materielle Dinge über den Menschen zu erheben. Der Reiche wird nicht aufgrund seines Vermögens aufgewertet, sondern anhand seines Verhaltens, seines Benehmens und seiner Güte. Hier werden die Reichen ermahnt, sich nicht durch ihren Reichtum blenden zulassen. Es solle ein Gleichgewicht zwischen Spende und Erhaltung der Würde herrschen. Der Islam will verhindern, dass durch Neid Hass entsteht. Der

Reichtum soll den Leistungen entsprechend verteilt werden. Das ist eine klare Absage an kommunistische Ideen, gleichzeitig aber auch eine Absage an den rücksichtslosen Kapitalismus, daher existiert im Islam auch die sogenannte Volksversorgung. Daher warnt der Islam die Menschen davor, Unrecht zu begehen oder sich auch Unrecht widerfahren zu lassen: „Zu jenen, die Unrecht gegen sich selbst verübt haben, sagen die Engel, wenn sie abberufen werden: In welchen Umständen habt ihr euch befunden? Sie antworten: Wir wurden als Schwache im Lande behandelt. Da sprechen jene: War Allahs Erde nicht weit genug für euch, dass ihr darin hättet auswandern können? Sie sind es, deren Herberge die Hölle sein wird, und schlimm ist das Ende! Ausgenommen davon sind die unterdrückten Männer, Frauen und Kinder, die über keinerlei Möglichkeit verfügen und keinen Ausweg finden. Diese sind es, denen Allah vergeben möge; denn Allah ist Allvergebend, Allverzeihend.“ (Sure 4, Vers 97-99) Mit anderen Worten, Gott fordert die Menschen auf, sich gegen Tyrannei und Willkürherrschaft zu erheben. Die Ausrede, man sei schwach, ist aus islamischer Sicht ein Vergehen, ja eine Sünde. Aus psychoanalytischer Betrachtung bedeutet dies, die Opferrolle zu verlassen und gegen Unrecht seine Stimme zu erheben. Der Mensch bestimmt sein Schicksal. Er kann sich wehren oder sein Elend akzeptieren. Über diese Freiheit verfügt der Mensch. Mit anderen Worten, wer fleißig ist, der werde auch belohnt bzw. er belohnt sich selbst. Das Ertragen von Unrecht verurteilt der Islam und fordert den Menschen auf, aktiv dagegen vorzugehen und auch aktiv sein Leben zu gestalten. Ob ein Mensch wohlhabend oder weniger wohlhabend ist, hängt von seinen Leistungen ab. Wobei die Wohlhabenden zur Bescheidenheit, Rücksichtnahme und zur Zakat aufgefordert werden. Das ist Kapitalismus gepaart mit Humanismus.

Diejenigen, die tatsächlich nicht in der Lage sind, sich zu verteidigen, werden nicht sich selbst überlassen. Hier ist die Gemeinschaft aufgefordert, diesen mit allen zur Verfügung stehenden Mitteln beizustehen. „Und warum wollt ihr nicht für Allahs Sache kämpfen und für die der schwachen Männer, Frauen und Kinder die sagen: Unser Herr, führe uns heraus aus dieser Stadt, deren Bewohner Bedrücker sind, und gibt uns von dir einen Beschützer, und gib uns vor dir einen Helfer.“ (Sure 4, Vers 75) Der Islam achtet darauf, dass das Vermögen nicht nur unter den Reichen verteilt werde, sondern er hat die Versorgung aller Bürger im Auge. Die Staatsdiener sollen angemessen bezahlt werden.

Zur Anhäufung des Kapitals kommt es im Islam nur dann, wenn die Masse sich gegen die Tyrannei und gegen die Unterdrückung nicht erhebt, denn nur dann kommt es zu einer Akkumulation der Macht und damit auch des Geldes in den Händen einiger weniger. Die Gesellschaft ist also verpflichtet darauf zu achten, dass das Vermögen leistungsgerecht verteilt wird. Damit wird Kapitalakkumulation und Leibeigenschaft verhindert. „Und jenen, die Gold und Silber horten und es nicht für Gottes Weg verwenden, ihnen verheiße schmerzliche Strafe." (Sure 9, Vers 34)

Während Gott die Menschen auffordert gegen Unrecht vorzugehen, ermahnt er gleichzeitig vor Verschwendung und Dekadenz. Diejenigen, die Verschwendung lieben, werden im Koran folgendermaßen ermahnt: „Und wir entsandten zu keiner Stadt einen Warner, ohne dass die, die darin ein Leben in Wohlstand führten, gesprochen hätten: Gewiss, wir leugnen das, womit ihr gesandt worden seid." (Sure 34, Vers 34) „Und wenn wir eine Stadt zu zerstören beabsichtigen, lassen wir einen Befehl an ihrer Wohlhabenden ergehen; wenn sie in ihr freveln, so wird der Rechtsspruch gegen sie fällig und wir zerstören sie bis auf den Grund." (Sure 17, Vers 16) „Und die zur Linken, was wisst ihr von denen, die zur Linken sein werden? Sie werden inmitten von glühenden Winden und siedendem Wasser sein und im Schatten schwarzen Rauches, der weder kühl noch erfrischend ist. Vor diesem Schicksal wurden sie in der Tat mit Wohlleben verwöhnt." (Sure 56, Vers 41-45)

Gegen Unrecht nicht vorzugehen oder Diktatur zu erleiden und zu erdulden, gilt im Islam als Zeichen des Unglaubens. In der Sure 5, Vers 78-79 heißt es: „Verflucht wurden diejenigen Ungläubigen von den Kindern Israels durch die Zunge Davids und Jesu, des Sohnes der Maria. Dies, weil sie ungehorsam waren und gegen die Gebote verstießen. Sie hinderten einander nicht an den Missetaten die sie begingen. Übel wahrlich war das, was sie zu tun pflegten." Muslim und al-Buchari berichten, dass sie den Propheten haben sagen hören: „Wer von euch ein Unrecht sieht, soll es ändern." Der Islam fordert auf der einen Seite die Menschen auf gegen Unrecht vorzugehen, andererseits solle er sich mit Dingen, die er nicht verändern kann, zufriedengeben. Wenn ein Mensch über eine besondere Begabung verfüge und dadurch Berühmtheit erlange, dann soll er beglückwünscht und gewürdigt werden und nicht beneidet werden. Gleichzeitig wird von denjenigen, die diese Berühmtheit erlangt haben, Bescheidenheit verlangt. Der Islam sucht das Gleichgewicht, den Ausgleich bzw. den Kompromiss, damit die Seele eines jeden Menschen auf ihre Art und Weise Befriedigung erlangt. Wer mehr arbeiten möchten, der möge dies tun. Wer weniger arbeiten möchte, der möge auch dies tun. Im Auge des Islam sind die Menschen gleichwertig, aber nicht gleich. Wie sonst können Begabung oder Gesundheit oder Zufriedenheit durch das Eingreifen des Staates ermöglicht werden? Hier kann der Staat keine Gleichheit erschaffen. Die Parole im Islam lautet nicht: Arbeiter aller Länder vereinigt euch oder häuft so viel Kapital wie möglich an. Sie lautet: Arbeite zur Verwirklichung deiner Bedürfnisse und zur Befriedigung deiner Seele und akzeptiere Dinge, die du nicht verändern kannst. Wenn es jedoch Unrecht ist, dann erhebe dich. Das ist wahrlich ein Mittelweg zwischen Kommunismus und Sozialismus einerseits und enthemmtem Kapitalismus andererseits.

29 Kapitalismus im Islam

Der Kapitalismus ist ein Ergebnis der Industrialisierung, die ihren Anfang im Westen nahm. Dies hätte nicht zwingend der Fall sein müssen, wenn das islamische Andalusien weiter existiert hätte und die Inquisition nicht alles zu Grunde gerichtet hätte. Die islamischen Wissenschaftler in Andalusien waren auf dem Weg zur Erfindung der Maschine. Dieser Weg konnte nicht fortgesetzt werden, weil die politischen Verhältnisse es nicht zuließen. Nach der Inquisition wurden die meisten Muslime vertrieben. Das ist sicherlich eine der Ursachen, warum sich der wissenschaftliche Fortschritt in Europa um Jahrhunderte verzögerte bis Europa sich die Forschungen und das Wissen der Muslime aneignete, welches in den Bibliotheken der islamischen Welt erhalten geblieben war.

Der Kapitalismus wurde also zu einer Zeit in die islamische Welt importiert, als diese Welt arm, unwissend, rückständig und der Habgier Europas ausgeliefert war. Man glaubte, dass der Islam den Kapitalismus ohne Weiteres akzeptieren würde, weil der Islam das Recht auf persönliches Besitztum gutheißt. Man hat allerdings vergessen zu erwähnen, dass der Kapitalismus ohne sein Zinssystem und seine Monopolwirtschaft nicht so mächtig werden würde. Diese Dinge hatte der Islam, allerdings bereits bevor es den Kapitalismus gegeben hat, verboten.

Nehmen wir mal an, dass die Industrialisierung nicht in Europa, sondern in der islamischen Welt als erstes stattgefunden hätte. Wie hätte in diesem Falle die islamische Gesetzgebung bzw. das islamische System die Beziehung von Arbeit und Produktion behandelt? Ohne weiteres kann gesagt werden, das der Kapitalismus die Menschheit einen gewaltigen Schritt in ihrer Entwicklung vorangebracht hat. Sogar Karl Marx stimmt dieser Aussage zu. Die Produktion, die Verkehrsmittel verbesserten sich erheblich. Die Lebensqualität der Arbeiterklasse verbesserte sich. Das Hauptproblem des Kapitalismus bestand jedoch darin, dass sich während seiner Entwicklung das Kapital in den Händen einiger weniger akkumulierte. Damit wurden wenige Menschen Besitzer der Arbeit und die Mehrheit zu Arbeitern. Die Arbeiterklasse steht nun in Abhängigkeit der wenigen Bourgeois, den sogenannten Besitzern des Kapitals. Während der Arbeiter für einen niedrigen Lohn die wahre Arbeit verrichtet, kann der Kapitalbesitzer bzw. der Besitzer der Arbeit unverhältnismäßig große Gewinne erzielen. Dies hat zur Konsequenz, dass die Anzahl der Arbeiter oder aus kommunistischer Sicht der Proletarier, deutlich ansteigt, während sich das Kapital zunehmend in wenigen Händen konzentriert. Die Arbeiterklasse, die zu niedrigen Löhnen arbeitet, wäre nicht in der Lage, sich der Produktion in ausreichendem Maße zu bedienen. Die Idee des Kapitalismus besteht darin, Gewinne zu erzielen, das wiederum unterliegt einer natürlichen Barriere, da die Nachfrage direkt abhängig von den niedrigen Löhnen der Arbeiter ist. Mit anderen Worten, ein Arbeiter, der wenig verdient, kann die Nachfrage nicht ankurbeln. Gleichzeitig bedeutet Lohnerhöhung für diese Arbeiter eine Gewinnminimierung für den Kapitalbesitzer. Damit unterläuft der Kapitalismus seine eigene Philosophie. Um diesem Kreislauf zu entkommen bzw. zu durchbrechen, streckten insbesondere die europäischen Staaten ihre Hände nach neuen Absatzmärkten in Afrika und Asien aus. Diese Tatsache ist eine Ursache des Kolonialismus und des Imperialismus.

Die Fortschritte, die durch den Kapitalismus erzielt worden sind, wurden vom Islam willkommen geheißen, weil es die Aufgabe des Islam ist, die Wissenschaft und den Fortschritt zu unterstützen. Was der Islam jedoch ablehnt, ist die Ausbeutung der Menschen durch die kapitalistische Maschinerie. Das islamische Recht sieht die Arbeiter als Teilhaber am Gewinn, weil die Anstrengungen des einfachen Arbeiters mit denen des Kapitalbesitzers gleichzustellen sind. Der Islam wünscht eine gerechte Verteilung der Güter zwischen Kapitalbesitzer und Arbeiter gemäß ihren Anstrengungen, Fleiß und Arbeit. Das Entstehen von Monopolen ist seitens des Islams untersagt. Der Prophet Mohammed hatte dies mehrfach zum Ausdruck gebracht. „Wer alles an sich rafft, der ist auf dem Irrweg." (überliefert von Muslim und Abu Dawud). Die islamische Grundhaltung legt mehr Wert auf Gerechtigkeit als auf kurzfristige Gewinne. Aus diesem Grunde ist die Kompatibilität zwischen Kapitalismus und der Scharia gegeben. Im Islam existiert keine grundsätzliche antikapitalistische Haltung. Verboten sind jedoch Wucher und Verzinsungen, da diese die Akkumulation des Kapitals zusätzlich vermehren bzw. verstärken. Auch ist eine Beteiligung der arbeitenden Klasse an der Verzinsung nicht gegeben, somit ist der Grundgedanke der Gerechtigkeit innerhalb des kapitalistischen Systems aus islamischer Sicht nicht Genüge getan. Diese islamische Grundhaltung ist nicht im Laufe der Geschichte entstanden und auch nicht wie man meinen könnte importiert, sondern eine grundlegende Haltung des Islam von Anbeginn an. Der Vorwurf, insbesondere seitens der Kommunisten, dass der Islam ohne die kapitalistischen Phasen durchlaufen zu haben, zu solch einer grundlegenden Haltung nicht kommen könne, weil eine Auseinandersetzung mit dem Kapitalismus wie dies in Westeuropa der Fall war, gefehlt habe, ist zurückzuweisen. Ohnehin hatte der Islam eine in sich enthaltende antiimperialistische Grundhaltung, somit erlaubt der Islam ohnehin keine Kriege, die der Ausbeutung und Vermehrung des Kapitals dienen. Der einzige Krieg, der seitens des Islam legitim ist, ist jener, welcher der Abwehr gegen bewaffnete Feinde dient. Auch widerspricht der Islam der kommunistischen Theorie, wonach der Imperialismus eine Notwendigkeit sei auf dem Weg hin zum Kommunismus, wobei der Imperialismus die Folge der kapitalistischen Überproduktion sei. Gleichzeitig bieten die Kommunisten selbst eine Lösung an, um diese Phase zu überwinden. Sie wollen entweder den Anteil der Arbeiter an der Produktion signifikant erhöhen oder einen Teil der Arbeitszeit kürzen, um eine Überproduktion zu verhindern. Obwohl der Kommunismus die imperialistische Phase für die Entwicklung der Menschheit auf dem Weg zur kommunistischen Erlösung für unumgänglich hielt, so versuchte er doch eine Abkürzung zu nehmen. Im Prinzip gibt es überhaupt gar keine Beweise für diese theoretischen Spielereien. Zumal der Imperialismus keine Erfindung des Kapitalismus ist, sondern er existiert solange der Mensch existiert. Es gab mehrere imperialistische Phasen z.B. die Römische, die Griechische und die Persische. Zu diesen Zeiten spielte der moderne, der durch die Industrialisierung hervorgerufene Kapitalismus, keine Rolle. Inzwischen ist der Kommunismus gescheitert und damit auch die Theorie der Entwicklungsphasen der Menschheit, die durchlaufen werden müssen, um anschließend die kommunistische Herrlichkeit zu erlangen. Auch das Problem der Überproduktion, das es ohne den Kapitalismus nicht gegeben hätte, wäre bei Anwendung einer anderen Methodik, nicht gegeben (Vgl. Ar-Riba, Prof. Abu-Al-Maudoodi).

Was die Verteilung der Besitztümer angeht ist der Koran in seiner Haltung eineindeutig, wie dies in der Sure 59, Vers 7 zu vernehmen ist. Dort heißt es: „Was Allah seinem Gesandten gegeben hat, das ist für Allah und für den Gesandten und für die Verwandten und die Waisen und die Armen und den Sohn des Weges, damit es nicht nur bei den Reichen unter euch herumläuft.“ Unterstützt wird diese Sure durch das muslimische System der Erbschaft und das Prinzip der Sakat. Die Sakat ist für jeden Muslim verpflichtend. Jährlich muss jeder, sofern er dazu im Stande ist, 1/40 seines gesamten Vermögens an Arme verteilen. Damit ist nicht gemeint, dass Gewinne verboten sind. Vielmehr sollen sich die Kapitalbesitzer mit weniger Gewinn zufriedengeben und den Rest für wohltätige Zwecke verwenden. Von Abu Dawud wird überliefert, dass der Prophet Mohammed zum Thema Besitz folgendes von sich gegeben habe: „Wer keine Wohnung hat, dem soll eine gegeben werden, wer nicht verheiratet ist, dem soll eine Ehefrau gegeben werden, wer kein Reittier hat, dem soll eines gegeben werden.“ Das bedeutet nichts anderes, als dass die Staatsbürger die Verantwortung für den Staat tragen und der Staat die Verantwortung trägt für jene, die nicht in der Lage sind, arbeiten zu gehen wie z.B. Kranke, Kinder und Behinderte. Dadurch, dass sowohl Gewinne als auch Verluste auf allen Schultern verteilt werden und in dem der islamische Staat seinen Arbeitern Sicherheit gewährt, verhindert er Ausbeutung von Menschen durch den Menschen und Endwürdigungen sowie Entfremdungen. Das ist das Wesen des Islam, nämlich die Verbindung zwischen Gesetzgebung und Seelenbetreuung. Somit verbindet er auch die Bildung des Geistes mit der islamischen Gesellschaftsordnung. Der Einzelne wiegt genauso viel wie die Gesamtheit. Demzufolge lässt der Islam das Individuum nicht im Vakuum stehen. Es handelt sich also um eine Verbindung zwischen Charakter, Geist, Seele und Gesellschaftsordnung. Der daraus resultierende neue Charakter verbietet Leben in Dekadenz und die Ausbeutung der Arbeiter. Der Islam hat sich von Anfang an zwei fundamentale Fragen gestellt: Entsteht aus Reichtum ein ausschweifendes Leben? Entstehen Gewinne aus der Ausbeutung der Arbeiter? Beide Fragen beantwortet er mit „Ja“. Der Islam sieht eine Gefährdung der Verbindung zwischen Mensch und Gott durch den Kapitalismus, weil der Kapitalismus zu einer Vernachlässigung der Seele führen könnte. Die Charaktere und die Seelen der Menschen stehen der heutigen kapitalistischen Form entgegen, d.h. die Angst vor dem Kapitalismus ist nicht das Ergebnis eines radikal kapitalistischen Staates, sondern eher eine Frage des Gewissens.

Der heutige Kapitalismus in den islamischen Staaten hat mit dem Islam an sich nichts gemeinsam, auch weil der Islam in diesen Ländern nicht mehr herrscht. Was wissen wir über die wirtschaftliche Entwicklung in den islamischen Staaten? Existiert eine islamische Ethik im Bezug auf den Kapitalismus so wie Max Weber diese für den Protestantismus und den Katholizismus in seiner Abhandlung „Der Geist des Kapitalismus und die protestantische Ethik“ beschrieb?

Die Muslime machen heute ca. 30% der Weltbevölkerung aus. Hingegen trägt die islamische Welt gerade mal 7-9% zum Weltsozialprodukt bei. Von den 1,5 Milliarden Muslime leben 20% im arabischen und 65% im asiatischen Raum. Die Arabische Liga mit ihren 22 Staaten und ca. 400 Millionen Einwohnern weisen ein gemeinsames Sozialprodukt von 550 Milliarden US Dollar auf. Dieses liegt unterhalb des Bruttosozialproduktes Spaniens. Das Pro-Kopf-Einkommen betrug in den letzten 30 Jahre 0,6%. Die Wirtschaft in der islamischen Welt zeichnet sich durch eine sehr niedrige Arbeitsproduktivität und eine noch niedrigere industrielle Arbeitsproduktivität aus. Die islamischen Staaten treten in der Weltwirtschaft hauptsächlich als Exporteure von Rohstoffen auf. Auch die Investitionen ausländischer Unternehmen liegen unterhalb von 2%. Die mangelhafte Ausbildung, bedingt durch ein mangelhaftes und korruptes Ausbildungssystem, trägt zu dieser Misere bei. Die Wissenschaft, die im Islam eine große Rolle spielte, wird sträflich vernachlässigt. Dies zeigt sich an den wenigen Büchern, die jährlich ins Arabische übersetzt werden. Zweifelsohne kann hier von einer unterentwickelten Gesellschaft gesprochen werden. Doch woran liegt das? Hat diese Entwicklung tatsächlich mit der Religion zu tun? Ist der Islam an dieser Entwicklung Schuld oder spielen andere Faktoren eine Rolle? Hat die islamische Ethik Schuld an dieser Misere? Oder sind es die Menschen selbst, die im Laufe der Zeit verweichlichten? Ist vielleicht die europäische bzw. die westliche Wirtschaftspolitik an dieser Entwicklung Schuld?

In Anlehnung an Max Webers „Protestantische Ethik und der Geist des Kapitalismus“ möchte ich hier der Frage nachgehen, ob der Islam mit dem Kapitalismus vereinbar ist oder ob diese Religion ein Hindernis für die industrielle Entwicklung war und ist. Es wird explizit der Frage nachgegangen, ob die islamische Religion mit ihrem Zinsverbot und der nicht vorhandenen Trennung zwischen Religion und Politik, Din wa Dawla, die wirtschaftliche Entwicklung fördert oder aber hindert. Diese Frage ist unter Wirtschaftsexperten sehr umstritten. Während Rodinson, ein bedeutender französischer Islamwissenschaftler, im Islam eine progressive Religion sieht und dies auch zum Ausdruck bringt in dem er sagt: „Wirtschaftliche Tätigkeit, das Streben nach Gewinn, der Handel und folglich auch die Produktion für den Markt werden sowohl durch die Überlieferung als auch durch den Koran begünstigt.“ [63, S. 41] Nutzinger sieht im Islam eine wirtschaftsfeindliche Religion. Dazu schreibt er: „Die islamische Religion lässt wenig Freiraum für die Entfaltung einer pluralen zivilgesellschaftlichen Öffentlichkeit und für die Vernunft geleitete Gestaltung des Rechts im Staat, Wirtschaft und anderen gesellschaftlichen Teilordnungen. Zivilgesellschaft und Recht bleiben Schattengewächse des nach wie vor dominant religiös geprägten Installationsgefüges. Die islamische Religion bildet also ein Hindernis für die Entwicklung der gesellschaftlichen Regelteilung in Richtung eines funktional differenzierten Regelwerkes und der damit korrespondierenden gesellschaftlichen Teilordnungen, die wiederum die Voraussetzung für die Entfaltung einer arbeitsteiligen und entwickelten Marktwirtschaft ausmachen." [64, S. 137 f.] Auch Nagel sieht im Islam ein Hindernis für die wirtschaftliche Entwicklung und schreibt in seinem Buch „Geschichte der politischen Ordnungsvorstellungen der Muslime": „Im Islam dagegen ist nur die Aufrechterhaltung der gottgewollten Ordnung von Belang, und man hat keine Form des Staates, die dies a priori am besten leisten könnte." Und weiter heißt es bei Nagel: „Damit schließt sich der Wirkungszusammenhang zwischen dem islamischen Institutionsgefüge und der wirtschaftlichen Entwicklung. Weil das Vertrauen der großen Mehrheit der Bevölkerung in Staat und Recht gering ist und weil die staatlichen Amtsinhaber mangels einer klaren Gewaltenteilung und mangels einer freien zivilgesellschaftlichen Öffentlichkeit nur unzulänglich kontrolliert werden, ist der Grad des Vertrauens in die Verlässlichkeit von Staat und Recht und, dadurch mitverursacht, auch in die Verlässlichkeit der Geschäfts- und Tauschpartner gering, wodurch der Grad der Arbeitsteilung begrenzt und damit letztendlich die wirtschaftliche Entwicklung behindert wird." [65, S. 259, 145]

Auch Max Weber steht dieser Religion hinsichtlich der Ökonomie skeptisch gegenüber. Er sieht das hemmende Elemente nicht in der islamischen Religion selbst, das ist eine Aussage, die die Meinung des Rodinson bestätigt, sondern „in der religiös bedingten Struktur der islamischen Staatengebilde, ihres Beamtentums und ihrer Rechtsfindung." [66, S. 643] Um die Kompatibilität zwischen dem Islam und der ökonomischen Entwicklung zu untersuchen, ist die Untersuchung des Koran, und damit auch der Scharia und der Sunna, auf ihre ökonomische Grundeinstellung erforderlich. Auf der anderen Seite gilt es auch die durch die religiösen Gebote induzierte Wirkung auf das Wirtschaftsverhalten zu untersuchen, eine Analyse nach den Prinzipien des Max Weber. Als göttliche Quellen, und damit als das Buch mit ewiger Gültigkeit, gilt der Koran. Hier erhält der gläubige Muslim hinsichtlich seines Handelns, sei es politisch oder wirtschaftlich, eindeutige Anweisungen. Der Koran und das ist belegbar, fordert den Geschäftsmann auf, seine Verträge einzuhalten. Die Wirtschaft ist Bestandteil des islamischen Gemeinwesens und unterliegt somit den göttlichen Geboten, in diesem Falle den koranischen Gesetzen. Im Islam gilt die Einheit, nicht nur die Einheit Gottes, sondern auch die Einheit in Form von Religion und Politik, Din wa Dawla und die Einheit in Form von Religion und Wirtschaft, Din wa Tijara. Das Handeln im Diesseits bestimmt das Ergebnis im Jenseits, mit anderen Worten, wer auf der Erde hart arbeitet, fleißig ist, der werde später im Jenseits belohnt werden. Dies entspreche ungefähr der protestantischen Ethik und relativiert die Prädestinationlehre. Folgerichtig herrscht eine allumfassende Einheit von

Diesseits und Jenseits. Für den Menschen bedeutet dies, dass er in seinen Handlungen, seien sie politischer, persönlicher oder ökonomische Natur, göttlich moralischen Regeln zu folgen habe. Aus dieser Einheit heraus lassen sich Regeln für die islamische Wirtschaftsethik klar ableiten. Der Großgrundbesitzer ist in diesem Falle Gott. Von ihm kommt alles und zu ihm kehrt alles zurück. Somit existiert bereits ein Wirtschaftskreislauf auf der metaphysischen Ebene. Der Mensch hat Nutzungsrecht. Damit werden zwei Elemente sichtbar, nämlich das Kollektive und das Privateigentum. Das Privateigentum beinhaltet durch Eigenleistungen produzierte, erworbene oder vererbte Güter. Zum Kollektiveigentum gehören z.B. die Bodenschätze. Diese gehören allen.

Die Nutzungsrechte, auch wenn sie das Kriterium des Privaten erfüllen, sind den Prinzipien der Solidarität innerhalb der islamischen Welt verpflichtet. Die Dekadenz ist eine Sünde. Der Koran ermahnt zur Bescheidenheit und zu mäßigem Konsum. Er verbietet den Genuss von Schweinefleisch aus gesundheitlichen Gründen und aus ethisch moralischen Gründen den Alkoholgenuss. Auch Glücksspiele sind verboten, da sie wie Alkohol Sucht erzeugen und somit die betroffenen Personen, ihrem Umfeld und indirekt damit auch der Gesellschaft, Schaden zufügen. Die koranische Lehre appelliert an den Menschen, auf die Gesellschaft zu achten und durch permanentes lernen den Verstand zu schärfen. Jeder Unternehmer, ob Groß- oder Kleinunternehmer, ist verpflichtet, und hier fühlt man sich an den kategorischen Imperativ Kants erinnert, handle so, dass die Maxime deines Willens jederzeit als Prinzip einer gemeinsamen Gesetzgebung gelten könnte, gerechte Löhne zu zahlen, die Arbeitnehmer würdig und gerecht zu behandeln und die eigenen Gewinne in Grenzen zu halten. Daher ist die Zakat eine der fünf Grundpflichten des Islam. Es handelt sich um eine Abgabe, die sich direkt am Vermögensbestand bemisst und die an ganz bestimmte Personen, Gruppen und oder an den Staat abgeführt wird. Die Verwendung dieser Abgaben ist zweckgebunden. Sie ist vergleichbar mit einer Sozialsteuer. Die Sadaka ist hingegen eine freiwillige Abgabe wohlhabender Personen zur Unterstützung Notleidender. Gewinne, die nicht durch eigene Arbeitskraft erzielt worden sind, wie Diebstahl, Betrug, Spekulationen sowie Preistreiberei, insbesondere in Notsituationen, gelten als illegal und damit als Verstoß gegen geltendes islamisches Recht. Das Zinsverbot wurde erforderlich, weil durch Notkredite die Schuldner in Existenznöte gebracht worden sind. Dieser Wucherzins ist laut Koran verboten. Die Rechtsgelehrten haben Kreditverträge verboten, die vorher festgesetzten bzw. festgelegten Kapitalzuwächse oder vorab festgelegte Zinssätze beinhalten. Die islamische Wirtschaft ist nicht durch das Zinsverbot beeinträchtigt, sondern vielmehr durch die Suche nach einer Ersatzlösung. Zunehmend setzt sich die prozentuale Erfolgsbeteiligung durch. Aber auch zinslose Handelsgeschäfte sind zulässig und in der Praxis üblich. Hier zeigt sich wie pragmatisch der Islam ist. Das Zinsverbot ist kein Hindernis für die ökonomische Entwicklung in der islamischen Welt. Nach King, dem amerikanischen Wirtschaftswissenschaftler, ist der Zins die unsichtbare Zerstörungsschmachschiene der freien Marktwirtschaft. Das Zinsgeschäft setzt ein andauerndes exponentielles Wachstum voraus, was eigentlich unmöglich ist. Der Zinswahn ist eine der Hauptursachen für den irrationalen Wachstumszwang in der Wirtschaft mit allen ihren unerwünschten Nebenwirkungen wie Armut, Kriminalität und Umweltzerstörung. Die Lösung könnte tatsächlich darin liegen, ein entsprechendes Finanzsystem zu erschaffen, das die Abschaffung bzw. die Ersetzung des Zinsgeschäftes durch einen anderen Mechanismus ermöglicht. Man muss sich darüber im Klaren sein, dass in jedem Preis Zinsen enthalten sind. Würde der Zins abgeschafft werden, dann wären die meisten Menschen reicher oder aber sie könnten für das gleiche Geld weniger arbeiten. Dies wiederum bedeutet mehr Zeit für die eigene Seele und für die Familie. Das Zinsgeschäft ist eine amoralische und ethisch nicht vertretbare Geschäftspraxis, denn je reicher ein Mensch ist, desto mehr Zinsen bekommt er, ohne dafür gearbeitet zu haben. Diese Gewinne entstammen aus den Anteilen der restlichen 80% der Bevölkerung. Mit anderen Worten die wenigen Reichen profitieren in doppelterweise von den 80% Armen. Es ist nicht nur eine gravierende soziale Ungerechtigkeit, sondern es verstößt gegen das Gleichheitsgesetz und gegen jegliche Art von Fairness. Im Prinzip findet eine Verschiebung des Kapitals statt. Dabei wird das Geld von denjenigen, die weniger Geld haben als sie brauchen, zu denjenigen, die mehr Geld haben als sie gebrauchen. Der Zins ist eine perfekt getarnte Ausbeutungsmaschinerie. Silvio Gesell formulierte im Jahre 1916 die Idee einer natürlichen Wirtschaftsordnung. Hierbei ging es darum den Geldfluss zu sichern, in dem Geld zu einer staatlichen Dienstleistung wird. Hierfür müssen die Menschen eine Nutzungsgebühr entrichten, damit die Reichen nicht noch reicher werden und die Armen nicht noch ärmer werden. Hierdurch sollten Verschuldungen verhindert werden. Das Zinsverbot im Islam könnte zur Überwindung der Inflation aber auch zu einem deutlichen Zuwachs an sozialer Gerechtigkeit führen. Vermutlich könnte es sogar die Arbeitslosigkeit erheblich senken, ganz davon zu schweigen, dass es den Wachstumswahn doch endlich beenden könnte. Das Zinsverbot im Islam ist ökonomisch, ökologisch und sozial von fundamentaler Bedeutung. Die Tatsache, dass der Islam die einzige

Religion ist, die das Zinsverbot in ihrer Lehre fest verankert hat, spricht für die Logik dieser Religion. Bereits vor 1.500 Jahren erkannte der Islam die Nachteile dieses Wirtschaftssystems. Die Abschaffung des Zins ist angesichts der dramatischen Wirtschaftskrise und der Bankenkrise aktueller denn je. Die zunehmende Akkumulation des Kapitals in einigen wenigen Händen wird früher oder später zu sozialen Konflikten führen.

Die Scharia enthält, was die Regelung des Marktes angeht, ethisch moralische Appelle für ein gerechtes, soziales und gottgefälliges Verhalten aller Beteiligten. Die Scharia selbst ist nicht an der Kontrolle der Wirtschaft interessiert, sie möchte lediglich die Regeln im Sinne einer ethisch moralischen Verhaltensweise bestimmen. Insgesamt kommt man zu der Überzeugung, dass „die aus den Inhalten der klassischen Lehre abzuleitenden Wirtschaftsordnung des Islams weitgehend einer Marktwirtschaft mit dem Imperativ des sozialen Ausgleichs, also der sozialen Marktwirtschaft, am nächsten kommt.“ [67, S. 274] Auch Weede ist der Meinung, dass „nicht der Inhalt der Religion, sondern die politische Ordnung (...) für die Rechtsunsicherheit im Islam verantwortlich ist.“ [68, S. 171]

Nagel bleibt trotzdem der Überzeugung, dass „aufgrund des theonomkommunitären Ordnungsideals die unübersehbare Dominanz autoritärer Herrschaftsstrukturen in der islamischen Welt nicht als historischer Zufall gewertet werden kann. Im Verständnis der Ökonomen sind autoritäre Herrschaftsstrukturen der fruchtbare Nährboden für rentensuchende Gesellschaften, zu denen die islamischen Länder durchweg zu zählen sind.“ [65, S. 144] und Vgl. [69, S. 361-376] Weiter schreibt Nagel: „Die Kategorie der Rentensuche steht für das Bestreben, mittels staatlicher Macht partikuläre Vorteile in Gestalt von leistungslosen Renten, also Geld und Vermögenstransfers, zu Lasten anderer Gruppen zu erzielen. Das Ausmaß der Rentensuche dürfte überall dort intensiv sein, wo Religion, staatliche Herrschaft, Recht und Wirtschaft in enger Allianz stehen. Da diese Einheit in die Geschichte der islamischen Welt häufig der Fall war und bis heute ist, sollte es auch nicht überraschen, dass die systematische Rentensuche hier eine lange Tradition hat. Allein die Erfahrung der Bevölkerungsmehrheiten, dass der Zugang zu rententrächtigen Positionen im staatlichen Bereich limitiert ist, schürt das Misstrauen gegenüber den wenigen und privilegierten Amtsinhabern, von denen eine willkürliche Amtsführung als normales Verhalten erwartet und befürchtet wird.“ [65, S. 144 f.] und Vgl. [69, S. 361-376]

Die These von Max Weber, wonach das religiös geprägte Institutionsgebilde und das religiös geprägte Verhalten der Menschen eine Industrialisierung der islamischen Welt behindert haben soll, widerspricht zutiefst der islamischen Lehre und verdeutlicht den falschen Analogieschluss des Max Weber. Erneut unterläuft Max Weber ein entscheidender Fehler. Er überträgt die Schlussfolgerungen in seiner Abhandlung, die protestantische Ethik und den Geist des Kapitalismus, auf den Islam ohne dessen Eigenheit zu berücksichtigen, auch wenn es sich hier um verwandte Religionen handelt.

Versuchen wir doch die Deutung des Max Weber zu verstehen. Es ist unbestritten, dass die islamische Welt ab dem 13. Jahrhundert eine deutliche Abnahme der Produktion von neuen Diskursen zu verzeichnen hatte. Ein Jahrhundert später wurde die Produktion von Diskursen komplett eingestellt. Die islamische Welt verfiel in eine tiefe Depression einhergehend mit Rückzugstendenzen, Trägheit, Stimmungsschwankungen und Perspektivlosigkeit. Aus dieser Gefangenschaft hat sich die islamische Welt bis heute nicht befreien können. Sie hat keine industrielle Revolution erlebt und sie konnte keine technischen Fortschritte verzeichnen. Um die eigenen Minderwertigkeitskomplexe zu kaschieren besinnt man sich auf die eigene Tradition, der vorislamischen, und bleibt in dieser Tradition eingeschlossen. Die muslimische Welt hat es seit 700 Jahren nicht geschafft, diese vorislamische Tradition zu überwinden und zur ursprünglichen islamischen Tradition zurückzukehren, die allerdings ohne den Islam zu modifizieren auf ein hohes Niveau, der Moderne angepasst, angehoben werden muss. Dies scheint zunächst ein Widerspruch in sich zu sein. Doch die Verbindung von Islam und Moderne ist weniger problematisch als manch einer glaubt, insbesondere dann, wenn die Moderne sich auf wissenschaftliche Entwicklung und Fortschritt des Menschen bezieht. Durch den wissenschaftlichen Stillstand in der islamischen Welt seit nun mehr als 700 Jahren, hat sich die christliche Moderne zu einer globalen Moderne entwickelt, die andere Kulturen zum Rückzug zwingt. Daher muss die islamische Welt von sich aus und aus sich heraus den Weg in die Moderne suchen, d.h. eine kritische Überprüfung der Tradition und die Befreiung dieser von vorislamischen Ideologien und Sichtweisen. Die islamische Welt muss ihren Geist von dieser Tradition befreien, die sich seit 700 Jahren als die absolute Wahrheit konstituiert hat. Jede Kultur hat ihre eigene Tradition und Moderne. Es existiert keine Kultur ohne Tradition. Die Frage kann nicht heißen, ob eine Tradition existiert, sondern wie mit dieser Tradition umgegangen wird. Überzieht man sie regelmäßig einer kritischen Prüfung oder hat sich die Tradition verselbständigt und sich so jeglicher Art der Kritik und der Überprüfung entzogen. Einfach gefragt, hat die Tradition göttliche Züge angenommen. Tatsächlich bildet in der islamischen Welt neben der Scharia und der Sunna, der wahren islamischen Tradition, die vorislamische Tradition die dritte Säule, ja sogar die wichtigste Säule. Sie ist es, die eine Entwicklung wie sie in Europa über die Renaissance und Aufklärung hin zur Moderne stattfand, verhindert. Die Tradition erstickte die Sunna und Scharia und führte zur Entfremdung der Muslime vom eigentlichen Glauben hin zum Aberglauben. Die Tradition hat die Rationalität der sunnitischen Orthodoxie in die Bedeutungslosigkeit verdrängt. Jede Äußerung der Moderne in der islamischen Welt kann nur über die islamische Rationalität, die ihre Seele in der sunnitischen Orthodoxie hat, ihren Platz finden. So lange die vorislamische Tradition im Stande ist, die sunnitische Orthodoxie und die in ihr enthaltene Rationalität abzuwehren, solange bleibt die islamische Welt im eigenen Kerker gefangen und der Weg zur eigenen islamischen Moderne bleibt versperrt. Die Suche nach der Moderne um der Moderne willen ist eine Farce. Vielmehr ist die Moderne ein Zusammenspiel von der Individualität eines Einzelnen und der Integration dieser Individualität in einer sich kontinuierlich entwickelnden Gesellschaft. Die Moderne dient dazu, einer Gesellschaft Dynamik zu verleihen, sie aus ihrer Lethargie zu befreien und ihr neue Perspektive zu eröffnen. Die Moderne bedeutet nicht zwangsläufig die Einführung der Demokratie, sondern die Verdrängung der vorislamischen Tradition in ihre Schranken. Eine simple Forderung nach Demokratie in der islamischen Welt ist lediglich eine Nachahmung des Westens ohne sich ernsthaft mit der islamischen Kultur auseinanderzusetzen. Max Weber sah in der protestantischen Ethik mit ihrem Belohnungssystem im Diesseits und Jenseits den Schlüssel für den Fortschritt. Hingegen bezeichnete er den Katholizismus mit seiner Prädestinationslehre und seiner Erbsünde als Hindernis für die Entstehung einer westlichen Moderne. Im Bezug auf den Islam deutete Max Weber eine Ähnlichkeit mit dem Katholizismus an. Doch damit tut er dem Islam Unrecht. Es ist richtig, dass der Katholizismus den Fortschritt vehement bekämpfte, aber ihn als Hindernis für die Entstehung der Moderne per exellence zu statuieren, ist zu gewagt, ja sogar falsch. Denn wie erklärt er sich den Fortschritt im katholischen Frankreich? Auf den Islam Treffen seine Theorien erst recht nicht zu. Die islamische Religion hat den Fortschritt nie behindert, wie auch, wenn Fleiß, Strebsamkeit und Aneignung von Wissen zu den Grundpfeilern dieser Religion gehören. Es ist eine Tatsache, dass der Individualismus alle Bereiche der westlichen Gesellschaft erfasst. Es ist auch richtig, dass dadurch die westliche Moderne zu einer globalen Moderne geworden ist. Doch die Überschreitung des Rationalismus in der westlichen Welt mit seiner rationellen Organisation in der Wirtschaft, des Staatsapparates und im Alltag der Menschen, hat zu einer Überforderung der menschlichen Psyche geführt und führt zunehmend zu Irrationalität. Die natürliche Abwehr der Menschen in der westlichen Welt, gegen diese absurde Irrationalität auf dem Zenit des Rationalismus, ist die Rückkehr der Menschen oder die Suche nach Heil in der Religion, im Mystischen oder im Atheismus. Die Menschen suchen Zuflucht in der Radikalität dieser Strömungen und nehmen eine feindliche Haltung dem westlich existierenden Rationalismus gegenüber ein. Ein zu stark ausgeprägter Rationalismus führt zur Entstehung von irrationalen Abwehrmechanismen. Die islamische Welt muss aus dieser Entwicklung lernen und die Umkehr zum reinen Rationalismus der Moderne willen verzichten. Vielmehr gilt es den im Islam selbst enthalten Rationalismus zu entfalten und einen religiösen Rationalismus zuzulassen. Nur dann kann eine islamische Moderne Gestalt annehmen, fern von jeglicher Nachahmung westlicher Entwicklungen. Das Kopieren der westlichen Werte führt bei vielen Intellektuellen in der islamischen Welt zur intellektuellen Radikalisierung. Die einen fordern den absoluten Rationalismus, der wie bereits erörtert, im Westen gescheitert ist. Die anderen driften in die Irrationalität, ohne den Rationalismus erlebt zu haben, denn die Irrationalität ist das Ergebnis des westlichen Rationalismus. Daraus resultieren zwei fundamentale Denkfehler. In der Forderung nach Rationalismus wird die Eigenart der islamischen Welt ignoriert und in der Hinwendung zur Irrationalität ebenfalls, weil eine Hinwendung zum Irrationalen durch die Realität in der islamischen Welt nicht gerechtfertigt wird. Die Misere in der islamischen Welt ist keine Folge der Religion, sondern das Ergebnis einer schleichenden Entfremdung, der Erkennung dieser und der Versuch diese Fehler innerhalb der eigenen Kultur durch importierte westliche Philosophie zu lösen. Dies kann nur scheitern, weil es sich um grundlegend verschiedene Kulturen handelt. Die Theorien des Max Weber mögen im Westen hier und da zu treffen, doch diese Theorien sind nicht auf die islamische Welt anwendbar, damit irrt Max Weber. Nicht die islamische Religion und ihr Einfluß auf den Menschen hat zu dieser Rückständigkeit geführt, sondern vielmehr die Entfremdung von der islamischen Religion und der Einfluß der christlichen Religion auf diese islamische Welt. Daraus muss zwangsläufig die Frage resultieren, in wie weit der Westen zu dieser Rückständigkeit beigetragen habe? Und man muss sich auch die Frage stellen, ob dahinter bestimmte Absichten stecken. Eine Schlussfolgerung kann sicherlich gezogen werden. Die islamische Religion ist nicht fortschrittsfeindlich. Max Webers protestantische Ethik und der Geist des Kapitalismus ist auf die islamische Religion nicht übertragbar. Max Weber hat nie ein Manuskript über den Islam besessen. Seine Äußerungen über diese Religion sind reine Vermutungen und Spekulationen, gepaart mit Vorurteilen. „Nur der Okzident kennt einen Staat im modernen Sinn mit gesetzter Verfassung, Fachbeamtentum und Staatsbürgerrecht, Ansätze dazu in der Antike und im Orient sind nicht zu voller Entwicklung gelangt. Nur der Okzident kennt ein rationales Recht, das von Juristen geschaffen, rational interpretiert und angewendet wird. Nur im Okzident findet sich der Begriff des Bürgers, weil es auch nur im Okzident eine Stadt gibt im spezifischen Sinne des Wortes. Ferner besitzt nur der Okzident eine Wissenschaft in dem heutigen Sinn des Wortes. (...) Aber eine religiöse Grundlage der Lebensführung, die in ihrer Konsequenz zu spezifischem Rationalismus hinführen mußte, ist wiederum dem Okzident allein eigentümlich." [70, S. 28] Weiter schreibt er: „Die Prädestinationstheorie erzeugt bei jedem Gläubigen eine enorme Unsicherheit über sein Erlösungsschicksal. Dies aber schafft Angst. (...) Das hätte letztlich Handlungshemmung, Fatalismus zur Folge." [70, S. 33] „Die Prädestinationslehre zusammen mit dem doppelt gedeuteten Bewährungsgedanken lenken auf asketische Bahnen und auf das innerweltliche Berufsleben. Sie stellen die Weichen auf innerweltliche Berufsaskese, deren zentrale Pflichtvorstellung die Berufspflicht ist. Dies führt zu einem Rationalismus der Weltbeherrschung und zum Lebensideal des erfolgreichen Berufs- und Fachmenschen. (...) Die religiöse Ethik des Islam hat trotz Vorhandenseins einer Prädestinationslehre andere praktisch-psychologische Wirkungen als der Calvinismus." [70, S. 35 f.] Demnach fehlt dem Islam der Bewährungsgedanke. Doch auch hier irrt sich Max Weber. Seine Ausführungen zeugen davon, dass er den Islam tatsächlich nicht kannte. Denn der Bewährungsgedanke ist ein zentraler Punkt islamischen Handelns und im Hinblick auf die Prädestinationslehre zeigt sich die mangelhafte Auseinandersetzung Max Webers mit dem Islam. Die Vorherbestimmung im Islam ist umstritten. In Sure 3, Vers 139 heißt es: „Und wer immer den Lohn dieser Welt begehrt, dem geben wir von ihm, und wer immer den Lohn des Jenseits begehrt, dem geben wir von ihm, und wahrlich, wir belohnen die Dankbaren!" Andrerseits heißt es in Sure 74, Vers 34: „Also beläßt Allah im Irrtum, wen Er will, und Er leitet recht, wen Er will!" [3, S. 69] Mit anderen Worten, der Glaube an die Prädestinationslehre ist im Islam nicht so ausgeprägt wie im Calvinismus. Damit läuft Max Weber mit seinen Argumenten ins Leere. Zumindest ist die Prädestinationslehre kein ausreichendes Argument für die Rückständigkeit der islamischen Welt.

„Gewiß auch der Islam kennt die ethische Beziehung zwischen Gott und dem Menschen. Auch er kennt Sünde und Endgericht. Aber die Sünde ist nicht Erbsünde, und das Endgericht nicht die Stätte sündenvergebender Gnade. (...) Im Mittelpunkt stehen Begriffe wie Irrtum und Verstoß, gerechte Strafe und einsichtiger Gehorsam, nicht Begriffe wie (Erb-)Sünde, erlösende Gnade und Liebe." [70, S. 39] Der Islam ist sehr wohl eine Religion der Liebe. Die fehlende Existenz einer Erbsünde im Islam ist sicherlich nicht der ausschlaggebende Grund für die ökonomische Misere der islamischen Welt. Die Befreiung von der Erbsünde als wirtschaftliche Antriebskraft zu proklamieren scheint mir doch übertrieben zu sein, zumal die Religiösität in den westlichen Staaten eine untergeordnete Rolle zu spielen scheint. Der Puritanismus des Islam ist mit dem von Weber gemeinten Puritanismus nicht zu vergleichen (Vgl. [70, S. 44]. In der Struktur des Islam sieht Max Weber die Schwächen dieser Religion. „Die islamische Hierokratie ist weder eine charismatische Gnadenanstalt wie die mittelalterliche katholische Kirche noch eine Zuchtrute wie die Kirchen und Sekten des asketischen Protestantismus, die dem Gläubigen keinerlei institutionelle Mittel der Entlastung von innerem Druck gewähren und die den milden katholischen Gnadenuniversalismus zugunsten eines harten Gnadenpartikularismus beseitigen, zugunsten eines Ausleseapparates, der den Qualifizierten vom Nichtqualifiziertem scheidet." [70, S. 48] Meint er etwa den Sozialdarwinismus? Wie lässt sich anhand solcher Erklärungen der Aufstieg Spaniens und Frankreichs zu Weltmächten mit zahlreichen Kolonien erklären? Beide Länder sind mehrheitlich katholisch. Max Weber bleibt uns eine Antwort schuldig.

Der Islam kennt Universitäten, so Max Weber. „Aber rationalen und systematischen Fachbetrieb der Wissenschaft: das eingeschulte Fachmenschentum, gab es in irgendeinem an seine heutige kulturbeherrschende Bedeutung heranreichenden Sinn nur im Okzident." [70, S. 75] Warum nicht im Islam fragt man sich, weil das islamische Recht keine Institution der Korporation und der Anstalt ist (Vgl. [70, S. 80].

Insgesamt ist das Bild Max Webers vom Islam eher ein unvollständiges Puzzle. Der fundamentale Fehler Max Webers liegt in der Übertragung der abendländischen Rechtsgeschichte auf die islamische Rechtsgeschichte bei mangelhaften Kenntnissen der islamischen Lehre. Es ist auch unbestritten, dass der Koran über eine höhere Rationalität verfügt als die Thora und das Alte und auch das Neue Testament. Die These vom Islam als Kriegsreligion ist zu undifferenziert. Max Weber hat den Islam in seinem Zusammenhang nicht richtig verstanden, daher sind seine Schlussfolgerungen diesbezüglich vage und ungenau. Seine Analyse ist ungenau und seine These ist auf den Islam nicht übertragbar. Der Islam ist keineswegs eine antiaktivistische und magiebefangene Ideologie. Vielmehr ist der Islam eine fordernde und leistungsorientierte Religion (Vgl. [70, S. 86 f.]. Max Weber fehlte entsprechendes Fachwissen, um die islamische Ethik analysieren zu können. „Überhaupt leidet Webers Analyse, wie Shmuel N. Eisenstadt betont, an mangelnder Berücksichtigung der Sufi-Bruderschaften, ihres Geistes und ihrer Organisationsformen. Auch die asketische Tradition im Islam kommt zu kurz. Gerade der Fundamentalismus des 18. und 19. Jahrhundert nimmt, wie Rudolpf Peters argumentiert, solche Traditionen auf, in denen das Erlösungsinteresse, das Interesse am Jenseitsschicksal, im Vordergrund steht und die Errichtung der Gemeinschaft im Diesseits in seinen Dienst nimmt. (...) Es ist eben zu einfach, selbst den frühen Islam auf eine Kriegsethik zu reduzieren. Wie Turner richtig bemerkt, wurde diese Variante des Islam von der Orthodoxie eher mit Mißtrauen, ja sogar mit Feindschaft registriert.“ [70, S. 92 f.]

„Man muß die praktischen Kulturprobleme, von denen man sich absetzt, und die Begriffsbildung, die man kritisiert, in ihrem Zusammenhang zunächst einmal verstanden haben.“ [70, S. 99] Vielmehr müsste die Hypothese aufgestellt werden, dass „die Existenz eines heiligen Rechts die Entstehung des Kapitalismus nicht deshalb ausschließe, weil es ungenügend systematisiert, im Ansatz kasuistisch, an der Schutzfunktion orientiert, mit außerrechtlichen Normen vermischt, mit veralteten Instituten durchsetzt und die Vereinheitlichung widerstrebend war, sondern deshalb, weil, nachdem es einmal Gestalt angenommen hatte, niemand fähig oder bereit war, es zu ändern, da zugleich niemand fähig oder bereit war, irgendeinen bedeutsamen Schritt darüber hinaus zu tun.“ [70, S. 308 f.] „Das islamische Recht stellt den Inbegriff der islamischen Werte dar. (...) Wie andere heilige Systeme ist das islamische Recht zuerst und vor allem ein Symbol für Gruppenzugehörigkeit, d.h. die Zugehörigkeit zur muslimischen Gemeinschaft, nicht ein bloßes Mittel zu sozio-politischen Zwecken, wie sie der Staat (oder sonst jemand) für erstrebenswert halten mag. Und die muslimischen Juristen stehen unter den Honoratioren einzigartig da in Bezug auf die Standhaftigkeit, mit der sie sich weigerten, sowohl dem staatlich verordneten wie mit dem Gewohnheitsrecht in Einklang zu kommen (obwohl ihre Einstellung sich bisweilen beträchtlich veränderte).“ [70, S. 317] Diese Konstellation ist darauf zurück zu führen, dass „es den frühen muslimischen Herrschern nicht gelungen war, die in ihren Gebieten aufgewachsene gebildete Elite zur Mitwirkung an ihren Unternehmungen zu gewinnen.“ [70, S. 317] Die islamischen Intellektuellen kopierten den westlichen Säkularismus, sie entwickelten jedoch keinen Islamischen. Die Nachahmung des westlichen Säkularismus fand im Iran unter Kaiser Pahlavi und in der Türkei unter Atatürk statt. Die Erfolglosigkeit beider Staaten beruht auf der Tatsache, dass hier der eigenen Gesellschaft ein fremdes System aufgezwungen wurde, die Modernisierung erfolgte nicht von unten, sondern von oben. Die Mehrheit verweigerte den Gehorsam, wenn auch diskret. Deren Loyalität galt weiterhin dem Islam, der sicherlich auch aus sich heraus über ausreichend Kraft verfügt, um sich zu reformieren. Dies hat der Islam mehrfach in seiner Geschichte bewiesen. Der Islam hat ein sehr großes Interesse am Diesseits. Die Verfassung dieser großen Gemeinschaft ist der Koran. Dieses Gesetz ist reformierbar. Hier liegt der Schlüssel für eine Modernisierung der Wirtschaft und Gesellschaft und nicht im Fehlen der Erbsünde im Islam bzw. durch das Fehlen einer Priesterschaft. Der Islam „braucht keinen Erlöser. Der größte Unterschied zwischen Judentum und Islam wie zwischen Christentum und Islam liegt in dieser Anthropologie. Für Mohammed ist mit Adams Sündenfall nicht eine Erbsünde in die Welt gelangt, die nur durch den Tod eines Gottes unwirksam gemacht werden konnte, wie Juden und Christen lehrten. Im Islam gibt es keine Passionsgeschichten oder Erzählungen von einem leidenden Gott. (...) Der Islam hat zudem durch die radikale Humanisierung des Menschen und die völlige Transzendierung Allahs die Tragik als religiöses Phänomen ausgeschlossen, die alle Völker des Orients und der Antike bewegte.“ [18, S. 21 f.] Daher ist Max Webers protestantische Ethik auf das islamische System nicht übertragbar und aus dieser Hypothese heraus nicht ausreichend erklärbar. Die undifferenzierte Übertragung von Begriffen aus dem abendländischen auf die islamische Welt seitens Max Webers ist kritisch zu betrachten.

30 Din wa Dawla oder was ist Säkularismus?

Während die Kommunisten eine natürliche Veranlagung des Menschen hinsichtlich Besitz verneinen, wobei sie davon ausgehen, dass die erste Gesellschaft eine Art Urkommunismus darstellte nach dem Prinzip, „alles gehörte allen“, wird diese Veranlagung vom Islam bejaht. Im Laufe der menschlichen Entwicklung, und insbesondere mit dem Beginn des Ackerbaus, begann der Streit um Grund und Boden. Die Menschen begannen sich zu bekämpfen und die Gier nach mehr Besitztum nahm zu und führte und führt bis heute zu Kriegen zwischen den Menschen. Aus der Sicht des Kommunismus kann es hier nur eine Lösung geben, nämlich die Rückkehr zum Urkommunismus. Nur dann, da sind sich die führenden Kommunisten einig, könne es Frieden unter den Menschen geben. Doch was ist der Urkommunismus? In der Anfangszeit der Menschheit haben sich diese von Früchten und von der Jagd ernährt. In diesem Falle kann das Fehlen einer zwischenmenschlichen Auseinandersetzung um Besitz nicht als Beweis dafür gelten, dass der Mensch keinen Drang habe zu besitzen. Vielmehr könnte man zu der Überzeugung kommen, dass dieser Drang noch nicht erforderlich war, da es weder Besitztum noch Produktionsmittel gab. Daher ist die Theorie vom Urkommunismus, als eine Art Paradies auf Erden, eine Utopie. Gehen wir davon aus, dass alles gleichwertig wäre, nur dann wäre ein Urkommunismus vorstellbar. Unterscheiden sich jedoch Werte und Vorstellungen, so führt dies zwangsläufig zu Auseinandersetzungen, gerade um Besitz. Auch unter den Naturvölkern hat es Machtkämpfe gegeben, um sich durch Mut und Stärke von anderen zu unterscheiden. Der Mensch wird von Anbeginn an von seinen Trieben mehr oder minder beeinflusst. Dazu gehört auch Eifersucht, Gier und Streben nach Macht, im Übrigen Eigenschaften, die für die menschliche Entwicklung erforderlich sind und waren. Konkurrenzkampf und das Streben nach Höherem ist nicht automatisch mit Bösartigkeit gleichzusetzen. Gerade durch diese Konflikte reift die Seele des Menschen. Damit wird die Theorie des Urkommunismus, die den angeborenen Drang nach Macht und Geltung verneint, ad absurdum geführt.

Während der Kommunismus den Wunsch nach persönlichem Besitz als Ausgangspunkt für die Entstehung der Klassengesellschaft ansieht, vertritt der Islam die Ansicht, dass Eigentum nicht unbedingt Unrecht bedeute, auch nicht Ursache unrechten Handelns seine müsse. Das Unrecht innerhalb einer Gesellschaft ist das Produkt der Entstehung einer besitzenden Klasse. Diese besitzende Klasse, die die Politikwissenschaftler gerne als das Zentrum bezeichnen, bestimmt wiederum die Gesetzgebung. Sie kontrolliert die legislative, judikative und die exekutive Gewalt und verhindert die Gewaltenteilung im Sinne Montesquieus. Diese Kaste erlässt selbstverständlich Gesetze, die sie in allen Bereichen der Gesellschaft begünstigen. Diese Art des Strebens nach Macht über andere liegt in der Natur des Menschen. Der Islam hat diese These stets vertreten.

Um dies zu verhindern, existiert im Islam keine Gruppierung innerhalb der Gesellschaft, die Gesetze erlässt. Das Gesetz wird nicht von einer bestimmten Klasse innerhalb der Gesellschaft erschaffen. Das Gesetz, die Scharia, wird von Gott selbst, dem Schöpfer alles Existierenden, den Menschen über seine Propheten offenbart. Daraus resultiert, dass die Menschen im Islam, da sie individuell sind, zwar nicht gleich aber gleichwertig sind. Die Menschen sind vor dem Gesetz Gottes alle gleich. Die Unterscheidung liegt in der Wahrnehmung eben dieses Gesetzes. Im Wettbewerb selbst sieht der Islam keine Bösartigkeit. So steht in der Sure 83, Vers 26: „Und um dies mögen die Begehrenden wetteifern.“ Die Unterschiede, die Wettbewerbe sind dann als böse zu bezeichnen, wenn sie nicht dem guten, sondern dem bösen Zwecke dienen, wenn Wettbewerbe und Konkurrenzkämpfe missbraucht werden, was dem Islam bewusst ist. In der Sure 2, Vers 251 wird dies zum Ausdruck gebracht. Hier heißt es: “Und wenn Allah nicht die einen Menschen durch die anderen zurückgehalten hätten, dann wäre die Erde wahrhaftig von Unheil erfüllt.“

Das islamische Gesetz, die Scharia, sieht eindeutig vor, dass der Anführer der Muslime ausschließlich durch freie Wahlen bestimmt wird. Dieser gehört weder einer besonderen Klasse an noch muss er wohlhabend sein. Wenn dieser Muslim in seinem Amt bestätigt wird, dann unterliegt er der Scharia, dem Gesetz Gottes. Die gewählte Person unterliegt den gleichen Rechten wie der Normalbürger. Er steht nicht über dem Gesetz, er ist lediglich ausführendes Organ. Er kann und er darf keine Gruppe oder Klasse bevorzugen. Eine vererbbare Monarchie widerspricht der sunnitischen Lehre der Orthodoxie und damit auch der Scharia. Diese Form der Herrschaft wurde zu Zeiten des Propheten Mohammed und auch danach praktiziert, sie ist keine Utopie. Diese Form der Herrschaft hat funktioniert. Im Islam kann ein Herrscher die Gesetze unmöglich ändern, weil es sich um Gottesgesetze handelt, die nur Gott selbst ändern kann. Der Herrscher ist der Diener der Scharia und damit auch der Diener Gottes. In strittigen Fragen werden Gelehrte hinzugezogen, um gerechte Urteile im Sinne der Scharia auszusprechen.

Der Islam verneint eine a priori angenommene Verdorbenheit der menschlichen Natur, die getriggert durch Reichtum oder Macht, zwangsläufig Unterdrückung bedeutet. Hier wird deutlich, dass der Islam keine Trennung zwischen Politik, Ökonomie und Religion vollzieht, vielmehr bedingt Eins das Andere. In der Medizin würde man von einem ganzheitlichen Ansatz sprechen. Vergleicht man den Kapitalismus, den Islam sowie den Kommunismus miteinander, so kommt man zu der Schlussfolgerung, dass der Kommunismus sich auf die Gemeinschaft als Grundprinzip begründet. Dem Menschen wird nicht einmal eine eigene Selbstständigkeit zugestanden. Alles Eigentum liegt in den Händen des Staatsapparates. Beim Kapitalismus steht das Individuum im Mittelpunkt. Die Gemeinschaft kann und darf dessen Freiheit nicht einschränken. Die Konsequenz ist die Akkumulation des Kapitals bzw. das Anhäufen von Eigentum.

Im Islam ist das Individuum auf der einen Seite ein völlig unabhängiges Wesen, andererseits aber auch Teil der muslimischen Gemeinschaft. Das Individuum handelt individuell und gemeinschaftlich zugleich, ja das ist möglich, weil er beide miteinander verbindet, ohne einen Widerspruch zu spüren. Das Gesetz Gottes, die Scharia, verhindert einen Machtkampf zwischen Individualismus und Gemeinschaft, indem sie zwischen den Neigungen der einzelnen Persönlichkeiten und den Neigungen der Gemeinschaft den Ausgleich sucht bzw. den Kompromiss. Sie berücksichtigt die Interessen des Einzelnen und die Interessen der Gemeinschaft und achtet darauf, dass die Waage im Gleichgewicht steht. Strenggenommen ist der Islam ein Mittelweg zwischen Kapitalismus und Kommunismus. Der Drang nach Besitz ist erlaubt, allerdings unterliegt dieser Drang der Kontrolle durch die Gesetze der Scharia, die verhindert, dass ein maßloses Machtstreben in Form von Besitz die muslimische Gemeinschaft nicht gefährdet. Dieses Gleichgewicht zwischen Individuum und Gesellschaft dient auch der Stabilisierung der menschlichen Psyche.

Gibt es innerhalb des Islam eine Einteilung der Gesellschaft in Klassen? In der Sure 16, Vers 71 und in Sure 43, Vers 32 heißt es: „Und Allah hat einige von euch vor den anderen mit Gaben begünstigt“, „und wir erhöhen einige von ihnen über die anderen im Rang“. Ist nach diesen Suren der Islam wirklich eine klassenlose Gesellschaft?

Im Vergleich zum europäischen System, welches insbesondere im Mittelalter eine Klassengesellschaft par exellance aufwies, bestand die Oberschicht aus Adligen und dem Klerus und die Unterschicht bildete das einfache Volk. Ein solches System existiert im Islam nicht. Ein System der Vererbung durch Geburt ist aus islamischer Sicht nicht erlaubt. Im Islam gibt es keine Vorrangstellungen, die durch Geburt weitergegeben werden. Die Monarchien in den islamischen Staaten, die dazu führen und führten, dass der Thron durch Vererbung an die Söhne weitergegeben werde, ist genauso verboten wie das Glücksspiel und das Trinken von Alkohol. Es existieren im Islam keinerlei Gesetze, die den Reichtum in einigen wenigen Händen konzentriert sehen wollen. Der Islam hat Gesetze erlassen, die die Verteilung des Reichtums vorschreiben. Das Vermögen eines Verstorbenen wird auf mehrere Personen verteilt. Wenn allerdings das Erbe in die Hände eines einzelnen fällt, dann sieht den Koran, gemäß der Sure 4, Vers 8 vor: „Und wenn bei der Teilung anwesend sind die Verwandten und die Waisen und die Armen, so schenkt ihnen etwas davon und sprecht freundliche Worte zu ihnen.“ Der Koran versucht durch diese Regelungen die Akkumulation des Reichtums in den Händen einzelner zu verhindern. Diese Regelung kann durch den Menschen nicht verändert werden, weil die Scharia Gottes Gesetz ist. Die einzige Möglichkeit dieses Gesetz zu umgehen, ist der Weg der „Al-Jahilija“, des Unglaubens, der Korruption und der Dekadenz. Damit konnte der Islam der Entstehung einer Klassengesellschaft entgegensteuern. Die Auswüchse der Dynastien und der späteren Monarchien und Despoten innerhalb der islamischen Welt, haben mit dem Islam nicht das Geringste zu tun. Gott unterscheidet nicht zwischen seinen Untertanen. Im Islam existiert keine Klassengesellschaft, weil sie von Gott nicht erwünscht ist. „Die Wüstenaraber sagen: Wir glauben. Sprich: Ihr glaubt nicht. Sagt vielmehr: Wir haben den Islam angenommen und der Glaube ist noch nicht in Eure Herzen eingedrungen.“ (Sure 49, Vers 14) Sollte sie dennoch existieren und sie existiert, dann steht das System außerhalb der islamischen Gesetzgebung, mit anderen Worten es handelt sich hier nicht um Muslime.

Was aber bedeuten diese beiden Verse, die eine Klassengesellschaft andeuten?

Diese beiden Verse spiegeln die Realität wieder. Die Menschen unterscheiden sich unabhängig davon, ob sie in einem kapitalistischen, kommunistischen oder islamischen System leben. Das ist die Realität des Lebens. Die Verse sagen weder, dass es sich um Recht noch um Unrecht handelt. Sie bringen lediglich zum Ausdruck, dass eine solche Realität existiert, der der Mensch nicht entkommen kann, da wir alle der göttlichen Allmacht unterliegen.

Die Sakat ist keine Spende der Reichen an die Armen aus guten Willen.

Die Sakat ist eine Pflicht, die die Scharia einem jeden Muslim auferlegt hat. Die Nichteinhaltung steht unter Strafe. Die Sakat reglementiert die Einkommensabgaben. Von diesen Einkommensabgaben sind die Armen ausgeschlossen bzw. befreit. Man kann hier zweifelsohne von der ersten Einkommenssteuer der Welt sprechen. Der Staat verwaltet die Einnahmen und teilt sie gerecht unter dem Volke. Zuständig für die Verteilung ist das „Bayt-al-Imal“, das Haus der Finanzen. Heute würde man sagen das Finanzministerium. Ohne zu übertreiben kann hier von einer sozialen Marktwirtschaft gesprochen werden und gleichzeitig auch von einem Sozialstaat, der zweifelsohne eine Errungenschaft des Islam ist und keine westliche Erfindung. Das „Bayt-al-Imal“, das Finanzministerium, konnte die Einnahmen entweder direkt in Form von Naturalien an die Armen verteilen und/oder mit den Einnahmen Krankenhäuser und Schulen bauen, in denen Arme kostenlos versorgt bzw. deren Kinder unterrichtet wurden. Mithilfe dieser Einnahmen wurden auch kleine Firmen gegründet, in denen Mittellose Beschäftigungen fanden. Das Ziel des islamischen Wirtschaftssystems ist die Beseitigung der Armut. Von der „Sakat“ ist die „Sadaqa“ zu unterscheiden. Die „Sadaqa“ sind Spenden aus freien Willen. Der Islam fordert die Menschen auf wohltätig zu sein, so verlangt er von den Kindern die Versorgung der Eltern. Von der Gemeinde verlangt er die Versorgung der Bedürftigen. Die Spenden können auch dem Staate zur Verfügung gestellt werden, um verschiedene Projekte, die der Gemeinschaft dienen, zu verwirklichen.

31 Das verzerrte Bild einer friedfertigen Religion

Das Problem ist also nicht der Islam, sondern die kritiklose, ja fast schon devote Nachahmung der westlichen Lebensphilosophie, die nicht im Verhältnis eins zu eins auf das islamische System übertragen werden kann.

Selbstverständlich erwarte ich jetzt Vorwürfe dahingehend, dass die Stellung der Frau in der islamischen Welt eine bedauernswerte ist. Das bestreite ich gar nicht, weil tatsächlich die Frau in der heutigen islamischen Welt in der Mehrheit ungebildet und rückständig ist. Ihre Würde wird mit Füßen getreten. Das ist jedoch kein islamisches Problem, sondern das Ergebnis des Versuchs einer Kopie der ökonomischen, sozialen und politischen Verhältnisse des Westen.

Wer behauptet eigentlich das islamische Staaten islamisch sind? Doch nicht etwa weil das Wort „islamisch“ enthalten ist?

In welchen der so genannten „islamischen Staaten“ herrscht tatsächlich islamisches Gesetz? Bevor Sie den Iran erwähnen, darf ich Sie daran erinnern, dass es sich hier um einen schiitischen Staat handelt, deren Ideologie die Schia ist, die Partei Alis, einer Sekte des Islam, die maximal 150 Millionen Menschen umfasst und im Vergleich zu 1,5 Milliarden eine unbedeutende Minderheit darstellt.

Die islamische Welt leidet an Armut und an politischer Unterdrückung. Die Bevölkerung besitzt kaum Rechte und sie wird entmündigt. Ein Vorgang, der zu einer Depression innerhalb der islamischen Welt geführt hat und die Frauen sind ebenfalls davon betroffen. Bevor man im Islam den Sündenbock sucht, sollte man sich doch vielleicht selbst hinterfragen, ob es richtig ist, die herrschenden Regime in diesen Ländern zu unterstützen. Gerade diese führen zu den oben genannten Entwicklungen und verlangen nach Veränderungen.

Es lohnt sich hier eine psychoanalytische Pause einzulegen. Gehen wir davon aus, dass der Mann in der islamischen Welt seine Frau misshandelt. Das ist eine zutiefst verachtende Tatsache, die gemäß der islamischen Scharia eine Sünde ist. Doch lassen sie uns diese Umstände psychologisch analysieren. Nehmen wir an, dass diese Gewaltausbrüche Versuche sind, die eigene Persönlichkeit, die durch den Staat in Form von Beamten, Polizeiapparat etc. unterdrückt werden, zu verwirklichen. Er, der Ehemann, der Vater, der Ernährer der Familie, wird vom Staat, der ihn eigentlich schützen sollte, seiner Würde beraubt, gedemütigt und in seiner Existenz gefährdet. Eine Situation aus der es kein Entrinnen mehr gibt. Eine hoffnungslose, aussichtslose und scheinbar unüberwindbare Situation. Dieser Mensch lässt seinen Zorn und seine Ohnmacht seine Ehefrau und seine Kindern spüren. Es sind politische Umstände und die Armut, die die Abhängigkeit der Frau vom Manne ermöglichen und die dazu führen, dass die Frauen Unterdrückung und Unrecht seitens des Ehemannes ertragen. In einer solchen gestörten Gesellschaft wird die Frau zum Freiwild. Sie wird zum Lustobjekt, die Erziehung der Kinder wird vernachlässigt. Damit ist der Weg der nächsten Generation vorgezeichnet. Die politische Diktatur und ihre Folgen werden auf die Mikroebene übertragen, d.h. auf die Familie, wobei zu bedenken ist, dass die Makroebene die Summe aller Mikroebenen ist. Das Verhalten innerhalb der Familie hat Auswirkungen auf die gesamte Gesellschaft, weil in solch einer Umgebung die Mütter dazu neigen, ihre Söhne zu verwöhnen und ihnen beizubringen, dass dem Manne in jedem Fall zu gehorchen sei, egal ob seine Handlung richtig oder falsch sind. Damit werden die männlichen Nachkommen zur Unbeherrschtheit erzogen, sie werden zu kleinen Diktatoren erzogen. Diese Macht wird schlussendlich an den späteren Ehefrauen und Kindern ausgelebt. Die Frau wird auf zweierlei Weisen gedemütigt. Durch die sexuellen Handlungen selbst und durch die Vernachlässigung danach. Das Recht, dass seitens der Scharia der Frau explizit zusteht, wird systematisch untergraben. Welche Möglichkeiten hat die Frau, um diesem Elend zu entkommen?

Sie kann sich scheiden lassen. Hier hat sie die volle Deckung seitens der Scharia. Sie kann selber arbeiten gehen. Auch hier wird sie von der Scharia unterstützt. All das kann sie tun. Doch warum tut sie es nicht? Die Antwort ist relativ einfach, weil die Unterdrückung immer noch besser ist als Hunger.

Nun frage ich Sie, was diese katastrophalen Umstände mit der islamischen Religion zu tun haben?

In einer solchen rückständigen Gesellschaft, die zweifellos den Zustand der islamischen Welt beschreibt, gilt nicht das Gesetz Gottes, sondern das Gesetz des Stärkeren. Grenzt es nicht an Schizophrenie, wenn der Westen auf der einen Seite mehr Rechte für Frauen fordert und auf der anderen Seite die prowestlichen Regime unterstützt? Sehen Sie das Dilemma?

Und noch einmal die Frage, was bitte sehr hat dies mit der islamischen

Lehre zu tun? Ich verbinde dies auch gleichzeitig mit der Frage, wie es mit den Frauenrechten z.B. in Indien aussieht oder in China oder in Japan oder in Südamerika oder in Schwarzafrika oder in Europa? Ich suche keine Entschuldigung, ich versuche lediglich Ihren Blick zu schärfen. Kehren wir zum Islam zurück. Bedienen wir uns weiterhin der Frage als Methodik.

Welche der oben genannten Probleme gehen mit der islamischen Lehre einher bzw. gehen aus dieser hervor oder sind mit dieser zu vereinbaren?

Ist es die Armut? War es nicht der Islam in seiner Blütezeit, der die Armut beseitigte? Ist es nicht der Islam, zu dessen Grundpfeilern die Armutsbekämpfung gehört? Ist der Islam daran schuld, dass in den islamischen Staaten Diktatoren herrschen und dass Menschenrechte tagtäglich verletzt werden? Unterstützt der Islam die Diktatur? Ist der Islam nicht selbst gegen Unterdrückung und Allmacht der Herrschenden immer schon gewesen?

Muslim berichtet, dass Omar, als er Kalif wurde, zu seinen Untertanen sagte: „Hört und gehorcht". Es antwortete ihm ein einfacher Mann: „Dir gebührt weder hören noch gehorchen, solange du uns nicht erklärst, woher du dieses Gewand hast, mit dem du dich eingekleidet hast?"

Erst als der Kalif eine vernünftige und glaubwürdige Erklärung abgab, da erklärten sich seine Untertanen zu gehorchen. Das ist die islamische Religion, das ist die islamische Religion, die ich heute fordere.

In solch einem Dilemma befanden sich die Araber schon mal. Der Islam war es, der diese Menschen aus der Finsternis befreite. Nicht der Reichste, nicht der Mächtigste und auch nicht der Stärkste ist es, der im Islam die höchste Achtung genießt, sondern der Gerechte, der Bescheidene, derjenige, der sich um seine Familie kümmert. „Der Beste unter euch ist, wer am besten zu seiner Familie ist. Und ich bin am besten von euch zu meiner Familie" (überliefert von at-Tirmidhi).

Ist es nicht der Islam, der eine Reduzierung des Menschen einzig auf die Triebe eingrenzt? Der Islam bekennt sich zu den Trieben der Menschen, er versucht aber zu verhindern, dass der Mensch ein Sklave seiner Triebe wird. Die Menschen, so der Koran, sind zu Höherem fähig. Der Geist und der Verstand des Menschen sollen nicht durch die Triebe abgelenkt werden. Der Mensch kann, indem er seine Triebe kontrolliert, befreit werden, um in allen Bereichen, insbesondere der Wissenschaft, Fortschritte zu erzielen. Dieser Weg soll auch vor Verbrechen schützen und Verbrecher von ihrem Vorhaben abhalten.

Der Islam und schlechte Erziehung sind ein Widerspruch in sich. Der Koran fordert den Menschen zur Selbsterziehung und Selbstdisziplin. Gleichzeitig ermahnt er gerecht zu handeln, die Würde des anderen zu achten und alle Geschöpfe Gottes mit Respekt zu behandeln. Wenn al-Jabri behauptet, dass die islamische Tradition an der Rückständigkeit dieser Situation Schuld sei, so ist zu sagen, dass die islamische Tradition den Muslimen die Bildung und Arbeit nicht verwehrt, noch verweigert sie ihnen den Umgang mit der Gesellschaft. Wer aber unter Fortschritt Dekadenz versteht, der wird natürlich durch die islamische Tradition behindert. Die Kinder der Dekadenz werden von der Scharia hart bestraft. Auch wenn wir im 21. Jahrhundert leben, so ist der Verbrecher noch lange nicht ein Opfer der Gesellschaft. Für seine Verbrechen ist er zur Verantwortung zu ziehen. Im Islam wird unter dem Begriff „Verbrechen" ein Vergehen gegen die Gesellschaft verstanden. Im Islam steht die Gemeinschaft über dem Einzelnen, was aber nicht heißt, dass die Rechte des Einzelnen eingeschränkt werden. Das heißt lediglich, dass das Individuum sich der Gesellschaft gegenüber ethisch, moralisch und vorbildlich verhalten soll. Die Freiheit des Individuums wird im Islam zugunsten der Gesellschaft eingeschränkt. Daher sieht der Islam in den Verbrechern keine Opfer, sondern Täter. Rechtfertigungen seitens des Verbrechers, nach denen das Milieu, in dem er aufgewachsen ist, für sein Verbrechen verantwortlich zu machen sei, spielen im Islam keine Rolle. Im Islam hingegen steht die Gesellschaft im Mittelpunkt. Das Individuum hat den Gesellschaftsregeln zu folgen. Verstöße gegen diese Regelungen werden mit aller Härte bestraft. Die Art und das Ausmaß der Bestrafung regelt die Scharia. Der Islam sieht im Menschen treibende und bremsende Kräfte. Daher gelten im Islam weder psychische Erkrankungen noch wirtschaftliche Benachteiligungen als eine Entschuldigung oder gar Rechtfertigung für Verbrechen. Der Islam sieht das Verbrechen sowohl aus den Augen des Täters als auch aus der Sicht der Gesellschaft. Daraus resultiert das Ausmaß der Bestrafung. Das Verbrechen muss lückenlos aufgeklärt werden und es darf nicht den geringsten Zweifel an der Schuld des Verbrechers geben. Nur dann darf eine Strafe auferlegt werden. Verbrechen an der Gesellschaft sind auch ein Zeichen einer schwächelnden Gesellschaftsordnung. Der Staat ist verantwortlich für seine Mitglieder, unabhängig von der Religion, des Geschlechts, der Sprache oder der Hautfarbe. Jedes Individuum hat das Recht auf Arbeit. Der Staat ist verpflichtet Arbeit zu schaffen. Diese Worte könnten aus dem Munde Engels oder Marx entstammen, sie entstammen jedoch der Scharia.

Eine große Rolle im Islam spielt die Sexualität. Der Islam kennt die Bedeutung des Sexualtriebes auf die Psyche des Menschen. Jahrhunderte bevor Sigmund Freud die Psychoanalyse erfand. Während Sigmund Freud, und auch andere Psychoanalytiker, eine Balance zwischen dem

„Ich“, dem Sexualtrieb „Es“ und der moralischen Instanz in Form des „Über-Ichs“, eine Art Trinität der Psychoanalyse, suchten und suchen, arbeitet der Islam auf die Befriedigung dieses Triebes hinaus. Dies geschieht durch die Ehe, die bereits früh vollzogen wird. Sollte der Bräutigam über nicht ausreichende Finanzmittel verfügen, so ist der islamische Staat verpflichtet, ihm die Hochzeit zu ermöglichen. Gleichzeitig werden andere sexuelle Reize vermieden, damit der Mensch die restlichen Kräfte für sinnvolle Aufgaben verwendet, zum Wohle der islamischen Gesellschaft. Verstöße gegen diese Vorschriften werden aber erst dann vollzogen, wenn die Tat eindeutig nachgewiesen ist und gegen fundamentale Regeln der Gesellschaft verstoßen wurde. Die heutigen islamischen Staaten mit ihrer wirtschaftlichen Misere führen zunehmend dazu, dass immer weniger Jugendliche heiraten. Die Armut ist das größte Hindernis auf dem Weg in die Ehe. Die Menschen für ihre Taten zu bestrafen ist nur dann sinnvoll, wenn das System gerecht und vor allen Dingen nicht korrupt ist. Solange aber diese Defizite herrschen, kann man den jungen Menschen keine Vorwürfe machen. Das Strafsystem ist nur dann sinnvoll, wenn ein wirklich islamisches System herrscht.

Die Vorwürfe und die Anschuldigungen gegen das islamische System sind haltlos. Die meisten glauben, dass diese Bestrafungen an der Tagesordnung sind. Hier wird die Hand abgehackt, dort wird jemand gesteinigt. Diese Strafen werden selten ausgeführt, jedenfalls seltener als die Todesstrafe in den Vereinigten Staaten von Amerika. Der Islam legt mehr Wert auf Vorbeugung als auf Bestrafung. Beschäftigen wir uns doch mit der nächsten Frage. Ist der Islam eine Religion, die sich mit der modernen Zivilisation anfreunden kann?

Ich frage Sie, welche Religion hat die Wissenschaft so gefördert wie der Islam? Welcher der Propheten aus dem Alten Testament hat so viel Wert auf Bildung gelegt wie Mohammed? Welche Religion hat sich mit der Seele des Menschen so beschäftigt wie der Islam? In welcher Religion wurde so viel Toleranz praktiziert wie im Islam?

Der Islam übernahm alle Formen der Zivilisation der von ihm eroberten Länder. Der Islam übernahm das Wissen der alten Kulturen und fügte neues Wissen hinzu. Die Grundhaltung des Islam ist durchgehend, unverändert wissenschaftsfreundlich. Der Islam stand zu keinem Zeitpunkt der Wissenschaft feindlich gegenüber, noch hat er nach Rassen entschieden. Der Islam glaubt an die Einheit der Menschen. Der Fortschritt soll weiter vorangetrieben werden, allerdings zum Wohle des Guten und im Sinne Gottes. Auch wissenschaftliche Versuche sind im Islam nicht verboten, solange sie dem Fortschritt der Menschheit dienen.

Dennoch liest man zwischen den Zeilen den Vorwurf der Rückständigkeit. Wie kann eine Wirtschaft existieren mit einem Zinsverbot, fragen sich führende westliche Wirtschaftsexperten. Zinsen sind in Wahrheit lediglich ein Grundprinzip des Kapitalismus. Für einen Muslim steht fest, dass der Islam die Zinskraft und auch die Versklavung des Menschen vor mehr als 1.000 Jahren verboten hat, da existierte kein kapitalistisches System. Für den gläubigen Muslim ist das islamische System ein Göttliches, welches über jeden Zweifel erhaben ist. „Ihr habt euer System und wir das unsere System." Hier erlaube ich mir die Frage zu stellen, ob es den Kritikern tatsächlich um das Zinsverbot geht oder ob sie einfach notorische Islamkritiker sein möchten, weil es insbesondere nach den Anschlägen vom 11. September sehr populär ist antiislamisch zu sein, ohne allerdings zu wissen, was der Islam wirklich will.

Natürlich sind der Alkoholgenuss und das Glücksspiel im Islam verboten. Hindern diese beiden Verbote den Fortschritt? Oder ist es vielmehr so, dass der Alkoholismus und das Glücksspiel zunehmend die westliche Gesellschaft zersetzen?

Muss der Mensch sich betäuben, um die Realität zu ertragen? Trinken die Menschen Alkohol und nehmen andere Drogen, um die Tristesse des Alltags zu verlassen, sich gegen Terror und Unmündigkeit zu schützen? Suchen die Menschen Zuflucht in einer Traumwelt? Wenn dem so ist, dann stimmt mit der Gesellschaft etwas nicht. Diese Fakten rechtfertigen keinen Drogenmissbrauch, sie sind jedoch beweisend für eine kranke Gesellschaft.

Verstehen Sie jetzt, warum der Islam gegen jegliche Art des Drogenmissbrauchs und des Glücksspiels ist?

Widmen wir uns nun einem aus westlicher Sicht hochbrisanten Thema, der Trennung der Geschlechter. Hier glaubt man den Islam entlarven zu können. Der Islam hat von vornherein ein entspanntes Verhältnis zur Sexualität. Der Islam weiß, dass bei Menschen, die keine Möglichkeit haben mit ihrer Sexualität fertig zu werden, deren Leistungen erheblich eingeschränkt werden. Der Mensch ist ein Gefangener seiner Triebe und damit auch nicht mehr in der Lage seelisch voranzukommen. Dieses Problem kann nicht durch unkontrollierte Freizügigkeit gelöst werden, sondern nur über rechtmäßige Wege wie z.B. die Ehe. Der Islam leugnet auch nicht, dass die Lusterfüllung die liebste Aufgabe eines jeden Menschen ist. Der Mensch darf sich jedoch von diesen Trieben nicht beherrschen lassen. Sie führen meistens ins Verderben. Ehen gehen in die Brüche, ja sogar ganze Imperien sind dem Untergang geweiht.

Der Westen verfügt über die Ressourcen und über das Wissen die Welt zu beherrschen, doch langsam gewinnen die Triebe an Einfluss. Die islamische Welt ist wirtschaftlich und politisch am Boden, wenn auch noch das Vergnügen die Oberhand gewinnt, dann stellt sich natürlich die Frage, wer in diesen Staaten für Fortschritt sorgen soll?

Die westliche Lebensweisen zu kopieren ist deshalb keine Lösung, weil der wirtschaftliche Entwicklungsstand sehr unterschiedlich ist. Die Loslösung von der Religion mag für den Westen, wobei ich gerne daran erinnere, dass dazu in jedem westlichen Land eine christlich geprägte Partei an der Regierung beteiligt ist, eine adäquate Lösung sein. Ist sie es auch für die islamischen Staaten, die eine andere historische Entwicklung hinter sich haben?

Die Frau im Westen ist frei und mündig. Wirklich? Wurde der Persönlichkeit der Frau zusätzlich etwas geschenkt oder ihr etwas weggenommen? Wie sind die hohen Scheidungsrate in der westlichen Welt zu erklären? Der Islam erhebt den Kompromiss zu einer Tugend. Wenn jeder egoistisch handelt, nur auf sein Vergnügen aus ist, wie wird die Zukunft dann aussehen und welche Ehe hält solche Eskapaden aus?

Der Kompromiss zwingt den Menschen seinen Egoismus und auch seinen Trieben Grenzen zu setzen. Ich darf daran erinnern, dass niemand gezwungen wird nach diesem Prinzip zu leben, denn im Glauben kann es keinen Zwang geben. Und ich darf vermerken, dass der Islam ein ungestörtes Verhältnis zur Sexualität hat. Die Sure 3, Vers 14 verdeutlicht dies. Dort heißt es: „Zum Genuss wird den Menschen die Freude gemacht an ihrem Trieb zu Frauen und aufgespeicherten Mengen von Gold und Silber und Rassepferden und Vieh und Saatfeldern. Dies ist der Genuss des irdischen Lebens; doch bei Allah ist die schönste Heimkehr.“

Der Islam unterscheidet hier zwischen einem ausschließlich triebgesteuerten Menschen als Extremfall und dem psychisch zwanghaften Komplex. Die menschlichen Triebe werden im Islam nicht als etwas Unreines angesehen. Daher ist eine Selbstreinigung von diesen Trieben nicht erforderlich, sondern es erfolgt die Befriedigung der Triebe innerhalb angemessener und vernünftiger Grenzen. Der Koran bringt dies in zwei Suren zum Ausdruck. Zum Genuss der schönen Dinge des Lebens wird der Mensch eingeladen: „Wer hat die schönen Dinge Allahs verboten, die er für seine Diener hervorgebracht hat und die guten Dinge der Versorgung?“ (Sure 7, Vers 32) „Und esset von den guten Dingen, die wir euch beschert haben.“ (Sure 7, Vers 160) „Und esset und trinkt, doch überschreitet das Maß nicht.“ (Sure 7, Vers 31)

Ibn al-Kathir zitierte in seinem Buch „Tafsir“ den Propheten folgendermaßen: „Besonders lieb sind mir in dieser Welt der Wohlgeruch und die Frauen, und das Gebet ist mein Augentrost.“

Derjenige, der seine Sexualität mit seiner Frau befriedigt, dem wird Gotteslohn zuteil. Der Mensch solle seine Gefühle steuern mit einem eigenen Willen bei vollem Bewusstsein und diese nicht unterdrücken, damit diese Triebe nicht ins Unterbewusstsein verdrängt werden. Ob Sigmund Freud vor der Entdeckung der Psychoanalyse den Koran gelesen hat?

Die Frauen im Islam genießen einen besonderen Status, der sie vor Endwürdigungen schützt. Die Trennung der Geschlechter dient als Schutz der Familie und der Ehe.

Ein weiterer Angriffspunkt ist sicherlich das Fasten. Moderne Gesundheitsgötter sehen in dieser Art des Fastens eine Gesundheitsschädigung. Für den gläubigen Muslim ist dies ein Training zur Selbstbeherrschung. Der Mensch besinnt sich auf sich selbst und er nimmt, dadurch dass er hungert, das Leiden anderer Menschen wahr und er kehrt zur Bescheidenheit und Demut zurück und hilft in Not geratenen Menschen. Während des Fastenmonats Ramadan wird der Mensch daran erinnert, wie zerbrechlich er ist.

Im Islam existiert keine Ursünde. Die Sünde Adams liegt nicht wie ein Damoklesschwert über der Menschheit. Der Mensch wird sündenfrei geboren. Auch wenn jemand gesündigt hat, so wird ihm verziehen: „Da empfing Adam von seinem Herrn Worte, worauf er ihm verzieh; wahrlich, Er ist der Allverzeihende, der Barmherzige.“ (Sure 2, Vers 36) Gott nimmt auf den Menschen Rücksicht. Er fordert von keiner Seele mehr als sie leisten kann (Vgl. Sure 2, Vers 286). Gott weiß auch, dass „jeder Mensch sündigt, und die besten der Sünder sind jene, die bereuen“ (überliefert von at-Tirmidhi).

Die Barmherzigkeit Gottes kennt keine Grenzen, dies wird in der Sure 3, Vers 133-136, verdeutlicht:

„Und wetteifert nach der Vergebung des Herrn und nach einem Garten, dessen Breite der vom Himmel und Erde entspricht, der für die Gottesfürchtigen vorbereitet ist, die da spenden in Freud und Leid und den Groll unterdrücken und den Menschen vergeben. Und Allah liebt die Rechtschaffenen. Und diejenigen, die, wenn sie etwas Schändliches getan oder gegen sich gesündigt haben, Allahs gedenken und um ihre Sünden um Vergebung flehen; und wer vergibt die Sünden außer Allah? Und diejenigen, die nicht auf dem beharren, was sie wissentlich taten; für diese besteht ihr Lohn aus Vergebung von ihrem Herren und aus Gärten, durch die Bäche fließen; darin werden sie ewig sein, und herrlich ist der Lohn der Wirkenden.“

Ist ein Mensch, der an Gott glaubt, in seinen Gedanken nicht frei? Stellen wir uns doch mal die Frage, wer das Universum erschaffen hat?

Ist es die Natur? Wer hat die Natur dann erschaffen? Oder ist die Natur eine verborgene Kraft, eine Form von Energie, wenn ja, darf ich dann an diese Kraft oder Energie glauben? Diese verborgene Kraft ist mein Gott. Wo also schränkt der Glaube die Freiheit des Denkens ein? Der gläubige Muslim beschäftigt sich doch gerade mit dieser unbeschreiblichen, für den Menschenverstand unbegreiflichen Energie, die alles erschaffen hat. Religion und Gedankenfreiheit schließen sich nicht gegenseitig aus. Im Islam geht man von einem Gott aus, der alles erschaffen hat, zu dem wir alle zurückkehren werden, und dessen Wort und Kraft durch niemanden verändert werden kann. Daher gibt es im Islam kein Priestertum. Der Islam gehört allen und jeder kann seine Kraft daraus schöpfen, dazu bedarf es keiner Vermittlung. Der Mensch nimmt direkt Kontakt zu Gott auf und bittet ihn um Beistand. Die Vereinigung des obersten Rats der Gelehrten hat lediglich eine beratende Funktion. Die Religion gehört weder einer Kommission noch einem Staat an, daher kann jeder zum Verständnis der Religion beitragen.

Die Behauptung, dass das islamische Regierungssystem von seinem Wesen her diktatorisch sei, ist schlichtweg falsch. Die heutigen islamischen Staaten regieren im Namen der Religion, doch von welcher Religion reden sie? Doch nicht etwa vom Islam? Zunächst darf ich Sie, verehrter Leser, erinnern, dass im Islam die regierenden vom Volke gewählt werden müssen, ferner kennt der Islam keine Könige. Monarchien sind im Islam verboten.

Da allerdings im Namen der Religion regiert wird, ist jegliche Abweichung von der staatlichen Meinung gleichzeitig auch eine angebliche Abweichung vom Islam. So werden die Menschen in ihrer Meinungsfreiheit eingeschränkt. Die Menschen in diesen Staaten sitzen in der Falle. Nur muss man wissen, dass diese Regierungen mit dem Islam nichts zu tun haben. Hier kann man vom Missbrauch der Religion zur Erhaltung der eigenen Macht sprechen. Das macht die Religion allerdings nicht unglaubwürdig. Bedenken Sie doch, dass während der Französischen Revolution viele unschuldige Menschen ums Leben gekommen sind. Ist dadurch etwa der Glaube an die Freiheit zunichte gemacht worden?

Natürlich wurden im Namen der Religion Verbrechen begangen, aber war es auch im Sinne der Religion?

Ganz im Gegenteil. Die Religion verbietet Unrecht, Endwürdigungen und Folter. Der Prophet selbst pflegte zu sagen: „Wer von euch Unrecht sieht, der ändere es“ (überliefert von al-Buchari und Muslim). Und er sagte auch: „Der vor Allah vorzüglichste Dschihad ist ein gerechtes Wort vor einem tyrannischen Herrscher“ (überliefert von Abu Dawud). Die

Auflehnung gegen Tyrannei und Machtmissbrauch ist also eine religiöse Pflicht.

Kommen wir zu einem weiteren brisanten Thema. Die Minderheiten in den islamisch-dominierten Staaten. Das Thema beschäftigt im Moment viele Menschen, insbesondere weil die muslimische Diaspora nach ihren Rechten verlangt. Schnell wird der Vorwurf erhoben, dass der Islam Minderheiten, insbesondere jüdische und christliche, unterdrücke. Entspricht dieser Vorwurf der Wahrheit oder gehört das in die Kategorie „Islamophobie“ oder wie Huntington es gerne sah, zum „Kampf der Kulturen“? Ist der Islam etwa doch rassistisch?

Der Koran äußert sich zu den Minderheiten innerhalb des Islam eindeutig und unmissverständlich: „Allah verbietet euch nicht, gegen jene, die euch nicht des Glaubens wegen bekämpft haben und euch nicht aus euren Häusern vertrieben haben, gütig zu sein und redlich mit ihnen zu verfahren; wahrlich, Allah liebt die Gerechten.“ (Sure 60, Vers 8) Weiter heißt es: „Und die Speise derer, denen die Schrift gegeben wurde, ist euch erlaubt, wie auch eure Speise ihnen erlaubt ist. Und ehrbare gläubige Frauen und ehrbare Frauen unter den Leuten, denen vor euch die Schrift gegeben wurde, wenn ihr ihnen die Brautgabe gebt, und nur für eine Ehe und nicht für Unzucht und heimliche Liebschaften. Unter wer den Glauben verleugnet, dessen Tat ist ohne Zweifel zunichte geworden; und im Jenseits wird er unter den Verlierern sein“ (Sure 5, Vers 5) Mit anderen Worten, diesen Menschen gehört auch das, was uns gehört, und sie haben zu geben, so wie wir zu geben haben. Sie gehören zu uns wie wir zu ihnen gehören. Die Gleichbehandlung zwischen Muslimen und nicht Muslimen wird vom Koran vorgegeben. Wie also kann ein gewöhnlicher Mensch dies auch nur in Frage stellen? Selbstverständlich betrifft dies alle Angelegenheiten, die nichts mit der Religion zu tun haben. Jetzt könnte man daher kommen und behaupten, im Islam gebe es doch gar keine Trennung zwischen Religion und Gesellschaft. Das ist richtig, aber die Gleichberechtigung bezieht sich auf den Umgang miteinander, bezieht sich auf die Gleichheit vor dem Gesetz, bezieht sich auf gegenseitige Achtung und Würdigung sowie Wertschätzung und selbstverständlich auch auf gegenseitigen Schutz. Das entspricht der Definition der Gleichberechtigung zwischen den Menschen im westlichen Sinne. Sie sehen also, dass das Prinzip „Din wa Dawla“, Staat und Religion, in keinster Weise Nachteile für Minderheiten nicht-muslimischen Glaubens innerhalb der islamischen Welt habe bzw. haben darf. Diese ausgeprägte Toleranz, die der Islam vorschreibt, wurde gelebt und wird gelebt. Wie erklären Sie sich sonst das Aufblühen der jüdischen Philosophie und Naturwissenschaften in Andalusien unter der Herrschaft der Muslime bzw. wie erklären Sie sich die Tatsache, dass in Nordafrika zahlreiche jüdische Gemeinden seit Jahrhunderten existieren und nicht bereit sind nach Israel auszuwandern. Ich beziehe mich gerne auf einen der Ihren, W. Arnold, der in seinem Buch „Einladung zum Islam“ zu der Überzeugung kam, dass die Freundschaft und die guten Beziehungen zwischen dem Islam und dem Christentum, die ohne Zweifel bestanden haben, die Ursache dafür waren, dass viele Christen zum Islam konvertierten. Der Prophet Mohammed selbst war es, der mit christlichen Stämmen Frieden schloss und ihnen Schutz und die freie Ausübung ihrer Religion gewährte. Ich gebe Ihnen zu bedenken, dass zur Zeit des Propheten der Islam aus einigen 100.000 Anhängern bestand. Heute macht der Islam 25% der Weltbevölkerung aus und ist die Religion die am schnellsten wächst. Es ist also nicht die Gewalt, die den Islam zu einer Weltmacht hat werden lassen, sondern die Lehre, die Toleranz und die Liebe zu einem einzigen allmächtigen und barmherzigen Gott. Denn wie sonst erklären Sie sich den Zuwachs des Islam. Der Vorwurf, der Islam sei eine gewalttätige Religion ist zurückzuweisen und aus meiner Sicht reine Demagogie. Der Islam ist nicht minder und auch nicht mehr gewalttätiger und friedfertiger als die anderen Religionen auch.

Als Abu Ubaida mit seinem muslimischen Heer nach Jordanien einmarschierte, wurde er von den Anwohnern, die christlichen Glaubens waren, mit Freude empfangen. Die Muslime waren den Christen lieber als die Römer, obwohl diese die gleiche Religion hatten, weil die Muslime zu den Christen gütiger waren und sie an der Ausübung ihrer Religion nicht hinderten (Vgl. [71, S. 53]).

Die spanische Inquisition quälte, folterte, verbrannte am lebendigen Leibe, um Muslime zu Christen zu machen. Im Übrigen gehörte zu den Foltermethoden neben Verbrennungen am lebendigen Leibe, auch das Ausstechen der Augen, Amputationen und weitere andere abartige Praktiken. Ist den Christen in der islamischen Welt so etwas Ähnliches zugestoßen?

Sie sagen: Ja, aber das ist vor tausenden von Jahren geschehen. Doch was ist mit den Folterungen während der Kolonialzeit? Was ist in Algerien geschehen? Sie werfen den islamischen Staaten vor, dass diese verhindern, dass neue Kirchen gebaut werden. Das könnte durchaus sein, aber es handelt sich um keine islamischen Regierungen, sondern um westliche Marionettenregierungen. Der Islam hat mit diesen äußerst unmenschlichen Entscheidungen nichts zu tun. Gleichzeitig möchte ich Sie auf einen anderen Staat aufmerksam machen. Äthiopien ist, wie Sie wissen, ein sehr armes Land, deren Bevölkerungsmehrheit muslimischen Glaubens ist. Doch nach wie vor dürfen muslimische Schulen nicht gebaut werden und wenn sind die Auflagen so hoch, dass es unmöglich ist, eine muslimische Schule zu gründen. Wohlgemerkt in einem Land, in dem die Muslime die Mehrheit bilden. Kennen Sie einen hohen Beamten oder Minister in den Reihen der äthiopischen Regierung, der muslimischen Glauben ist? Haben Sie Ihre Stimme gegen diese Ungerechtigkeit erhoben? Haben die ägyptischen Kopten die gleichen Probleme in Ägypten wie die Muslime in Äthiopien?

Der Islam gesteht allen Menschen unabhängig davon, welchen Glauben sie angehören, das Recht auf Wissen und Bildung zu. Hat Jesus nicht den Armen und Schwachen geholfen? Hat er sich nicht auf die Seite der Unterdrückten geschlagen? Ja, er tat es. Denn er war ein gottesfürchtiger Mensch.

Ein weiterer Vorwurf, der uns Muslimen immer wieder entgegengeschleudert wird, ist die Schutzsteuer. Diese Steuer wurden nur von zahlungsfähigen erwachsenen Männern erhoben, weil sie vom Militärdienst befreit waren. Das dürfte ihnen bekannt vorkommen, wer nicht zur Bundeswehr wollte, der musste seinen Zivildienst leisten.

Die Muslime hingegen waren zum Militärdienst verpflichtet. Wenn sich allerdings die Christen bereit erklärten, den Militärdienst zu leisten, dann wurden sie von diesen Schutzsteuern selbstverständlich befreit (Vgl. [71, S. 58]). Wir erkennen, dass die Schutzsteuern nicht aus religiösen Gründen, sondern aus praktischen Gründen eingeführt wurden, denn Muslime, die den Militärdienst nicht leisten wollten, bezahlten ebenfalls die Schutzsteuern. Wo ist also die Ungerechtigkeit?

Die Anhänger der Schutzsteuer-Theorie zitieren gerne die Sure At-Tauba, Vers 29: „Kämpft gegen diejenigen, die nicht an Allah und an den jüngsten Tag glauben, und die das nicht für verboten erklären, was Allah und sein Gesandter für verboten erklärt haben, und die nicht dem wahren Glauben folgen von denen, die die Schrift erhalten haben, bis sie eigenhändig den Tribut in voller Unterwerfung entrichten.“ Diese Sure ist nicht gegen das Christentum oder Judentum gerichtet und auch nicht gegen Christen und Juden, die in den islamischen Staaten leben, sondern sie ist gegen Besatzer und solche, die versuchen, die islamische Welt zu entmündigen, gerichtet. Der Skeptiker fragt sich zu Recht, wo denn dieser Islam, von dem ich hier schwärme, nun bleibe und wann wurde er wirklich gelebt?

Wir erfahren, dass im Islam das Recht auf freie Wahlen existiert. Wir erfahren, dass im Islam jeder Mensch das Recht auf Arbeit hat. Wir erfahren, dass im Islam die Frau genauso viele Rechte hat wie der Mann. Wir erfahren, dass der Islam die Naturwissenschaften liebt und fördert. Wir erfahren, dass das ökonomische System des Islam einer sozialen Marktwirtschaft entspricht. Nun frage ich Sie, wann hat diese Art von Islam je existiert? Ist diese Art von Islamherrschaft nur eine Einbildung oder gar eine Wunschvorstellung?

Zunächst einmal gilt es zwischen der Idealisierung des Systems und der Idealisierung seiner Anwendung zu unterscheiden. Der Islam ist kein idealistisches System, sondern ein realistisches System. Die Anwendung dieses Systems zu Zeiten des Propheten beweist eindeutig seine Wirksamkeit. Auch die Anwendung während der Umaijaden-Herrschaft in Andalusien zeigte die Genialität und Effektivität dieses Systems. Ja, der Islam von dem ich schwärme, hat sehr wohl existiert und hat sich als ein für den Menschen ideales System erwiesen. Was also existiert hat und gut funktioniert hat, kann sich wiederholen. Die Menschen waren zu diesen Zeiten gebildeter, interessierter, bescheidener und wissensbegieriger. Zwangsläufig stellt sich jetzt die Frage, ob der Stillstand bzw. der Rückschritt in den islamischen Staaten mit dem System oder mit den Menschen zusammenhängt? Ist es aber nicht so, dass permanent behauptet wird, dass der Mensch einer andauernden Entwicklung unterliege?

Hätten die Muslime zu Zeiten des Propheten eine Willkürherrschaft hingenommen? Die Antwort lautet „nein". Doch heute werden nahezu alle islamischen Staaten von Diktaturen und Monarchien beherrscht. Wie ist sowas zu erklären? Historisch wissen wir, dass sich der Islam sehr rasch ausbreitete, doch der wahre Geist des Islam ist in vielen islamischen Staaten noch nicht angekommen bzw. noch nicht angenommen und verstanden worden. Wie auch, wenn mehr als die Hälfte der Bevölkerung Analphabeten sind. Die Herrscher dieser Staaten wissen um dieses Dilemma und sie nützen es zur Festigung der eigenen Machtinteressen.

Zweifelsohne ist das islamische System revolutionär und progressiv. Die Regierungen in den islamischen Staaten sind rückschrittsgewandt, korrupt, dekadent und islamfeindlich. Ich gebe zu bedenken, dass der Islam die Anwesenheit des Propheten nicht benötigt, um wieder aus dem Tiefschlaf zu erwachen. Weltweit werden Regierungen, die versagt haben, abgewählt. Nur in der islamischen Welt herrscht eine ungesunde Kontinuität an inkompetenten Herrschern. Warum also sollten diese Regierungen nicht abgewählt werden? Warum sollten Monarchien nicht abgeschafft werden, zumal sie ohnehin nicht im Interesse der Menschen und schon gar nicht des Islam sind? Wir eifern dem Westen nach und bauen Fast-Food-Filialen. Warum ahmen wir nicht etwas nach, was der Islam ohnehin von uns verlangt nämlich freie Wahlen, Menschenrechte, Recht auf Bildung und Arbeit?

Europa hat vom Islam gelernt. Dann, als Europa glaubte selber laufen zu können, vernichtete es diese Fakel mit der Rückeroberung Andalusiens. Was sollten die islamischen Staaten in einigen Punkten von Europa lernen? Zunächst muss das Lernen von Europa von den islamischen Staaten ausgehen. Dabei geht es um die Naturwissenschaften, um moderne Bildungssysteme, um moderne Infrastruktur, um den Aufbau neuer Universitäten und um die Bekämpfung der Armut, der Rückständigkeit. Die Kommunisten behaupteten, sie haben nichts gegen den Islam, schließlich kämpfen beide Systeme für die Gerechtigkeit, wobei sie sich heimlich eine Assimilation wünschten. So ähnlich agierten die Franzosen und die Engländer und jetzt insbesondere die Amerikaner. Diese ermutigen die Muslime weiterhin an der islamischen Religion festzuhalten, gleichzeitig solle die islamische Welt die westliche Zivilisation, was sie auch sein mag, annehmen, in der Hoffnung, dass der Islam zunehmend an Einfluss verlieren würde. Tatsächlich wuchsen Generationen heran, die die islamische Religion nicht kennen oder ihr sogar den Rücken zuwendeten. Ich betone nochmals, dass der Islam jedes System, das nicht gegen islamische Prinzipien verstößt und dem Wohle der Gesellschaft diene, stets integriert hat. Das kommunistische System, das sozialistische System und auch das enthemmte und im Affekt labile kapitalistische System, haben mit dem Islam und seiner Lehre wenig zu tun. Daher ist der Versuch ihrer Integration zum Scheitern verurteilt, auch wenn es hier und dort Schnittpunkte gibt. Ein Muslim kann nicht gleichzeitig auch Kommunist sein, weil der Kommunismus ein materialistisches System ist ohne Glauben an die Metaphysik. Das Sein bestimmt das Bewusstsein, so die kommunistische Idee, d.h. die Seele eines Menschen entstammt der Materie. Alles andere sind Phantastereien, die wissenschaftlich nicht nachzuweisen sind. Die Befriedigung des Menschen so die Kommunisten, bestehe in der Nahrungsaufnahme, Wohnen und Befriedigung der menschlichen Sexualität. Diese Grundhaltung ist mit einer Religion, die sich mit dem Geiste und der Seele des Menschen beschäftigt, prinzipiell nicht zu vereinbaren. Der Kommunismus verneint die Existenz Gottes. Der Mensch ist aus kommunistischer Sicht ein passives Wesen, das gegenüber der materiellen Kraft keinen freien Willen besitzt. Im Islam hingegen ist der Mensch ein aktives Wesen mit einem eigenen Willen, der sich nur dem Willen Gottes unterwirft. Im Islam gibt es neben ökonomischen Werten auch andere Werte. Die anderen Werte sind mindestens genauso wichtig wie die wirtschaftlichen Werte. Man darf nicht vergessen, dass der Kommunismus eine Diktatur ist. Nicht umsonst spricht man von der Diktatur des Proletariats. Diese scheinbare Diktatur von vielen ist in Wirklichkeit eine Diktatur eines einzelnen oder einer Partei wie der KPDSU. Doch wie der Zusammenbruch der Sowjetunion zeigt, hat der seelenlose Kommunismus sich selbst vernichtet.

Das Verhältnis zum Kapitalismus ist bereits analysiert worden. Was also können wir tun, wir Muslime? Was können wir erhoffen? Gibt es einen Ausweg aus diesem Dilemma? Sollen wir uns dem fügen und unsere Rohstoffe zu Niedrigpreisen verschenken? Sollen wir die Endwürdigungen, wie das Erhängen des Diktators Saddam Hussein an dem höchsten islamischen Feiertag, einfach so hinnehmen? Sollen wir die Armut, die Unterdrückung, den Analphabetismus, die Korruption, die Vetternwirtschaft, die Entmündigung durch den Westen, einfach akzeptieren? Was also können wir tun?

Wir sehen, dass sowohl das kommunistische, das sozialistische als auch das kapitalistische System versagt haben und versagen. Wir wissen, dass es für uns Muslime sehr wohl einen dritten Weg gibt. Heute steht der Islam vor einem Wendepunkt.

Zur Verwirklichung unseres eigenen islamischen Systems gibt es nur einen einzigen Weg, nämlich den Weg des Glaubens. Nur der Glaube kann diese Gesellschaften wieder aus ihrer Depression befreien, der Glaube an Gott und an sich selbst. Damit ist sicherlich nicht die Machtergreifung durch Islamisten gemeint, die faschistoides Gedankengut verbreiten. Die Rede ist vom aufgeklärten Islam wie er in Andalusien praktiziert wurde. Eine Religion des kritischen Diskurses.

Eine kleine Gruppe gläubige Menschen, unter der Führung eines außergewöhnlichen Propheten, schafften es aus einem Wüstendorf ein Imperium zu gründen. Sie waren ihren Gegnern sowohl waffentechnisch, als auch in der Kunst der Kriegsführung unterlegen. Weiter unterlegen, als dies heute im Verhältnis zwischen der islamischen Welt und dem Westen ist, dennoch schafften sie es innerhalb kürzester Zeit, ein Riesenreich zu gründen.

Wie kann solch eine Anstrengung in der Praxis aussehen? Nun, wenn jeder Muslim sich auf seine Religion besinnt, sich der Bildung widmet und wieder die Naturwissenschaften in den Vordergrund rückt und wenn die Herrschaft der Ungerechten beendet wird, dann wird eine neue islamische Ära anbrechen. Diese Schritte erfordern Standhaftigkeit: „Und Allah wird sicher dem beistehen, der ihm beisteht. Allah ist wahrlich allmächtig, erhaben.“ (Sure 22, Vers 40) All dies kann und muss gewaltlos erfolgen. Die Vereinigung zwischen Materialismus, Geist und Seele ist im Islam möglich. Warum sollen wir nicht zu einem System zurückkehren, dass alle bisherige Systeme bei Weitem übertrifft. Ein System der Toleranz, der Nächstenliebe, die Bildung, der Achtung und Würdigung eines jeden Menschen? Wer oder was hält uns davon ab?

Der Islam wird wiederkehren in seiner ursprünglichen und reinen Form, darin besteht kein Zweifel. Das islamische Reich befindet sich bereits im Entstehen.

Ich frage Sie, hätten Sie gedacht, dass eine islamisch orientierte Partei die Türkei regieren würde?

Die Muslime in der Türkei werden sich durch die Wiederentdeckung des Islam ihrer Wurzeln bewusst. In Ägypten übernahm die Muslimbruderschaft die Regierung (Vgl. [33]). Im Gazastreifen hat die Hamas die Macht übernommen. In Malaysia ist der Islam Staatsreligion. Die ehemaligen Sowjetrepubliken entdecken den Islam wieder. Was sind schon 70 Jahren Kommunismus gegenüber 1.500 Jahren islamischer Herrschaft? Die islamische Welt, der schlafende Riese, hat sich in Bewegung gesetzt. Es wird zwangsläufig zu einer Kursänderung innerhalb der islamischen Welt kommen, weil sich zunehmend die Muslime ihrer Pflichten bewusst werden.

Es gibt deutliche Hinweise, dass die jetzige Generation sich gegenüber der älteren Generation deutlicher in einer islamischen Identität behaupten will. Sprach man früher von einem Panarabismus, so muss heute von einem Panislamismus gesprochenen werden. Im Vergleich zum Ersteren wird der Panislamismus von der breiten Masse der Muslime befürwortet und getragen, deus vult.

„Im Islam leben wir und im Islam sterben wir“, so der größte deutsche Dichter Johann Wolfgang von Goethe. Die Söhne Ismails sind erwacht und sie hören den Ruf: „Um Ismail habe ich dich auch erhört. Siehe, ich habe ihn gesegnet und will ihn fruchtbar machen und mehren gar sehr.“ (1. Moses 17, 18-20)

Für die sunnitische Orthodoxie gilt, dass Gott die erste und letzte Ursache der Schöpfung und Vernichtung ist. Er bedarf weder eines Sohnes noch eines heiligen Geistes. Alles ist zugelassen, um die Menschen zu bewegen, sich freiwillig für das Gute zu entscheiden (Vgl. [18, S. 11]).

32 Die islamische Moderne

Die islamische Moderne wurde und wird geprägt vom Kolonialismus und vom Imperialismus. Nicht die Rückständigkeit der islamischen Philosophie, sondern die technologische Unterlegenheit dem Westen gegenüber führte zu einer Paralyse dieser Kultur. Der Westen setzt seine politischen und ökonomischen Interessen, dank seiner überlegenen Waffentechnologie, gnadenlos durch. Der Imperialismus und Kolonialismus wurde als Segen für die unterjochten Völker verkauft. Denn nur so könnten diese „unterentwickelten“ Rassen lernen. Angesichts dieser Tatsachen fällt es einem schwer, von einer islamischen Moderne zu sprechen. Sie wurde im Keime erstickt. Erst jetzt, im 3. Jahrtausend, erwacht das islamische Imperium. Keine bedingungslose Modernisierung. Vielmehr wird unter Rücksichtnahme auf das kulturelle Erbe (Taurath) eine kontrollierte Modernisierung eingeleitet. Auch wenn die Golfstaaten sich innerhalb von nur wenigen Jahren von Dörfern zu Weltmetropolen entwickelt haben. Die Wiederentdeckung und Aufbewahrung der eigenen Tradition spielt eine zunehmend größere Rolle.

Die Aufarbeitung der Vergangenheit beinhaltet auch Kritik an der eigenen Tradition. Zurecht äußerte sich Jamal ad-Din al-Afghanie wie folgt: „Es ist erstaunlich, daß unsere Ulama Mulla Sadra (...) liest und sich selbst großsprecherisch weise nennt, und dies, obwohl sie ihre rechte von ihrer linken Hand nicht unterscheiden kann und nicht fragt: Wer sind wir, und was ist richtig und gut für uns?“ [72, S. 106]

Die islamische Moderne hat gerade erst begonnen. Sie wird einen anderen Verlauf nehmen, denn sie wird sich an die koranischen Gesetze orientieren müssen. Die westliche Moderne kann ihr als Vorbild nicht dienen, zumal sie beginnt zu schwächeln. Der Islam muss seinen eigenen Weg gehen. Darin besteht seine Chance. Eine Nachahmung wäre hingegen Gift für diese Gesellschaft. Dazu äußert sich al-Afghanie wie folgt: „Weil ich sicher bin, daß die absolute Wahrheit die wahre Religion und richtige Scharia nicht zerstören wird, bin ich mehr als andere davon überzeugt, daß das Bewußtsein und die Seele der Muslime bald aufgeklärt und verbessert werden wird durch die Weisheit.“ [72, S. 125]

Modernisierung bedeutet Hinwendung zu den Wurzeln des Islam. Dieser Interpretationslinie bleiben seine Schüler Mohammed Abdu und Raschid Rida treu. Seine Philosophie bildet die Grundlage für die Reislamisierungsbewegung in der Moderne. Daraus ziehen auch islamische Bewegungen wie Nahda (Wiedergeburt) und die salafistische Bewegung ihre Legitimation. Aber auch innerhalb der Salafiya existieren verschiedene Denkansätze. Ali Abd ar-Raziq, selbst der Salafiya-Bewegung angehörend, sah die Ursache der Unterentwicklung in der Dominanz der religiösen Dogmatik. Er plädierte, wie Kemal Atatürk, für eine Trennung zwischen Staat und Religion. Doch wie die Türkei zeigt, ist der Säkularismus kein Heilmittel. Die Hinwendung zum Islam katapultierte die Türkei in die Moderne. Was also ist richtig?

Die Antworten liegen im Verborgenen. Nur langsam wird der Schleier enthüllt. Überraschungen sind nicht auszuschließen. Zu den gescheiterten Experimenten gehört der arabische Sozialismus des Gamal abdel Nasser und der arabische Nationalismus wie dieser von Michel Aflaq und auch Sati Husri gepredigt wurde. Arabische Philosophen wie Mohammed Arkoun oder Sadiq Jolal al-Azm sehen in der Philosophie des Ibn Rushd den Vorläufer der arabisch-islamischen Moderne. Doch diese Philosophen machen die Rechnung ohne den Wirt. Seit der Jasmin-Revolution herrschen in den meisten arabischen Staaten islamische Parteien. Diese sind an der Entwicklung der eigenen Ökonomie interessiert unter Berücksichtigung der koranischen Lehre, weniger an die Lehren des Ibn Rushd. Auch wenn die marokkanische Soziologin Fatima Mernissi schreibt, dass al-Jabri der arabischen Jugend einen anderen Islam aufzeige, „in dem Offenheit und individuelle Meinung integrativer Bestandteil der Tradition sind.“ [73, S. 56] Schöne Worte, aber 70% der Jugendlichen sind arbeitslos. Die Kriminalitätsrate steigt. Die Frustration ebenfalls. Hat Frau Mernissi für diese Probleme ebenfalls eine Lösung parat? Oder ist sie selbst Teil eines korrupten Systems? Gerne predigen Diese Wasser, aber in den Luxus-Restaurants von Tanger bis Casablanca schlürfen sie Austern und spülen sie mit Wein herunter. Die Masse hat begriffen und die Masse wird die Richtung geben. Mubarak, Ibn Ali und Gaddafi haben es zu spüren bekommen. Assad und König Abdallah haben es noch vor sich. Die Karten werden neu gemischt. Eine Vorhersage ist kaum möglich. Nur eines ist gewiss, die alten Regime haben ausgedient. Und Mernissi und Co. gehören dieser alten Riege an. Niemand interessiert sich heute für philosophische Lösungen. So forderte der ägyptische Philosoph Zaki Nagjib Mahmud 1992, ein Jahr bevor er starb, die Modernisierung der arabisch-islamischen Gesellschaft durch einen Bruch mit der wissenschaftsfeindlichen Tradition und Lebensweise. Ob er wohl gewusst hat wie viele arbeitslose Akademiker alleine in Marokko Trinkwasser auf den Souks verkaufen, um sich eine Stange Brot am Tag leisten zu können?

Der einzige wahre Weg aus der großen Katastrophe ist eine radikale Modernisierung des Bildungssystems, der politischen Systeme und ein Programm zum Aufbau einer modernen Industrie. Kluge Köpfe haben diese Länder zu genüge. Man müsste ihnen erlauben, sprechen zu dürfen. Bessere philosophische Ansätze gibt es bei Muhsin Sayyid Mahdi, bei Fazlu Rahman und Mohammed Schachrur. Alle drei befürworten eine Synthese zwischen Moderne und Religion, damit die Gesellschaft nicht amoral und unübersichtlich wird. Das ist übrigens ein weiterer Beweis dafür, dass die arabisch-islamische Philosophie lebendig ist. Sie hat nie aufgehört zu denken.

33 Goethe und der Islam

„Im Islam leben wir,
im Islam sterben wir."
(J.W. v. Goethe, West-östlicher Divan)

„Diese Religionen erhielten ihre Prägung durch Kräfte, die sich gegen etablierte gesellschaftliche Formen wandten: das Judentum durch seine sozialkritische Prophetie, das Christentum durch seine Opposition gegen die römische Sklavenhalteordnung und der Buddhismus durch das ewige Dharma, die Kastenordnung des Hinduismus. Der Islam aber trat mit Mohammed an als eine Lehre, die ein Gemeinwesen, einen Staat schuf, der bis dahin nicht existierte. Der Islam war von seinen Anfängen her eine Bewegung radikaler Diesseitigkeit und verstand sich nie als Erscheinungsform einer anderen Welt, zu deren Gunsten man auf diese Welt verzichten müsste, wie Buddha lehrte, oder die es nach dem Gebote Jahwes neu zu gestalten gelte, wie die Propheten des Judentums von ihrem Selbstverständnis als dem einzigen und ausgewählten Volke glaubten. Noch weniger setzte er die Hoffnung auf eine vollendete Welt durch einen wiederkehrenden Messias, wie es die Christen glaubten. Für den Islam gehören Erde und Paradies zusammen zur Welt, gibt es keine Diastase zwischen einem Gottesstaat und einem Weltstaat. Sein Monismus, die Lehre von nur einem Gott und einem Propheten lässt auch nur eine Welt gelten. (...) Darin liegt die Ursache für das Phänomen, dass der Islam, obwohl durch viele Fäden mit Judentum und Christentum verbunden, nicht an sie gebunden ist, sondern in schärfsten Gegensatz zu ihnen trat." [18, S. 22 ff.]

Diese Gegensätze sind jedoch keine Rechtfertigung für eine unbedachte und populistische antiislamische Propagandaarbeit. Blunt schreibt in seinem Buch „Secret History": „Ich trat darin ohne Vorbehalte für die Sache des Islam ein, die für mich im wesentlichen die Sache des Guten ist (...) und die es verdient, nicht unterdrückt, sondern durch alle ermutigt zu werden, denen das Wohl der Menschheit am Herzen liegt." [74, S. 92] Im Nachlass zum West-östlichen Divan schrieb der vom Islam faszinierte

Goethe:
„So der Westen wie der Osten
geben reines dir zu kosten
laß die Grillen, laß die Schale
setze dich nun zum großen Mahle:
Mögst auch im Vorübergehn
diese Schüssel nicht verschmähn.
Wer sich selbst und andere kennt,
wird auch hier erkennen.
Orient und Okzident
sind nicht mehr zu trennen.“

Doch wie kommt Goethe auf den Islam? Warum hat ihn der Prophet Mohammed sein Leben lang begleitet? Wie kommt Goethe an den Koran?

Goethe begann sich im Jahre 1773 mit Mohammed zu beschäftigen. Im selben Jahr erschien vom ihm das Buch „Mahomet“. Zum ersten Mal in der abendländischen Geschichte hörten die Menschen etwas Positives über den Propheten Mohammed. Zuvor galt als gesichert, dass Mohammed sich habe zu Gott ausrufen lassen, obwohl der Koran dies ausdrücklich als Gotteslästerung ansieht und das Gegenteil versichert, dass nämlich nur Gott anbetungswürdig sei und ansonsten niemand. Der Islam stellte eine drohende Gefahr für das christliche Abendland dar. Seit den Eroberungszügen der Osmanen in Europa sprach man vom „Türken-Alkoran“. Die Dichterin Katherina Regina von Greiffenberg gehörte zu den ersten Dichterinnen, die die Geschichte des Koran sachlich darstellte, wenn auch mit erheblichem Mangel an Wissen über diese „neue“ Religion. In Mohammed sahen viele den Zerstörer. Andere die Verkörperung des Antichristen. Mohammed tat nichts anderes als zu Rauben, Töten, Vergewaltigen und zu Zerstören. Seine Lehre wurde als „lächerlich“ und „närrisch“ bezeichnet. Es war ohnehin schwierig, eine genauere Einsicht in den Koran zu bekommen. Zumal die katholische Kirche glaubte, mit dieser neuen Religion fertig zu werden, indem sie die in Venedig 1530 gedruckte arabische Ausgaben des Koran vernichten ließ. Papst Alexander der VII. (1655-1667) verbot sowohl den Druck als auch die Übersetzung des Koran. Die Protestanten ließen den Koran drucken, gleichzeitig wurden Wiederlegungen vom christlichen Standpunkt mit gedruckt.

Der züricher Pfarrer Bibeltander gab im Jahre 1550 eine alte lateinische Übersetzung in Druck. Diese Ausgabe erhielten u.a. Melanchton und Luther. Heimlich gelangte aber auch eine französische Übersetzung über die Niederlande nach Deutschland. Hier wurde sie von Johann Lange, Medizinstudent, ins Hochdeutsche übersetzt. Sich mit dem Koran zu beschäftigen war äußerst gefährlich. Das erfuhr der Pastor Hindelmann 1694 in Hamburg, als er eine sehr wertvolle arabische Ausgabe des Koran besorgte. Obwohl er in seinem Vorwort sehr negativ über den Koran schrieb, verlor er beinahe seine Anstellung. Doch bald wendete sich das Blatt. Die Studien und Übersetzungen, die dazu dienten, den Koran zu widerlegen, hatten umgekehrt ein tieferes Verständnis und eine gerechtere Beurteilung dieser „Heiligen Schrift“ zur Folge. Der holländische Gelehrte Reland untersuchte diese Studien und stellte mit Erstaunen fest, dass diese Aussagen dem Inhalt des Koran nicht entsprachen. Seine Arbeit gab dem Koran, und insbesondere Mohammed, ein ganz anderes Gesicht. Der Orientalist Gagnier sammelte weitere Quellen und recherchierte für sein Buch „Mahomet“, welches er 1732 schrieb. Neben dem Koran und dem Propheten, wurde auch die Sunna, der Talmud der Muslime, ausführlichst dargestellt. Die antiislamischen Äußerungen blieben erstmalig aus. Mohammed, den er als „Prophète de Dieu“ bezeichnete, wurde sachlich dargestellt. Dem Leser überließ er das Urteil. Zwei Jahre später, 1734, erschien in London die englische Übersetzung des Koran. Der Übersetzer George Gate, war nicht nur ein ausgezeichneter Kenner der arabischen Sprache, sondern er lebte zuvor 25 Jahre bei den Arabern. Er konvertierte auch zum Islam. Ein weiterer Bewunderer des Propheten war der Graf von Boulainvilliers, ein französischer Adeliger. In Mohammed sah er den Prediger der Einheit Gottes, den Retter aus dem Irrtum. Mohammed wäre der Vollender der göttlichen Botschaft, so der Graf. Gagnier kämpfte verbissen gegen den Grafen. Mohammed, so Gagnier, wäre schlimmer als Attila. Schlussendlich musste auch er zugeben, dass der Islam die Einheit Gottes zum Dogma hat. Gleichzeitig erkannte er die Schwächen der Trinitätslehre. Er erkannte im Laufe seines Lebens, dass die Lehre des Islam sich nie veränderte, die Lehre des Christentums hingegen mehr als 20 Mal. Er schwieg! Andere machten sich über Mohammed lustig, weil der Berg nicht zu ihm käme, sondern er zum Berg ginge.

Ein anderer bekannter Mann begann sich mit dem Propheten auseinanderzusetzen. Es war kein geringerer als der große Voltaire, ein Mann der Aufklärung. Voltaire war davon überzeugt, dass Mohammed nicht durch das Schwert, sondern durch das Wort den Orient erobert habe. Er führte weiter an, dass Mohammed der Vielweiberei ein Ende gesetzt habe, denn Salomon hatte 300 Frauen und David mindestens 18. Wenn Mohammed, so Voltaire, den Wein und das Glücksspiel verbiete, dann nur weil sie dem Menschen schadeten. Nicht den Islam sollte man bekämpfen, sondern die Türken, so Voltaire. Voltaire war jedoch bezüglich Mohammed ambivalent. Nicht selten argumentierte er im Sinne Gagniers. Er beschimpfte Mohammed dann als Betrüger, Heuchler sowie als Kriegstreiber. Mohammed sei ein Fanatiker wie Cromwell. Sogar Lessing äußerte sich in seinen Anfängen skeptisch über Mohammed. Der reisende Prinz Minoza schrieb in seinem bekannten Tagebuch:

„Hat nur nicht Mahomet schändlich betrogen,
Da er den Wein in Verachtung gebracht,
Hat der Verführer nicht schändlich gelogen,
Da er aus Saufen hat Sünde gemacht!"

Der Weg des Koran nach Deutschland fand immer auf Umwegen statt. Entweder über Frankreich oder über die Niederlande. Anfang des 18. Jahrhunderts übersetzten zwei Deutsche den Koran direkt aus dem Arabischen ins Hochdeutsche. Als da wären zum einen Professor Regerlin, der sich seit mehr als 40 Jahren mit dem Arabischen beschäftigte. Dieser arbeitete in der Nachbarschaft von Goethe in Frankfurt. Für Professor Regelin war Mohammed nach wie vor der falsche Prophet, der Antichrist. Die Übersetzungen seines „Lügenbuches" widmete er Josepf II., in der Hoffnung, dass dieser die Bekehrung der gefangenen Muslime vorantreibe.

Goethe griff nun endlich ins Geschehen ein. Er kritisierte Professor Regelin und warf ihm fehlende Kenntnisse vor. Doch diesem jungen Dichter trauten die deutschen Gelehrten wenig zu. Aber Goethe beschäftigte sich aus tiefer Überzeugung mit diesem Thema. Ein Jahr später, 1773, noch auf Verlangen seiner Freunde, übersetzte ein Lehrer namens Horten den Koran ins Deutsche. Dieser arbeitete als Lehrer am fürstlichen Gymnasium in Düblingburg. Zuvor hatte er an der Universität zu Halle den Koran von einigen eifrigen Arabisten erklärt bekommen. Horten sah im Islam und im Koran die Vollendung des göttlichen Werkes. Der Islam sei die logischste aller Religionen, so Horten. Die dichterische Schönheit des Koran hat ihn entzückt. Seine Übersetzungen regten Goethe zur Dichtung an. In „Dichtung und Wahrheit" berichtete Goethe, dass er das Leben des Propheten studiert habe. Wahrscheinlich hatte Goethe die Biographie Mohammed, welche der Franzose Lurpin schrieb, gelesen. Gleichzeitig begann sich auch Herder mit dem Propheten zu beschäftigen.

Goethe vertiefte sich in die Materie. Sein frühestes Werk dazu ist sicherlich „Mahomets Gesang", welches im Jahre 1773 erschien. Mohammed war hier nicht der Sänger, sondern der Besungene. Mohammed war in den Augen Goethes ein Genius. Wie ein Strom reiße Mohammed Starke und

Schwache mit auf dem Weg zu dem einen und einzigen Gott, zu dem sie ohne ihn niemals den Weg gefunden hätten. In „Mahomets Gesang“ ist der Anfang auf zwei Stimmen verteilt, nämlich auf Ali, dem Schwiegersohn des Propheten und Fatima, der Tochter des Propheten. In Fatima sah Goethe die Krone der Frauen. Immer intensiver beschäftigte sich Goethe mit dem Koran. Goethe sah in Mohammed nun endgültig den Nachkommen Abrahams. Mohammed, so Goethe, sei wahrlich die Krone der Schöpfung, der Ermahner, der Gott in Erinnerung brachte. Mohammed war aus Goethes Sicht der Vermittler zwischen dem Menschen und dem einen Gott, darin lässt Goethe keinen Zweifel aufkommen. Goethe begann ab jetzt seine Briefe immer mit dem Satz „Im Namen Allahs, des Allmächtigen, des Barmherzigen“. Die Einheit Gottes sah Goethe ausschließlich im Islam präsentiert. Die Allmacht Gottes im Islam hebt Goethe hervor und zitiert in seinem monumentalen Werk „Mahomets Gesang“ Sure 117, in der es heißt: „Außer Gott werdet ihr keinen Schutzherren und Helfer haben können.“ Der Gott Mohammeds sei allgegenwärtig.

Im Islam begegnet Goethe der göttlichen Liebe. 1799 begann Goethe, auf Wunsch des Herzogs Karl August, Voltaires „Mahomet“ zu bearbeiten. Voltaire hatte zuvor zugegeben, dass es ihm bei „Mahomet“ nicht um die Wahrheit ginge, sondern um das Spektakel. Sein Drama hieß nicht ohne Grund „Le Fanatisme ou Mahomet le Prophète“. Mohammed war für ihn Mittel zum Zweck, um den Fanatismus zu erklären. Goethe veränderte zunächst die Form und den Stil, er entschärfte das Stück von Voltaire, welches voller Hasstiraden war. Goethe bezeichnete Mohammed als eine Seele voller herzlicher Liebe und Unschuld. Goethe beschrieb den Propheten als den Besten, Größten, Weisesten, Genialsten aller sterblichen und unsterblichen Menschen. In „Dichtung und Wahrheit“ beschrieb er den Aufstieg des Propheten bis zu seinem Tode, getreu den Angaben des Ibn Ishak. Seinen Gegnern wie Voltaire und Gibbon machte er zum Vorwurf, dass sie Mohammed zum Verbrecher gemacht hätten, obwohl dieser ein verzeihender Mensch gewesen sei.

Vor seinem Tode versammelte Mohammed seine Angehörigen und Freunde zu sich und legte ihnen den Glauben an einen Gott noch einmal ans Herz. Zwar hat sich Goethe in „Dichtung und Wahrheit“ symbolisch verabschiedet, aber für Goethe kam es doch anders. Die Gestalt, das Erscheinen, die Taten des Propheten hielten den Dichter bis zu seinem Tode in seinem Banne. Annemarie Schimmel, die wohl nicht nur bekannteste, sondern auch die größte Islamkennerin des 20. Jahrhunderts sagte dazu in einem Vortag in Bonn: „Zuerst kam Mohammed auf Umwegen zu Goethe, dann allerdings ging Goethe zu Mohammed.“

1813 erhielt er überraschend eine fast vollständige Koranausgabe aus Andalusien. Er ließ diese Suren durch den Orientalisten Lorsbach ins Deutsche übersetzen. Goethe selbst versuchte Arabisch zu lernen, indem er zunächst versuchte, die arabische Schrift nachzuahmen. Nur ein Jahr später erhielt er von Major von Beulwiz einen Koran in arabischer Ausgabe. Dieser hatte sich mehrfach in Spanien aufgehalten. Im Jahre 1814 staunte Goethe nicht schlecht, als er eine Truppe baschkirischer Soldaten sah, die aus Spanien kamen und einen Gottesdienst im Höraal des evangelischen Gymnasiums in Weimar verrichteten. Goethe beobachtete diesen Gottesdienst und ließ sich daraufhin den Koran aus der Staatsbibliothek kommen. Noch intensiver setzte sich Goethe mit dem Koran auseinander. Seine Vertiefungen im Islam nannte Goethe selbst „Die Hidschra". In Anlehnung an die Hidschra des Propheten, die Zuflucht bei Gott. Er begann nun intensiv Arabisch zu lernen. In seinem „West-östlichen Divan" spielte der Prophet und der Koran direkt, meistens indirekt, eine große Rolle. Zwei Mal kommt der Prophet selbst zu Wort. Danach zog er sich wieder ins Paradies zurück.

„Gottes ist der Orient, Gottes ist der Okzident
Nord und südliches Gelände, ruht im Frieden seiner Hände.
Er, der einzige Gerechte, will für Jedermann das Rechte.
Sei von seinen hundert Namen, Dieser hochgelobet. Amen."

In Anspielung auf Sure 2, Vers 115 ließ Goethe dies im Divan verlauten. Von der Ewigkeit und der göttlichen Genese des Koran war Goethe überzeugt.

Der Koran habe ihn angezogen, in Erstaunen versetzt, und nötigte Verehrung von ihm ab. „Nur durch den Begriff des Einen hat er alle Welt bezwungen" [75, S. 62], nämlich durch den Koran. In Mohammed sah er den Propheten der Einheit Gottes und im Islam die „Ergebung in Gott". „Wenn Islam Gott ergeben heißt, im Islam leben und sterben wir alle", so äußerte sich Goethe im „West-östlichen Divan" über den Islam. Zum Kanzler Müller sagte er 1819: „Zuflucht und Ergebung sind die ersten Grundlagen jeder besseren Religion und die Unterordnung unter einen höheren, die Ereignisse ordnenden Willen, den wir nicht begreifen, eben weil er höher als unsere Vernunft und unser Verstand ist. Der Islam und die reformierte Religion sind sich hierin am Nächsten." [75, S. 63]

Sein Leben änderte sich nun. Sein Verhalten wurde vom Islam geprägt. Wenn er traurig war, dann pflegte er zu sagen: „Und so müssen wir denn wieder im 200 Islam, d.h. in unbedingter Hingebung in den Willen Gottes verharren.“ [75, S. 63 f.] Als er nun um die Gesundheit seiner Schwiegertochter bangen musste sagte er: „Weiter kann ich nichts sagen, als daß ich auch hier mich im Islam zu halten suche, d.h. es Gott anheimstelle.“ [75, S. 64] Der Islam fand Aufnahme in seiner Brust. Bis zu seinem Tode hielt Goethe am Islam fest. Öffentlich pries er die islamische Erziehungsweise. Sie sei logisch, respektvoll und nehme den Eltern und den Kindern die Angst, denn nichts passiere ohne den Willen des mächtigen und barmherzigen Gottes. Der Islam sei mit dem Christentum in vollkommener Übereinstimmung. Er lobte die islamischen Philosophen und Dichter. Voller Begeisterung lass er die Werke des Hafiz. Im „West-östlichen Divan“ schrieb er wie Hafiz über die Nachtigall, die Rose, den Wein und die Liebe. Auch die islamische Mystik bzw. den Sufismus, der durchaus in den Werken des Hafiz und Ferdausi zu finden war, entzückte ihn und veranlasste ihn „Urwerte“ zu schreiben. Für Goethe war Mohammed der Dolmetscher der göttlichen Botschaft.

Heute sehnt man sich vergeblich nach einem Dichter und Denker vom Format eines Johann Wolfgang von Goethe oder wie wir sagen, Johann Wolfgang ben Goethe, denn die Äußerungen über den Islam in der neuen Literatur bedienen sich alter Vorurteile und zeugen von mangelhaften Kenntnissen hinsichtlich der islamischen Welt. Eine umfassende Kulturanalyse fehlt gänzlich. Bestimmte Aspekte oder politische Erscheinungen wie der „islamische“ Fundamentalismus werden gezielt unter dem Vorbehalt eines heuristischen Eurozentrismus in der westlichen Öffentlichkeit künstlich aufgebauscht. Doch der Islam hat mehr zu bieten als nur „islamischer“ Fundamentalismus, Ehrenmorde und Zwangsheirat. Es gilt zu unterscheiden zwischen dem Islam als Glaubenssystem und dem Islam als Zivilisation (Vgl. [70, S. 357]). Hier sei ein Paradigmensystem in der Auseinandersetzung mit dem Islam wünschenswert. Hierzu gehört auch eine gewisse Wertschätzung. Der Islam streckt seit Jahrhunderten friedlich die Hand gen Westen. Es wird an der Zeit diese Geste zu würdigen. Freilich, die Hoffnung stirbt zuletzt oder frei nach Goethe: „Früher oder später werden wir uns zum Islam bekennen müssen“ (Vgl. [75, S. 64]).

34 Der Autor

Der Autor wurde 1972 in Marokko geboren. Als ältester Sohn eines in Deutschland studierten Ingenieurs, wuchs er in einem intellektuellen Umfeld auf. Schon früh begann er sich für den Islam und für die deutsche Literatur zu interessieren. Unterstützt wurde er nicht nur durch seine Eltern. Seine Lehrer erkannten schnell sein Potential und förderten ihn im Hinblick auf Literatur, Kunst und Philosophie. Er studierte im Verlauf Medizin, Politikwissenschaften und Soziologie. Heute arbeitet er als Neurologe und Psychiater. Er beschäftigt sich seit vielen Jahren mit dem Islam und schreibt hierzu regelmäßig Bücher.

Von ihm ist erschienen:
Machtprobe am Nil: Der Siegeszug der Moslembrüder (2009)

Der Schrei aus dem Serail: Eine Reise durch die religiöse und spekulative Gedankenwelt des Islam (2012)

Die verdrängte Kultur: Eine kurze Einführung in die Geschichte des Orients (2012)

Unser Meer hat kein Ufer: Fragmente einer Liebesgeschichte (2013)

Literaturverzeichnis

[1] W. Görlitz, *Wächter der Gläubigen: Der arabische Lebenskreis und seine Ärzte.* Sieben-Stäbe-Verlag, 1936.

[2] M. al Jabri, *Kritik der arabischen Vernunft: Die Einführung.* Perlen Verlag, 2009.

[3] A. Schimmel, *Die Religion des Islam.* Reclam, 1989.

[4] M. Cantor, *Geschichte der Mathematik: Vorlesungen über die Geschichte der Mathematik.* Kessinger Publishing, 2010 (1907).

[5] J. Pirenne and W. Juker, *Die grossen Strömungen in der Weltgeschichte von der Antike bis zum Abschluss des zweiten Weltkrieges: - 1945-[1949].* Hallwag, 1945.

[6] U. Ranke-Heinemann, *Nein und Amen: Mein Abschied vom traditionellen Christentum.* Heyne Taschenbuch, 2002.

[7] A. Schimmel, *Der Koran.* Reclam, 1960.

[8] M. Rumi and C. Oxenstierna, *Mathnawi-i manawi.* Kazi Publications, 2002.

[9] A. Schimmel, *Mystische Dimensionen des Islam.* Qualandar Verlag, 1979.

[10] M. Biruni and G. Strohmaier, *In den Gärten der Wissenschaft: Ausgewählte Texte aus den Werken des muslimischen Universalgelehrten.* Reclam, 1991.

[11] E. Kellerhals, *Der Islam: Seine Geschichte, seine Lehre, sein Wesen.* Gütersloher Verlagshaus C. Mohn, 1978.

[12] M. Horten, *Das Buch der Genesung der Seele: Eine philosophische Enzyklopädie Avicennas. II. Serie, Die Philosophie ; III. Gruppe, Die Metaphysik, Theologie, Kosmologie und Ethik ; XIII. Teil [der gesamten II. Serie], Die Metaphysik Avicennas enthaltend die Metaphysik, Theologie, Kosmologie und Ethik.* Haupt, 1907.

[13] J. Rumi and F. Davis, *The Persian Mystics.* J. Murray, 1907.

[14] N. Largier and Meister-Eckhart, *Werke: Texte und Übersetzungen: [in zwei Bänden]. Predigten.* Deutscher Klassiker-Verlag, 1993.

[15] M. Lings, *Muhammad: His life based on the earliest sources.* Islamic Texts Society, 1983.

[16] Y. Qaradawi and I. nternational Islamic Federation of Student Organizations, *The Lawful and the Prohibited in Islam.* International Islamic Federation of Student Organizations, 1989.

[17] M. Henning and A. Schimmel, *Der Koran.* Universal-Bibliothek, Reclam, 1962.

[18] W. Beltz, *Sehnsucht nach dem Paradies: Mythologie des Korans.* Buchverlag Der Morgen, 1979.

[19] M. Horten, *Die religiöse Gedankenwelt des Volkes im heutigen Islam.* M. Niemeyer, 1917.

[20] M. du Moulin, *Der Islam, d.h. die Ergebung in Gottes heiligen Willen.* R. Uhlig, 1904.

[21] R. Kabbani, *Mythos Morgenland: Wie Vorurteile und Klischees unser Bild vom Orient bis heute prägen.* Droemer Knaur, 1993.

[22] E. Gibbon, *Der Sieg des Islam.* Vollmer, 1999.

[23] J. Pitts, *A Faithful Account of the Religion and Manners of the Mahometans, in which is a Particular Relation of Their Pilgrimage to Mecca... and a Description of Medina... as Likewise of Algier... and of Alexandria, Grand Cairo, Etc.* T. Longman, 1738.

[24] A. al Mawdudi, *Islamic System of Life and its Fundamental Concepts.* Markazi Maktaba Islami, 1978.

[25] U. Ranke-Heinemann, *Eunuchen für das Himmelreich: Katholische Kirche und Sexualität.* Hoffmann und Campe Verlag, 1988.

[26] L. Brandl, *Die Sexualethik des heiligen Albertus Magnus: Eine moralgeschichtliche Untersuchung.* Studien zur Geschichte der katholischen Moraltheologie, Friedrich Pustet, 1955.

[27] M. Iqbal, *The Reconstruction of Religious Thought in Islam.* Oriental Publishers, 1975.

[28] A. Arberry, *Revelation and Reason in Islam.* Forwood lectures, Macmillan, 1957.

[29] W. Ibn Khaldun and F. Rosenthal, *The Muqaddimah: An Introduction to History.* Princeton University Press, 1969.

[30] Saadi and R. Gelpke, *Hundertundeine Geschichte aus dem Rosengarten: Ein Brevier orientalischer Lebenskunst.* Manesse-Verlag, 1998.

[31] M. Weber, *Wissenschaft als Beruf.* Duncker, 1919.

[32] I. Husain, *Pakistani Literature ed. Ghulam Rabbani A. Agro.* Pacistan Academy of Letters, 1992.

[33] M. Azizi and M. Azizi, *Machtprobe am Nil: Der Siegeszug der Moslembrüder; Eine Analyse des innerägyptischen Machtkampfes.* Re Di Roma-Verlag, 2009.

[34] J. Esposito, *Islam and Politics.* Contemporary Issues in the Middle East Series, Syracuse University Press, 1998.

[35] J. Boulakia, *Ibn Khaldun: A fourteenth century economist.* Journal of Political Economy, 1971.

[36] G. Nasser, *Egypt's liberation: The philosophy of the revolution.* Public Affairs Press, 1955.

[37] A. Abdel-Malek, *Egypt: Military society: The army regime, the left, and social change under Nasser.* Random House, 1968.

[38] G. Nasser, *Ansprache von Präsident Gamal Abdel Nasser an das Volk der Vereinigten Arabischen Republik von der Rundfunkstation Kairo am 16.10.1961.*

[39] É. Saab, *La Syria ou la révolution dans la rancœur.* Julliard, 1968.

[40] S. Nofal, *Al-Amal al Dschama i al-arabi-Madihi wa Mustaqbaluh (Die kollektive arabische Arbeit - Vergangenheit und Zukunft).* Bd. I, Kairo, 1968.

[41] A. Hottinger, *Die Araber: Werden, Wesen, Wandel und Krise des Arabertums.* Atlantis Verlag, 1960.

[42] C. Sykes, *Kreuzwege nach Israel: Die Vorgeschichte des jüdischen Staates.* Beck, 1967.

[43] A. Nutting, *Die arabische Welt: Von Mohammed bis Nasser.* Bd. 1932/1973, Goldmann Verlag, 1973.

[44] K. ommunistische und Arbeiterpartei für Theorie und Information, *Probleme des Friedens und des Sozialismus.* Bd. 23, Nr. 7-12, Dietz, 1980.

[45] P. akistan Institute of International Affairs, *Pakistan Horizon.* Bd. 8-9, Pakistan Institute of International Affairs, 1955.

[46] S. El-Hakim, *Mithag al-Dschamia wal-wahda al-Arabiya (Der Pakt der Liga und die arabische Einheit).* Kairo, 1966.

[47] E. Foda, *The Projected Arab Court of Justice.* Nijhoff, 1957.

[48] L. eague of Arab States, *Veröffentlichungen der Liga der Arabischen Staaten, Kairo: Sonderheft.* Jg. 3, Nr. 2.

[49] W. Bretholz, *Aufstand der Araber.* Neue Schweizer Bibliothek, E. Kaiser, 1960.

[50] H. Jendges, *Der Nahostkonflikt.* Zur Politik und Zeitgeschichte, Heft 30, Colloquium Verlag, 1968.

[51] P. Beyssade, *La Ligue arabe.* Histoire Planète, Planète, 1968.

[52] B. Boutros-Ghali, *La Crise de la Ligue Arabe.* Annuaire Francais de Droit International, 1968.

[53] R. Donald, *The League of Arab States: A Study in the Dynamics of Regional Organization.* Princeton University Press, 1965.

[54] I. ndian Council of World Affairs, *India Quarterly.* Bd. 9, Indian Council of World Affairs, 1953.

[55] A. ssociation française de science politique and F. oundation nationale des sciences politiques, *Revue francaise de science politique.* Bd. 21, Nr. 2, 1971.

[56] F. Kochwasser, *Kuwait: Geschichte, Wesen und Funktion eines modernen arabischen Staates.* Erdmann, 1969.

[57] C. Doughty, T. Lawrence, and H. Federmann, *Die Offenbarung Arabiens (Arabia Deserta).* P. List, 1937.

[58] H. Bielefeldt, *Philosophie der Menschenrechte: Grundlagen eines weltweiten Freiheitsethos.* Primus Verlag, 1998.

[59] R. Bardy, *Die zeitgenössische Diskussion um den islamischen Beratungsgedanken (Shura) unter dem besonderen Aspekt ideengeschichtlicher Kontinuitäten und Diskontinuitäten.* Steiner, 1998.

[60] A. Bouhdiba and M. Dawalibi, *The Different Aspects of Islamic Culture: The Individual and Society in Islam.* Unesco Publication, 1998.

[61] B. Hamadani and G. Rotter, *Vernunft ist nichts als Narretei: Die Maqâmen.* Erdmann, 1982.

[62] F. Rückert and A. Müller, *Der Koran.* Gerstenberg, 1888.

[63] M. Rodinson, *Islam und Kapitalismus.* Suhrkamp, 1986.

[64] H. Nutzinger, *Christliche, jüdische und islamische Wirtschaftsethik: Über religiöse Grundlagen wirtschaftlichen Verhaltens in der säkularen Gesellschaft.* Metropolis, 2003.

[65] T. Nagel, *Staat und Glaubensgemeinschaft im Islam: Geschichte der politischen Ordnungsvorstellungen der Muslime.* Bd. 2, Artemis, 1981.

[66] M. Weber and J. Winckelmann, *Wirtschaft und Gesellschaft: Grundriss der verstehenden Soziologie.* J.C.B. Mohr, 1976.

[67] A. Ghaussy, *Das Wirtschaftsdenken im Islam: Von der orthodoxen Lehre bis zu den heutigen Ordnungsvorstellungen.* Beiträge zur Wirtschaftspolitik, Haupt, 1986.

[68] E. Weede, *Asien und der Westen: Politische und kulturelle Determinanten der wirtschaftlichen Entwicklung.* Nomos, 2000.

[69] S. Paraskewapoulos, *Wirtschaftsordnung und wirtschaftliche Entwicklung.* Lucius und Lucius, 1997.

[70] W. Schluchter and Werner-Reimers-Stiftung, *Max Webers Sicht des Islam: Interpretation und Kritik.* Suhrkamp, 1987.

[71] T. Arnold, *The Preaching of Islam: A History of the Propagation of the Muslim Faith.* Constable & Company, 1913.

[72] N. Keddie and J. Afghani, *An Islamic response to imperialism: Political and religious writings of Sayyid Jamal ad-Din al-Afghani.* University of California Press, 1968.

[73] F. Mernissi, *Die Angst vor der Moderne: Frauen und Männer zwischen Islam und Demokratie.* Luchterhand Literaturverlag, 1992.

[74] W. Blunt, *Secret History of the English Occupation of Egypt: Being a Personal Narrative Events.* Lightning Source Incorporated, 2007.

[75] J. Minor, *Goethes Mahomet: Ein Vortrag.* Diederich, 1907.